Excel 97 für Dummies

Greg Harvey

Excel 97 für Dummies

Gegen den täglichen Frust mit Excel 97

Übersetzung aus dem
Amerikanischen von
Martina Hesse-Hujber
und Sabine Lambrich

Die Deutsche Bibliothek – CIP-Einheitsaufnahme:

Harvey, Greg:
Excel 97 für Dummies / Greg Harvey. Übers. aus dem Amerikan.
von Martina Hesse-Hujber und Sabine Lambrich. - Bonn : MITP-Verlag, 1997
  Einheitsacht.: Excel 97 for Windows For Dummies <dt.>
  ISBN 3-8266-2745-8

ISBN 3-8266-2745-8
6. Nachdruck 1999

Alle Rechte, auch die der Übersetzung, vorbehalten. Kein Teil des Werkes darf in irgendeiner Form (Druck, Fotokopie, Mikrofilm oder einem anderen Verfahren) ohne schriftliche Genehmigung des Verlages reproduziert oder unter Verwendung elektronischer Systeme verarbeitet, vervielfältigt oder verbreitet werden. Der Verlag übernimmt keine Gewähr für die Funktion einzelner Programme oder von Teilen derselben. Insbesondere übernimmt er keinerlei Haftung für eventuelle aus dem Gebrauch resultierende Folgeschäden.

Die Wiedergabe von Gebrauchsnamen, Handelsnamen, Warenbezeichnungen usw. in diesem Werk berechtigt auch ohne besondere Kennzeichnung nicht zu der Annahme, daß solche Namen im Sinne der Warenzeichen- und Markenschutz-Gesetzgebung als frei zu betrachten wären und daher von jedermann benutzt werden dürften.

Übersetzung der amerikanischen Originalausgabe:
Greg Harvey: Excel 97 For Windows For Dummies

Copyright © 1997 by MITP-Verlag GmbH, Bonn
Original English language edition text and art copyright © 1997 by IDG Books Worldwide, Inc.
All rights reserved including the right of reproduction in whole part or in part in any form.
This edition published by arrangement with the original publisher, IDG Books Worldwide, Inc.,
Foster City, California, USA.

Printed in Germany

Ein Unternehmen der verlag moderne industrie AG, Landsberg

Lektorat: Esther Kockel
Korrektorat: Frauke Wilkens
Druck: Media-Print, Paderborn
Belichtung: Wolframs Doku-Werkstatt, Attenkirchen
Umschlaggestaltung: Atelier Toepfer, Ebersberg b. München
Satz und Layout: Lieselotte und Conrad Neumann, München

Inhaltsverzeichnis

Einleitung 13
Willkommen, Bienvenue, Welcome! 13
Zu diesem Meisterwerk 13
Wie Sie dieses Buch benutzen 14
Was Sie ruhigen Gewissens ignorieren können 14
Mutmaßungen 14
Was erwartet Sie in diesem Buch? 15
    Teil I: Für den Anfang: Das absolute Minimum 15
    Teil II: Ändern nach Lust und Laune 15
    Teil III: Den Daten auf der Spur 16
    Teil IV: Ein Leben nach den Arbeitsblättern 16
    Teil V: Excel – Wie es Euch gefällt 16
    Teil VI: Top Ten für alle Lebenslagen 16
    Das Glossar 17
Regeln gibt es überall – auch für das Arbeiten mit diesem Buch 17
    Tastatur und Maus 17
    Besondere Symbole 18
Wie geht's nun weiter? 19

Teil I
Für den Anfang: Das absolute Minimum 21

Kapitel 1
Worauf haben Sie sich da bloß eingelassen? 23
Was zum Teufel fängt man mit Excel an? 24
    Jede Menge kleiner Rechtecke 25
    Bitte alles an meine Zelladresse 26
    Also, wie groß ist die Arbeitsmappe nun wirklich? 27
    Kommt eigentlich nach Z auch noch was? 28
    Was Sie bis jetzt über Excel wissen sollten 28
    Was Sie noch über Excel wissen sollten 29
Meine Damen, meine Herren, starten Sie Ihre Tabellen! 29
    Excel 97 mit Hilfe der Microsoft Office 97 Shortcut-Leiste starten 30
    Excel mit Hilfe des »Start«-Menüs von Windows 95 starten 30
    Excel 97 mit Hilfe des Windows-Explorer starten 31

Excel 97 mit Hilfe einer Verknüpfung starten	32
Excel automatisch per Knopfdruck beim Starten des Rechners öffnen	33
Keine Angst vor Mäusen!	35
Was man mit der Maus so alles machen kann	35
Die vielen Gesichter des Mauszeigers	35
Und was passiert, wenn ich diesen Knopf drücke?	37
Die Titelleiste	37
Die Menüleiste	38
Die Symbolleiste für Standards	39
Die Symbolleiste mit Format	41
Die Bearbeitungsleiste	43
Das Dokumentfenster, auch das Arbeitsmappenfenster genannt	44
Die Statusleiste	47
Nichts wie raus aus dieser Zelle!	48
Einfach laufen lassen	49
Schon mal was von der IntelliMouse gehört?	50
Tastenkombinationen zum Verschieben des Zellcursors	51
Von Bereich zu Bereich	52
Lieber Zellcursor, bitte gehe zu Zelle A105	53
Lieber Zellcursor, bitte bleib, wo Du bist	53
Die Qual der Wahl: Menüleiste oder Kontextmenü?	54
Darf ich die Bestellung aufnehmen?	54
Nur für 1-2-3ler	55
Arbeitsverkürzung mit Kontextmenüs	57
Wie man eine intelligente Unterhaltung mit einem Dialogfeld führt	59
Hilfe ist schon unterwegs	63
Der Office-Assistent – stets zu Ihren Diensten	63
Wie wär's mit direkter Hilfe?	67
Und noch mehr Hilfe!	67
Schluß, aus und vorbei	68

Kapitel 2
Die erste Arbeitsmappe   71

Die Arbeit beginnt	72
Das Wichtigste zur Dateneingabe	72
Vergißmeinnicht	73
Das ABC der Dateneingabe	73
Welche Daten sind denn Ihr Typ?	75
Text (weder Fisch noch Fleisch)	76
Jede Menge Zahlen	77
Formeln, die der Aufgabe gewachsen sind	83

Würden Sie mir das bitte mal markieren?	86
Vorfahrt achten!	87
Wenn Formeln spinnen	88
Fehlersuche und -bekämpfung	89
Einmal AutoKorrektur, bitte	89
Die Regeln der Zellbearbeitung	90
Keine Angst vor der Dateneingabe	92
Ohne AutoEingabe bin ich ein Nichts	93
Abrakadabra – AutoAusfüllen!	94
Das große Zellcursorspringen	99
Do it again, Excel!	100
Funktionieren die Funktionen?	101
Viel Spaß mit dem Funktions-Assistenten und der neuen Formelpalette	102
Etwas Neues: Das Symbol für Formeln bearbeiten	105
Ich lasse addieren!	106
Jetzt wird gespeichert	109

Teil II
Ändern nach Lust und Laune   113

Kapitel 3
Ein bißchen Glanz für nüchterne Zahlen   115

Sie haben die Wahl!	116
Zellauswahl à la Maus	117
Zellauswahl nach Art der Tastatur	121
AutoFormatieren – wirklich ein Kinderspiel	123
Formate mit Klick	126
Symbolleisten ohne Heimat	127
Symbolleisten mit festem Wohnsitz	128
Auch ein Dialogfeld zeigt Format	130
Für jede Zahl das richtige Format	130
Nicht immer ist es so, wie es scheint	136
Maßgeschneiderte Zahlenformate	137
Wem die Spaltenbreite paßt ...	140
Das ist doch die Zeilenhöhe	141
Das Tabellenblattversteckspiel	142
Das ist aber schriftartig!	144
Alles in Reih und Glied bringen	146
Die Sache mit dem Einzug	148
Ausrichten in der Vertikalen	148

  Alles im Umbruch!   150
  Richtungsänderungen   151
  Raum ist in der kleinsten Zelle   153
  Auf den äußeren Rahmen kommt es an   153
  Mustern Sie mal Ihre Zelle!   154
 Jetzt wird's formatvorlagig!   156
 Hiermit übertrage ich Dir mein Format!   158
 Ganz schön raffiniert: Bedingtes Formatieren   159

Kapitel 4
Wie Sie Änderungen durchführen, ohne ein Chaos zu veranstalten   163

 Arbeitsmappen, wo seid ihr?   164
  Mehr als eine Arbeitsmappe gleichzeitig öffnen   165
  Arbeitsmappen im Menü Datei öffnen   165
  Wo habe ich diese Arbeitsmappe bloß abgelegt?   166
  Was gibt es noch im Dialogfeld »Öffnen«?   171
 Bitte rückgängig machen!   173
  Das Rückgängigmachen rückgängig machen   174
  Wenn mit Rückgängig nichts mehr vorwärts geht   174
 Ziehen, bis zum Ablegen   175
  Kopieren mit Ziehen und Ablegen   177
  Darf ich mal eben dazwischen?   178
 Die Formel und das AutoAusfüllen   180
  Alles relativ   182
  Absolut richtig   183
  Man muß auch einfügen können   185
  Kopieren wird erst beim zweiten Mal schön   187
  Auch beim Einfügen sollte man wählerisch sein   187
 Inhalt oder Zelle löschen, das ist hier die Frage   189
  Inhalte löschen   190
  Das absolute Ende für einen Zellbereich   190
 Vorsicht, Bauarbeiten!   191
 Letzte Rettung – die Rechtschreibprüfung   192

Kapitel 5
Und jetzt alles aufs Papier gebracht (oder Druckversuch – der 101.)   195

 Eile mit Weile   196
 Wo hört die Seite auf, wo fängt die nächste an?   199
  Drucken, wie es Euch gefällt   199
  Variationen zum Thema »Drucken«   200

Die guten ins Töpfchen, die schlechten ...	201
Das mit dem Druckbereich muß noch geklärt werden	202
Auf der Jagd nach der perfekten Seite	202
Wie wär's im Querformat?	204
Man quetsche alles auf eine Seite	205
Marginales Denken ist angesagt	206
Wenn der Kopf nicht weiß, was der Fuß macht	208
Der Tabelle zeigen, wo's langgeht	212
Jeder hat Anspruch auf einen Titel	213
Alles an seinem Platz	216
Auch Formeln wollen gedruckt werden	218

Teil III
Den Daten auf der Spur — 221

Kapitel 6
Wie Sie Ihre Daten in den Griff kriegen — 223

Zoom, zoom, zoom, Fenster zoom herum	224
Wer klopft da an mein Unterfenster?	226
Festgemauert in meinem Fenster sitzt die Überschrift	229
Elektronische Kommentare	232
So bekommt die Zelle ihren Kommentar	232
Kommentare in Überarbeitung	233
Was man mit Kommentaren so alles machen kann	234
Der Kommentar im Ausdruck	235
Wie heißt denn die Zelle?	235
Das Kind beim Namen nennen	236
Auch Formeln haben einen Namen	237
Eine ganz besondere Form der Formelnamensgebung	238
Wer suchet, der findet	240
Passen Sie auf bei Zellersatzteilen!	243
Berechnen oder nicht berechnen	244
Schützen Sie sich!	245

Kapitel 7
Mit mehreren Tabellenblättern jonglieren — 249

Was ich an Tabellenblättern so liebe	250
Blatt für Blatt aneinandergereiht	250
Gruppenarbeit (oder alle für einen)	252

Mal mehr, mal weniger	253
Jedem Register seinen Namen	254
Tabellenblätter nach Belieben anordnen	255
In Tabellenblättern »fensterln«	256
Von Arbeitsmappe zu Arbeitsmappe	261
Fassen wir zusammen!	264

Teil IV
Ein Leben nach den Arbeitsblättern   267

Kapitel 8
Ein Bild sagt mehr als tausend Worte   269

Diagramme aus dem Nichts zaubern	270
Die Diagramm-Symbolleiste auf das Diagramm hetzen	275
Das Diagramm direkt im Tabellenblatt bearbeiten	278
Diagrammoptionen wie Sand am Meer	279
Frei wie ein Vogel (nicht zugeordneter Text)	280
x- und y-Achsen aufpeppen	282
Diagrammwerte im Tabellenblatt ändern	283
Warum nicht mal dreidimensional?	284
Ein Tabellenblatt ohne grafische Objekte ist wie ein ...	286
WordArt vom Feinsten	287
Kartentricks	290
Eins vor dem anderen	294
Mal sieht man sie, mal sieht man sie nicht	295
Nur die Grafik schwarz auf weiß	295

Kapitel 9
Zahlen und Fakten griffbereit   297

Die Maske, hinter der sich Ihre Daten verbergen	298
Je mehr, desto besser: Neue Datensätze einfügen	300
Datensätze suchen, bearbeiten und löschen	302
Daten von A bis Z (oder wie bringe ich Ordnung in das Chaos)	307
AutoFilter – alles funktioniert automatisch	311
Nur die Top 10 bitte	313
Selbstgeschnitzte AutoFilter	315

Kapitel 10
Von Hyperlinks und HTML — 319

    Tabellenblätter mit Hyperlinks schmücken — 319
        Den Hyperlinks auf der Spur — 323
        Hyperlinks der Variante »Text« bearbeiten und formatieren — 326
        Hyperlinks der Variante »grafisches Objekt« bearbeiten und formatieren — 327
    Tabellenblätter im World Wide Web? — 328
        Tabellendaten in eine HTML-Tabelle umwandeln — 328
        Die HTML-Tabelle im Web-Browser prüfen — 335

Teil V
Excel – Wie es Euch gefällt — 337

Kapitel 11
Setzen Sie Standards — 339

    Die Aussicht aus meinem Fenster — 339
    Ganz allgemein gesagt — 342
    Welche Farbe hätten Sie denn gern? — 344
    »Bearbeiten« bearbeiten — 347

Kapitel 12
Keine Angst vor Makros! — 349

    Makros aufzeichnen — 349
    Das Makro bitte in meine persönliche Arbeitsmappe! — 350
    3 x täglich ein Makro — 351
    Und was kommt dabei heraus? — 353
    Januar, Februar ... Dezember — 355
    Alles ist relativ — 356

Kapitel 13
Das richtige Werkzeug bei der Hand — 359

    Ein Job – ein Werkzeug — 359
    Excels Symbolleisten auf den Kopf stellen — 361
        Rein mit den Symbolen — 362
        Raus mit den Symbolen — 363
        Bäumchen wechsel dich — 363
        Gruppierte Symbole — 363
        Symbolleisten wie gehabt — 364

Eine Symbolleiste für jede Gelegenheit 364
  Arbeitslose Symbole – was für eine Verschwendung! 366
Neuer Menübefehl gefällig? 369
Ein nettes Symbolgesicht, wenn ich bitten darf 370

Teil VI
Die Top Ten für alle Lebenslagen 373

Kapitel 14
Die Top Ten der neuen Funktionen von Excel 375

Kapitel 15
Die Top Ten für Anfänger 377

Kapitel 16
Die Top Ten für alle 379

Kapitel 17
Die Top Ten der Fallen, in die Sie niemals tappen sollten 381

Kapitel 18
Die Top Ten von Wie-beeindrucke-ich-meinen-Boß 383

Kapitel 19
Die Top Tausend der mehr oder weniger nützlichen Tastenkombinationen 387

Glossar 393

Stichwortverzeichnis 405

Einleitung

Willkommen, Bienvenue, Welcome!

Willkommen zu *Excel 97 für Dummies,* dem Buch zu Excel 97 für alle, die sich nicht länger als unbedingt nötig mit Tabellenkalkulation befassen wollen. In diesem Buch finden Sie alle erforderlichen Informationen, um sich bei den Alltagsaufgaben, die »normale« Menschen mit Excel ausführen, über Wasser halten zu können. Der Autor hofft, daß es ihm in diesem Buch gelungen ist, die Dinge einfach darzustellen und Sie nicht mit unnötigen technischen Details zu langweilen, die Sie weder brauchen noch interessieren. Soweit dies möglich ist, wird in diesem Buch versucht, nur das Wesentliche zu zeigen und in verständlicher Weise lediglich die Dinge zu beschreiben, die nötig sind, um eine bestimmte Aufgabe mit Excel auszuführen.

Excel 97 für Windows für Dummies enthält alle grundlegenden Techniken, die Sie kennen müssen, um eigene Tabellenblätter zu erstellen, zu bearbeiten, zu formatieren und zu drucken. Aber Sie lernen nicht nur, wie man mit einem Tabellenblatt arbeitet, Sie werden auch mit Grundlagenwissen zum Erstellen von Diagrammen und Datenbanken konfrontiert; allerdings beschränke ich mich darauf, Ihnen nur die einfachsten Funktionen zu erklären. Das vorliegende Buch konzentriert sich in erster Linie auf das Arbeiten mit *Tabellenblättern,* da dies sicherlich der Teil des Programms ist, mit dem Sie am häufigsten zu tun haben werden.

Zu diesem Meisterwerk

Dieses Buch ist kein Buch, das man von Anfang bis Ende durchliest. Auch wenn die Kapitel in einer logischen Reihenfolge aufeinander aufbauen (in etwa so, als ob Sie Excel in einem Fortbildungsseminar erlernen), so ist doch jedes in einem Kapitel behandelte Thema von den anderen vollkommen unabhängig. (Sie haben es also mit emanzipierten Kapiteln zu tun!)

Zu Beginn eines Themas wird erst einmal die Frage beantwortet, wofür eine bestimmte Funktion überhaupt gut ist. Danach können Sie sich entscheiden, ob Sie lernen möchten, wie Sie diese Funktion einsetzen. Manchmal ist die graue Theorie ja schon mehr als abschreckend. In Excel, wie auch in anderen anspruchsvollen Programmen, gibt es in der Regel mehr als einen Weg, eine bestimmte Aufgabe auszuführen. Um Sie nicht zu sehr zu strapazieren, habe ich absichtlich die Auswahlmöglichkeiten gering gehalten und Ihnen nur den effektivsten Weg zur Ausführung einer Aufgabe aufgezeigt. Später, falls es Sie reizen sollte, können Sie mit den verschiedenen Möglichkeiten experimentieren. Fürs erste sollten Sie sich lediglich darauf konzentrieren, die Aufgabe wie beschrieben auszuführen.

Soweit dies möglich war, habe ich mich bemüht, das Buch so aufzubauen, daß Sie für die Aufgabe, die Sie gerade ausführen, keine Informationen aus vorangegangenen Kapiteln brauchen. Wenn es sich aber manchmal eben doch nicht vermeiden ließ, werden Sie auf einen Querverweis auf einen anderen Abschnitt oder ein anderes Kapitel in diesem Buch stoßen.

Falls Sie Lust haben, machen Sie schnell einen Abstecher in das entsprechende Kapitel. Wenn es Sie jedoch nicht interessiert, ist das auch nicht weiter tragisch. Ignorieren Sie die Querverweise, so als ob sie gar nicht vorhanden wären.

Wie Sie dieses Buch benutzen

Ich habe dieses Buch wie ein Nachschlagewerk aufgebaut, bei dem Sie zuerst entweder im Inhaltsverzeichnis oder im Index das Thema nachschlagen, zu dem Sie Informationen benötigen, und dann direkt im gewünschten Abschnitt nachlesen. Die meisten Themen werden ganz locker erklärt (als ob Sie in der hinteren Reihe eines Klassenzimmers sitzen, wo Sie ungestört vor sich hin dösen können). Manchmal bricht allerdings meine Erinnerung an die Zeit beim Militär wieder hervor, und ich liste exakt die Schritte auf, die Sie zur Ausführung einer bestimmten Aufgabe in einem bestimmten Abschnitt benötigen.

Was Sie ruhigen Gewissens ignorieren können

Wenn Sie auf einen Abschnitt stoßen, in dem die Schritte für eine bestimmte Aufgabe erklärt werden, haben Sie die Wahl zwischen der Lang- und der Kurzversion. Die, die's eilig haben, lesen nur das Fettgedruckte, die anderen auch das Drumherum.

Wo immer es möglich war, habe ich versucht, Hintergrundwissen oder sonstige Zusatzinformationen von den eigentlichen Fakten zu trennen, indem ich diese Informationen in eigenständige Rubriken gepackt habe. Diese Abschnitte sind meistens mit Symbolen gekennzeichnet, die Ihnen gleichzeitig Aufschluß über den Inhalt geben. Sie können Text, der so gekennzeichnet ist, (in den meisten Fällen) ruhigen Gewissens überlesen. (Welche Symbole in diesem Buch verwendet werden, erfahren Sie gegen Ende dieses Kapitels.)

Mutmaßungen

Also, ich nehme mal folgendes an (mal sehen, ob ich richtig liege): Sie haben die Möglichkeit, an einem PC zu arbeiten (zumindest gelegentlich), auf dem Windows 95 und Excel 97 installiert sind. (Auf Ihrer Festplatte ist jetzt kaum noch Platz für irgend etwas anderes.) Ich bin mir allerdings nicht so sicher, ob Sie Excel 97 überhaupt schon mal gestartet, geschweige denn damit gearbeitet haben.

Dieses Buch wendet sich in erster Linie an die, die zum ersten Mal mit Excel 97 arbeiten. Wenn Sie eine Vorgängerversion von Excel für Windows besitzen (z. B. Excel 5.0), die unter einer alten Windows-Version (z. B. Windows 3.1) läuft, dann sollten Sie dieses Buch lieber wieder zurück ins Regal stellen und statt dessen zu *Excel 5 für ~~Dumme~~ Anfänger g*reifen (ist auch im ITP-Verlag erschienen). Falls Sie mit Excel für den Macintosh arbeiten, sollten Sie dieses Buch auch aus der Hand legen und sich in der Macintosh-Ecke des Buchladens umsehen.

Sollten Sie jedoch mit Excel 7.0 für Windows 95 arbeiten (weil Sie entweder noch keinen Grund dafür sehen umzusteigen oder zu geizig sind, sich das Update zu kaufen, oder aber, und das ist gar nicht mal so unwahrscheinlich, weil Ihrer Festplatte nach der Installation von Windows 95 ganz einfach die Luft bzw. der Platz ausgegangen ist), dann können Sie mit diesem Buch etwas über Excel 7.0 für Windows 95 lernen, vorausgesetzt, Sie achten ganz genau auf die Excel 97-Symbole am linken Seitenrand. Immer wenn Sie dieses Symbol sehen, behandle ich Funktionen, die ganz neu in Excel 97 sind (d. h., in Ihrer alten Version gibt es diese Dinge noch gar nicht). Schicken Sie mir also keine bösen Briefe, daß ich in diesem Buch über eine bestimmte Funktion schreibe, die es in Ihrem Programm gar nicht gibt. Ich schicke Ihnen nämlich sonst einen noch böseren Brief, daß Sie nicht auf das Symbol geachtet haben, das Ihnen signalisiert, daß eine in Excel 97 brandneue Funktion behandelt wird. Der schwarze Peter bleibt also im Ernstfall bei Ihnen!

Was erwartet Sie in diesem Buch?

Dieses Buch ist in sechs Teile aufgeteilt. (Sie werden also mindestens sechs dieser großartigen Cartoons von Rich Tennant sehen.) Jeder Teil enthält mindestens zwei Kapitel, die mehr oder weniger zusammengehören. Jedes Kapitel ist unterteilt in locker miteinander verknüpfte Abschnitte, die das Grundwissen zu dem entsprechenden Thema vermitteln. Sie sollten sich jedoch nicht zu sehr darauf konzentrieren, dem Aufbau des Buchs zu folgen, denn letztendlich ist es vollkommen egal, ob Sie erst lernen, wie man eine Tabelle bearbeitet, und dann, wie man sie formatiert. Oder ob Sie lernen, wie man eine Tabelle ausdruckt, bevor Sie wissen, wie man sie bearbeitet. Wichtig ist nur, daß Sie diese Information sofort finden, wenn Sie eine bestimmte Aufgabe durchführen wollen – und diese auch verstehen, wenn Sie sie gefunden haben.

Falls es Sie interessiert, hier eine kurze Zusammenfassung der Inhalte der einzelnen Teile:

Teil I: Für den Anfang: Das absolute Minimum

Wie der Name bereits verrät, vermittelt Teil I das erforderliche Grundwissen, wie das Starten des Programms, die Bezeichnung der einzelnen Bildschirmelemente, die Eingabe der Daten in das Tabellenblatt, das Speichern des Dokuments etc. Wenn Sie absolut gar nichts über den Umgang mit Tabellenkalkulationsprogrammen wissen, so werden Sie sicherlich einen Blick in Kapitel 1 werfen wollen, um zu erfahren, zu was Excel überhaupt zu gebrauchen ist, bevor Sie in Kapitel 2 mit dem Erstellen neuer Tabellenblätter weitermachen.

Teil II: Ändern nach Lust und Laune

Teil II vermittelt Ihnen das nötige Grundwissen, um Tabellenblätter gut aussehen zu lassen und so zu bearbeiten, daß das Ganze nicht in einer Katastrophe endet. Lesen Sie in Kapitel 3 weiter, wenn Sie wissen wollen, wie man die eingegebenen Daten im Tabellenblatt anders darstellen kann. Schlagen Sie in Kapitel 4 nach, wenn Sie im Tabellenblatt Daten anders anordnen, löschen oder neu eingeben wollen. In Kapitel 5 finden Sie dann alles Wissenswerte, um Ihr fertiges Produkt zu drucken.

Teil III: Den Daten auf der Spur

In Teil III erfahren Sie, was Sie mit den Daten eines Tabellenblatts alles anstellen können, nachdem Sie sie eingegeben haben. Das Kapitel 6 ist voller guter Ideen, wie Sie Ihre Daten in einem Tabellenblatt fest in den Griff kriegen. Kapitel 7 zeigt Ihnen, wie Sie mit den Daten der verschiedenen Tabellenblätter in einer Arbeitsmappe jonglieren können und wie die Daten zwischen den Tabellenblättern der verschiedenen Arbeitsmappen verschoben werden können.

Teil IV: Ein Leben nach den Arbeitsblättern

Teil IV beleuchtet, was Excel außer der Tabellenfunktion noch beherrscht. In Kapitel 8 erfahren Sie, wie ungeheuer einfach es ist, mit den Daten Ihres Tabellenblatts ein Diagramm zu erstellen. Kapitel 9 erklärt, wie nützlich die Excel-Datenbankfunktion sein kann, wenn Sie den Überblick über sehr viele Daten behalten und diese verwalten müssen. In Kapitel 10 steht, wie Sie Hyperlinks erstellen, um in einem Tabellenblatt hin- und herzuspringen, zu anderen Dokumenten oder gar zu einer Web-Seite zu gelangen. Ich erzähle Ihnen auch, wie sich die Daten aus dem Tabellenblatt in HTML-Dokumente konvertieren lassen, damit sie beispielsweise auf der Web-Site Ihres Unternehmens veröffentlicht werden können.

Teil V: Excel – Wie es Euch gefällt

In Teil V werden Vorschläge unterbreitet, wie Sie das Arbeiten mit Excel individuell an Ihren Geschmack anpassen können. In Kapitel 11 geht es darum, wie Sie die Anzeigeoptionen in Excel ändern. Kapitel 12 zeigt Ihnen, wie Makros aufgezeichnet und ausgeführt werden, um mühselige Routinearbeiten automatisch ablaufen zu lassen. Kapitel 13 enthält schließlich alles Wissenswerte über die integrierten Symbolleisten, die Sie für Ihre Zwecke neu definieren können, und Informationen darüber, wie Sie selbstdefinierte Symbolleisten erstellen.

Teil VI: Top Ten für alle Lebenslagen

Es ist Tradition in diesen ... *für Dummies*-Büchern, daß der letzte Teil aus Listen mit den zehn (zumeist) nützlichsten Fakten, Tips und Ratschlägen besteht. Bleiben Sie gelassen, Sie müssen keine weiteren zehn Kapitel lesen, wenn Sie erst einmal so weit gekommen sind.

Das Glossar

Für die, die's ganz genau wissen möchten, gibt es noch das Glossar, in dem das *lebenswichtige* Excel-Vokabular alphabetisch aufgelistet ist. Falls Sie mal nicht (mehr) wissen, was ein relativer Zellbezug ist oder ein Laufrahmen, dann schlagen Sie dort nach.

Regeln gibt es überall – auch für das Arbeiten mit diesem Buch

Im folgenden will ich Sie noch auf die in diesem Buch verwendeten Konventionen aufmerksam machen, die Sie brauchen werden, um sich darin zurechtzufinden und effektiv damit arbeiten zu können.

Tastatur und Maus

Excel 97 ist ein vielseitiges Programm mit einer ganzen Reihe beeindruckender Dialogfelder, vielen Symbolleisten und mehr Menüs, als Sie zählen können. In Kapitel 1 erkläre ich alle diese Elemente und ihre Verwendung. Schlagen Sie immer mal wieder in Kapitel 1 nach, wenn Sie Fragen zum Programm haben.

Auch wenn Sie die Maus und die Abkürzungstasten (die sogenannten Shortcuts) verwenden, um sich in, um und um die Excel-Tabelle herum zu bewegen, müssen Sie sich Zeit nehmen, um die Daten einzugeben, damit Sie sie hinterher mit der Maus hin- und herschieben können. Daher möchte Sie dieses Buch ab und zu dazu ermuntern, bestimmte Dinge in ein bestimmtes Feld im Tabellenblatt einzugeben. Sie können natürlich stets beschließen, die Anweisungen nicht zu befolgen; aber Sie sollten zumindest wissen, wie diese Anweisungen aussehen. Wenn Sie zum Beispiel aufgefordert werden, eine bestimmte Funktion einzugeben, wird das, was Sie eingeben sollen, stets in einer anderen Schriftart als der Rest des Texts dargestellt. Beispiel: Die Anweisung =SUMME(A2:B2) soll Ihnen sagen, daß Sie genau das eingeben sollen, was Sie hier sehen: ein Gleichheitszeichen, das Wort SUMME, eine öffnende runde Klammer, den Text A2:B2 (vollständig mit dem Doppelpunkt zwischen den beiden Buchstaben-Zahlen-Kombinationen) und eine schließende runde Klammer. Sie müssen dann natürlich <Eingabe> drücken, um die Eingabe auf die Datenreise in das Computer-Hirn zu schicken.

Wenn Excel mit Ihnen nicht über Meldungsdialogfelder kommuniziert, werden äußerst informative Mitteilungen in der Statusleiste am unteren Fensterrand angezeigt. In diesem Buch werden alle diese Mitteilungen ebenfalls so dargestellt: Bereit. Oder: =SUMME (A2:B2). Durch diesen Schrifttyp wird jede Bildschirmanzeige oder -mitteilung gekennzeichnet.

Manchmal möchte ich etwas besonders hervorheben oder einen neuen Begriff einführen. Um Ihnen dies zu signalisieren, habe ich den *Kursivdruck* gewählt.

Gelegentlich werde ich Sie auch auffordern, einmal eine *Tastenkombination* zu drücken, um eine bestimmte Aufgabe auszuführen. Tastenkombinationen sind z. B. Strg + S. Dieses Pluszeichen zwischen den beiden Tasten bedeutet, daß Sie gleichzeitig sowohl Strg als auch S drücken müssen. Diese Art der Fingerakrobatik mag am Anfang etwas schwierig sein, aber mit ein bißchen Training wird auch dies zu meistern sein.

Sehr häufig werden Sie im Text auf KAPITÄLCHEN stoßen. Sie sollen Ihnen anzeigen, daß ich von Menüs, Befehlen oder Bestandteilen von Dialogfeldern spreche. Na ja, das kriegen wir schon! Damit das Buch aber nicht in Kapitälchen ertrinkt, habe ich Dialogfeldtitel (stehen in der Titelleiste) sowie Schaltflächen in französische Anführungszeichen (»«) gesetzt.

Besondere Symbole

Die folgenden Symbole finden Sie am Rand neben dem Text. Sie sind strategisch günstig plaziert, damit Sie auf einen Blick sehen können, welche Informationen Sie lesen oder nicht lesen sollten. (Die Texte mit der Bombe sollten Sie immer lesen.)

Dieses Symbol weist Sie auf langatmige und langweilige Diskussionen hin, die Sie genauso gut auslassen können (oder lesen können, wenn Sie mal ganz für sich allein sind).

Dieses Symbol weist Sie auf Abkürzungstasten, die sogenannten Shortcuts, hin oder gibt wertvolle Tips, wie Sie sich das Leben leichter machen können.

Dieses Symbol weist Sie auf Informationen hin, die Sie sich merken sollten, wenn Sie gegen etwas Erfolg nichts einzuwenden haben.

Dieses Symbol weist Sie auf Informationen hin, die Sie sich unbedingt merken sollten, wenn Sie die absolute Katastrophe verhindern wollen.

Dieses Symbol weist Sie auf alle Funktionen hin, die in Excel 97 brandneu sind.

Wie geht's nun weiter?

Wenn Sie noch nie mit einem elektronischen Tabellenblatt gearbeitet haben, schlage ich vor, daß Sie sich zuerst Kapitel 1 vornehmen und herausfinden, um was es sich hier überhaupt handelt. Wenn Sie sich bereits mit elektronischer Tabellenkalkulation auskennen, aber nichts über das Erstellen von Tabellenblättern mit Excel wissen, beginnen Sie mit Kapitel 2, in dem erklärt wird, wie Sie mit der Eingabe von Daten und Formeln anfangen. Später, wenn Sie bestimmte Funktionen benötigen (z. B. »Wie kopiere ich eine Formel?« oder »Wie drucke ich nur einen bestimmten Bereich des Tabellenblatts?«), konsultieren Sie das Inhaltsverzeichnis oder den Index, um den gewünschten Abschnitt zu finden und dort direkt nach den entsprechenden Informationen zu suchen. Also, auf geht's und viel Spaß!

Teil I

Für den Anfang: Das absolute Minimum

»Ich glaube, Herr Dimplmoser, der Cursor bewegt sich nicht, weil Sie die Hand auf dem Schwamm haben und nicht auf der Maus!«

In diesem Teil...

Beim ersten Blick auf den neuen Excel 97-Bildschirm (mit all diesen neuen Feldern, Schaltflächen und Registerkarten) sehen Sie bereits, daß sich hier einiges tun wird. Dies liegt nicht zuletzt daran, daß sich nicht nur die Windows-Task-Leiste (die ohnehin schon ein bißchen groß ausgefallen ist), sondern auch noch die Office Shortcut-Leiste zum Excel 97-Bildschirm gesellt. (Lassen sich aber beide ausblenden!) Aber verzweifeln Sie nicht: Kapitel 1 widmet sich ausschließlich den verschiedenen Elementen des neuen Excel 97-Bildschirms und versucht Licht ins Dunkel der unzähligen Symbole, Schaltflächen und Felder zu bringen, die Sie von jetzt an Tag für Tag umgeben werden.

Nicht daß Sie aber nun glauben, Sie könnten sich lässig zurücklehnen und mich hier alles machen lassen. So nun auch nicht. Wenn Sie mit Excel vernünftig arbeiten wollen, dann werden Sie wohl oder übel lernen müssen, wozu man diese ganzen Symbole, Felder etc. braucht. Zu diesem Zweck habe ich das zweite Kapitel verfaßt, in dem ich Ihnen alles Wissenswerte über den Gebrauch der wichtigsten Schaltflächen und Felder verrate, mit denen Sie Ihre Daten in die Arbeitsmappe eingeben und dort auch dauerhaft speichern. »Aller Anfang ist schwer«, doch schon bald werden Sie es sein, der Excel beherrscht (und nicht umgekehrt)!

Worauf haben Sie sich da bloß eingelassen?

In diesem Kapitel erfahren Sie, wie Sie ...

▶ Excel für Ihre Zwecke einsetzen können

▶ den Zellen auf den Grund gehen

▶ Excel mit Hilfe einer Reihe von coolen Verfahren zum Leben erwecken

▶ mit dem Bildschirm von Excel 97 klarkommen

▶ die Symbolleisten von Excel in den Griff kriegen

▶ in den Arbeitsmappen von Excel herumsurfen

▶ Befehle in den Menüs der Menüleiste wählen

▶ die Kontextmenüs einsetzen

▶ dem Office-Assistenten Ihr Herz ausschütten

▶ Excel schleunigst wieder beenden

---

*O*bwohl quasi auf jedem Rechner neben einer Textverarbeitung und jeder Menge Spiele auch eine elektronische Tabellenkalkulation wie Excel 97 zu finden ist, bedeutet dies noch lange nicht, daß die stolzen Computer-BesitzerInnen die Tabellenkalkulation kennen, geschweige denn benutzen. Ich persönlich kenne jede Menge Leute, die zwar ganz ordentlich mit Microsoft Word umgehen können, aber nicht den blassesten Schimmer davon haben, was man mit Excel tun kann bzw. soll.

Das ist wirklich eine Schande! Vor allem unter dem Aspekt, daß Microsoft Office 97 oft die einzige Software ist, die auf vielen Rechnern zu finden ist. (Dies wiederum liegt wahrscheinlich daran, daß Windows 95 und Microsoft Office 97 zusammen so viel Speicher brauchen, daß an eine andere Software gar nicht mehr zu denken ist.)

Wenn Sie also zu den Leuten gehören, die Microsoft Office auf dem Rechner installiert haben, aber eine Arbeitsmappe nicht von einem Arbeitsessen unterscheiden können, dann belegt Excel 97 lediglich jede Menge Festplattenspeicher – und dafür ist Speicher doch wirklich zu schade. Höchste Zeit, das zu ändern.

Was zum Teufel fängt man mit Excel an?

Excel ist zunächst mal ein echt guter Organisator von allen möglichen Datentypen (Zahlen, Text etc.). Da es jede Menge Berechnungsfunktionen enthält, greifen die meisten auf Excel zurück, wenn es darum geht, irgendwelche Finanzblätter zu erstellen. Diese Blätter werden dann bis an die Zähne mit Formeln bewaffnet, mit deren Hilfe so Zeugs wie Gesamtumsatz, Gewinne und Verluste oder Wachstumsraten in Prozent berechnet werden sollen.

Warum Tabellenkalkulationsprogramme nichts als Arbeitsmappen produzieren

In Tabellenkalkulationsprogrammen wie Excel 97 werden die elektronischen Blätter nicht etwa Tabellenblätter, sondern *Arbeitsmappen* genannt. Dies ist auch ganz okay so. Sie sollten sich aber niemals dazu hinreißen lassen, Excel als ein Arbeitsmappenprogramm zu bezeichnen. Also: Stellen Sie sich Excel als ein Tabellenkalkulationsprogramm vor, das Arbeitsmappen produziert, nicht aber als Arbeitsmappenprogramm, das Tabellenblätter zaubert. Und noch eins drauf: Jede Arbeitsmappe enthält natürlich Tabellenblätter – wir wären also wieder beim Tabellenkalkulationsprogramm.

Berühmt ist Excel unter anderem auch für seine Fähigkeiten, Zahlen grafisch darzustellen. Das heißt, daß Sie Ihre nüchternen Zahlen im Handumdrehen in ein Diagramm oder eine Grafik Ihrer Wahl umsetzen können. Aus langweiligen Zahlenkolonnen werden auf einmal farbenfrohe Linien, Balken etc. Verschönern Sie beispielsweise langweilige Sitzungsberichte (mit Microsoft Word erstellt) mit ein paar geschmackvollen Pizzas (gemeint sind Kreisdiagramme), oder peppen Sie hochoffizielle Folien steifer Business-Präsentationen (vielleicht mit Microsoft PowerPoint fabriziert) etwas auf.

Selbst wenn Sie nicht allzuoft schicke und wichtige Finanzberechnungen erstellen oder Schnickschnack-Diagramme erzeugen müssen, gibt es bestimmt noch jede Menge Aufgaben, die Sie mit Excel erledigen könnten oder sollten. Es kann sich dabei um ganz simple Datenlisten handeln, sei es für den Privatgebrauch oder im Job. Excel ist ein ausgezeichneter Listenverwalter (ExpertInnen bezeichnen diese Listen in Excel als *Datenbanken*) und ein noch größerer Aus-Listen-Tabellen-Macher. Also, wenn es darum geht, Produkte, die Sie verkaufen, Kunden, die Sie beliefern, Angestellte, für die Sie zuständig sind, oder sonstiges übersichtlich zu verwalten, dann nichts wie ran an Excel.

Jede Menge kleiner Rechtecke

Warum kann Excel so gut Berechnungen durchführen und Daten in Listen und Tabellen organisieren? Ganz einfach! Betrachten Sie einmal eine leere Excel-Arbeitsmappe (die in Abbildung 1.1 eignet sich hervorragend hierfür). Was sehen Sie? Jede Menge kleiner Rechtecke. Diese Rechtecke – es gibt in jeder Arbeitsmappe Millionen davon – werden im Tabellenkalkulationsjargon als *Zellen* bezeichnet. Jede einzelne Information (z. B. ein Name, eine Straße, eine Zahl, ja sogar der Geburtstag von Tante Marta) wird in einer Zelle der Arbeitsmappe untergebracht, die Sie gerade erstellen.

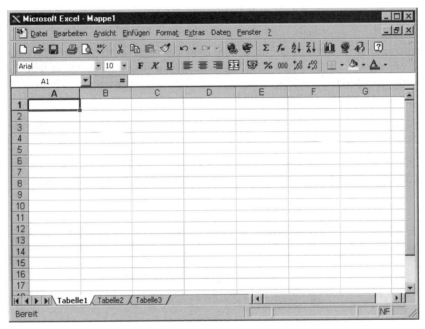

Abbildung 1.1: Jede Menge Rechtecke – und alle sehen gleich aus!

Zellen – die Bausteine aller Arbeitsmappen

Alle Zellen werden durch die Schnittpunkte des Spalten- und Zeilengitters definiert. Der Terminus technicus für ein solches Raster lautet *Array*. Die Position von Daten werden in einem Array zunächst durch ihre Zeilen- und anschließend durch ihre Spaltenposition bestimmt. (Keine Panik! Spätestens im Abschnitt »A1 alias Z1S1« weiter unten in diesem Kapitel wird das Ganze etwas klarer werden.)

Bitte alles an meine Zelladresse

Wie Sie in Abbildung 1.1 sehen können, wird eine Excel-Arbeitsmappe von einer Art Rahmen umgeben, in dem die Spalten und Zeilen benannt werden. Spalten werden mit Buchstaben, Zeilen mit Zahlen bezeichnet. Warum ist das notwendig? Excel-Arbeitsmappen sind riesengroß. (In Abbildung 1.1 sehen Sie nur einen Bruchteil der gesamten Mappe.) Also brauchen alle Zellen einen eindeutigen Namen – eine Zelladresse. Stellen Sie sich diese Namen wie die Bezeichnungen auf einem Schachbrett vor: »Ziehe den Turm von A1 nach A4« – allerdings in ganz anderen Dimensionen.

In Abbildung 1.2 zeigt Excel die aktuelle Position in der Arbeitsmappe gleich auf drei verschiedene Weisen an:

✔ Oberhalb der Arbeitsmappe auf der linken Seite der sogenannten *Bearbeitungsleiste* zeigt Excel die aktuelle Zelladresse an. Ist beispielsweise diejenige Zelle die aktuelle Zelle, deren Schnittpunkt durch die Spalte D und die Zeile 5 definiert wird, dann steht dort D5. (Dieses System wird auch als *A1-Bezugsart* bezeichnet.)

✔ Im Tabellenblatt selbst wird der *Zellcursor* (Abbildung 1.2 zeigt, welcher das ist) – ein dikker Rahmen um die Zelle – in der aktuell markierten Zelle positioniert.

✔ Im Tabellenblattrahmen sind der Spaltenbuchstabe und die Zeilennummer der Zelle, in denen sich der Zellcursor befindet, sowohl fett als auch hervorgehoben dargestellt.

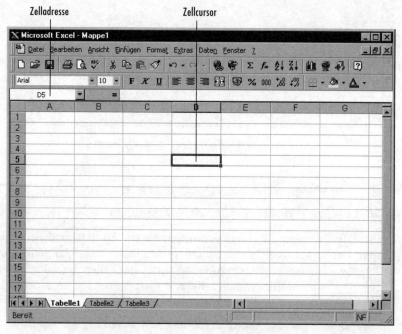

Abbildung 1.2: Excel kennzeichnet die aktuelle Position mit dem Zellcursor, der aktuellen Zelladresse sowie der fetten Darstellung des Spaltenbuchstabens und der Zeilennummer im Tabellenblattrahmen.

1 ➤ Worauf haben Sie sich da bloß eingelassen?

Warum um alles in der Welt wird um die aktuelle Zelle so viel Wind gemacht? Eine gute Frage, auf die es eine gute Antwort gibt:

Sie können in einem Tabellenblatt nur in die aktuelle Zelle Daten eingeben und nur in der aktuellen Zelle Daten bearbeiten.

Die Aussage dieses scheinbar eher banalen Satzes ist ungemein wichtig, und ihre Nichtbeachtung kann ungeahnte Folgen haben. Es ist nämlich nicht nur wichtig, was Sie eingeben, sondern auch, wo sie es eingeben. Wie schnell werden bereits vorhandene Daten durch neue überschrieben (d. h. gelöscht). Oder versuchen Sie mal, Daten zu bearbeiten, ohne vorher die entsprechende Zelle zu markieren. Weit kommen Sie mit diesem System bestimmt nicht.

A1 alias Z1S1

Die A1-Bezugsart ist ein Relikt aus VisiCalc-Tagen (der Urgroßmutter der heutigen Tabellenkalkulationsprogramme für PCs). Excel bietet zusätzlich noch eine weitere Bezugsart an: die *Z1S1-Bezugsart*. Hier werden sowohl die Spalten als auch die Zeilen des Tabellenblatts numeriert, wobei die Zeilennummer der Spaltennummer vorangestellt wird. Bei diesem System wird z. B. die Zelle A1 als Z1S1 (Zeile 1, Spalte 1), die Zelle A2 als Z2S1 (Zeile 2, Spalte 1) und die Zelle B1 als Z1S2 (Zeile 1, Spalte 2) bezeichnet. Wenn Sie wissen möchten, wie Sie zu dieser Bezugsart wechseln können, schlagen Sie in Kapitel 11 nach.

Also, wie groß ist die Arbeitsmappe nun wirklich?

Es ist wirklich keine Übertreibung, wenn ich behaupte, daß es in einer Arbeitsmappe Millionen von Zellen gibt. In jeder Arbeitsmappe gibt es sage und schreibe drei Tabellenblätter. Jedes Tabellenblatt besteht aus 256 Spalten (in der Regel sehen Sie nur die ersten sieben – A bis G) und 65.536 Zeilen (lächerliche 16 oder 17 werden auf dem Bildschirm angezeigt). Das macht insgesamt 16.777.216 leere Zellen. (Bah! Mehr als 16 Millionen von diesen Dingern!)

Wohlgemerkt: Wir sprechen von lediglich von einem Tabellenblatt. Es gibt nun aber drei Tabellenblätter pro Arbeitsmappe. Jedes Blatt bringt seine 16.777.216 leeren Zellen mit. Wenn Sie also eine Excel-Datei öffnen, stehen Ihnen auf einen Schlag 50.331.648 Zellen zur Verfügung. Und sollten Ihnen diese Zellen einmal doch nicht ausreichen, dann können Sie jederzeit ein neues Tabellenblatt in die Arbeitsmappe einfügen – mit 16.777.216 neuen Zellen.

Noch ein paar Arbeitsmappen-Banalitäten

Wollten Sie also ein ganzes Tabellenblatt auf Papier bringen, so bräuchten Sie ein Blatt, das etwa sechs Meter breit und 416 Meter lang wäre.

Auf einem 15-Zoll-Bildschirm werden in der Regel nicht mehr als sieben vollständige Spalten und 17 vollständige Zeilen des ganzen Tabellenblatts angezeigt, wenn Sie Excel gerade neu gestartet haben. Geht man davon aus, daß eine Spalte etwa 4 Zentimeter breit und eine Zeile etwa 0,6 Zentimeter hoch ist, dann stellen sieben Spalten gerade drei Prozent der gesamten Breite des Tabellenblatts dar, während 17 Zeilen nur etwa ein Tausendstel der gesamten Länge ausmachen. Dieser Exkurs sollte dazu dienen, Ihnen eine Vorstellung davon zu geben, wie klein der Ausschnitt des Tabellenblatts ist, der auf dem Bildschirm angezeigt wird, und wieviel Platz überhaupt verfügbar ist.

Kommt eigentlich nach Z auch noch was?

Unser Alphabet mit seinen 26 Buchstaben reicht natürlich nicht aus, um die 256 fortlaufenden Spalten des Excel-Tabellenblatts zu kennzeichnen. Deshalb verdoppelt Excel die Zellenbuchstaben in der Spaltenbezeichnung, so daß die Spalte AA direkt nach der Spalte Z kommt. Dieser folgen dann die Spalten AB, AC usw. bis AZ. Nach der Spalte AZ geht es weiter mit BA, BB, BC etc. Wenn Sie das System kapiert haben, dann wissen Sie nun, daß die 256. und damit letzte Spalte des Tabellenblatts IV heißt, was wiederum bedeutet, daß die allerletzte Zelle des Tabellenblatts die Bezeichnung IV65536 trägt!

Was Sie bis jetzt über Excel wissen sollten

So viel wissen Sie bis jetzt über Excel (bzw. sollten Sie wissen):

- ✔ Jede Excel-Datei wird als *Arbeitsmappe* bezeichnet.
- ✔ Jede neue Arbeitsmappe, die Sie öffnen, enthält drei riesengroße leere Tabellenblätter.
- ✔ Jedes Tabellenblatt einer Arbeitsmappe enthält über 16 Millionen Zellen (16.777.216 Zellen, um genau zu sein), die sich aus den Schnittpunkten der 256 Spalten und der 65.536 Zeilen ergeben.
- ✔ Jedes Tabellenblatt einer Arbeitsmappe ist in Spalten und Zeilen eingeteilt und mit einem Rahmen versehen, der die Spalten mit Buchstaben und die Zeilen mit Nummern kennzeichnet. Spalten hinter dem Buchstaben Z erhalten die Bezeichnungen AA, AB, etc.
- ✔ Alle Daten werden in den einzelnen Zellen eines Tabellenblatts gespeichert. Sie können aber Daten immer nur in die aktuelle Zelle eingeben, d. h. in die, die mit dem Zellcursor markiert ist.

✔ Excel ist so hilfsbereit und zeigt Ihnen, in welcher der über 16 Millionen Zellen Sie (bzw. der Cursor) sich gerade befinden, indem es die Zelladresse in der Bearbeitungsleiste und den Zellcursor im Tabellenblatt anzeigt (Abbildung 1.2).

✔ Das System, mit dem sich Excel auf die einzelnen Zellen in einem Tabellenblatt bezieht – die sogenannte A1-Bezugsart – beruht auf einer Kombination aus Spaltenbuchstabe und Zeilennummer.

Was Sie noch über Excel wissen sollten

Sie könnten nun vielleicht den Eindruck gewinnen, daß ein Tabellenkalkulationsprogramm wie Excel nicht viel mehr als ein etwas seltsames Textverarbeitungsprogramm mit Gitternetzlinien ist, das Sie zwingt, Ihre Daten in kleine, einzelne Zellen einzugeben, anstatt Ihnen die Weite einer ganzen Seite zu bieten.

Nun, ich möchte Ihnen hier nur sagen, daß Bill Gates (das ist der Big Boß von Microsoft, dem Hersteller von Excel) keinesfalls ein Multimillionär mit dem Verkauf eines seltsamen Textverarbeitungsprogramms geworden ist. Der große Unterschied zwischen den Zellen eines Tabellenblatts und den Seiten eines Textverarbeitungsprogramms besteht darin, daß jede Zelle Möglichkeiten für Berechnungen, Textverarbeitung und Gestaltung bietet. Die Rechenleistung basiert auf den Formeln, die Sie in verschiedenen Zellen des Tabellenblatts erstellen.

Ganz im Gegensatz zu einer Tabelle auf Papier, die nur Werte enthält, die an anderer Stelle errechnet wurden, kann ein elektronisches Tabellenblatt sowohl Formeln als auch die mittels dieser Formeln errechneten Werte speichern. Außerdem können Ihre Formeln die in anderen Zellen des Tabellenblatts gespeicherten Werte verwenden; wie Sie gleich sehen werden, aktualisiert Excel die errechnete Antwort aus einer solchen Formel jedes Mal automatisch, wenn Sie diese Werte im Tabellenblatt ändern.

Excels Rechenfähigkeiten – kombiniert mit den Bearbeitungs- und Gestaltungsmöglichkeiten – machen es zu einem perfekten Programm zur Erstellung von Dokumenten, die sowohl Text- als auch Zahleneingaben enthalten, mit denen Sie Berechnungen ausführen können. Da Sie Ihre Formeln dynamisch gestalten können – d. h., Ihre Berechnungen werden automatisch aktualisiert, wenn Sie Referenzwerte ändern, die in anderen Zellen des Tabellenblatts gespeichert sind –, ist es kinderleicht, die errechneten Werte in einem Tabellenblatt stets auf dem neuesten, korrekten Stand zu halten.

Meine Damen, meine Herren, starten Sie Ihre Tabellen!

Wenn Sie sich bereits etwas mit Windows 95 auseinandergesetzt haben, wird es kein all zu großer Schock für Sie sein zu erfahren, daß es zig Möglichkeiten gibt, Excel zu starten. (In Wahrheit gibt es fünf Möglichkeiten, von denen ich auch nur vier erklären werde.) Aber ohne Windows 95 läuft nichts. Dieses Betriebssystem muß bereits auf Ihrem Rechner installiert sein. Also, wenn Windows und Excel installiert sind, brauchen Sie bloß Ihren Rechner einzuschalten und eine der folgenden Methoden zum Starten von Excel auszuführen. Viel Glück und viel Spaß.

Excel 97 mit Hilfe der Microsoft Office 97 Shortcut-Leiste starten

Excel über die Shortcut-Leiste zu starten, ist wohl der einfachste Weg, dieses Prögrämmchen zum Laufen zu bringen. Der einzige Haken bei der Sache ist jedoch, daß die Office 97 Shortcut-Leiste auf Ihrem PC installiert und die Office-Symbolleiste (die enthält nämlich das Microsoft Excel-Symbol) aktiviert sein muß. Angenommen, beide Bedingungen sind erfüllt. Dann brauchen Sie nur auf das Symbol für Microsoft Excel auf der Office-Symbolleiste zu klicken, und schon steht Excel zu Ihren Diensten. (Werfen Sie sicherheitshalber auch mal einen Blick auf Abbildung 1.3.)

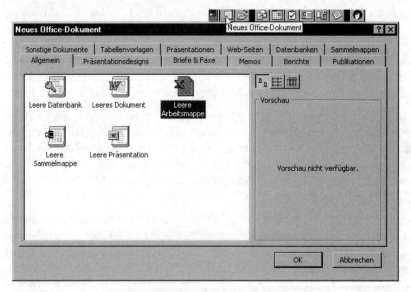

Abbildung 1.3: Excel 97 läßt sich schnell und einfach über sein Symbol in der Office-Symbolleiste starten.

Excel mit Hilfe des »Start«-Menüs von Windows 95 starten

Wenn Sie nicht über die Microsoft Office Shortcut-Leiste gehen wollen (weil Sie beispielsweise kein Office 97 haben oder die Office 97 Shortcut-Leiste nicht installiert ist), dann wenden Sie sich vertrauensvoll an das »Start«-Menü von Windows 95. Das ist übrigens die Startmethode, bei der man sich wirklich kaum verirren kann! Sie führen einfach die folgenden Schritte aus:

1 ➤ Worauf haben Sie sich da bloß eingelassen?

1. Klicken Sie in der Task-Leiste von Windows auf die Schaltfläche »Start«, um das »Start«-Menü zu öffnen.
2. Wählen Sie im »Start«-Menü den Befehl PROGRAMME.
3. Im folgenden Menü wählen Sie einfach den Eintrag MICROSOFT EXCEL.

Sobald Sie Schritt 3 ausgeführt haben, wird Excel geöffnet, und Sie haben das Vergnügen, den Eingangsbildschirm von Microsoft Excel 97 zu betrachten. Danach sehen Sie einen Bildschirm, der mehr oder weniger wie der in Abbildung 1.1 und Abbildung 1.2 aussieht. Eine brandneue, leere Arbeitsmappe liegt vor Ihnen, und es kann losgehen.

Excel 97 mit Hilfe des Windows-Explorer starten

Noch kein geeignetes Verfahren gefunden? Wie wäre es denn mit dem Explorer von Windows 95? Der Vorteil dieser Methode besteht darin, daß Sie zusammen mit Excel auch gleich eine bereits vorhandene Arbeitsmappe öffnen können. Aber zunächst einmal nur die Schritte, mit denen Sie Excel mit einer neuen leeren Arbeitsmappe starten können:

1. **Öffnen Sie den Windows-Explorer.**

   Klicken Sie dazu in der Task-Leiste auf die Schaltfläche »Start«, wählen Sie im »Start«-Menü den Befehl PROGRAMME und anschließend den Eintrag WINDOWS-EXPLORER.

2. **Suchen Sie in der Liste auf der linken Seite den Ordner MICROSOFT EXCEL bzw. MSOFFICE.**

   Wenn Sie das Programm Microsoft Office *nicht* haben, ist Schritt 3a zuständig, ansonsten Schritt 3b.

3a. **Klicken Sie in der Liste auf der linken Seite auf den Ordner MICROSOFT EXCEL, und doppelklicken Sie anschließend auf der rechten Seite auf das Programmsymbol von Excel (das stilisierte XL). Daneben steht auch noch** Excel **und** Anwendung .

3b. **Klicken Sie in der Liste auf der linken Seite auf den Ordner MICROSOFT EXCEL. Danach doppelklicken Sie auf der rechten Seite auf den EXCEL-Ordner, damit Sie anschließend auf das Programmsymbol von Excel (das grafisch dargestellte XL) doppelklicken können. Daneben steht auch noch** Excel **und** Anwendung .

Wenn Sie nur Excel 97 mit einer leeren Arbeitsmappe starten möchten, dann ist dieses Verfahren ganz schön kompliziert. In diesem Fall empfehle ich eine der beiden ersten Methoden. Wenn Sie aber zusammen mit Excel eine ganz bestimmte Datei laden möchten, dann hat der Explorer die Nase vorn. (Zugegeben, mit der Office Shortcut-Leiste geht's genauso schnell.) Sie müssen dann nämlich nur den Ordner finden, in dem die gewünschte Datei abgelegt ist. Doppelklicken auf den entsprechenden Dateinamen genügt, um sowohl Excel 97 als auch die Datei zu öffnen. Das ist doch was, oder?

Excel 97 mit Hilfe einer Verknüpfung starten

Wenn Sie Excel 97 als Einzelprogramm und nicht im Office 97-Paket erstanden und aus diesem Grund nicht die Möglichkeit haben, das Programm über die Office Shortcut-Leiste zu starten, dann lege ich Ihnen wärmstens ans Herz, sich für Excel 97 eine Verknüpfung zu erstellen. Dann müssen Sie lediglich auf das Verknüpfungssymbol auf Ihrem Desktop (so heißt Ihre Arbeitsfläche auf dem Bildschirm) doppelklicken und schon steht Excel zu Ihrer Verfügung. Nachteil dieses Verfahrens: Die Verknüpfung müssen Sie schon selber herstellen – ist aber ganz einfach. Wie zu erwarten war, gibt es auch beim Erstellen von Verknüpfungen zig Möglichkeiten. Die folgende Methode hat den Vorteil, daß Sie auch mal erfahren, wie Sie nach Dateien und Ordnern suchen können.

So stellen Sie eine Verknüpfung zu Excel 97 her:

1. **Klicken Sie in der Task-Leiste auf die Schaltfläche »Start«.**

2. **Wählen Sie im »Start«-Menü den Befehl SUCHEN und anschließend den Befehl DATEIEN/ ORDNER.**

3. **Geben Sie im Dialogfeld »Suche nach: Alle Dateien« im Textfeld NAME** excel.exe **ein. Danach drücken Sie einfach Eingabe, oder Sie klicken auf »Starten«.**

   »Excel.exe« ist der Name der Programmdatei, mit der Excel 97 gestartet wird.

4. **Sobald Windows die Datei mit dem Namen »excel.exe« auf Ihrer Festplatte gefunden hat (es sollte eigentlich nicht mehr als eine sein!), sollten Sie im Listenfeld eine Datei namens EXCEL sehen (die Dateierweiterung .exe bleibt bei den Dateilisten von Windows in der Regel verborgen), die zum Typ »Anwendung« gehört. Mit fast hundertprozentiger Sicherheit ist dies die Programmdatei, die Windows verwendet, um Excel zu öffnen.**

5. **Klicken Sie mit der rechten Maustaste auf das Excel-Dateisymbol (es spielt dabei keine Rolle, ob das Dateisymbol bereits markiert ist).**

   Damit wird das Kontextmenü für Ordner und Dateien geöffnet.

6. **Klicken Sie im Kontextmenü auf den Befehl VERKNÜPFUNG ERSTELLEN.**

   Prompt gibt Windows eine Warnung aus, daß im Suchen-Dialogfeld keine Verknüpfung erstellt werden kann. Es wird aber großzügig angeboten, die Verknüpfung auf dem Desktop zu erstellen.

7. **So ein Angebot sollten Sie nicht ausschlagen. Beantworten Sie die Frage daher durch Drücken von Eingabe oder durch Klicken auf »Ja«.**

8. **Klicken Sie auf die Schaltfläche zum Schließen (das X ganz rechts oben in der Titelleiste des Dialogfelds).**

   Das Suchen-Dialogfeld wird geschlossen, und zu Ihrer Freude finden Sie ein neues Symbol auf Ihrem Desktop vor, das den klangvollen Namen »Verknüpfung mit Excel.exe« trägt. Wenn Sie lieber einen anderen Namen vergeben möchten, z. B. Excel (wie phantasievoll), dann führen Sie Schritt 9 aus. Ansonsten haben Sie es geschafft.

9. **Klicken Sie mit der rechten Maustaste auf das neue Symbol, und wählen Sie im Kontextmenü den Befehl UMBENENNEN.**

   Jetzt können Sie den alten Namen einfach überschreiben. Drücken Sie Eingabe, wenn Sie fertig sind.

Um nun Excel mit Hilfe der brandneuen Verknüpfung auf dem Desktop zu öffnen, doppelklicken Sie ganz einfach auf das Verknüpfungssymbol. Excel startet diensteifrig und bietet Ihnen sofort eine neue Arbeitsmappe an, damit Sie was zu tun kriegen.

Excel automatisch per Knopfdruck beim Starten des Rechners öffnen

Mit diesem faszinierenden Verfahren schließe ich den Startmonolog dann aber auch schon ab. Diese Methode sollte übrigens nur von denjenigen verwendet werden, die sich absolut sicher sind, daß sie – wann immer sie den Rechner starten – in Excel nachschauen möchten, ob auch alles in Ordnung ist. Ansonsten wäre es etwas lästig: Immer wenn Sie den Rechner einschalten, wird zuerst Windows und danach sofort Excel gestartet. Ansonsten eine verführerische Sache. Stellen Sie sich vor: Sie schalten den Rechner ein (Sie wissen, wo der dazugehörige Knopf ist, oder?), und schwupp – Excel zu Ihren Diensten.

Lange Rede, kurzer Sinn! Damit das Ganze auch funktioniert, müssen Sie wieder einmal mit Verknüpfungen arbeiten. Und zwar muß eine Excel-Verknüpfung in den AUTOSTART-Ordner kopiert werden. Klingt komplizierter, als es ist. Führen Sie einfach die folgenden Schritte aus:

1. **Klicken Sie in der Task-Leiste auf die Schaltfläche »Start«, wählen Sie danach im »Start«-Menü den Befehl EINSTELLUNGEN und anschließend den Befehl TASK-LEISTE.**

2. **Klicken Sie im Dialogfeld »Eigenschaften von Task-Leiste« auf das Register PROGRAMME im Menü »Start«.**

3. **Klicken Sie auf der Registerkarte PROGRAMME im Menü »Start« auf die Schaltfläche »Erweitert« (keine Angst!).**

4. **Klicken Sie nun vertrauensvoll auf das kleine Pluszeichen (+) vor dem Ordner PROGRAMME.**

   Sie finden diesen Ordner in der linken Liste unter dem Ordner STARTMENÜ.

5. **Klicken Sie in der linken Seite auf den Ordner AUTOSTART.**

   Wenn Sie hier klicken, zeigt Windows den Inhalt des Ordners AUTOSTART in der rechten Liste des Explorer-Fensters an.

6. **Ziehen Sie bei Bedarf das Explorer-Fenster und das Dialogfeld mit den Eigenschaften der Task-Leiste an ihren jeweiligen Titelleisten so aus dem Weg, daß Sie die Excel 97-Verknüpfung auf dem Desktop sehen können.**

7. **Halten Sie nun Strg gedrückt, klicken Sie kühn auf die Excel 97-Verknüpfung, und ziehen Sie sie schwungvoll vom Desktop in die rechte Liste im Explorer-Fenster.**

    Achten Sie darauf, daß Sie auch wirklich Strg drücken, während Sie von dannen ziehen. (Wenn Sie das richtig machen, wird neben dem Mauszeiger ein Pluszeichen angezeigt, was besagt, daß Sie etwas kopieren.) Lassen Sie die Maustaste erst los, wenn der Umriß der Excel 97-Verknüpfung in der rechte Liste zu sehen ist. Ist dies der Fall, dann können Sie zuerst die Maustaste, anschließend die Taste Strg loslassen und abschließend tief durchatmen. Wenn alles geklappt hat, sollten Sie jetzt in der rechten Liste im Explorer-Fenster das Symbol für die Excel 97-Verknüpfung sehen. Sollten Sie wider Erwarten das Verknüpfungssymbol nicht sehen, dann tut's mir leid. Irgendwas muß schiefgelaufen sein. Sie müssen wohl oder übel die Schritte 6 und 7 noch mal durchführen, bevor Sie bei Schritt 8 weitermachen dürfen.

8. **Klicken Sie nun auf die Schaltfläche zum Schließen, um sich vom Explorer zu verabschieden.**

    (Die Schaltfläche zum Schließen ist das X ganz oben rechts in der Titelleiste des Dialogfelds.)

9. **Gleich ist es geschafft; noch schnell im Dialogfeld »Eigenschaften von Task-Leiste« auf »OK« klicken.**

Uff, die Excel 97-Verknüpfung wäre erst einmal untergebracht. Also, wenn Sie nun den Rechner neu starten, dann kommt Excel angespurtet, ob Sie wollen oder nicht. Testen Sie es am besten gleich mal. Klicken Sie im »Start«-Menü auf den Befehl BEENDEN, und wählen Sie danach das Optionsfeld WINDOWS NEU STARTEN. (Das ist so ungefähr das gleiche wie den Rechner ganz neu anschalten.) Beantworten Sie die neugierige Windows-Frage mit »Ja« oder mit Drücken von Eingabe und ab geht die Post.

Sollte es Ihnen später einmal lästig werden, bei jedem Rechnerstart mit Excel konfrontiert zu werden, dann schmeißen Sie die Excel-Verknüpfung ganz einfach aus dem Ordner AUTOSTART raus. Führen Sie dazu zunächst die ersten fünf Schritte von oben aus, und dann geht's folgendermaßen weiter:

6. **Klicken Sie in der rechten Liste auf das Excel 97-Verknüpfungssymbol.**

7. **Drücken Sie Entf.**

8. **Klicken Sie auf die Schaltfläche »Ja«, oder drücken Sie Eingabe.**

    Keine Panik! Die Frage »Soll 'Microsoft Excel' wirklich in den Papierkorb verschoben werden?« ist etwas unglücklich übersetzt und bedeutet nicht, daß Sie Excel löschen. Sie zerknüllen lediglich die Verknüpfung zu Excel und werfen sie in den Papierkorb. Und das wollen Sie ja auch.

9. **Klicken Sie nun auf die Schaltfläche zum Schließen.**

    (Das X ganz oben rechts in der Titelleiste des Dialogfelds.)

10. **Gleich ist es wieder geschafft; noch schnell im Dialogfeld »Eigenschaften von Task-Leiste« auf »OK« klicken.**

Keine Angst vor Mäusen!

Sie können zwar die meisten der Excel-Funktionen auch über die Tastatur aufrufen, mit der Maus läßt sich jedoch in den meisten Fällen sehr viel effektiver ein Befehl auswählen oder ein bestimmter Vorgang ausführen. Schon deshalb ist es die Mühe wert, sich die verschiedenen Maustechniken des Programms anzueignen. Wenn Sie Excel zur Erledigung Ihrer Arbeit regelmäßig einsetzen, lohnt es sich natürlich ganz besonders.

Was man mit der Maus so alles machen kann

Windows-Anwendungen wie Excel verwenden drei grundlegende Maustechniken, um Elemente im Programm oder im Dokumentfenster zu markieren und zu bearbeiten:

- ✔ *Auf ein Element klicken*: Mit dem Mauszeiger auf das Element zeigen und dann die linke Maustaste drücken und sofort wieder loslassen. (Linkshänder drücken natürlich die rechte Maustaste – vorausgesetzt, Sie haben in der Windows-Systemsteuerung die linke und die rechte Maustaste vertauscht. Was, Sie wissen nicht, wovon ich rede? Sie haben doch sicherlich irgendwo Ihr *Windows 95 für Dummies* vergraben. Da steht's drin!) Gelegentlich muß auch mit der rechten Maustaste geklickt werden (die linke für Linkshänder). Wird schon werden!

- ✔ *Auf ein Element doppelklicken*: Mit dem Mauszeiger auf das Element zeigen und dann die linke Maustaste zweimal kurz hintereinander drücken und sofort wieder loslassen (klick-klick).

- ✔ *Ein Element ziehen*: Mit dem Mauszeiger auf das Element zeigen und dann die linke Maustaste gedrückt halten, während Sie das Element mit der Maus in die gewünschte Richtung ziehen. Sobald sich das gezogene Etwas an der gewünschten Stelle befindet, lassen Sie die Maustaste los.

Wenn Sie auf ein Element klicken, um es zu markieren, müssen Sie darauf achten, daß die Spitze des Pfeils das zu markierende Element auch wirklich berührt. Damit sich der Mauszeiger vor dem Klicken nicht auf einmal selbständig macht, halten Sie die Maus fest mit Daumen, Ring- und kleinem Finger umklammert und drücken dann mit dem Zeigefinger auf die linke Maustaste. Wenn Ihnen die Maus vom Schreibtisch läuft, fangen Sie sie ein (hochheben ist damit gemeint) und setzen sie erneut auf die Unterlage (der Zeiger wird dadurch nicht bewegt).

Die vielen Gesichter des Mauszeigers

Der Mauszeiger hat in Excel für wahr verschiedenste Gesichter. Je nachdem, was Excel gerade vor hat, ändert der Mauszeiger sein Aussehen. In Tabelle 1.1 sind die verschiedenen Gesichter des Mauszeigers dargestellt. Außerdem erfahren Sie, was Sie tun müssen, um die jeweiligen Mausgesichter zu sehen zu kriegen, und was Sie dann damit anstellen können.

Mauszeiger	Bedeutung
✥	Das breite, weiße Kreuz wird angezeigt, wenn Sie den Mauszeiger zwischen den Zellen des aktuellen Tabellenblatts spazierenführen. Verwenden Sie diesen Zeiger, um Zellen zu markieren.
↖	Die Pfeilspitze wird sichtbar, wenn Sie mit dem Mauszeiger auf die Symbolleisten, die Menüleiste oder auf eine Seite eines markierten Zellbereichs zeigen. Mit diesem Mauszeiger wählen Sie Excel-Befehle aus oder verschieben bzw. kopieren einen Zellbereich mit *Ziehen und Ablegen* (oder *Drag & Drop* wie die ExpertInnen unter Ihnen sagen werden).
I	Das große »I« zeigt sich, wenn Sie auf einen Eintrag in der Bearbeitungsleiste klicken, auf eine Zelle doppelklicken oder F2 drücken, um eine Zelle zu bearbeiten. Verwenden Sie diesen Zeiger, wenn Sie der Einfügemarke in einer Zelle oder in der Bearbeitungsleiste einen neuen Platz zuweisen wollen.
+	Das kleine Kreuz wird zum Leben erweckt, wenn der Mauszeiger auf die untere rechte Ecke einer markierten Zelle zeigt. Verwenden Sie diesen Zeiger, um eine fortlaufende Datenreihe in einem Zellbereich zu erstellen bzw. um einen Eintrag oder eine Formel in mehrere Zellen zu kopieren. (Mehr hierzu später.)
↖?	Den Fragezeichen-Mauszeiger kriegen Sie zu sehen, wenn Sie den Befehl DIREKTHILFE im ?-Menü wählen. Verwenden Sie diesen Zeiger, um nach Hilfe zu Excel-Befehlen oder zu Symbolen in einer Symbolleiste zu schreien.
↔	Der Doppelpfeil taucht immer dann auf, wenn Sie mit dem Mauszeiger auf eine Seite eines Elements zeigen, dessen Größe geändert werden kann. Und logischerweise verwenden Sie diesen Zeiger, um die Größe von Elementen zu ändern (von Zeilen, Spalten oder so).
↔│↔	Der Doppelpfeil, der in der Mitte eine Trennlinie hat, wird angezeigt, wenn der Mauszeiger auf das Teilungsfeld in der horizontalen oder vertikalen Bildlaufleiste oder in der Registerleiste zeigt. Wie die Trennlinie bereits vorsichtig andeutet, können Sie damit das Arbeitsmappenfenster in zwei Ausschnitte unterteilen oder die Größe der Registerleiste sowie der horizontalen Bildlaufleiste ändern.
✥	Nun noch zum Vierfachpfeil: Der taucht immer dann auf, wenn Sie im Systemmenü der Arbeitsmappe den Befehl VERSCHIEBEN gewählt oder Strg + F7 gedrückt haben. Und was tut man mit diesem Pfeil – man verschiebt das Arbeitsmappenfenster mit Hilfe der Pfeiltasten an eine neue Position zwischen Bearbeitungs- und Statusleiste.

Tabelle 1.1: Die verschiedenen Formen des Excel-Mauszeigers

Verwechseln Sie den Zellcursor nicht mit dem Mauszeiger. Der Mauszeiger verändert seine Form, wenn Sie ihn bewegen. Der Zellcursor behält stets seine Form; er wird lediglich größer, wenn Sie einen Zellbereich markieren. Der Mauszeiger reagiert auf jede Bewegung, die Sie mit der Maus auf dem Schreibtisch machen, und bewegt sich immer unabhängig vom Zellcursor. Sie können mit dem Mauszeiger jedoch die Position des Zellcursors ändern, indem Sie den Mauszeiger in Form des dicken, weißen Kreuzes auf die Zelle setzen, die durch den Zellcursor markiert werden soll, und dann mit der linken Maustaste klicken.

1 ➤ Worauf haben Sie sich da bloß eingelassen?

Und was passiert, wenn ich diesen Knopf drücke?

In Abbildung 1.4 erfahren Sie endlich, wie die verschiedenen Elemente des Excel-Fensters heißen. Was Sie dort sehen, ist in etwa der Bildschirm, den Sie vor sich haben, wenn Sie Excel ganz neu starten (ohne eine bereits existierende Arbeitsmappe zu öffnen). Wie Sie sehen, enthält das Excel-Fenster jede Menge nützlicher, aber überaus verwirrender Dinge.

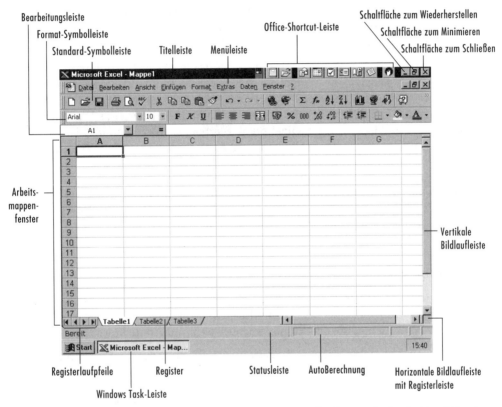

Abbildung 1.4: Schaltflächen und Leisten, wohin das Auge auch schaut – das ist das Excel-Fenster

Die Titelleiste

Die erste Zeile im Excel-Fenster wird als *Titelleiste* bezeichnet, da sie den Programmnamen enthält, nämlich Microsoft Excel. Wenn das Arbeitsmappenfenster in seiner vollen Größe angezeigt wird (nennt man auch Vollbilddarstellung oder maximiertes Fenster), dann steht unmittelbar hinter dem Programmnamen auch noch der Name der aktuellen Arbeitsmappe. Das könnte dann ungefähr folgendermaßen aussehen:

```
Microsoft Excel - Mappe1
```

Ganz links in der Titelleiste sehen Sie eines der vielen stilisierten XLs. Wenn Sie auf dieses Symbol klicken, wird das Systemmenü von Excel aufgeklappt. Es enthält Befehle, mit denen Sie das Excel-Programmfenster verschieben, verkleinern und vergrößern können. Außerdem gibt es dort noch den Befehl SCHLIESSEN, mit dem Sie – wie der Name bereits andeutet – Excel beenden und wieder auf dem Desktop landen. (Die Abkürzung für diesen Befehl – ExpertInnen sprechen hier auch von Shortcut – Alt + F4 tut's auch.)

Die Symbole ganz rechts in der Titelleiste sollten Sie ebenfalls kennen: das Symbol für Minimieren sowie das Symbol für Maximieren bzw. Wiederherstellen und das Symbol zum Schließen eines Fensters. Dieses Trio gibt es in allen Windows-Anwendungen.

Wenn Sie auf das Symbol für Minimieren klicken (das ist die, die wie ein Unterstrich aussieht), dann wird das Excel-Fenster zum Symbol in der Windows 95 Task-Leiste verkleinert. Wenn Sie auf das Symbol für Maximieren klicken (das ist das Rechteck, was wiederum ein Fenster darstellen soll), dann füllt das Excel-Fenster den gesamten Bildschirm aus. Das Maximieren-Symbol muß dann ihren Platz für das Symbol für Wiederherstellen räumen (das ist die mit den zwei Rechtecken). Mit diesem Symbol können Sie die vorherige Fenstergröße wiederherstellen. Nun noch zum X. Damit beenden Sie Excel genauso, als ob Sie im Systemmenü von Excel den Befehl SCHLIESSEN wählen oder Alt + F4 drücken. Wenn Sie das ganz alte Windows 3.1 und eine Uraltversion von Excel (Version 5 oder noch älter) gewohnt waren, ist dieses Symbol am Anfang etwas tückisch, da man früher ganz rechts außen das Fenster maximieren konnte. Was habe ich am Anfang versehentlich Fenster geschlossen!

Die Menüleiste

Die zweite Zeile im Excel-Fenster ist die *Menüleiste*. Sie beherbergt die aufklappbaren Menüs, die wiederum die Excel-Befehle enthalten, mit denen Sie arbeiten. (Mehr dazu im Abschnitt »Die Qual der Wahl: Menüleiste oder Kontextmenü?« weiter unten in diesem Kapitel.)

Ganz links in der Menüleiste erwartet Sie wieder mal das XL-Symbol (nur wenn die Arbeitsmappe zur vollen Größe aufgeplustert ist (Symbol für Maximieren drücken)). Wenn Sie darauf klicken, wird ein weiteres Systemmenü aufgeklappt. Dieses Mal ist es das Systemmenü für die aktuelle Arbeitsmappe. Das Menü sieht dem Systemmenü für Excel aber ziemlich ähnlich. Also, mit dem Systemmenü für die aktuelle Arbeitsmappe verschieben, verkleinern und vergrößern Sie das Arbeitsmappenfenster, das sich im Excel-Programmfenster befindet. Es gibt auch hier den Befehl SCHLIESSEN, mit dem Sie logischerweise nicht Excel, sondern die aktuelle Arbeitsmappe schließen. Die Shortcuts für diesen Befehl lauten Strg + W oder Strg + F4.

Die drei Schaltflächen ganz rechts in der Menüleiste tun dasselbe wie Ihre Brüder und Schwestern in der Titelleiste. (Ich spreche immer noch von einer Arbeitsmappe in der Vollbilddarstellung.) Wenn Sie auf das Symbol für Minimieren klicken, schrumpft die Arbeitsmappe zu einem kleinen Symbol über der Statusleiste zusammen. Wenn Sie auf das Symbol für Maximieren klicken, nimmt die Arbeitsmappe den gesamten Raum zwischen Bearbeitungs- und Statusleiste ein. Statt dem Maximieren- wird dann das Wiederherstellen-Symbol angezeigt, mit dem die ursprüngliche Fenstergröße wiederherstellt wird. In diesem Fall werden das XL-Symbol, der Name sowie das Symboltrio für die Arbeitsmappe in der Titelleiste des Arbeitsmappenfensters dargestellt. Verwirrend – aber Sie gewöhnen sich schon dran. Mit dem X-Symbol ganz rechts wird die Arbeitsmappe geschlossen (ist dasselbe wie der Befehl SCHLIESSEN im Systemmenü der Arbeitsmappe bzw. das Drücken von Strg + W oder Strg + F4).

Die Symbolleiste für Standards

Die dritte Zeile ist die Standard-Symbolleiste des Excel-Fensters. Jedes *Symbol* in dieser Zeile (auch *Schaltfläche* genannt) hat eine bestimmte Funktion, die durch Anklicken mit der Maus aktiviert wird. Sie verwenden z. B. das erste Symbol, um eine neue Arbeitsmappe zu erstellen, das zweite, um eine bestehende Arbeitsmappe zu öffnen, das dritte, um die aktuelle Arbeitsmappe zu speichern, und das vierte, um sie zu drucken. Tabelle 1.2 enthält die Namen und Funktionen aller Symbole in der Standard-Symbolleiste. Sie können sicher sein, daß Sie im Laufe der Zeit mit jedem einzelnen Kontakt aufnehmen werden.

Zeig mir, was Du kannst

Wenn Sie aus einem Symbol mal gar nicht schlau werden, dann zeigen Sie einfach mit dem Mauszeiger drauf (zeigen, nicht klicken!). Schwupp – schon erscheint unter dem Symbol ein kleines Kästchen, in dem die Aufgabe des Symbols steht. (Das Ganze nennt sich *QuickInfo*.)

Symbol	Symbolname	Funktion
	Neu	Erstellt eine neue Arbeitsmappe mit drei leeren Tabellenblättern
	Arbeitsmappe öffnen	Öffnet eine vorhandene Arbeitsmappe
	Speichern	Speichert die Änderungen in der aktiven Arbeitsmappe
	Drucken	Druckt die aktive Arbeitsmappe
	Seitenansicht	Zeigt jede Seite so an, wie sie im Ausdruck erscheint
	Rechtschreibung	Überprüft Text im Tabellenblatt auf Rechtschreibfehler
	Ausschneiden	Entfernt den markierten Bereich und speichert ihn in der Zwischenablage

Symbol	Symbolname	Funktion
	Kopieren	Kopiert den markierten Bereich in die Zwischenablage
	Einfügen	Fügt den Inhalt der Zwischenablage an der aktuellen Stelle ein
	Format übertragen	Überträgt die Formatierung der aktuellen Zelle auf alle Zellen Ihrer Wahl
	Rückgängig	Macht den zuletzt gewählten Befehl rückgängig
	Wiederholung	Wiederholt den zuletzt gewählten Befehl
	Hyperlink einfügen	Fügt einen Hyperlink zu einer anderen Datei, zu einer Internet-Adresse (URL) oder zu einer bestimmten Stelle in einem anderen Dokument ein. (Kapitel 10 erklärt, wie man Hyperlinks einsetzt.)
	Web-Symbolleiste	Zeigt die Web-Symbolleiste an, die Tools enthält, mit denen Sie ein Tabellenblatt im World Wide Web veröffentlichen können. (Auch zu diesem Thema gibt Kapitel 10 Auskunft!)
	Summe	Addiert eine Datenreihe mit der Funktion SUMME
	Funktions-Assistent	Hilft bei der Erstellung einer der in Excel integrierten Funktionen (siehe auch Kapitel 2)
	Aufsteigend	Sortiert die Daten eines Zellbereichs je nach Datentyp in aufsteigender alphabetischer und/oder numerischer Reihenfolge
	Absteigend	Sortiert die Daten eines Zellbereichs je nach Datentyp in umgekehrter alphabetischer und/oder numerischer Reihenfolge
	Diagramm-Assistent	Leitet Sie Schritt für Schritt durch die Erstellung eines neuen Diagramms im aktiven Tabellenblatt (siehe Kapitel 8)
	Landkarte	Erstellt eine Landkarte auf der Grundlage der Daten im Tabellenblatt (siehe Kapitel 8)
	Zeichnen	Zeigt die Zeichnen-Symbolleiste an, mit der Sie verschiedene Formen und Pfeile erstellen können (mehr dazu in Kapitel 8)
100%	Zoom	Vergrößert oder verkleinert die Bildschirmdarstellung der Daten in Ihrem Tabellenblatt

Symbol	Symbolname	Funktion
?	Office-Assistent	Aktiviert den Office-Assistenten, der Ihnen gute Ratschläge zum Arbeiten mit Excel gibt oder Ihre Fragen beantwortet. (Näheres erfahren Sie in diesem Kapitel im Abschnitt »Der Office-Assistent – stets zu Ihren Diensten«

Tabelle 1.2: Die coolen Symbole der Standard-Symbolleiste

Die Symbolleiste mit Format

Unter der Standard-Symbolleiste macht sich die Format-Symbolleiste breit, die ihren Namen aufgrund der vielen Schaltflächen erhalten hat, die in erster Linie zur Formatierung der Zellen eines Tabellenblatts verwendet werden. Tabelle 1.3 zeigt, was Sie so alles damit machen können.

Symbol	Symbolname	Funktion
Arial	Schriftart	Formatiert einen Zellbereich in der gewählten Schriftart
10	Schriftgrad	Formatiert einen Zellbereich in der gewählten Schriftgröße
F	Fett	Formatiert den Zellbereich fett
K	Kursiv	Formatiert den Zellbereich kursiv
U	Unterstrichen	Unterstreicht die Einträge im Zellbereich (nicht die Zellen)
≡	Linksbündig	Richtet den Inhalt eines Zellbereichs linksbündig aus
≡	Zentriert	Zentriert den Inhalt eines Zellbereichs
≡	Rechtsbündig	Richtet den Inhalt eines Zellbereichs rechtsbündig aus
⊞	Verbinden und zentrieren	Zentriert den Inhalt der aktiven Zelle oberhalb der markierten Spalten
⌘	Währungsformat	Stellt den Zellbereich im Währungsformat dar (DM nachgestellt, Tausenderpunkt, zwei Dezimalstellen)

Symbol	Symbolname	Funktion
%	Prozentformat	Stellt den Zellbereich im Prozentformat dar (Zahlen mit 100 multipliziert, %-Zeichen nachgestellt, keine Dezimalstellen)
000	1.000er-Trennzeichen	Trennt Tausenderstellen durch einen Punkt und zeigt zwei Dezimalstellen an
+,0 ,00	Dezimalstelle hinzufügen	Zeigt bei jedem Klicken auf dieses Symbol eine Dezimalstelle mehr an (Mit Umschalt+Klicken wird eine Dezimalstelle weniger angezeigt.)
,00 +,0	Dezimalstelle löschen	Zeigt bei jedem Klicken auf dieses Symbol eine Dezimalstelle weniger an (Mit Umschalt+Klicken wird eine Dezimalstelle mehr angezeigt.)
←	Einzug verkleinern	Verschiebt den Eintrag in der aktuellen Zelle um die Breite eines Zeichens in der Standardschriftart nach links
→	Einzug vergrößern	Verschiebt den Eintrag in der aktuellen Zelle um die Breite eines Zeichens in der Standardschriftart nach rechts
	Rahmenlinien	Zeigt eine Palette verschiedener Rahmentypen an, mit der Sie Zellbereiche mit Linien schmücken können
	Füllfarbe	Zeigt eine Palette mit Hintergrundfarben für die Zellen an
A	Schriftfarbe	Zeigt eine Palette mit Farben für Text in den Zellen eines Zellbereichs an

Tabelle 1.3: Die flotten Symbole der Format-Symbolleiste

Die Standard- und die Format-Symbolleisten enthalten die Werkzeuge, mit denen Sie am häufigsten arbeiten werden. Deshalb werden sie auch automatisch im Excel-Fenster angezeigt, wenn Excel gestartet wird. Es kann sein, daß auf Ihrem Bildschirm nicht alle Symbole angezeigt werden können, ganz einfach weil er zu klein für diese vielen kleinen Dingerchen ist. Wenn Sie sich aber mal ansehen wollen, was diese Symbolleisten im Gesamtangebot haben, dann klicken Sie ganz links außen auf den Symbolleisten auf die beiden senkrechten Striche, und ziehen Sie die Symbolleiste aus ihrer Verankerung. Sie läßt sich jetzt irgendwo am Bildschirm plazieren und zeigt alles an, was in ihr steckt! Excel enthält natürlich noch eine ganze Reihe anderer Symbolleisten, die Sie anzeigen können, wann immer Sie für Ihre Arbeit besondere Werkzeuge benötigen. Sie werden schnell merken, wie mit den Excel-Symbolleisten Ihre Arbeitsproduktivität in die Höhe schnellen wird, da Sie dort Routinebefehle sehr viel schneller aufrufen können als über die Menüs der Menüleiste.

Die Bearbeitungsleiste

Die Bearbeitungsleiste zeigt die Zelladresse und den Inhalt der aktuellen Zelle an. Sie ist in drei Abschnitte unterteilt: Der erste Abschnitt ganz links (das sogenannte *Namenfeld*) enthält die aktuelle Zelladresse und ein Dropdown-Listenfeld auf seiner rechten Seite. Der zweite Abschnitt verfügt auf der rechten Seite über ein einziges Symbol mit einem Gleichheitszeichen drauf (das sogenannte *Symbol für Formeln bearbeiten*), sein mittlerer Teil ist (zunächst) abgeblendet dargestellt. Der dritte Abschnitt ist nur ein weißes Feld, das den Rest der Bearbeitungsleiste ausfüllt. Wenn die aktuelle Zelle leer ist, dann enthält auch dieser dritte Abschnitt keinen Eintrag. Sobald Sie aber Daten oder eine Formel eingeben, erwachen der zweite und der dritte Abschnitt zum Leben.

Sobald Sie eine Taste drücken, werden im zweiten Abschnitt zwischen dem nach unten zeigenden Pfeil des Namenfeld und dem Symbol für Formeln bearbeiten, das Symbol für Abbrechen und das Symbol für Eingeben (Abbildung 1.5) angezeigt. (In Kapitel 2 erfahren Sie, wie Sie diese drei einsetzen.)

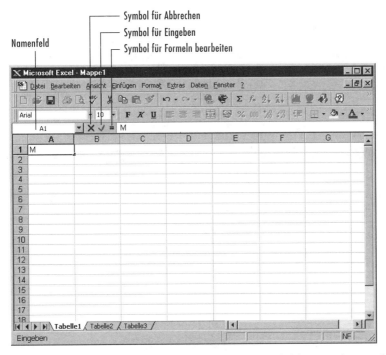

Abbildung 1.5: Das Symbol für Abbrechen und das Symbol für Eingeben werden in der Bearbeitungsleiste angezeigt, sobald Sie etwas in eine Zelle eingeben.

Hinter diesen Feldern und Schaltflächen werden im dritten Abschnitt der Bearbeitungsleiste die Zeichen angezeigt, die Sie gerade in eine Zelle im Tabellenblatt eingeben. Wenn Sie den Eintrag abgeschlossen haben (indem Sie auf das Symbol für Eingeben in der Bearbeitungsleiste geklickt oder Eingabe bzw. eine der Pfeiltasten gedrückt haben), zeigt Excel den gesamten Eintrag in der Zelle an. Die zwei Felder aus dem zweiten Abschnitt der Bearbeitungsleiste verschwinden. Sobald Sie den Zellcursor wieder auf dieser Zelle positionieren, wird der Inhalt dieser Zelle erneut in der Bearbeitungsleiste angezeigt.

Das Dokumentfenster, auch das Arbeitsmappenfenster genannt

Wenn Sie das Programm aufrufen, wird normalerweise eine leere Arbeitsmappe in einem neuen Dokumentfenster direkt unterhalb der Bearbeitungsleiste angezeigt. Abbildung 1.6 zeigt, daß das Dokumentfenster (wenn es nicht als Vollbild dargestellt oder zum Symbol verkleinert ist) ein eigenes Systemmenüfeld, eine eigene Titelleiste sowie eigene Symbole für Minimieren, Maximieren bzw. Wiederherstellen und zum Schließen besitzt. In der Titelleiste des Dokumentfensters wird außerdem noch der Arbeitsmappenname angezeigt (MAPPE1, wenn Sie Excel aufrufen, MAPPE2, wenn Sie das nächste neue Dokumentfenster öffnen etc.).

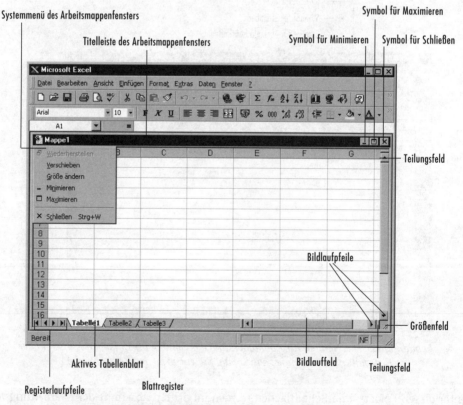

Abbildung 1.6: Jedes Arbeitsmappenfenster enthält seine eigenen Systemmenüfelder und Schaltflächen für Minimieren und Maximieren.

Am unteren Rand des Dokumentfensters befinden sich die Registerlaufpfeile, das Blattregister für die Aktivierung der verschiedenen Tabellenblätter der Arbeitsmappe (Sie wissen ja – drei neue Blätter warten auf Ihre Zahlen) sowie die horizontale Bildlaufleiste, mit der Sie im Tabellenblatt weiter nach rechts bzw. nach blättern können. Am rechten Rand des Dokumentfensters gibt es noch die vertikale Bildlaufleiste, mit der Sie im Tabellenblatt nach unten bzw. nach oben blättern. (Sie erinnern sich sicherlich, daß Sie nur einen lächerlich kleinen Prozentsatz des gesamten Tabellenblatts auf dem Bildschirm sehen).

Sie können direkt nach dem Aufruf von Excel mit der Erstellung eines neuen Tabellenblatts in TABELLE1 der MAPPE1 beginnen, die im Dokumentfenster angezeigt wird. Wenn Ihre Bildschirmanzeige so wie die in Abbildung 1.6 aussehen soll, dann klicken Sie in der Menüleiste auf das Symbol für Wiederherstellen. Und, schwuppdiwupp, erhalten Sie ein auf das Wichtigste reduziertes Arbeitsmappenfenster.

Wenn ein Arbeitsmappenblatt kein Tabellenblatt ist

Tabellenblätter sind nicht die einzigen Blätter, die es in Arbeitsmappen geben kann. Da gibt es nämlich auch noch *Diagrammblätter*, die – na was wohl? – Diagramme enthalten. (Kapitel 8 gibt Auskunft zu diesem Thema.) Und es gibt *Modulblätter* (siehe Kapitel 12), die wiederum Code für Makros enthalten, mit denen die verschiedensten Aufgaben in Tabellen- und Diagrammblättern automatisiert werden können.

Dokumentfenster in beliebiger Größe

Wie ich bereits mehrmals erwähnt habe, können Sie die Größe und die Position einer Arbeitsmappe, die nicht zum Symbol verkleinert und nicht als Vollbild dargestellt wird, manuell ändern. Hierzu hat Microsoft für ganz Blinde eine spezielle Ecke (das sogenannte *Größenfeld*) kreiert, die uns in der unteren rechten Ecke des Dokumentfensters beglückt. Rein theoretisch tut es jede andere Ecke auch, aber die ist wohl besonders schön.

Aber egal, gehen Sie nun folgendermaßen vor: Zeigen Sie mit dem Mauszeiger auf das besagte Größenfeld des Dokumentfensters (oder eine beliebige andere Ecke – es gibt ja noch drei davon). Ein neues Mausgesicht – der Doppelpfeil – zeigt sich. Ziehen Sie nun die Maus so lange (die linke Maustaste bleibt gedrückt), bis das Fenster die gewünschte Größe hat. Beachten Sie, daß der Mauszeiger die Form eines Doppelpfeils nur dann annimmt, wenn Sie wirklich auf DIE oder eine andere Ecke zeigen.

✔ Wenn Sie den Mauszeiger auf den unteren Rahmen des Fensters setzen und dann senkrecht nach oben ziehen, wird das Fenster verkürzt. Ziehen Sie den Zeiger nach unten, wird das Fenster in die Länge gestreckt.

✔ Wenn Sie den Zeiger auf den rechten Fensterrahmen setzen und dann nach links ziehen, wird das Fenster schmaler. Ziehen Sie den Zeiger nach rechts, wird das Fenster breiter.

✔ Wenn Sie den Zeiger auf die untere rechte Ecke des Fensterrahmens setzen und dann diagonal in Richtung auf die linke obere Rahmenecke ziehen, wird das Fenster kürzer und schmaler. Ziehen Sie diagonal von der linken oberen Rahmenecke weg, wird das Fenster länger und breiter.

Sobald die Fenstergröße Ihren Wünschen entspricht, lassen Sie die linke Maustaste los. Excel zeichnet das Dokumentfenster gemäß Ihren Wünschen neu.

Wenn Sie die Größe eines Dokumentfensters manuell geändert haben, können Sie die ursprüngliche Fenstergröße auch nur manuell wiederherstellen. Es gibt in diesem Fall leider kein Symbol für Wiederherstellen, auf das Sie klicken könnten.

Damit aber nicht genug. Die Dokumentfenster können nicht nur in ihrer Größe verändert, sondern auch im Excel-Fenster verschoben werden.

1. **Um ein Dokumentfenster zu verschieben, packen Sie es einfach am Kragen bzw. an der Titelleiste.**
2. **Wenn Sie die Titelleiste fest im Griff haben, ziehen Sie das Fenster an die gewünschte Position und lassen die linke Maustaste wieder los.**

Wenn Ihnen die Mausmethode zu einfach ist, können Sie ein Dokumentfenster auch komplizierter verschieben:

1. **Drücken Sie Strg + F7, oder wählen Sie im Systemmenü des Dokumentfensters den Befehl VERSCHIEBEN.**

    Der Mauszeiger zeigt ein neues Gesicht – den Vierfachpfeil.

2. **Drücken Sie die Pfeiltasten (←, ↑, → oder ↓), bis das Fenster im Schneckentempo an die gewünschte Position gekrochen ist.**

3. **Drücken Sie zuletzt Eingabe.**

    Der Mauszeiger zeigt wieder sein Alltagsgesicht – das dicke weiße Kreuz.

Durch die Tabellenblätter surfen

Ganz unten links im aktiven Arbeitsmappenfenster werden die Registerlaufpfeile und daneben die Register für die ersten drei Tabellenblätter angezeigt. Das aktive Tabellenblatt ist daran zu erkennen, daß es weiß ist und der Registername fett dargestellt wird. Wenn Sie Lust auf ein anderes Tabellenblatt der Mappe haben, dann klicken Sie einfach auf das dazugehörige Blattregister.

Falls Sie der Arbeitsmappe weitere Tabellenblätter hinzugefügt haben (Kapitel 12 sagt Ihnen, wie man das macht!) und nun das Blattregister für das Tabellenblatt, das Sie unbedingt sehen möchten, nicht anzeigt wird, dann blättern Sie mit den Registerlaufpfeilen ganz einfach nach links oder rechts. Sehen Sie die vier links neben den Registern angezeigten Schaltflächen?

Nun, wenn Sie auf eine der beiden mittleren Schaltflächen klicken, blättern Sie in der Registerlaufleiste jeweils um ein Register nach rechts bzw. nach links. Wenn Sie auf eine der beiden äußeren Schaltflächen klicken, blättern Sie zum ersten bzw. letzten Register in der Arbeitsmappe.

Die Statusleiste

Die letzte Zeile am unteren Rand des Excel-Fensters wird als *Statusleiste* bezeichnet, da sie Informationen über den aktuellen Zustand des Programms enthält. Im linken Teil der Statusleiste werden Meldungen angezeigt, die gegenwärtig ablaufende Vorgänge oder den Befehl beschreiben, den Sie in der Excel-Menüleiste ausgewählt haben. Nachdem Sie Excel gestartet haben, wird dort die Meldung Bereit angezeigt (Abbildung 1.7). Wie nett! Excel teilt Ihnen mit, daß es losgehen kann.

Auf der rechten Seite der Statusleiste befinden sich mehrere Felder, die den aktuellen Modus des Programms anzeigen, d. h., hier können Sie sehen, ob bestimmte Tasten aktiviert sind, die das Arbeiten mit dem Programm irgendwie beeinflussen könnten. Nach dem Starten von Excel wird z. B. im Feld für AutoBerechnung Summe=0 und im Feld für den Status der Zehnertastatur Num angezeigt.

Bitte einmal AutoBerechnung

Das größte Feld in der Statusleiste (das dritte von links) ist das Feld für AutoBerechnung. Mit diesem kleinen Zauberfeld können Sie schnell und einfach Zwischensummen von beliebigen Zellbereichen bilden, wenn das Kopfrechnen nicht mehr so ganz funktioniert. (In Kapitel 3 kriegen Sie jede Menge Infos darüber, wie Sie einen Zellbereich markieren.) In Abbildung 1.7 sehen Sie beispielsweise ein Tabellenblatt, in dem ein Teil einer Spalte markiert ist. Und man sehe und staune: Die Summe aller markierten Zellen steht unaufgefordert unten in der Statusleiste im Feld für AutoBerechnung.

Wenn Sie meinen, das war's, dann irren Sie sich gewaltig. Das Feld für AutoBerechnung kann weit mehr, als nur eine läppische Summe zu bilden. Wie wäre es mit dem Mittelwert oder der Anzahl von Werten? Wenn Sie beispielsweise wissen möchten, wie viele markierte Zellen Werte enthalten (Excel ignoriert beim Zählen alle Textzellen), dann klicken Sie mit der rechten Maustaste auf das Feld für AutoBerechnung. Mensch – dieses Feld hat auch noch ein Kontextmenü! (Was das ist, das erfahren Sie gleich genauer weiter unten in diesem Kapitel!) Die Summenfunktion ist aktuell aktiv. Das erkennen Sie am Häkchen. Klicken Sie nun auf ANZAHL, und schon wissen Sie, wie viele der markierten Zellen Werte enthalten. Anderes Beispiel: Sie möchten den Mittelwert der markierten Zellen errechnen. Nichts leichter als das. Einmal mit der rechten Maustaste auf das Feld für AutoBerechnung geklickt, die Funktion MITTELWERT gewählt, und das Ergebnis ist da. Wenn Sie wieder zur Standardfunktion SUMME zurückschalten möchten, öffnen Sie das Kontextmenü und klicken auf SUMME. Das Häkchen steht jetzt wieder vor der Summenfunktion.

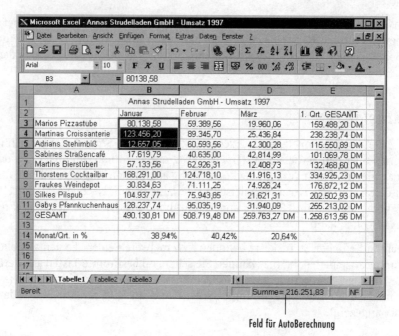

Abbildung 1.7: Das Feld für AutoBerechnung in der Statusleiste berechnet automatisch die Summe aller markierten Zellen, die Werte enthalten. Sie brauchen keinen Finger dafür krumm zu machen.

Der Status der Zehnertastatur

Was geht Sie der Status der Zehnertastatur an? Ganz einfach: Das NUM-Feld in der Statusleiste zeigt an, ob die Taste Num auf der Zehnertastatur gedrückt oder nicht gedrückt ist. Müssen Sie das wissen? Klar! Denn nur so wissen Sie, ob die Pfeiltasten oder die Zahlen auf der Zehnertastatur aktiv sind. Ist Num aktiviert, können Sie die Zahlen verwenden, ist die Taste deaktiviert, stehen die Pfeiltasten zur Verfügung.

Nichts wie raus aus dieser Zelle!

Excel verfügt über mehrere Möglichkeiten, mit denen Sie sich in den einzelnen riesigen Tabellenblättern der Arbeitsmappe bewegen können. Am einfachsten ist es, in der Registerlaufleiste auf das entsprechende Register zu klicken und dann die Bildlaufleisten im Dokumentfenster zu verwenden, um andere Bereiche des Tabellenblatts anzuzeigen. Excel bietet Ihnen auch eine ganze Reihe von Tasten oder Tastenkombinationen, mit denen Sie nicht nur einen anderen Bereich des Tabellenblatts anzeigen, sondern auch eine neue Zelle aktivieren können.

Einfach laufen lassen

Wie funktioniert das mit den Bildlaufleisten in Excel? Stellen Sie sich vor, Sie rollen Ihr Tabellenblatt auf, als ob es eine Pergamentrolle wäre. Um einen anderen Bereich auf der Rolle sichtbar zu machen, der noch auf der rechten Seite verborgen ist, müßte man die rechte Seite abrollen, bis der Bereich mit den gewünschten Zellen erscheint. Wollte man einen Bereich des Tabellenblatts auf der linken Seite sehen, so müßte man die linke Seite abrollen, bis der Zellbereich erscheint.

Vor und zurück mit der horizontalen Bildlaufleiste

Um diesen Links-/Rechts-Bildlauf in einem Excel-Tabellenblatt durchzuführen, verwenden Sie die *horizontale Bildlaufleiste* am unteren Rand des Dokumentfensters. Mit dieser Bildlaufleiste rollen Sie das Fenster mit den linken und rechten Bildlaufpfeilen auf. Wenn Sie auf den *linken* Bildlaufpfeil in der Bildlaufleiste klicken, bewegt sich das Tabellenblatt nach rechts und zeigt eine neue Spalte an, die bis jetzt auf der linken Seite verdeckt war. Wenn Sie auf den *rechten* Bildlaufpfeil in der Bildlaufleiste klicken, bewegt sich das Tabellenblatt nach links und zeigt eine neue Spalte an, die bis jetzt auf der rechten Seite verdeckt war. Na, soweit alles klar?

Es geht aber auch noch schneller. Klicken Sie auf den Bildlaufpfeil, in dessen Richtung Sie blättern müssen. Halten Sie die Maustaste eisern gedrückt, bis die Spalte angezeigt wird, die Sie sehen möchten. Wenn Sie beispielsweise nach rechts blättern, wird das *horizontale Bildlauffeld* (der große rechteckige Block) immer kleiner, je mehr Sie sich in den Spaltenbereich BA und weiter wagen. Am Schluß ist das Bildlauffeld nur noch ein kleiner mickriger Strich. Wenn Sie dann auf den Bildlaufpfeil nach links klicken, um zurückzublättern, plustert sich das Bildlauffeld immer mehr auf, je mehr Sie sich der Spalte A nähern. Netter optischer Schnickschnack.

 Und dann gibt es noch einen wirklich hilfreichen optischen Schnickschnack. Wenn Sie nämlich noch flotter durch die Spalten blättern wollen, dann ziehen Sie einfach das dicke Bildlauffeld in die entsprechende Richtung. Excel zeigt Ihnen stets an, in welcher Spalte Sie landen würden, wenn Sie jetzt die Maustaste losließen. Das finde ich echt praktischer. Ich habe mich früher oft ziemlich verirrt.

Auf und ab mit der vertikalen Bildlaufleiste

Mit der *vertikalen Bildlaufleiste* wird das Tabellenblatt nach oben bzw. nach unten gerollt. Auch hier bietet sich das Bild der Pergamentrolle an, die jetzt allerdings waagrecht gehalten wird. Sie rollen die Pergamentrolle nach unten ab, um die am unteren Rand verdeckten Zeilen anzusehen, bzw. nach oben auf, um die am oberen Rand verdeckten Zeilen anzusehen.

Die vertikale Bildlaufleiste an der rechten Seite des Dokumentfensters enthält die entsprechenden Bildlaufpfeile. Klicken Sie auf den nach unten zeigenden Bildlaufpfeil, um das Tabellenblatt nach oben zu verschieben und die nächste noch verdeckte Zeile am unteren

Bildschirmrand anzuzeigen. Klicken Sie auf den nach oben zeigenden Bildlaufpfeil, um das Tabellenblatt nach unten zu verschieben und die nächste noch verdeckte Zeile am oberen Bildschirmrand anzuzeigen.

Da ich mich ungern wiederhole, möchte ich Sie auf die beiden letzten Absätze im vorhergehenden Abschnitt verweisen. Diese optischen Schnickschnacks funktionieren selbstverständlich auch beim vertikalen Blättern.

Bildschirm für Bildschirm

Sie können mit den Bildlaufleisten auch einen Bildschirmsprung im Dokument machen. Klicken Sie dazu auf den hellgrauen Bereich in der Bildlaufleiste zwischen dem Bildlauffeld und einem der Bildlaufpfeile. Um einen Bildschirm mehrere Spalten nach links oder nach rechts zu blättern, klicken Sie in der horizontalen Bildlaufleiste auf die entsprechende Seite des Bildlauffelds (links neben dem Bildlauffeld = nach links; rechts neben dem Bildlauffeld = nach rechts).

Um einen Bildschirm nach oben oder nach unten zu blättern, klicken Sie in der vertikalen Bildlaufleiste auf die entsprechende Seite des Bildlauffelds (oberhalb des Bildlauffelds = nach oben; unterhalb des Bildlauffelds = nach unten).

Falls Ihnen jetzt vom vielen Blättern schwindelig geworden sein sollte: Machen Sie eine kleine Pause. Die haben Sie sich verdient!

Schon mal was von der IntelliMouse gehört?

Microsoft hat sich was Neues einfallen lassen: die IntelliMouse. Sie wurde speziell für das Blättern in Office 97-Dokumenten und -listen sowie für das Arbeiten mit Windows entworfen. Auf der IntelliMouse befindet sich zwischen der linken und der rechten Taste ein kleines Rad, das sich auch als Taste einsetzen läßt. Sie finden das etwas merkwürdig? Nein, nein, alles ganz intelligent und ergonomisch!

In Excel 97 können Sie dieses Rädchen nämlich anstelle der Bildlaufleisten einsetzen, um sich einen anderen Teil des Tabellenblatts anzuzeigen. Und das geht so:

✔ Drehen Sie das Rädchen vorwärts oder rückwärts, um jeweils einige Zeilen nach oben bzw. nach unten zu blättern.

✔ Klicken Sie mit dem Rädchen (das geht nämlich auch!), und bewegen Sie dann die Maus in die Richtung, in der Sie einen Bildlauf durchführen möchten. Sobald Sie mit dem Rädchen klicken, ändert der Mauszeiger seine Form und wird zu einem Vierfachpfeil. Wenn der gewünschte Zellbereich des Tabellenblatts am Bildschirm angezeigt wird, klicken Sie mit einer der Maustasten auf eine der Zellen in diesem Bereich, um das Blättern abzubrechen. Der Mauszeiger erhält dann seine gewohnte Form zurück.

Für die IntelliMouse brauchen Sie natürlich auch eine besondere Software, nämlich IntelliPoint 2.0. Diese Software läßt Sie viele schicke Funktionen für diese Supermaus einstellen. So lassen sich damit z. B. Titelleisten, Symbole, Ordner und Menüs aktivieren, wenn man nur mit dem Mauszeiger darauf zeigt. Die Sache mit dem *Standardsprung* gefällt mir übrigens auch ganz gut. Damit springt der Mauszeiger automatisch auf die aktivierte Schaltfläche, wenn Sie ein Dialogfeld öffnen.

Tastenkombinationen zum Verschieben des Zellcursors

Ein Nachteil bei der Verwendung der Bildlaufleisten besteht darin, daß lediglich neue Bereiche des Tabellenblatts angezeigt werden, aber die Position des Zellcursors nicht geändert wird. Das heißt, wenn Sie in die Zellen eines neuen Tabellenblattbereichs Daten eingeben wollen, dürfen Sie nicht vergessen, die Zelle(n) zu markieren, bevor Sie mit der eigentlichen Eingabe beginnen.

Excel bietet eine ganze Reihe von Tastenkombinationen, mit denen der Zellcursor in eine neue Zelle verschoben werden kann. Wenn Sie eine dieser Kombinationen verwenden, blättert Excel bei Bedarf im Tabellenblatt, um den Zellcursor neu positionieren zu können. Tabelle 1.4 enthält diese schlauen Tastenkombinationen und beschreibt, welche Sprünge der Zellcursor bei welcher Kombination ausführt.

 Denken Sie daran, daß Num deaktiviert sein muß, wenn Sie die Pfeiltasten auf der Zehnertastatur verwenden möchten. Ansonsten gibt es unerwünschte Zahlen oder sonstige Zeichen. Ich habe Sie gewarnt!

Taste(-nkombinationen)	Funktion
→ oder Tab	Nach rechts zur nächsten Zelle
← oder Umschalt + Tab	Nach links zur nächsten Zelle
↑	Eine Zeile nach oben
↓	Eine Zeile nach unten
Pos1	Zur Zelle in Spalte A der aktuellen Zeile
Strg + Pos1	Zur ersten Zelle (A1) im Tabellenblatt
Strg + Ende oder Ende, Pos1	Zur Zelle in der rechten unteren Ecke des aktiven Bereichs des Tabellenblatts (= letzte Zelle, die Daten enthält)
Bild↑	Einen Bildschirm nach oben zur Zelle in derselben Spalte
Bild↓	Einen Bildschirm nach unten zur Zelle in derselben Spalte
Strg + Bild↑	Letzte Zelle mit Daten im vorherigen Tabellenblatt der Arbeitsmappe
Strg + Bild↓	Letzte Zelle mit Daten im nächsten Tabellenblatt der Arbeitsmappe
Strg + → oder Ende, →	Nach rechts zur ersten belegten Zelle in derselben Zeile, die sich entweder vor oder nach einer leeren Zelle befindet

Taste(-nkombinationen)	Funktion
Strg + ← oder Ende, ←	Nach links zur ersten belegten Zelle in derselben Zeile, die sich entweder vor oder nach einer leeren Zelle befindet
Strg + ↑ oder Ende, ↑	Nach oben zur ersten belegten Zelle in derselben Spalte, die sich entweder vor oder nach einer leeren Zelle befindet
Strg + ↓ oder Ende, ↓	Nach unten zur ersten belegten Zelle in derselben Spalte, die sich entweder vor oder nach einer leeren Zelle befindet

Tabelle 1.4: Tastenkombinationen zum Verschieben des Zellcursors

Von Bereich zu Bereich

Die Tastenkombinationen Strg bzw. Ende plus Pfeiltaste aus Tabelle 1.4 sind ideal für das schnelle Hin- und Herspringen von einem Ende des Tabellenblatts zum anderen oder von einem Tabellenbereich zum anderen.

✔ Wenn sich der Zellcursor in einer leeren Zelle irgendwo links neben einem Tabellenbereich mit Zelleinträgen befindet, den Sie anzeigen möchten, dann können Sie mit Strg + → den Zellcursor auf den ersten Zelleintrag am äußersten linken Rand des Tabellenbereichs bewegen (in derselben Zeile versteht sich).

✔ Wenn Sie noch einmal Strg + → drücken, hüpft der Zellcursor auf den letzten Zelleintrag am äußersten rechten Rand des Tabellenbereichs (sofern es in dieser Zeile keine leeren Zellen gibt).

✔ Wenn Sie dann die Richtung ändern und Strg + ↓ drücken, springt der Zellcursor direkt zum letzten Zelleintrag am unteren Ende des Tabellenbereichs (immer vorausgesetzt, daß es in dieser Tabellenspalte keine leeren Zellen gibt).

✔ Wenn Sie dann nochmals Strg + ↓ drücken, springt der Zellcursor auf den ersten Eintrag am oberen Rand des nächsten darunterliegenden Tabellenbereichs (vorausgesetzt, daß sich über diesem Bereich keine anderen Einträge in derselben Spalte befinden).

✔ Wenn Sie Strg oder Ende zusammen mit einer der Pfeiltasten drücken und sich in der Richtung der gewählten Pfeiltaste keine belegten Zellen mehr befinden, springt der Zellcursor direkt zu der Zelle, die sich in dieser Richtung am äußersten Rand des Tabellenblatts befindet.

Wenn sich der Zellcursor beispielsweise in Zelle C15 befindet und in Zeile 15 keine weiteren Zellen belegt sind, dann wird der Zellcursor zur Zelle IV15 am äußersten rechten Rand des Tabellenblatts springen, sobald Sie Strg + → drücken. Ein weiter, weiter Weg!

Wenn Sie sich in Zelle C15 tummeln und es darunter in Spalte C keine weiteren Einträge gibt, dann wird der Zellcursor zur Zelle C65536 am äußersten unteren Rand des Tabellenblatts springen, sobald Sie Strg + ↓ drücken. So schnell kann's gehen!

Wenn Sie Strg und eine Pfeiltaste betätigen, um in einem Tabellenbereich von einer Seite zur anderen zu hüpfen oder zwischen den Tabellenbereichen in einem Tabellenblatt hin- und herzuwandern, müssen Sie Strg gedrückt halten, während Sie eine der vier Pfeiltasten betätigen. (Das Pluszeichen in den Tastenkombinationen soll genau dies aussagen, z. B. Strg + →.)

Wenn Sie Ende und eine der Pfeiltasten verwenden, müssen Sie Ende drücken und diese Taste loslassen, bevor Sie die Pfeiltaste betätigen. (Das Komma soll Ihnen dabei auf die Sprünge helfen, z. B. Ende, →.)

Da Sie Strg gedrückt lassen können, während Sie verschiedene Pfeiltasten betätigen, ist die Tastenkombination Strg+Pfeiltaste für ein schnelles Navigieren zwischen den Bereichen eher geeignet als die Tastenkombination Ende, Pfeiltaste.

Auch auf die Gefahr hin, daß Sie vom vielen Hüpfen und Springen bereits etwas müde geworden sind, sollten Sie sich doch noch den letzten beiden (ruhigeren) Abschnitten zu diesem Thema widmen.

Lieber Zellcursor, bitte gehe zu Zelle A105

Mit der Funktion GEHE ZU können Sie direkt zu einer Zelle im Tabellenblatt springen. Öffnen Sie dazu das Dialogfeld »Gehe zu«. Wie immer haben Sie die Qual der Wahl: Wählen Sie entweder den Befehl GEHE ZU im Menü BEARBEITEN, oder drücken Sie Strg + G bzw. F5. Danach schreiben Sie in das Textfeld BEZUG die Adresse der Zelle, zu der Sie hüpfen möchten. »OK« wählen oder Eingabe drücken und schon sind Sie dort. Das Textfeld BEZUG ist übrigens nicht wählerisch. Sie können dort Groß- und/oder Kleinbuchstaben eingeben.

Das schlaue Excel merkt sich übrigens die letzten vier Zellen, zu denen Sie gesprungen sind. Diese werden oben im Dialogfeld »Gehe zu« angezeigt. Sie werden vielleicht auch bemerken, daß im Textfeld BEZUG zusätzlich noch die Zelladresse steht, von der Sie abgesprungen sind. Damit können Sie schnell zwischen der aktuellen Position und Ihrer vorherigen Position im Tabellenblatt hin- und herpendeln. Einfach F5 und danach Eingabe drücken (immer vorausgesetzt, Sie haben den Befehl GEHE ZU benutzt, um zur aktuellen Position zu gelangen).

Lieber Zellcursor, bitte bleib, wo Du bist

Sie können mit der Rollen-Feststelltaste die Position des Zellcursors im Tabellenblatt »einfrieren«, damit Sie mit Tasten wie Bild↓ oder Strg + Bild↓ im Tabellenblatt blättern können, ohne die ursprüngliche Position des Zellcursors zu verändern. (Das heißt, Sie können mit diesen Tasten genauso arbeiten wie mit den Bildlaufleisten.)

Wenn Sie also die Rollen-Feststelltaste drücken und in Ihrem Tabellenblatt mit Hilfe von Tasten oder Tastenkombinationen blättern, wird Excel keine neue Zelle markieren, sondern nur einen neuen Bereich des Tabellenblatts anzeigen.

Wenn Sie beim Blättern mit der Tastatur den Zellcursor wieder mobil machen wollen, drücken Sie einfach nochmals auf die Rollen-Feststelltaste, und die Anzeige SCRL verschwindet aus der Statusleiste.

Die Qual der Wahl: Menüleiste oder Kontextmenü?

Für die Gelegenheiten, bei denen Ihnen die Excel-Symbolleisten nicht mit einem Symbol zur Seite stehen, müssen Sie auf die Menübefehle des Programms zurückgreifen. Excel bietet Ihnen eine Menüauswahl, die einem 5-Sterne-Restaurant alle Ehre macht: Neben den normalen Menüs in der Menüleiste (sie werden manchmal auch als Pulldown-Menüs bezeichnet), die es in fast allen Windows-Anwendungsprogrammen gibt, bietet Excel Ihnen noch ein zweites Menüsystem, die sogenannten *Kontextmenüs*.

Die Kontextmenüs machen einen schnelleren Zugriff auf die am häufigsten verwendeten Menübefehle möglich, da sie mit einem bestimmten Bildschirmelement (z. B. mit einer Symbolleiste, einem Dokumentfenster, einer Zelle) verknüpft sind und nur die Befehle enthalten, die für dieses Element gedacht sind. Das führt dazu, daß die Kontextmenüs oft Befehle beherbergen, die sich in der Menüleiste in verschiedenen Einzelmenüs tummeln.

Darf ich die Bestellung aufnehmen?

Wie beim Verschieben des Zellcursors im Tabellenblatt können Sie bei der Wahl der Befehle in der Menüleiste zwischen Maus und Tastatur wählen. Um ein Menü mit der Maus zu öffnen, klicken Sie einfach auf den Menünamen in der Menüleiste. Wenn Sie ein Menü mit der Tastatur öffnen wollen, halten Sie Alt gedrückt und geben den Buchstaben ein, der im entsprechenden Menünamen unterstrichen ist. (Sie können diese Buchstaben einfach als »Unterstrichene Buchstaben« bezeichnen. Wenn Ihnen dies zu läppisch ist, stehen Ihnen die Fachtermini *Zugriffstaste*, *Befehlsbuchstabe* oder *Hotkey* zur Verfügung.) Wenn Sie z. B. Alt drücken und gleichzeitig B eingeben, öffnet Excel das Menü BEARBEITEN, da dort der Buchstabe »B« unterstrichen ist.

Sie können allerdings auch Alt oder F10 und dann → drücken, bis das gewünschte Menü markiert ist. Um das Menü aufzuklappen, wenden Sie sich einfach an die Taste ↓.

Sobald Sie ein Menü in der Menüleiste geöffnet haben, können Sie dort jeden beliebigen Befehl wählen, indem Sie mit der Maus auf den Befehl klicken, den unterstrichenen Buchstaben des Befehlsnamens eingeben oder mit ↓ den Befehl markieren und anschließend Eingabe drücken.

Wenn Sie die Excel-Befehle nach einiger Zeit besser kennen, können Sie das Öffnen eines Menüs und die Auswahl eines Menübefehls miteinander kombinieren.

✔ Mit der Maus klicken Sie zuerst einmal auf das Menü. Dann fahren Sie lässig mit dem Mauszeiger nach unten, bis der gewünschte Befehl markiert ist. Dann klicken Sie einfach noch mal – und schon ist der Befehl gewählt.

✔ Wenn Sie mit der Tastatur arbeiten, halten Sie Alt gedrückt und geben den unterstrichenen Buchstaben des gewünschten Menüs und anschließend den des Befehls ein. Um z. B. das aktive Dokumentfenster mit dem Befehl SCHLIESSEN im Menü DATEI zu schließen, drücken Sie lediglich Alt + D, C.

Wem all diese Möglichkeiten noch nicht ausreichen – eine habe ich noch: Einige Befehle in den Menüs der Menüleiste können auch durch sogenannte Tastaturbefehle aufgerufen werden. (Diese werden hinter dem Befehl angezeigt.) Sie können mit diesen Tasten direkt den gewünschten Befehl auswählen, anstatt den Umweg über die Menüs zu gehen. Wenn Sie also z. B. das aktive Dokument speichern wollen, drücken Sie die Abkürzungstaste Strg + S, anstatt den Befehl SPEICHERN im Menü DATEI zu wählen. Sollten Sie allerdings erst im Menü nachschlagen müssen, wie der entsprechende Tastaturbefehl lautet, dann können Sie auch gleich den Befehl im bereits aufgeklappten Menü wählen.

Manchmal kann es passieren, daß Sie einen Befehl in einem Menü wählen und ein Dialogfeld angezeigt wird, das weitere Befehle und Optionen enthält. (Nur kein Streß! Der Abschnitt »Wie man eine intelligente Unterhaltung mit einem Dialogfeld führt« weiter unten in diesem Kapitel zeigt Ihnen, wo's langgeht.) Befehle, nach deren Auswahl sich ein Dialogfeld öffnet, sind daran zu erkennen, daß hinter dem Befehl drei Punkte stehen. Wie Sie ja vielleicht schon wissen, öffnet Excel nach der Wahl des Befehls SPEICHERN UNTER im Menü DATEI ein Dialogfeld. Beim näheren Hinsehen entdecken Sie jetzt auch den Grund dafür. Genau: Der Befehl endet mit drei Punkten!

Es kann allerdings auch sein, daß manchmal bestimmte Menübefehle einfach Pause machen. Sie klicken drauf, und nichts passiert. Wenn Sie genau hinsehen, werden Sie merken, daß der faule Befehl hellgrau dargestellt ist. (ExpertInnen sprechen hier auch von *abgeblendet*). Das bedeutet, daß der Befehl derzeit nicht verfügbar ist. Da hilft es auch nicht, wenn Sie mehrmals drauf klicken. Ein Befehl bleibt so lange abgeblendet, bis die Bedingungen, die seinen Einsatz erfordern, im Dokument vorhanden sind. Was heißt das denn? Sie können beispielsweise nichts aus der Zwischenablage in das Tabellenblatt einfügen, wenn Sie nicht zuvor etwas dort abgelegt (kopiert oder ausgeschnitten) haben. Also verweigert der Befehl EINFÜGEN im Menü BEARBEITEN so lange die Arbeit, bis Sie etwas in die Zwischenablage legen.

Nur für 1-2-3ler

Wenn Sie schon mal mit Lotus 1-2-3 für DOS gearbeitet haben (oder es zumindest versucht haben), erinnern Sie sich vielleicht: Wenn Sie die Taste mit dem Schrägstrich (/ – die Taste, auf der sich auch die 7 befindet) drücken, werden die 1-2-3-Menüs aktiviert. Um den Millionen von 1-2-3-Benutzern entgegenzukommen, erkennt Excel, wenn Sie / drücken, und reagiert entsprechend (d. h., die Menüleiste wird aktiviert).

Sie können den Schrägstrich also als Alternative zur Alt-Taste verwenden, wenn Sie Excel-Befehle über die Tastatur wählen wollen. Anstatt also Alt + D,S zu betätigen, um Änderungen im aktiven Dokument zu speichern, können Sie genausogut / + D,S drücken.

Sprechen Sie 1-2-3?

Excel bietet zwei unterschiedliche Vorgehensweisen für ein sanftes Umsteigen von 1-2-3-Befehlen und -Tastenkombinationen auf die Befehle und Tastenkombinationen von Excel:

- ✔ Sie können Excel so konfigurieren, daß es – wenn Sie einen 1-2-3-Befehl wählen – Ihnen mitteilt, wie dasselbe in Excel zu erledigen ist. Stellen Sie sich das so vor: Sie sagen etwas auf Deutsch, und der Computer teilt Ihnen mit, was das Gesagte in Englisch heißt.

- ✔ Außerdem können Sie Excel so einstellen, daß es – wenn Sie einen 1-2-3-Befehl wählen – eine *Demonstration* des gewünschten Verfahrens anzeigt.

Damit Excel 97 Ihnen diese äußerst zuvorkommenden Dienstleistungen zur Verfügung stellt, müssen Sie die folgenden Schritte ausführen:

1. **Wählen Sie den Befehl** OPTIONEN **im Menü** EXTRAS, **um das Dialogfeld »Optionen« zu öffnen.**
2. **Klicken Sie im Dialogfeld »Optionen« auf das Register** UMSTEIGEN, **um die Umsteigeeinstellungen zu ändern.**
3. **Markieren Sie das Optionsfeld** LOTUS 1-2-3-HILFE.
4. **Wählen Sie »OK«, oder drücken Sie Eingabe.**

Nachdem Sie im Dialogfeld »Optionen« die Standardeinstellung MICROSOFT EXCEL-MENÜS in LOTUS 1-2-3-HILFE geändert haben, wird – sobald Sie die allmächtige /-Taste drücken – nicht die Excel-Menüleiste aktiviert, sondern das Dialogfeld »Hilfe für Lotus 1-2-3-Anwender« geöffnet. Im Listenfeld MENÜ werden alle altbekannten 1-2-3-Menüs angezeigt (von ARBEITSBLATT bis ENDE).

Wenn das Programm Ihnen, nachdem Sie die 1-2-3-Befehle im Listenfeld MENÜ gewählt haben, nur Anweisungen für die entsprechende Excel-Befehlsfolge anzeigen soll, markieren Sie das Optionsfeld ANWEISUNGEN im Gruppenfeld HILFE-OPTIONEN. Soll das Programm Ihnen jedoch den Excel-Befehl demonstrieren (d. h., die Excel-Befehle werden tatsächlich gewählt und Ihr Tabellenblatt wird geändert), dann entscheiden Sie sich für das Optionsfeld DEMONSTRATION.

Um den 1-2-3-Befehl zu wählen, zu dem Sie Hilfe benötigen, geben Sie lediglich den ersten Buchstaben des jeweiligen Menübefehls ein. Wenn Sie z. B. wissen möchten, wie in Excel ein Zellbereich mit dem Währungsformat formatiert wird, geben Sie BFW ein, um das Menü BEREICH und dann die Befehle FORMAT und WÄHRUNG zu wählen (so, als ob Sie diese Befehle in 1-2-3 wählen würden).

Wenn Sie das Optionsfeld ANWEISUNGEN gewählt haben, zeigt Excel ein kleines Textfeld mit schrittweisen Anweisungen für die Auswahl des Währungsformats in Excel an. (In Kapitel 3 erfahren Sie mehr über die Währungsformate.) Wenn Sie sich für eine Demonstration entscheiden, zeigt Excel ein Dialogfeld an, in dem Sie eingeben, wie viele Dezimalstellen das Währungsformat enthalten soll (die Standardeinstellung ist 2, wie in Lotus 1-2-3) und für welchen Zellbereich es angewendet werden soll. Sobald Sie jetzt auf »OK« klicken, führt das Programm vor, wie Sie in Excel ein Währungsformat festlegen. Sie brauchen eigentlich gar nichts mehr zu machen. Ruck, zuck, wählt Excel die erforderlichen Befehle und Optionen und ist dabei so schnell, daß Sie mit dem Schauen gar nicht mehr nachkommen.

Alte, liebgewonnene Gewohnheiten

Auch wenn es Excel lieber ist, wenn Sie eine Formel mit dem Gleichheitszeichen (=) beginnen, akzeptiert es das in 1-2-3 übliche Pluszeichen (+). Und auch wenn Excel bei der Eingabe von integrierten Funktionen nichts anderes als ein Gleichheitszeichen (=) und den Funktionsnamen benötigt, akzeptiert das Programm das Et-Zeichen (@), das von 1-2-3 verwendet wird. Excel versteht beispielsweise @SUMME, wandelt diesen Befehl allerdings in =SUMME um.

Und noch eine Gefälligkeit von Excel gegenüber Lotus 1-2-3: Obwohl Excel zwischen der ersten und der letzten Zelladresse eines Zellbereichs einen Doppelpunkt verwendet, erkennt das Programm die zwei Punkte zwischen den beiden Zelladressen an, die typisch für 1-2-3 sind, d. h., Excel weiß, was Sie ihm mit dem Zellbereich A1..A4 sagen wollen und wandelt ihn in A1:A4 um.

Excel hat sogar Verständnis dafür, daß Sie Ihre liebgewonnenen 1-2-3-Tasten zum Verschieben des Cursors wiederhaben möchten. Mit den Excel-Tastenkombinationen Tab und Umschalt + Tab wird der Zellcursor nur jeweils um eine Zelle nach links bzw. rechts bewegt, anstatt das Tabellenblatt um eine Bildschirmseite nach links bzw. rechts zu verschieben, wie es bei 1-2-3 üblich ist. Nun, Sie können diesen sogenannten großen Bildlauf (ebenso wie das Springen zur ersten Zelle (A1) mit Pos1 anstatt zum Zeilenanfang wie in Excel) wiederhaben, indem Sie den Befehl OPTIONEN im Menü EXTRAS wählen, um das Dialogfeld »Optionen« zu öffnen, dann das Register UMSTEIGEN wählen und im Gruppenfeld EINSTELLUNGEN das Kontrollkästchen ALTERNATIVE BEWEGUNGSTASTEN aktivieren.

Arbeitsverkürzung mit Kontextmenüs

Anders als bei den Menüs der Menüleiste, die Sie sowohl mit der Maus als auch mit der Tastatur aktivieren können, brauchen Sie für die Kontextmenüs die Maus. Da die Kontextmenüs mit einem bestimmten Bildschirmelement (z. B. Dokumentfenster, Symbolleiste oder Zelle) verknüpft sind, verwendet Excel die *rechte* Maustaste, um die Kontextmenüs zu öffnen. (Durch Klicken mit der *linken* Maustaste wird ein Element, z. B. eine Zelle, nur markiert.)

In Abbildung 1.8 sehen Sie das Kontextmenü, das mit allen Excel-Symbolleisten verknüpft ist. Wenn Sie dieses Menü aktivieren möchten, zeigen Sie mit dem Mauszeiger auf eine beliebige Stelle in einer Symbolleiste und klicken mit der rechten Maustaste. Denken Sie daran, nicht die linke Taste zu drücken, da Sie sonst das Symbol aktivieren, auf dem der Mauszeiger steht!

Sobald Sie das Kontextmenü für Symbolleisten öffnen, können Sie mit diesen Befehlen die integrierten Symbolleisten anzeigen oder anpassen. (In Kapitel 13 erfahren Sie hierzu Näheres.)

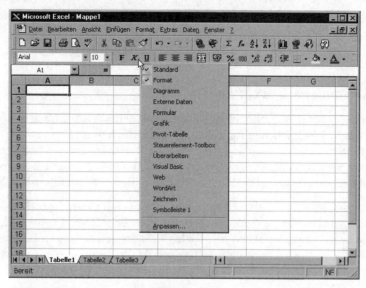

Abbildung 1.8: Das Kontextmenü für Symbolleisten

In Abbildung 1.9 sehen Sie das Kontextmenü, das mit jeder beliebigen Zelle des Tabellenblatts verknüpft ist. Um dieses Kontextmenü zu öffnen, zeigen Sie lässig auf eine Zelle und klicken mit der rechten Maustaste. Sie können dieses Kontextmenü mit den dazugehörigen Befehlen auch für einen markierten Zellbereich verwenden. (Wie Sie Zellen markieren, erfahren Sie in Kapitel 3.)

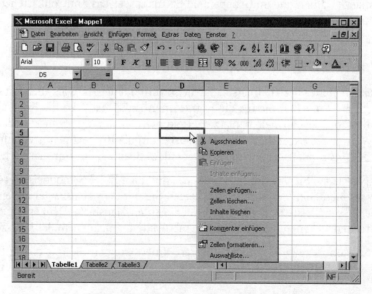

Abbildung 1.9: Das Kontextmenü für Zellen

Da auch die Befehle der Kontextmenüs Befehlsbuchstaben haben, können Sie sie entweder darüber aufrufen, oder Sie klicken mit der Maus auf den Befehl bzw. drücken ↓ bzw. ↑, bis der Befehl markiert ist, und drücken dann Eingabe.

Wie man eine intelligente Unterhaltung mit einem Dialogfeld führt

Viele Excel-Befehle sind mit einem Dialogfeld verknüpft, das Ihnen eine Vielfalt an Optionen für den betreffenden Befehl bietet. In den Abbildungen 1.10 und 1.11 sind die Dialogfelder »Speichern unter« und »Optionen« zu sehen. Dort finden Sie quasi alle Typen von Schaltflächen, Registern und Feldern, die Excel zu bieten hat. In Tabelle 1.5 habe ich dann die möglichen Bestandteile eines Dialogfelds nochmals zusammengefaßt, damit auch ja alle (Un)Klarheiten beseitigt werden.

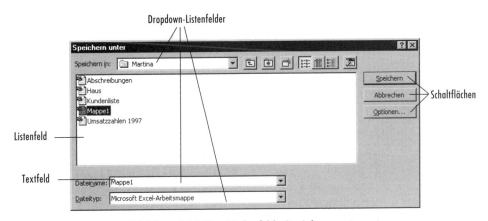

Abbildung 1.10: Das Dialogfeld »Speichern unter«

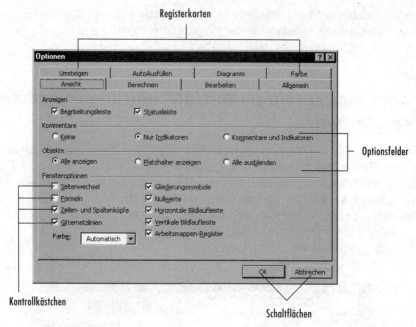

Abbildung 1.11: Das Dialogfeld »Optionen«

Bezeichnung	Funktion
Register	Mit Hilfe von Registerkarten können verschiedene Arten von Programmeinstellungen in einem einzigen Dialogfeld angezeigt werden; mit anderen Worten: Sie brauchen nur solch ein Dialogfeld zu öffnen, um von Milliarden von Optionen erschlagen zu werden.
Textfelder	In diese Felder können Sie selbst etwas eingeben. Viele Textfelder enthalten bereits Einträge, die Sie bearbeiten oder überschreiben können.
Listenfelder	Diese Felder enthalten eine Liste mit verschiedenen Einträgen, aus denen Sie wählen können. Wenn das Listenfeld mehr Optionen enthält, als angezeigt werden können, verfügt das Listenfeld sinnvollerweise über eine Bildlaufleiste, mit der Sie in der Liste blättern können. Einige Listenfelder gibt es in Kombination mit einem Textfeld, so daß Sie einen neuen Eintrag entweder im Textfeld direkt eingeben oder im Listenfeld auswählen können.
Dropdown-Listenfelder	Dieser Feldtyp stellt eine platzsparende Variante des herkömmlichen Listenfelds dar. Anstatt mehrere Optionen in der Liste anzuzeigen, wird immer nur der aktuelle Listeneintrag (der zunächst auch die Standardoption ist) anzeigt. Um das Listenfeld zu öffnen und die anderen Optionen zu Gesicht zu kriegen, klicken Sie auf die Schaltfläche mit dem nach unten zeigenden Pfeil neben dem Listenfeld. In der aufgeklappten Liste wählen Sie einen neuen Eintrag wie in jedem anderen normalen Listenfeld aus.

1 ➤ Worauf haben Sie sich da bloß eingelassen?

Bezeichnung	Funktion
Kontrollkästchen	Mit diesem Kästchen können Sie eine Option aktivieren oder deaktivieren, d. h. einschalten oder ausschalten. Enthält das Kontrollkästchen ein Häkchen, dann ist die Option aktiviert. Ist das Kontrollkästchen leer, ist die Option deaktiviert.
Optionsfelder	Dieser Feldtyp steht für Optionen, die sich gegenseitig ausschließen. Das Optionsfeld ist ein Kreis, hinter dem die Optionsbezeichnung steht. Optionsfelder sind immer in Gruppen angeordnet, wobei Sie aber aus einer Gruppe jeweils nur eine Option auswählen können. Excel versieht das aktuell aktivierte Optionsfeld mit einem schwarzen Punkt.
Drehfelder	Dieser Feldtyp besteht aus zwei übereinander angeordneten Kästchen. Das obere Kästchen enthält einen nach oben zeigenden Pfeil (eher ein Dreieck), das untere einen nach unten zeigenden Pfeil (auch eher ein Dreieck). Durch Klicken auf die Pfeile können Sie in einer Optionsliste blättern (meist fortlaufende Zahlen). Ein Beispiel für ein Drehfeld finden Sie im Dialogfeld »Drucken« (Befehl DRUCKEN im Menü DATEI) – das Feld ANZAHL. Ein Drehfeld tritt meistens zusammen mit einem Textfeld auf, in das Sie den Eintrag auch manuell eingeben können.
Schaltflächen	Mit einer Schaltfläche wird eine Aktion ausgeführt. Schaltflächen sind rechteckig und haben natürlich auch einen Namen. Stehen hinter einem Schaltflächennamen drei Punkte (...), so wird Excel ein weiteres Dialogfeld mit noch mehr Optionen anzeigen, wenn Sie die Schaltfläche wählen.

Tabelle 1.5: Das alles können Sie in Dialogfeldern finden.

Sie können zwar ein Dialogfeld in Ihrem Tabellenblatt umherschieben, um darunterliegende Daten sichtbar zu machen, die Größe oder Form des Dialogfelds kann jedoch nicht verändert werden. Da stellt sich Excel stur und gibt einfach seine Größen vor.

In vielen Dialogfeldern sind bestimmte Optionen und Einträge standardmäßig eingestellt. Wenn Sie dort nichts ändern, verwendet Excel automatisch seine Vorgaben.

✔ Um das Dialogfeld zu schließen und die von Ihnen getroffene Auswahl zu aktivieren, wählen Sie die Schaltfläche »OK« oder »Schließen«. (In einigen Dialogfeldern gibt es kein »OK«.)

Wenn die Schaltfläche »OK« fett umrahmt ist, und das ist meistens so, können Sie auch Eingabe drücken, um Ihre Auswahl zu bestätigen.

✔ Um das Dialogfeld zu schließen, ohne die geänderten Einstellungen auszuführen (weil Sie es sich doch anders überlegt haben), wählen Sie entweder die Schaltfläche »Abbrechen« oder »Schließen« (das »X« ganz rechts in der Titelleiste) bzw. drücken ganz einfach Esc.

In den meisten Dialogfeldern werden verwandte Optionen in einer Gruppe zusammengefaßt, d. h., sie werden zusammen in einem mit einem Rahmen versehenen Bereich dargestellt. Wenn Sie die Einstellungen in einem Dialogfeld mit der Maus festlegen, klicken Sie auf die gewünschte Option; falls es sich um einen Texteintrag handelt, klicken Sie mit dem Mauszeiger auf den Eintrag, um die Einfügemarke zu setzen, und schreiben dann, was Sie wollen.

Wenn Sie die Tastatur bemühen, um die Einstellungen zu ändern, müssen Sie zuerst die Gruppe aktivieren, bevor Sie dort Optionen wählen können.

✔ Drücken Sie so oft Tab, bis eine der Optionen in der betreffenden Gruppe aktiviert ist. (Mit Umschalt + Tab aktivieren Sie die vorherige Gruppe.)

✔ Wenn Sie Tab bzw. Umschalt + Tab drücken, markiert Excel entweder die aktivierte Option mit einem dunklen Hintergrund oder umrahmt den Namen der Option mit einer gestrichelten Linie.

✔ Nachdem Sie eine Option markiert haben, können Sie deren Einstellung ändern, indem Sie entweder ↑ oder ↓ drücken (bei mehreren Optionsfeldern, Optionen in einem Listenfeld oder in einem Dropdown-Listenfeld), die Leertaste drücken (zum Aktivieren und Deaktivieren der Kontrollkästchen) oder einen neuen Eintrag eingeben (bei Textfeldern).

Sie können eine Option auch wählen, indem Sie Alt drücken und dann gleichzeitig den unterstrichenen Buchstaben des Options- oder Gruppennamens eingeben.

✔ Wenn Sie Alt drücken und den unterstrichenen Buchstaben eines Textfelds eingeben, wird der Eintrag in diesem Textfeld markiert, damit Sie ihn durch einen neuen Eintrag ersetzen können.

✔ Wenn Sie Alt drücken und den unterstrichenen Buchstaben eines Kontrollkästchens eingeben, wird die Option aktiviert bzw. deaktiviert, d. h., das Häkchen wird hinzugefügt oder entfernt.

✔ Wenn Sie Alt drücken und den unterstrichenen Buchstaben eines Optionsfelds eingeben, wählen Sie diese Option und deaktivieren dabei gleichzeitig das zuvor aktivierte Optionsfeld.

✔ Wenn Sie Alt drücken und dann den Buchstaben einer Schaltfläche eingeben, wird die entsprechende Aktion ausgeführt oder – wenn Sie Pech haben – ein weiteres Dialogfeld angezeigt.

 Wenn ein Listenfeld besonders lang ist, und Sie ausgerechnet einen Eintrag suchen, der mit – sagen wir mal – »V« beginnt, dann habe ich für Sie noch einen kleinen Trick parat. Tippen Sie im Listenfeld einfach die ersten Buchstaben des »V«-Eintrags. Sobald Sie mit dem Schreiben beginnen, öffnet Excel ein Textfeld für Ihre Eingabe und springt zu der ersten Option im Listenfeld, deren Name mit den von Ihnen eingegebenen Zeichen beginnt. Ein echt guter Service.

Neben den aufwendigen Dialogfeldern, die in Abbildung 1.9 und 1.10 dargestellt sind, werden Sie auch auf ganz einfache Dialogfelder treffen, die Mitteilungen oder Warnungen enthalten. Die meisten dieser Dialogfelder verfügen lediglich über die Schaltfläche »OK«, die Sie wählen müssen, um das Dialogfeld zu schließen, nachdem Sie die Mitteilung brav gelesen haben.

Hilfe ist schon unterwegs

Wer kennt das nicht. Sie wollen unbedingt noch schnell etwas im Programm erledigen, und haben völlig vergessen, wie es funktioniert (bzw. wußten überhaupt noch nie, wie es funktioniert). Was tun? Wenden Sie sich vertrauensvoll an die Hilfefunktion von Excel, die so gründlich überarbeitet worden ist, daß man manchmal überhaupt nichts mehr findet. Das Problem mit dem traditionellen Hilfesystem ist z. B., daß man es allenfalls dann richtig einsetzen kann, wenn man sich mit der Excel-Terminologie auskennt. Wenn Sie nicht wissen, wie eine bestimmte Funktion in Excel bezeichnet wird, werden Sie diese unter den Hilfethemen auch nur schwer finden können. Versuchen Sie mal ein Wort im Wörterbuch nachzuschlagen, von dem Sie nicht wissen, wie es geschrieben wird ...! Hier wurde aber Abhilfe geschaffen – und zwar in Form eines netten Assistenten: dem Office-Assistenten. Bei dem können Sie reden, wie Ihnen der Schnabel gewachsen ist. Sie formulieren also ganz simple deutsche Sätze, die der Assistent anschließend in den schrecklichen Excel-Techno-Jargon übersetzt. Anschließend bietet er Ihnen verschiedene Themen an, von denen er glaubt, daß sie Ihnen weiterhelfen werden.

Der Office-Assistent – stets zu Ihren Diensten

Der Office-Assistent ist das personifizierte Hilfesystem, d. h. Sie können den Assistenten in ganz normalem Deutsch mit jeder nur denkbaren Frage behelligen. Wenn Sie den Office-Assistenten zum ersten Mal aufrufen, meldet sich eine Büroklammer namens Karl Klammer. Wenn Sie Karl Klammer aufrufen und ihm eine Frage zum Arbeiten mit Excel stellen wollen, dann öffnen Sie das Fenster des Office-Assistenten so:

1. **Klicken Sie auf das Symbol für »Office-Assistent« in der Standard-Symbolleiste (das letzte Symbol in der Reihe), oder drücken Sie F1.**

   Karl Klammer wird in einem separaten Fenster angezeigt, das eine Sprechblase enthält, die den halben Bildschirm ausfüllt. Lesen Sie sich den Text durch, und teilen Sie Karl mit, was Sie möchten. (Abbildung 1.12 zeigt diese Sprechblase.)

2. **Schreiben Sie Ihre Frage zu Excel in ganz normalem Deutsch, und klicken Sie dann auf die Schaltfläche »Suchen«, oder drücken Sie Eingabe.**

   Während Sie schreiben, tut Karl so, als ob er sich die Frage notiert. Nachdem Sie auf die Schaltfläche »Suchen« geklickt haben, sucht Karl nach verwandten Hilfethemen und zeigt dann das Ergebnis in einer Liste in der besagten Sprechblase an.

3. **Klicken Sie in der Liste auf das Hilfethema, das Sie am meisten interessiert, um ein neues Fenster anzuzeigen, das das Hilfethema enthält.**

   Wenn Karl mehr verwandte Hilfethemen zu Ihrer Frage findet, als in die Sprechblase passen, dann sehen Sie am Ende der Themenliste ein nach unten zeigendes Dreieck (Abbildung 1.13). Um also weitere Hilfethemen anzuzeigen, klicken Sie auf dieses Dreieck. Sobald Sie das für Sie interessante Hilfethema gefunden haben, klicken Sie auf das entsprechende runde Symbol in der Sprechblase.

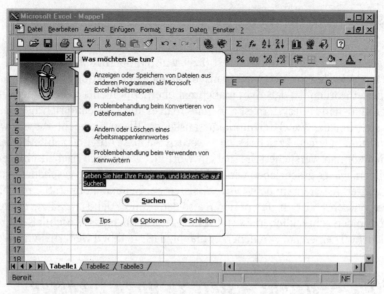

Abbildung 1.12: Machen Sie die Bekanntschaft von Karl Klammer, Ihrem persönlichen Office-Assistenten, der bemüht ist, auf alle Ihre Fragen zu Excel eine Antwort zu finden.

4. **Lesen Sie das Hilfethema in Ruhe durch, oder drucken Sie es aus. Sobald Sie fertig sind, klicken Sie auf die Schaltfläche zum Schließen oder drücken Strg + F4, um das Hilfefenster zu schließen.**

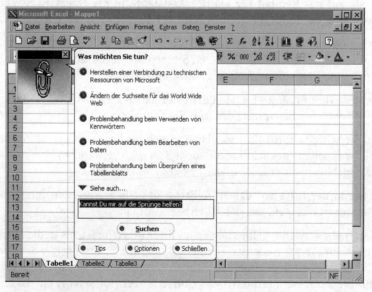

Abbildung 1.13: Karls Antwort auf die Frage: »Kannst Du mir auf die Sprünge helfen?«

1 ➤ Worauf haben Sie sich da bloß eingelassen?

Wenn Sie später Hilfe zu einem der anderen Themen benötigen, die Karl Klammer Ihnen als Antwort auf Ihre Frage angezeigt hat, dann brauchen Sie nur irgendwo in dem geöffneten Fenster des Office-Assistenten zu klicken, damit sich die Sprechblase wieder öffnet. (Karl merkt sich Ihre Frage, bis Sie ihm eine neue stellen.) Sie klicken jetzt nur noch auf die Schaltfläche »Suchen« oder drücken Eingabe, um die Frage erneut zu stellen. Karl zeigt dann wieder die mit Ihrer Frage verwandten Hilfethemen an, die Sie anschließend aus der Sprechblase heraus aufrufen können. Wenn Sie ein Hilfethema drucken möchten, klicken Sie im Hilfethema auf die Schaltfläche »Optionen« und in dem daraufhin angezeigten Menü auf den Befehl THEMA DRUCKEN.

Wie reagiert der Office-Assistent, wenn Sie ihn mal was Privates fragen? Probieren Sie es aus, und fragen Sie z. B., ob Sie demnächst im Lotto gewinnen werden.

Oh, wie frustrierend! Die Antwort ist zwar höflich, aber eindeutig:

Ich verstehe Ihre Eingaben nicht. Bitte formulieren Sie Ihre Frage neu.

In den meisten Fällen wird der Office-Assistent Sie aber mit einem Schwall von Hilfethemen überschütten, ziemlich egal, wie unsinnig oder unwichtig die gestellte Frage war. Versuchen Sie es mal damit:

Warum ist es so schwer, mit Excel zu arbeiten?

Wow! Zu diesem Thema hat Excel allerhand zu sagen. Alle möglichen Hilfethemen über die Eingabe von Text, die Verwendung von Excel-Daten in Mailing-Listen bis hin zum Arbeiten mit Excel 97-Dateien in alten Excel-Versionen, aber genauso gut unmögliche Hilfethemen, wie das Kopieren von Excel-Daten in Word oder PowerPoint werden jetzt vom Office-Assistenten angeboten. Aber vielleicht ist gerade die Vielzahl der Antworten die beste Antwort auf diese Frage.

Um zu vermeiden, daß der Office-Assistent Ihnen quasi die gesamte Hilfe anbietet, sollten Sie Ihre Frage so präzise wie möglich stellen. Gut ist es auch, wenn Sie die Schlüsselwörter ganz vorne unterbringen (d. h. vergessen Sie also die deutsche Grammatik). Ganz so, wie einem der Schnabel gewachsen ist, kann man wohl doch nicht mit dem Office-Assistenten sprechen.

Manchmal werden Sie das Gefühl haben, daß die Hilfethemen, die Ihnen der Office-Assistent als Antwort auf Ihre Frage anbietet, überhaupt nichts mit Ihrem Problem zu tun haben. Irgendwann werden Sie allerdings herausfinden, daß die komischen Themen genau zu Ihrem Problem passen. Die Ursache dafür ist ganz einfach, daß Sie sich erst an den Excel-Jargon gewöhnen müssen.

Wenn Ihr Fragenkatalog erschöpft ist, können Sie die Sprechblase schließen, ohne gleich den ganzen Office-Assistenten vom Bildschirm verschwinden zu lassen. Sie schließen die Sprechblase ganz einfach mit Esc. Falls Ihnen das Fenster des Office-Assistenten im Weg ist, ziehen Sie es wie jedes andere Fenster an seiner Titelleiste an eine andere Stelle.

Wenn Sie das Fenster des Office-Assistenten dann doch irgendwann schließen möchten, dann klicken Sie auf die Schaltfläche zum Schließen. (Eine andere gibt es in diesem Fenster auch nicht!.)

Für den Office-Assistenten ein anderes Gesicht auswählen

Karl Klammer ist nur eine der neun *Persönlichkeiten*, die Sie für den Office-Assistenten wählen können. Da gibt es noch:

✔ Hüpfer, den superflexiblen, der Sie immer an die richtige Stelle verweist

✔ den Professor, dessen Geist mit Lichtgeschwindigkeit arbeitet

✔ Robbie, das Paradebeispiel künstlicher Intelligenz

✔ das Office-Logo, das Sie mit sich drehenden farbigen Puzzleteilen durch Ihre täglichen Arbeiten begleitet

✔ Mutter Natur, die Sie mit der Weisheit von Jahrhunderten bei der Erfüllung Ihrer Aufgaben unterstützt

✔ Power Knuddel, den dynamischen Hund mit dem roten Umhang

✔ die Origami-Katze namens Kati und

✔ Sir William, seines Zeichens ein großer Dichter und Denker

Jeder Office-Assistent aus diesem Katalog ist eine eigenständige kleine Trickfilmpersönlichkeit mit eigenem Sound (manche lauter, manche leiser). Sie wollen endlich Ihren Lieblingsassistenten auswählen. Dann mal los:

1. Falls der Office-Assistent noch nicht geöffnet ist, dann sollten Sie das jetzt mit einem Klick auf das Symbol für den Office-Assistenten oder Drücken von F1 tun.

2. Klicken Sie auf die Schaltfläche »Optionen«, um das Dialogfeld »Office-Assistent« zu öffnen.

3. Klicken Sie in diesem Dialogfeld auf das Register »Katalog«.

4. Klicken Sie auf die Schaltfläche »Weiter«, um die Persönlichkeit anzuzeigen, die Sie zu Ihrem Office-Assistenten machen wollen.

5. Klicken Sie auf die Schaltfläche »OK«, um das Dialogfeld »Office-Assistent« zu schließen und Karl Klammer als Office-Assistenten abzulösen.

Falls Ihnen das immer gleiche statische Aussehen Ihres Assistenten mal zu langweilig wird, dann lassen Sie ihn (bzw. sie, falls Sie sich eine Assistentin gewählt haben) tanzen, indem Sie im Kontextmenü des Office-Assistenten (das sich mit der rechten Maustaste öffnen läßt) den Befehl ANIMIEREN! wählen.

Da geht Ihnen ein Licht auf

Während Sie in aller Unschuld und aller Ruhe Ihre Tabellenblätter aufbauen und bearbeiten, werden Sie heimlich im Hintergrund beobachtet. »Big Office-Assistent is watching you!« Dieser Heimlichtuer analysiert alle Ihre Schritte. Und – ein Besserwisser ist er auch noch! Sobald er ein effektiveres Verfahren für Ihre Arbeitsweise zu kennen glaubt, möchte er Ihnen das auch mitteilen. Im Fenster des Office-Assistenten erscheint nicht nur der Assistent höchstpersönlich, sondern auch ein Symbol mit einer Glühbirne!

Wenn Sie an seinen Tips interessiert sind, dann klicken Sie einfach auf die Glühbirne, oder öffnen Sie die Sprechblase, um dort mit einem Klick auf die Schaltfläche »Tips« eine Tip-Sprechblase zu öffnen. Wenn der Office-Assistent bereits mehrere Tips zum Besten gegeben hat, können Sie auch auf zuvor gezeigte Tips zurückgreifen, indem Sie in der Tip-Sprechblase auf die Schaltfläche »Zurück« klicken. Wenn Sie genug von den Tips haben, klicken Sie einfach auf die Schaltfläche zum Schließen.

Wie wär's mit direkter Hilfe?

An die Direkthilfe kommen Sie, indem Sie im Hilfemenü (das mit dem ?) den Befehl DIREKTHILFE oder schlicht und einfach Umschalt + F1 drücken. In beiden Fällen wächst dem Mauszeiger ein Fragezeichen. Mit diesem Mauszeigerderivat klicken Sie dann auf einen Befehl oder ein Bildschirmelement, über den bzw. das Sie schon immer mehr wissen wollten. Sie wissen beispielsweise nicht, wie man das Summen-Symbol in der Standard-Symbolleiste einsetzt, um eine Zahlenreihe zu addieren. Sie aktivieren also die Direkthilfe und klicken dann mit dem Fragezeichenzeiger auf das Summen-Symbol (das mit dem Σ). Das Programm öffnet daraufhin ein kleines Fenster mit einer Kurzbeschreibung dieser Schaltfläche.

Sie können mit der Direkthilfe auch Informationen zu den Befehlen der Menüs in der Menüleiste nachschlagen. Angenommen, Sie möchten gerne wissen, wie der Befehl GANZER BILDSCHIRM im Menü ANSICHT funktioniert: Sie rufen also die Direkthilfe auf und klicken dann mit dem Fragezeichenzeiger auf das Menü ANSICHT. Wenn das Menü geöffnet ist, klicken Sie auf den Befehl GANZER BILDSCHIRM. Excel zeigt sofort, was es zu diesem Thema zu sagen hat.

Und noch mehr Hilfe!

Neben dem hilfreichen Office-Assistenten und der Direkthilfe, haben Sie noch eine weitere Möglichkeit, sich schlau zu machen. Die *Hilfethemen* öffnen Sie über das Hilfemenü mit dem Befehl INHALT UND INDEX. Dieser Befehl öffnet Ihnen ein Dialogfeld mit drei Registern: INHALT, INDEX und SUCHEN. Wählen Sie das Register INHALT, um sich Informationen darüber zu holen, wie man so grundlegende Dinge wie Erstellen, Öffnen und Speichern von Dateien erledigt. Klicken Sie auf das Register INDEX, um Informationen zu einem bestimmten Thema oder Begriff wie Diagrammtypen oder Multiplizieren zu erhalten. Wählen Sie das Register SUCHEN, um in den Hilfethemen nach bestimmten Wörtern und Ausdrücken zu suchen.

Wenn Sie sich ein Thema im Registerkarte INHALT aussuchen wollen, dann klicken Sie zunächst auf das Hauptthema, um es auszuwählen, und dann auf die Schaltfläche »Öffnen«, um die Unterthemen dazu anzuzeigen. Wählen Sie dann das gewünschte Thema aus, und klicken Sie anschließend auf die Schaltfläche »Anzeigen«. (Ein Doppelklick auf das entsprechende Thema tut's übrigens auch!) Wenn Sie im Register INDEX oder SUCHEN ein Thema suchen und auswählen wollen, dann brauchen Sie nur die ersten Buchstaben des Begriffs in das erste Textfeld einzugeben. Klicken Sie dann im Register INDEX auf das jeweilige Thema im Listenfeld, bevor Sie auf die Schaltfläche »Anzeigen« klicken, um das Hilfefenster zu öffnen. Im Register SUCHEN klicken Sie im zweiten Listenfeld auf den entsprechenden Begriff, bevor Sie auf die Schaltfläche »Anzeigen« klicken (oder Eingabe drücken), um das Hilfefenster zu öffnen.

Wenn Sie in der Excel-Hilfe schmökern, wird Ihnen auffallen, daß bestimmte Begriffe unterstrichen (und bei Farbmonitoren auch in einer anderen Farbe) dargestellt werden.

✔ Wenn Sie auf ein mit einer durchgehenden Linie unterstrichenes *Stichwort* klicken, springt Excel eiligst zum entsprechenden Hilfethema.

✔ Wenn Sie auf einen mit einer gestrichelten Linie unterstrichenen *Begriff* klicken, wird eine Kurzdefinition für Eilige in einem kleinen Dialogfeld angezeigt.

Wenn Sie auf ein Hilfethema stoßen, das Sie gerne ausdrucken möchten, wählen Sie den Befehl THEMA DRUCKEN im Menü OPTIONEN. (Ist Ihr Drucker eingeschaltet, und haben Sie das Menü OPTIONEN im Excel-Hilfefenster – nicht das im Excel-Fenster – gewählt?)

Sie können die Informationen zu einem Hilfethema auch in Ihr Textverarbeitungsprogramm oder sogar in ein Excel-Dokument kopieren. Um Hilfeinformationen zu kopieren, wählen Sie den Befehl KOPIEREN im Menü OPTIONEN (auch wieder im Excel-Hilfefenster). Sie müssen jetzt nur noch zum entsprechenden Dokument wechseln, zur Position wandern, an der die Daten eingefügt werden sollen, und abschließend EINFÜGEN im Menü BEARBEITEN wählen.

Wenn Sie wieder zum Dialogfeld mit den drei Registern INHALT, INDEX und SUCHEN zurück wollen, dann klicken Sie im Hilfefenster auf die Schaltfläche »Hilfethemen«, oder schließen Sie das Hilfefenster, indem Sie auf die Schaltfläche zum Schließen klicken.

Schluß, aus und vorbei

Wenn Sie den Feierabend einläuten und Excel beenden wollen, haben Sie hierzu mehrere Möglichkeiten.

✔ Klicken Sie auf die Schaltfläche zum Schließen im Excel-Fenster.

✔ Wählen Sie den Befehl BEENDEN im Menü DATEI.

✔ Doppelklicken Sie auf das Systemmenüfeld im Excel-Fenster (das XL ganz links in der Titelleiste).

✔ Drücken Sie Alt + F4.

Wenn Sie Excel beenden wollen, aber die letzten Änderungen in einem Dokument noch nicht gespeichert haben, wird Excel Sie anpiepsen und ein Dialogfeld öffnen, in dem abgefragt wird, ob Sie die Änderungen speichern möchten. Falls Sie den Office-Assistenten geöffnet haben, wird sich dieser fürchterlich anstellen, daß Sie ohne zu speichern, das Feld räumen wollen, und Sie in einer Sprechblase fragen, ob Sie die Änderungen speichern möchten. Wählen Sie

»Ja«, wenn Sie die Änderungen speichern wollen (mehr dazu in Kapitel 2). Wenn Sie sich nur ein bißchen die Zeit vertrieben haben und die Änderungen mit Sicherheit nicht speichern wollen, wählen Sie »Nein«.

Die erste Arbeitsmappe

In diesem Kapitel erfahren Sie, wie Sie ...

- eine neue Arbeitsmappe anlegen
- die drei verschiedenen Datentypen in eine Arbeitsmappe eingeben
- Excel dazu bringen, das Dezimalkomma für Sie zu setzen
- einfache Formeln erstellen
- Eingabefehler korrigieren
- mit der AutoKorrektur arbeiten
- sich mit der AutoEingabe anfreunden
- die Funktion AutoAusfüllen verwenden, um eine Datenreihe zu erweitern
- die Dateneingabe auf einen bestimmten Zellbereich beschränken können
- in einem Arbeitsgang denselben Eintrag in ganz viele Zellen eingeben
- die im Programm integrierten Funktionen mit dem Funktions-Assistenten eingeben
- sich einer Formel mit dem Symbol für Formeln bearbeiten nähern
- mit dem Summen-Symbol herumaddieren
- eine Arbeitsmappe speichern

*J*etzt, da Sie wissen, wie Sie Excel 97 aufrufen, ist es höchste Zeit, daß Sie auch lernen, damit umzugehen. In diesem Kapitel erfahren Sie, wie Sie die unterschiedlichsten Daten in diese kleinen weißen Zellen des Tabellenblatts bringen, von denen ich im ersten Kapitel berichtet habe. Dieses Kapitel befaßt sich mit den Excel-Funktionen AutoKorrektur und AutoEingabe, und ich zeige Ihnen, wie Sie damit Fehlerquellen ausschalten und Ihre Arbeit beschleunigen können. Natürlich erzähle ich Ihnen auch einiges über andere schlaue Wege, um sich die Dateneingabe zu erleichtern, z. B. mit der Funktion AutoAusfüllen, mit der Sie denselben Eintrag in ganz viele Zellen auf einmal eingeben.

Wenn Sie dann wissen, wie Sie ein Tabellenblatt mit den erforderlichen Daten und Formeln füllen, sollen Sie auch noch das Wichtigste von allem erfahren, nämlich das Speichern der Daten auf einem Datenträger, damit Sie nicht alles noch einmal eingeben müssen.

Die Arbeit beginnt

Wenn Sie Excel aufrufen, ohne dabei ein bestimmtes Dokument zu öffnen (falls Sie nicht mehr wissen, wie das geht, blättern Sie zurück ins Kapitel 1), wird eine leere Arbeitsmappe in einem neuen Dokumentfenster am Bildschirm angezeigt, die zunächst als MAPPE1 bezeichnet wird. Diese Arbeitsmappe enthält drei leere Tabellenblätter (TABELLE1, TABELLE2 und TABELLE3). Ihre Arbeit beginnt also mit der Eingabe der ersten Daten in das erste Blatt der Arbeitsmappe MAPPE1.

Das Wichtigste zur Dateneingabe

Hier ein paar Richtlinien, die Sie beachten sollten, wenn Sie das erste Tabellenblatt in TABELLE1 Ihrer neuen Arbeitsmappe anlegen:

- ✔ Wann immer es möglich ist, sollten Sie Ihre Daten in Tabellenform anordnen. Das heißt, die Spalten und Zeilen sollten neben- bzw. untereinander liegen. Beginnen Sie mit der Dateneingabe in der oberen linken Tabellenblattecke, und arbeiten Sie sich lieber senkrecht anstatt waagerecht vor. Lassen Sie zwischen den einzelnen Datenbereichen (z. B. einer Liste von Zahlen, die addiert werden sollen) einen Abstand von höchstens einer Spalte oder Zeile.

- ✔ Wenn Sie Tabellen erstellen, sollten Sie keine Spalten oder Zeilen überspringen, nur um mehr Platz zwischen den einzelnen Einträgen zu schaffen. In Kapitel 3 lernen Sie, wie Sie die Spaltenbreite, die Zeilenhöhe und die Ausrichtung ändern, um ausreichend Leerraum zwischen den Daten in benachbarten Spalten und Zeilen zu schaffen.

- ✔ Reservieren Sie eine Spalte auf der linken Seite der Tabelle für die Zeilenüberschriften der Tabelle.

- ✔ Reservieren Sie eine Zeile oben in der Tabelle für die Spaltenüberschriften der Tabelle.

- ✔ Wenn Ihre Tabelle eine Überschrift erhalten soll, schreiben Sie diese in die Zeile über den Spaltenüberschriften und zwar in dieselbe Spalte wie die Zeilenüberschriften. Wie Sie den Titel über den Spalten der gesamten Tabelle zentrieren, erzähle ich Ihnen ebenfalls in Kapitel 3.

Sie fragen sich vielleicht, warum ich im ersten Kapitel so viel Aufhebens um die Größe des Excel-Tabellenblatts gemacht habe, wenn ich jetzt ständig betone, daß die Daten im Tabellenblatt möglichst eng zusammengehalten werden sollen. Wozu bietet die Excel-Arbeitsmappe soviel Platz, wenn nicht dazu, diesen Platz auch ausgiebig zu nutzen!

Sie haben natürlich recht, wenn da nicht diese kleine unangenehme Sache wäre, die es zu bedenken gilt: Wer im Tabellenblatt mit dem Platz ökonomisch umgeht, der spart auch Speicherplatz! Wenn die Tabelle immer weiter wächst und sich in neue Bereiche ausdehnt, wird Excel auch Speicherplatz für mögliche Zelleinträge bereithalten, für den Fall, daß Sie beschließen, die freigelassenen Zellen doch noch zu füllen. Wenn Sie also Spalten oder Zeilen überspringen, ohne daß dies erforderlich ist, verbrauchen Sie damit Speicherplatz, der andererseits für das Speichern anderer Daten im Tabellenblatt genutzt werden könnte.

Vergißmeinnicht

Die endgültige Größe eines Tabellenblatts wird also durch den verfügbaren Speicherplatz Ihres Computers bestimmt und nicht durch die Anzahl der Zellen in einem leeren Tabellenblatt. Wenn Sie nicht mehr genug Speicherplatz haben, ist definitiv Schluß, egal wie viele Spalten und Zeilen noch nicht beschrieben sind.

 Wenn Sie wissen möchten, wieviel Speicherplatz für Excel noch zur Verfügung steht, wählen Sie den Befehl INFO im ?-Menü und klicken dann im Dialogfeld »Info« auf die Schaltfläche »Systeminfo«. Das Dialogfeld »Systeminfo« wird angezeigt, in dem sich so interessante Angaben wie die Größe des gesamten physischen Speichers, des verfügbaren Speichers (alles in Kilobytes) sowie diverse andere Daten zum Betriebssystem befinden. Wenn Sie diese Angaben eingehend studiert haben, klicken Sie zuerst auf das Symbol für Schließen rechts oben in der Titelleiste im Dialogfeld »Systeminfo« und dann im Dialogfeld »Info«.

Das ABC der Dateneingabe

Lassen Sie uns mit der Grundregel für die Dateneingabe in das Tabellenblatt beginnen. Und jetzt alle zusammen:

Um Daten in ein Tabellenblatt einzugeben, setze ich den Zellcursor in die Zelle, in der der Eintrag erfolgen soll, und beginne zu schreiben.

Denken Sie jedoch daran, daß Sie, bevor Sie den Zellcursor zur Dateneingabe in eine Zelle setzen, Excel für Sie bereit sein muß (d. h., in der Statusleiste muß das Wörtchen Bereit angezeigt werden). Sobald Sie mit der Eingabe beginnen, ändert Excel die Modusanzeige in Eingeben. (Wenn Sie's nicht glauben wollen, dann sehen Sie doch in die Statusleiste!)

 Sollten Excel sich nicht im Bereit-Modus befinden, so versuchen Sie mal, Esc zu drücken.

Sobald Sie das erste Zeichen im Eingabe-Modus tippen, wird es sowohl in der markierten Zelle im Tabellenblatt als auch in der Bearbeitungsleiste oberhalb des Tabellenblatts angezeigt. Damit aber nicht genug. Die Bearbeitungsleiste hat sich grundlegend geändert. Vor den gerade eingegebenen Zeichen stehen jetzt zwei neue Felder. Die Symbole für Eingeben und Abbrechen werden jetzt zwischen dem Namenfeld und dem Symbol für Formeln bearbeiten angezeigt. Wenn Sie weiterschreiben, wird die Eingabe sowohl in der Bearbeitungsleiste als auch in der aktiven Tabellenblattzelle angezeigt (Abbildung 2.1). Die Einfügemarke (der blinkende senkrechte Strich) steht jedoch nur am Ende der in der Zelle angezeigten Zeichen.

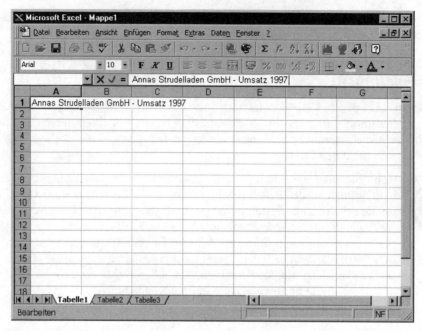

Abbildung 2.1: Ihre Dateneingabe wird sowohl in der Zelle als auch in der Bearbeitungsleiste angezeigt.

Wenn Sie alle Daten eingetragen haben, müssen Sie diese noch in die aktive Zelle übertragen, indem Sie in der Bearbeitungsleiste auf das Symbol für Eingeben (das Symbol mit dem Häkchen) klicken oder Eingabe bzw. eine der Pfeiltasten drücken. Excel schaltet automatisch vom Eingabe- in den Bereit-Modus um, damit Sie den Zellcursor zu einer anderen Zelle bewegen und auch dort Daten eingeben oder bearbeiten können.

Denken Sie jedoch immer daran: Auch wenn jede dieser drei Möglichkeiten Ihre Daten in die Zelle überträgt, so sind doch die Folgen jeweils ein bißchen anders.

✔ Wenn Sie auf das Symbol für Eingeben in der Bearbeitungsleiste klicken, wird der Zellcursor nach der Übergabe der Daten in die Zelle nicht bewegt.

✔ Wenn Sie Eingabe drücken, wird die Eingabe abgeschlossen, und Excel markiert die nächste Zelle in der darunterliegenden Zeile.

✔ Wenn Sie eine der Pfeiltasten drücken, wird die Eingabe übertragen und der Zellcursor springt zur nächsten Zelle in Richtung des Pfeils. Wenn Sie also ↓ drücken, bewegt sich der Zellcursor in die nächste Zelle der darunterliegenden Zeile, so als ob Sie die Eingabe-Taste gedrückt haben. Drücken Sie jedoch →, bewegt sich der Zellcursor nach rechts in die nächste Spalte. Bei ← wird der Zellcursor in die nächste Zelle der auf der linken Seite liegenden Spalte gesetzt. Der Zellcursor bewegt sich in die Zelle in der darüberliegende Zeile, wenn Sie – na? – ↑ drücken.

Sobald Sie die Dateneingabe in der aktiven Zelle abgeschlossen haben, deaktiviert Excel die Bearbeitungsleiste und entfernt die Symbole für Eingeben und Abbrechen. Die eingegebenen Daten werden weiterhin in der Tabellenblattzelle angezeigt (von einigen Ausnahmen abgesehen, auf die ich aber erst später eingehe). Jedesmal, wenn Sie den Zellcursor auf diese Zelle setzen, wird der Zelleintrag wieder in der Bearbeitungsleiste angezeigt.

Wenn Sie merken, daß Sie Ihre Daten gerade in eine falsche Zelle eingeben, können Sie, bevor Sie den Eintrag abschließen, alles wieder rückgängig machen, indem Sie auf das Symbol für Abbrechen (das mit dem »X«) klicken oder Esc drücken. Sollten Sie Ihren Fehler jedoch zu spät bemerken, und der Eintrag ist bereits in der falschen Zelle festgeschrieben, dann können Sie den Eintrag entweder in die richtige Zelle verschieben (davon mehr in Kapitel 4) oder den Eintrag löschen (auch hierzu in Kapitel 4 nachschauen) und dann die Daten in die richtige Zelle eingeben.

Wie man der Eingabe-Taste sagt, wo der Zellcursor hin soll

Excel bewegt den Zellcursor automatisch zur nächsten Zelle in der darunterliegenden Zeile, wenn Sie Eingabe drücken, um die Eingabe abzuschließen. Wenn es Ihnen jedoch lieber ist, daß der Zellcursor auf der Zelle stehen bleibt, in die Sie gerade Daten eingegeben haben, oder wenn er in die nächste Zelle in der danebenliegenden Spalte springen soll, dann wählen Sie den Befehl OPTIONEN im Menü EXTRAS, um das Dialogfeld »Optionen« zu öffnen. Klicken Sie hier auf das Register BEARBEITEN.

Wenn sich der Zellcursor nach der Dateneingabe nicht mehr von der Stelle rühren soll, dann deaktivieren Sie im Gruppenfeld EINSTELLUNGEN das Kontrollkästchen MARKIERUNG NACH DEM DRÜCKEN DER EINGABETASTE VERSCHIEBEN, d. h., Sie klicken einfach auf das Kästchen, um das Häkchen zu entfernen. Soll der Zellcursor in eine andere Richtung als die vorgegebene springen, dann wählen Sie im Dropdown-Listenfeld RICHTUNG (direkt unter dem Kontrollkästchen MARKIERUNG NACH DEM DRÜCKEN DER EINGABETASTE VERSCHIEBEN) die gewünschte Richtung (RECHTS, OBEN oder LINKS). Wählen Sie anschließend »OK«, oder drücken Sie Eingabe.

Welche Daten sind denn Ihr Typ?

Von Ihnen vollkommen unbemerkt, prüft Excel bei jeder Eingabe in das Tabellenblatt, um welchen der drei möglichen Datentypen es sich gerade handelt: *Text, Zahl* oder *Formel*.

Wird die Dateneingabe als Formel erkannt, berechnet das Programm die Formel und zeigt das Ergebnis in der Tabellenblattzelle an. (Die Formel selbst wird weiterhin in der Bearbeitungsleiste angezeigt.) Wenn es sich bei der Eingabe nicht um eine Formel handelt (was eine richtige

Formel ausmacht, erfahren Sie gleich), entscheidet das Programm, ob es die Eingabe als Text oder Zahl klassifizieren soll.

Excel muß diese Unterscheidungen treffen, da Text in Zellen anders ausgerichtet wird als Zahlen (Text wird linksbündig, Zahlen werden rechtsbündig ausgerichtet). Die meisten Formeln funktionieren nur dann fehlerfrei, wenn Zahlen eingegeben werden. Wenn Sie Text in eine Zelle schreiben, in der eine Zahl stehen müßte, können Sie Formeln ganz schön aus dem Konzept bringen.

Text (weder Fisch noch Fleisch)

Text ist für Excel jede Dateneingabe, die nicht als Formel oder Zahl erkannt wird. Die meisten Texteingaben bestehen aus einer Kombination von Buchstaben und Satzzeichen oder Buchstaben und Zahlen, die für die Titel und Überschriften des Tabellenblatts verwendet werden.

Wenn Excel eine Eingabe als Texteintrag erkennt, wird der Text in der Zelle automatisch linksbündig ausgerichtet. Wenn die Texteingabe länger als die Zelle ist, wird der Text in der rechts angrenzenden Zelle weitergeschrieben, vorausgesetzt, daß diese Zelle leer ist (Abbildung 2.2).

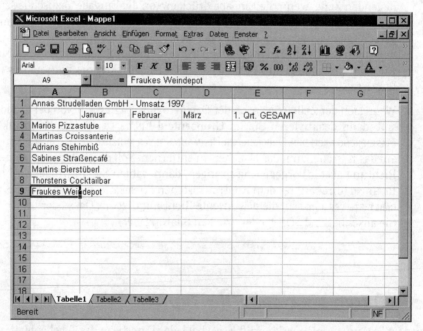

Abbildung 2.2: Lange Texteingaben fließen in die angrenzenden leeren Zellen über.

Wenn Sie zu einem späteren Zeitpunkt in diese benachbarte Zelle Daten eingeben, schneidet Excel den Textteil, der in der linken Zelle keinen Platz mehr hatte und sich deshalb in der Nachbarzelle breitgemacht hat, einfach ab (Abbildung 2.3). Aber keine Sorge: Excel läßt diesen

Teil des Zelleintrags nicht einfach verschwinden, sondern verkürzt nur die Anzeige, um der neuen Eingabe Platz zu machen. Wenn Sie in diesem Zusammenhang unter »Trennungsängsten« leiden sollten, verbreitern Sie einfach die Spalte der Zelle mit dem überlangen Eintrag. Wie das geht, erfahren Sie in Kapitel 3.

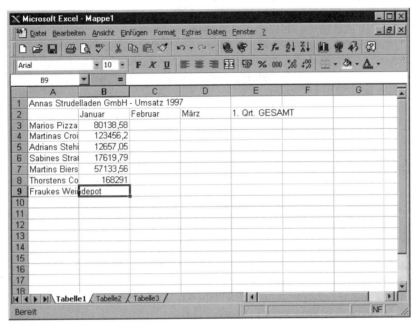

Abbildung 2.3: Hat sich ein langer Zelleintrag auch in der Nachbarzelle breitgemacht, wird er rigoros abgeschnitten, sobald Sie dort etwas eingeben.

Jede Menge Zahlen

Zahlen sind der Grundstock für die meisten Formeln, die Sie mit Excel erstellen. Excel unterscheidet dabei zwei Arten von Zahlen: Mengenangaben (z. B. 10 Unternehmen oder 100 DM) und Datums- (z. B. 30. Juli 1997) bzw. Zeitangaben (z. B. 13:10 Uhr).

Wenn Excel einen Zelleintrag als Zahl interpretiert, wird dieser in der Zelle automatisch rechtsbündig ausgerichtet. Wenn die eingegebene Zahl länger als die Spaltenbreite ist, stellt Excel den Wert automatisch im sogenannten *wissenschaftlichen Darstellungsformat* dar. (6E+8 bedeutet z. B., daß hinter der 6 noch 8 Nullen kommen, also 600 Millionen.) Wenn ein derart merkwürdig dargestellter Wert wieder als ganz normale Zahl angezeigt werden soll, verbreitern Sie einfach nur die entsprechende Spalte. (In Kapitel 3 steht, wie das geht.)

Für Excel ist Text stets eine Null

Wenn Sie das nicht glauben wollen, dann prüfen Sie es doch einfach nach. Immer wenn Sie Text in eine Zelle eingeben, wird in der Statusleiste im Feld AutoBerechnung als Wert 0 angezeigt. Geben Sie doch einfach in eine Zelle die Zahl 10 und in die Zeile darunter einen vollkommen unsinnigen Text, z. B. *Excel ist wie Kaffee und Kuchen*, ein. Wenn Sie jetzt diese beiden Zellen markieren und dann einen Blick auf das Feld AutoBerechnung werfen, dann werden Sie sehen, daß dort SUMME = 10 steht, womit bewiesen wäre, daß für Excel Text absolut Luft ist.

Eine Zahl, bitte!

Beim Aufbau eines neuen Tabellenblatts werden Sie viel Zeit damit verbringen, Zahlen einzugeben, die darstellen sollen, wieviel Geld Sie aus dem Budget entnommen oder noch nicht verbraucht haben (z. B. wie hoch der Brotzeitanteil am Abteilungsbudget ist). Jetzt sagen Sie bloß nicht, Ihre Brotzeit müssen Sie aus Ihrer eigenen Tasche bezahlen ...?

Um eine Zahl einzugeben, die einen positiven Wert darstellt, z. B. Ihre Einnahmen im letzten Jahr, dann markieren Sie hierzu eine Zelle, schreiben die Zahlen – z. B. 459600 – und übergeben den Eintrag in die Zelle mit einem Klick auf das Symbol für Eingeben, einem Druck auf Eingabe etc. Soll eine Zahl eingegeben werden, die einer Ausgabe entspricht, z. B. wieviel Geld die Abteilung im letzten Jahr für Brotzeit aufgewendet hat, dann setzen Sie vor den Eintrag ein Minuszeichen oder einen Bindestrich, z. B.: -175 (das ist doch nicht zuviel für Brotzeit, wenn man gerade 459.600,- DM eingenommen hat, oder?), und schließen den Eintrag ab.

Wenn Sie mit Buchhaltung zu tun haben, können Sie negative Zahlen auch in Klammern setzen, also (175). Sie müssen nur damit rechnen, daß – wenn Sie Klammern verwenden – Excel diesen Wert automatisch in eine Zahl mit einem Minuszeichen umwandelt, d. h., Ihre Ausgabe (175) für die Brotzeit wird von Excel eigenmächtig in -175 geändert, sobald Sie Eingabe drücken.

Sie können Ihre Zahlen mit Währungszeichen (z. B. DM) und Tausenderpunkten eingeben. Sie sollten dabei allerdings folgendes beachten: Wenn Sie eine Zahl mit Tausenderpunkt eingeben, weist Excel dem Eintrag ein Zahlenformat zu, das Ihrer Eingabe entspricht. Näheres zu den Zahlenformaten finden Sie in Kapitel 3. Dies gilt auch für die Währungsangabe. Sie können für die Zahl ein Währungsformat wählen, bei dem die DM-Angabe und der Tausenderpunkt automatisch eingefügt werden.

Wenn Sie eine Zahl mit Dezimalstellen eingeben, verwenden Sie das Komma als Dezimaltrennzeichen. Wenn Sie Dezimalzahlen eingeben, fügt das Programm automatisch eine Null vor dem Dezimalkomma ein – Sie schreiben ,34 und der Zelleintrag lautet 0,34. Außerdem streicht Excel eigenmächtig Nullen am Ende der Zahl: Sie schreiben 12,50, und der Zelleintrag lautet 12,5.

Sie können einen Wert anstatt als Dezimalzahl auch als Bruch eingeben. Sie geben z. B. 2 3/16 (mit einem Leerzeichen zwischen 2 und 3) anstatt 2,1875 ein. Wenn Sie eine Dezimalzahl als Bruch eingeben, wird in der Bearbeitungsleiste die entsprechende Dezimalzahl angezeigt, obwohl in der Zelle der Bruch angezeigt wird. In Kapitel 3 erfahren Sie, wie einfach es ist, die Anzeige 2 3/16 in der Zelle so zu formatieren, daß sie der Anzeige 2,1875 in der Bearbeitungsleiste entspricht.

Wenn Sie einfache Brüche wie 2/3 oder 5/8 eingeben, müssen Sie den Brüchen eine Null voranstellen, d. h., Sie geben 0 2/3 oder 0 5/8 ein, wobei Sie das Leerzeichen zwischen der Null und dem Bruch nicht vergessen dürfen. Sonst bringen Sie Excel ziemlich durcheinander! Seien Sie aber vorsichtig bei der Eingabe von 1/2, 1/4 oder 3/4, da die AutoKorrektur Ihnen das automatisch in $\frac{1}{2}$, $\frac{1}{4}$ und $\frac{3}{4}$ umwandelt. Und dann versteht Excel nur noch Bahnhof! (Was es mit der AutoKorrektur auf sich hat, erfahren Sie weiter unten im Abschnitt »Einmal AutoKorrektur, bitte«.)

Wenn Sie eine Prozentzahl in eine Zelle eingeben möchten, so können Sie das auf zweierlei Arten tun:

✔ Sie können entweder die Zahl durch 100 teilen und die entsprechende Dezimalzahl eingeben (das Dezimalkomma um zwei Stellen nach links verschieben, so wie Sie's in der Schule gelernt haben). Also: ,12 anstatt 12%. (Das funktioniert natürlich nur, wenn der Zelle ein Prozentformat zugewiesen ist. Dazu mehr in Kapitel 3.)

✔ Sie können die Zahl gleich mit einem Prozentzeichen eingeben (z. B. 12%). Excel weist der Zahl dann automatisch ein Prozentformat zu. Welch ein Service!

Können Sie meinen Dezimalstellen Ordnung beibringen?

Wenn Sie eine ganze Kolonne Zahlen eingeben müssen, die alle dieselbe Anzahl an Dezimalstellen enthalten sollen, können Sie sich der Option FESTE DEZIMALSTELLE SETZEN bedienen und das Programm die Dezimalstellen für Sie eingeben lassen. Dies ist besonders hilfreich, wenn Sie Zahlen eingeben müssen, die alle zwei Dezimalstellen für die Pfennigbeträge verwenden.

Um die Anzahl der Dezimalstellen für einen Zahleneintrag festzulegen, gehen Sie folgendermaßen vor:

1. **Wählen Sie den Befehl OPTIONEN im Menü EXTRAS.**

    Das Dialogfeld »Optionen« wird geöffnet.

2. **Wählen Sie das Register BEARBEITEN.**

3. **Klicken Sie im Gruppenfeld EINSTELLUNGEN auf das Kontrollkästchen FESTE DEZIMALSTELLE SETZEN.**

    In der Standardeinstellung zeigt Excel zwei Dezimalstellen hinter dem Komma an.

4. **Um die Standardeinstellung zu ändern, schreiben Sie eine neue Zahl in das Textfeld STELLENANZAHL.**

    Schreiben Sie beispielsweise 3 in das Textfeld STELLENANZAHL, um Zahlen mit drei Nachkommastellen einzugeben.

5. **Wählen Sie »OK«, oder drücken Sie Eingabe.**

    In der Statusleiste wird jetzt FIX angezeigt, um Sie wissen zu lassen, daß die Dezimalstellenfunktion aktiviert ist.

Excel fügt nun in Eigeninitiative bei jeder Zahleneingabe für Sie das Komma ein. Sie müssen nur noch die Zahlen eingeben und Eingabe drücken. Beispiel: Um die Zahl 100,99 in eine Zelle einzugeben, nachdem Sie die Dezimalstelle auf zwei Nachkommastellen festgelegt haben, schreiben Sie 10099. Sobald Sie auf das Symbol für Eingeben klicken, Eingabe oder eine Pfeiltaste drücken, um den Zelleintrag abzuschließen, fügt Excel den Wert 100,99 in die Zelle ein.

Wenn Sie wieder zur normalen Zahleneingabe (bei der Sie das eventuelle Dezimalkomma selbst eingeben) zurückkehren wollen, öffnen Sie erneut das Dialogfeld »Optionen«, deaktivieren das Kontrollkästchen FESTE DEZIMALSTELLE SETZEN und wählen dann »OK« bzw. drücken Eingabe. Die Anzeige FIX verschwindet aus der Statusleiste.

Dezimalstelle hin, Dezimalstelle her!

Denken Sie daran, daß Excel bei allen Zahleneingaben Dezimalkommas einfügt, solange die Dezimalstellenfunktion aktiviert ist. Wenn Sie eine Zahl ohne Dezimalkomma oder mit mehr bzw. weniger Dezimalstellen eingeben möchten, müssen Sie das Dezimalkomma selbst eingeben. Beispiel: Um die Zahl 1099 anstatt 10,99 einzugeben, wenn das Dezimalkomma bei zwei Nachkommastellen festgelegt ist, schreiben Sie 1099, in die Zelle. (Komma am Schluß nicht vergessen!)

Und vergessen Sie bloß nicht, die Dezimalstellenfunktion wieder zu deaktivieren, bevor Sie mit einem neuen Tabellenblatt beginnen oder Excel beenden. Ansonsten wird Ihnen jedesmal, wenn Sie einen Wert, z. B. 20, eingeben, 0,2 in der Zelle angezeigt werden, und Sie werden sich wundern, was das Programm für eine neue Makke hat ...

Eingabe wie mit dem Taschenrechner

Um mit der Dezimalstellenfunktion noch effektiver arbeiten zu können, markieren Sie den Zellbereich, in dem die Zahlen eingegeben werden sollen (siehe auch »Das große Zellcursorspringen« weiter unten in diesem Kapitel), drücken die Num-Taste und geben dann die Zahlen auf der Zehnertastatur ein.

2 ➤ Die erste Arbeitsmappe

Auf diese Weise können Sie die Zahlen wie auf einem Taschenrechner eingeben und müssen nur noch Eingabe auf der Zehnertastatur drücken, damit Excel die Dezimalstelle an die richtige Stelle setzt und den Zellcursor in die nächste Zelle der darunterliegenden Zeile verschiebt. Und noch was: Sobald Sie den letzten Zahlenwert in einer Spalte eingegeben und Eingabe gedrückt haben, setzt Excel den Zellcursor automatisch auf die erste Zelle der nächsten Spalte des markierten Zellbereichs.

In den Abbildungen 2.4 und 2.5 sehen Sie, wie das Ganze funktioniert. In Abbildung 2.4 ist die Dezimalstellenfunktion aktiviert, die standardmäßig zwei feste Dezimalstellen anzeigt. Der Zellbereich von Zelle B3 bis D9 ist markiert. Sechs Einträge sind bereits erfolgt. Die siebte Zahl (30834,63) wird gerade in Zelle B9 eingegeben. Um diese Zahl bei aktivierter Dezimalstellenfunktion einzugeben, brauchen Sie nur auf der Zehnertastatur 3083463 einzugeben.

Abbildung 2.5 zeigt bereits das Resultat dieser Eingabe (nachdem Sie Eingabe auf der Tastatur oder der Zehnertastatur gedrückt haben). Wie Sie sehen, hat Excel den Wert in Zelle B9 nicht nur automatisch mit dem Dezimalkomma versorgt, sondern auch den Zellcursor auf Zelle C3 weitergerückt, damit Sie in dieser Spalte mit der Eingabe fortfahren können.

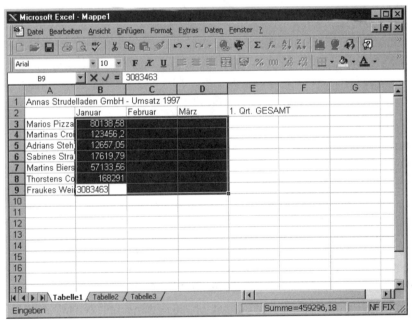

Abbildung 2.4: Um den Wert 30834,63 in die Zelle B9 einzugeben, schreiben Sie 3083463.

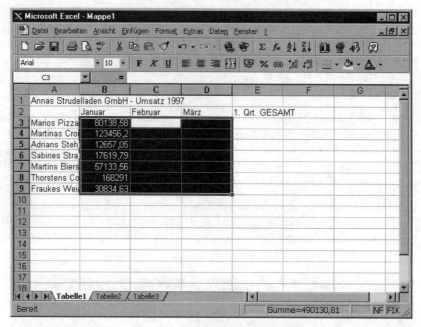

Abbildung 2.5: Sobald Sie in Zelle B9 Eingabe drücken, verschiebt Excel den Zellcursor auf Zelle C3.

Und jetzt ein Datum!

Es mag Ihnen komisch vorkommen, daß Datums- und Zeitangaben in die Zellen eines Tabellenblatts als Zahlen anstatt als Text eingegeben werden. Dies hat seinen Grund: Sie können nämlich mit Datums- und Zeitangaben auch rechnen. Ehrlich!

Sie können Datumsangaben natürlich auch als Text eingeben, ohne daß Ihnen oder Ihrem Tabellenblatt etwas passiert; Sie werden dann diese Datumsangaben allerdings nicht mehr in Formeln verwenden können. Wenn Sie z. B. zwei Datumsangaben als Zahlen eingeben, können Sie damit eine Formel erstellen, in der das neuere Datum vom älteren abgezogen und als Ergebnis die Differenz zwischen beiden in Tagen errechnet wird. Geben Sie die Datumsangaben jedoch als Text ein, versteht Excel in der Formel nur Bahnhof.

Excel erkennt am Datums- und Uhrzeitformat, ob die Datums- und Zeitangaben als Zahl oder als Text eingegeben wurden. Wenn Sie eines der im Programm enthaltenen Datums- oder Uhrzeitformate verwenden, interpretiert Excel das Datum oder die Zeitangabe als Zahl. Wenn Ihre Eingabe mit keinem internen Format übereinstimmt, wird die Datums- oder Zeitangabe als Texteingabe interpretiert. So einfach ist das!

Mein Datum, Dein Datum

Datumsangaben werden als serielle Zahlen – d. h. als fortlaufende Zahlenreihe – gespeichert, die anzeigen, wie viele Tage seit dem Anfangsdatum verstrichen sind. Zeitangaben werden als Dezimalbrüche gespeichert, die die verstrichene Zeit in einem 24-Stunden-Zeitraum anzeigen. Excel unterstützt zwei Datumssysteme: In Excel für Windows ist das Anfangsdatum der 1. Januar 1900 (serielle Zahl = 1) und in Excel für den Macintosh der 2. Januar 1904.

Sollte Ihnen also jemals eine Arbeitsmappe unterkommen, die mit Excel für den Macintosh erstellt wurde und äußerst seltsame Daten enthält, dann können Sie dieses Problem vielleicht lösen, indem Sie im Menü EXTRAS den Befehl OPTIONEN wählen, im Dialogfeld »Optionen« auf das Register BERECHNEN klicken und dort im Gruppenfeld ARBEITSMAPPE das Kontrollkästchen 1904-DATUMSWERTE aktivieren. Schließen Sie das Dialogfeld mit »OK«.

Excel erkennt die folgenden Uhrzeitformate:

3:21 PM

3:21:04 PM

15:21

15:21:04

12.08.1997 15:21

... und die folgenden Datumsformate:

12.08.1997

12. Aug 97

12. Aug

Aug 97

12.08.1997 15:21

Formeln, die der Aufgabe gewachsen sind

Formeln sind die eigentlichen Arbeiter des Tabellenblatts. Wenn Sie eine Formel richtig aufbauen, wird das Ergebnis berechnet, sobald Sie Eingabe drücken. Danach wird der Wert der Zelle immer dann aktualisiert, wenn Sie Werte ändern, die in der Formel verwendet werden.

Wie weiß Excel nun, daß Sie eine Formel eingeben möchten? Ganz einfach: Jede Formel beginnt mit einem Gleichheitszeichen (=). Bei den meisten einfachen Formeln steht nach dem Gleichheitszeichen eine Funktion, die Excel bereits fix und fertig für Sie bereitstellt, z. B. SUMME oder MITTELWERT. (Näheres zum Einsatz von Funktionen in Formeln erfahren Sie im Abschnitt »Viel Spaß mit dem Funktions-Assistenten und der neuen Formelpalette« am Ende dieses Kapitels). Andere einfache Formeln verwenden Zahlenreihen oder Bezüge auf Zellen (die wiederum Zahlen enthalten). Formelelemente werden durch einen oder mehrere der folgenden mathematischen Operatoren voneinander getrennt:

+ zur Addition

− zur Subtraktion

* zur Multiplikation

/ zur Division

^ zur Potenzierung

Beispiel: Wenn Sie in Zelle C2 die Werte in A2 und B2 miteinander multiplizieren wollen, geben Sie folgende Formel in Zelle C2 ein:

=A2*B2

Hier nun die Einzelschritte für die Eingabe dieser Formel in Zelle C2.

1. **Aktivieren Sie die Zelle C2.**

2. **Geben Sie die vollständige Formel** =A2*B2 **in der Bearbeitungsleiste ein.**

   Oder:

1. **Aktivieren Sie die Zelle C2.**

2. **Geben Sie ein Gleichheitszeichen (=) ein.**

3. **Markieren Sie die Zelle A2 im Tabellenblatt mit der Maus oder mit der Tastatur.**

   Der Zellbezug A2 wird jetzt in der Formel in der Zelle angezeigt (Abbildung 2.6).

4. **Geben Sie * ein.**

   Das Sternchen (*) ist der Operator für die Multiplikation.

5. **Markieren Sie die Zelle B2 im Tabellenblatt.**

   Der Zellbezug B2 wird jetzt in die Formel eingefügt (Abbildung 2.7).

6. **Klicken Sie auf das Symbol für Eingeben, oder drücken Sie Eingabe. (Der Zellcursor sollte in der Zelle C2 bleiben.)**

   Excel zeigt das Rechenergebnis in Zelle C2 und die Formel =A2*B2 in der Bearbeitungsleiste an (Abbildung 2.8).

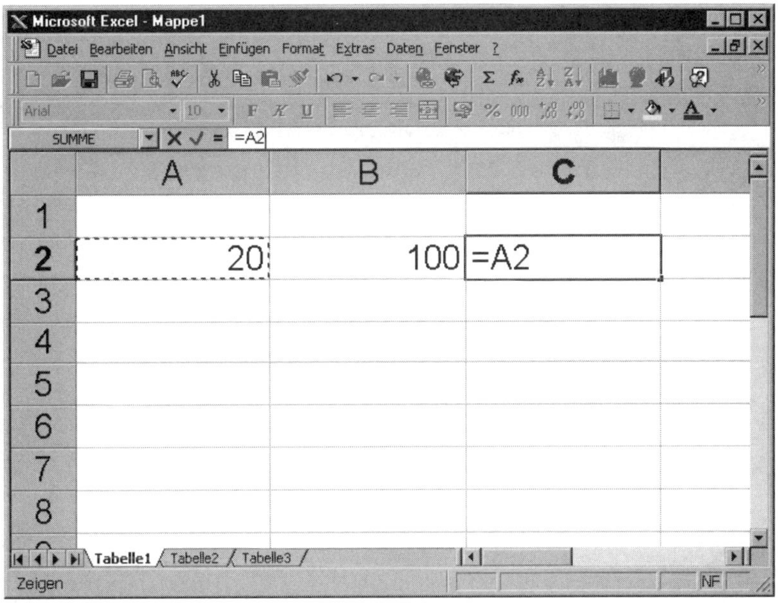

2 ➤ Die erste Arbeitsmappe

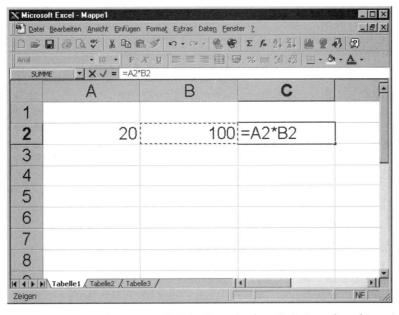

Abbildung 2.6: Sie beginnen die Formel, indem Sie ein Gleichheitszeichen (=) eingeben. Danach markieren Sie die Zelle A2.

Abbildung 2.7: Für den zweiten Teil der Formel geben Sie * ein und markieren anschließend die Zelle B2.

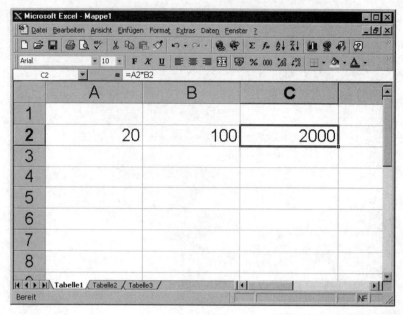

Abbildung 2.8: Klicken Sie auf das Symbol für Einfügen, um das Ergebnis in Zelle C2 anzuzeigen. (Die Formel wird noch immer in der Bearbeitungsleiste angezeigt.)

Nachdem Sie die Formel =A2*B2 in Zelle C2 eingeben haben, zeigt Excel das Resultat entsprechend den aktuell in den Zellen A2 und B2 eingegebenen Werten an. Die große Stärke eines Tabellenkalkulationsprogramms ist nämlich die Fähigkeit der Formeln, die berechneten Ergebnisse automatisch anzupassen, wenn sich die Werte in den Zellen ändern, die als Zellbezüge in den Formeln eingegeben sind. Was will man mehr?

Vielleicht sollten wir dieses Spielchen gleich mal ausprobieren. Also, wie gesagt: Wenn Sie eine Formel erstellen, die sich auf Werte in bestimmten Zellen bezieht und Sie diese Werte ändern, dann berechnet Excel die Formel automatisch neu, indem es diese neuen Werte verwendet und das aktualisierte Ergebnis im Tabellenblatt anzeigt. Nehmen wir Abbildung 2.8 als Beispiel: Sie ändern den Wert in Zelle B2 von 100 in 50. Sobald Sie die Änderung in Zelle B2 abgeschlossen haben, berechnet Excel die Formel neu und zeigt als neues Ergebnis in Zelle C2 1000 an.

Würden Sie mir das bitte mal markieren?

Zellen zu markieren, die in einer Formel verwendet werden sollen, anstatt die Zellbezüge über die Tastatur einzugeben, ist nicht nur schneller, sondern auch sicherer. Wenn Sie einen Zellbezug eingeben, kann es leicht passieren, daß Sie den falschen Spaltenbuchstaben oder die falsche Zeilennummer schreiben und Sie Ihren Fehler unter Umständen nicht einmal bemerken.

Wenn Sie einen Zellbezug in eine Formel einfügen, indem Sie auf die entsprechende Zelle klicken oder den Zellcursor dorthin bewegen (mit Hilfe der Pfeiltasten), ist die Gefahr eines falschen Zellbezugs um einiges geringer.

Vorfahrt achten!

Viele der Formeln, die Sie erstellen werden, werden mehr als eine mathematische Operation durchführen. Excel führt jede Rechenoperation von links nach rechts aus und hält sich dabei strikt an die mathematischen Vorfahrtsregeln, d. h. Multiplikation und Division vor Addition und Subtraktion. Kurz: Punktrechnung vor Strichrechnung.

Betrachten Sie die Rechenoperationen in der folgenden Formel:

=A2+B2*C2

Wenn in der Zelle A2 der Wert 5, in B2 der Wert 10 und in C2 der Wert 2 steht, dann setzt Excel die Werte wie folgt in die Formel ein:

=5+10*2

In dieser Formel multipliziert Excel nun 10 mit 2 (= 20) und addiert dann zu diesem Ergebnis 5 hinzu (= 25).

Wenn Excel die Addition der Werte in den Zellen A2 und B2 vor der Multiplikation ausführen soll, dann müssen Sie die zu addierenden Werte in Klammern setzen:

=(A2+B2)*C2

Die Klammer verrät Excel, daß diese Rechenoperation vor der Multiplikation ausgeführt werden soll. Wenn die Zelle A2 den Wert 5, B2 den Wert 10 und C2 den Wert 2 enthält, dann addiert Excel 5 und 10 (= 15) und multipliziert dieses Ergebnis dann mit 2 (= 30).

Bei aufwendigeren Formeln kann unter Umständen mehr als eine Klammer oder auch eine Klammer in einer Klammer erforderlich sein, um die Reihenfolge der Rechenoperationen zu kennzeichnen. Wird in eine Klammer eine weitere eingefügt, so berechnet Excel zuerst die in der inneren Klammer stehenden Werte und verwendet dann dieses Ergebnis für die weiteren Berechnungen. Sehen Sie sich z. B. die folgende Formel an:

=(A4+(B4-C4))*D4

Excel subtrahiert zuerst den Wert in Zelle C4 von dem in Zelle B4, addiert die Differenz zu dem Wert in Zelle A4 und multipliziert zuletzt das Summenergebnis mit dem Wert in Zelle D4.

Ohne die beiden Klammern hätte Excel zuerst den Wert der Zelle C4 mit dem der Zelle D4 multipliziert, dann den Wert von A4 und den von B4 addiert und zuletzt die Subtraktion durchgeführt.

Wenn Sie in einer Formel mehrere Klammern verwenden, müssen Sie darauf achten, daß Sie für jede linke Klammer auch eine rechte Klammer eingeben. Sollten Sie die rechte Klammer mal vergessen, wird Excel in einem Dialogfeld die Meldung `Klammersetzung ist fehlerhaft` anzeigen, sobald Sie Eingabe drücken. Sobald Sie das Dialogfeld schließen, kehrt Excel automatisch in die Zelle zurück, damit Sie die fehlende Klammer einfügen können. Excel versucht übrigens, Sie auf die Fehlerstelle aufmerksam zu machen, indem es den nächstliegenden Zellbezug hervorhebt. (Was leider nicht immer so zuverlässig gelingt!)

Wenn Formeln spinnen

Unter bestimmten Umständen können selbst die besten Formeln verrückt spielen. Sie können sofort erkennen, daß eine Formel ihrer Sache nicht mehr gewachsen ist, wenn anstatt des errechneten Werts eine merkwürdige unverständliche Meldung angezeigt wird, die in Großbuchstaben geschrieben ist, mit dem Zeichen # beginnt und mit einem Ausrufezeichen (in einem Fall mit einem Fragezeichen) aufhört. Diese Meldungen werden als *Fehlerwert* bezeichnet und wollen Ihnen mitteilen, daß irgendein Element – entweder in der Formel selbst oder in einem Zellbezug – die Ausgabe des erwarteten Ergebnisses verhindert.

Das Schlimmste an Fehlerwerten ist, daß sie andere Formeln im Tabellenblatt anstecken können. Wenn das Programm einen Fehlerwert in eine Zelle schreibt und sich eine andere Formel auf den von der ersten Formel errechneten Wert bezieht, gibt die zweite Formel denselben Fehlerwert aus.

Sobald ein Fehlerwert in einer Zelle angezeigt wird, müssen Sie herausfinden, was den Fehler verursacht hat, und den Fehler korrigieren. In Tabelle 2.1 sind die Fehlerwerte, die Ihnen in einem Tabellenblatt begegnen können, und ihre gängigsten Ursachen aufgeführt.

Fehlerwert	Ursache
#BEZUG!	Die Formel enthält einen ungültigen Zellbezug. Das kann der Fall sein, wenn Sie Zellen löschen oder überschreiben, die als Zellbezug in einer Formel angegeben sind.
#DIV/0!	Die Formel versucht, durch Null zu teilen, da entweder eine Zelle den Wert »0« enthält oder, was meistens der Fall ist, die Zelle leer ist. Eine Division durch Null darf es aber in der Mathematik nicht geben. Haben wir alle in der Schule gelernt!
#NAME?	Excel erkennt den in der Formel benutzten Bereichsnamen nicht (siehe Kapitel 6 im Abschnitt »Wie heißt denn die Zelle?«). Dieser Fehlerwert wird ausgegeben, wenn Sie einen falschen Bereichsnamen eingegeben oder Text in der Formel nicht in Anführungszeichen gesetzt haben; Excel behandelt diesen Text dann wie einen Bereichsnamen und kann ihn natürlich nicht finden, da es ihn nicht gibt.
#NULL!	Sie haben wahrscheinlich ein Leerzeichen anstelle eines Kommas eingegeben, um Zellbezüge als Funktionsargumente voneinander zu trennen.

Fehlerwert	Ursache
#WERT!	Das Argument oder der Operator, das/den Sie verwendet haben, hat den falschen Typ, oder Sie haben eine mathematische Operation aufgerufen, die sich auf Zellen bezieht, die Texteingaben enthalten.
#ZAHL!	Ein Problem mit einer Zahl, z. B. ein falsches Argument in einer Excel-Funktion oder eine Berechnung, die als Ergebnis eine Zahl ausgibt, die zu groß oder zu klein für die Darstellung im Tabellenblatt ist.

Tabelle 2.1: Mögliche Fehlerwerte

Habe ich Sie jetzt etwas überfordert? Bleiben Sie ganz ruhig. Warum soll ausgerechnet bei Ihnen eine Fehlermeldung angezeigt werden ...?

Fehlersuche und -bekämpfung

Wir wären ja alle zu gerne perfekt, aber leider sind es nur einige wenige von uns. Daher sollten wir uns gegen die Mißgeschicke des Alltags wappnen und lernen, wie wir ihnen begegnen können. Wenn wir viele Daten eingeben, machen wir es diesen kleinen schrecklichen Tippfehlern leicht, sich in unsere Arbeit einzuschleichen. Damit Ihr Tabellenblatt weitestgehend sauber bleibt, hier ein paar Erste-Hilfe-Maßnahmen: 1. Lassen Sie Excel bestimmte Tippfehler sofort mit der AutoKorrektur-Funktion korrigieren. 2. Korrigieren Sie die lästigen Fehlerchen während der Eingabe gleich manuell.

Einmal AutoKorrektur, bitte

Die AutoKorrektur-Funktion ist eine Supererfindung für alle, die immer und immer wieder dieselben Tippfehler machen. Mit Hilfe dieser Funktion geben Sie Excel den Auftrag, ganz bestimmte blödsinnige Tippfehler zu erkennen und diese dann auch noch automatisch zu korrigieren.

Bei der Installation von Excel hat die AutoKorrektur-Funktion bereits einige Standardeinstellungen im Repertoire: Sie korrigiert automatisch zwei Großbuchstaben am Wortanfang (indem sie den zweiten Buchstaben klein schreibt), sie schreibt die Wochentage groß und ersetzt eine ganze Reihe von typischen Schreibfehlern durch den richtigen Text.

Während Ihrer Arbeit mit Excel können Sie dieser Liste weitere zu korrigierende Eingaben hinzufügen. Excel unterscheidet hierbei zwei verschiedene Typen: Tippfehler, die Ihnen ständig unterlaufen, zusammen mit der dazugehörigen richtigen Schreibweise, sowie Abkürzungen und Kurzformen mit den dazugehörigen ausgeschriebenen Versionen.

Sie wollen von dieser schicken Funktion auch Gebrauch machen? Nun dann:

1. Wählen Sie im Menü EXTRAS die Option AUTOKORREKTUR.
2. Geben Sie den Tippfehler oder die Abkürzung in das Feld ERSETZEN ein.
3. Geben Sie die Korrektur oder die Langform in das Feld DURCH ein.
4. Klicken Sie auf die Schaltfläche »Hinzufügen«, oder drücken Sie Eingabe, um den neuen Eintrag in das Listenfeld einzufügen.
5. Klicken Sie auf »OK«, um das Dialogfeld »AutoKorrektur« zu schließen.

Abbildung 2.9 zeigt das Dialogfeld »AutoKorrektur«, nachdem ich »as« in das Feld ERSETZEN und »Annas Strudelladen GmbH« in das Feld DURCH eingegeben habe. Jetzt kann ich mir die Mühe sparen, jedesmal in den Tabellenblättern Annas Strudelladen GmbH auszuschreiben, denn die AutoKorrektur-Funktion erledigt das für mich, sobald ich as eingebe.

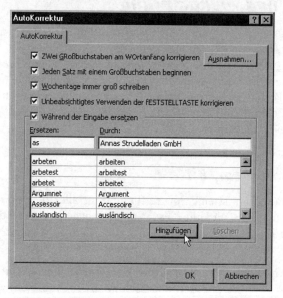

Abbildung 2.9: Eingabe einer Kurzform und die Anweisung an Excel, durch welche Langform diese zu ersetzen ist.

Die Regeln der Zellbearbeitung

Die AutoKorrektur-Funktion ist zwar eine wunderbare Hilfe, aber ein Wundermittel ist sie trotzdem nicht. Sie werden sich also darauf einstellen müssen, daß sich immer wieder mal Fehler einschleichen werden. Wie Sie diese dann beheben, hängt ganz davon ab, ob Sie den Fehler entdecken, bevor oder nachdem Sie die Eingabe abgeschlossen haben. Die nachstehende Liste soll Ihnen bei der Schadensbehebung Erste Hilfe leisten. Denn nur ein Fehler, der unentdeckt bleibt, ist ein wirklicher Fehler!

✔ Wenn Sie den Fehler entdecken, bevor Sie die Eingabe abschließen, können Sie den Eintrag löschen, indem Sie so lange Rück (direkt über Eingabe) drücken, bis Sie alle falschen Zeichen aus der Zelle gelöscht haben. Geben Sie dann den Rest des Eintrags oder der Formel neu ein, bevor Sie den Zelleintrag abschließen.

✔ Wenn Sie den Fehler erst entdecken, wenn Sie den Zelleintrag bereits abgeschlossen haben, können Sie entweder den Eintrag vollständig überschreiben oder nur den falschen Teil überschreiben.

✔ Wenn der Eintrag relativ kurz ist, ist es vermutlich am einfachsten, ihn einfach komplett zu ersetzen. Dazu brauchen Sie nur den Zellcursor auf die Zelle zu setzen, die neuen Daten einzugeben und das Ganze abzuschließen, indem Sie auf das Symbol für Eingeben klicken, Eingabe oder eine der Pfeiltasten drücken.

✔ Wenn sich der Fehler in einem Eintrag leicht beheben läßt, dieser aber unheimlich lang ist, so möchten Sie das Ganze vermutlich lieber bearbeiten, anstatt es zu überschreiben. Um den Zelleintrag zu bearbeiten, doppelklicken Sie auf die Zelle bzw. markieren sie und drücken dann F2.

✔ In beiden Fällen zeigt Excel in der Bearbeitungsleiste die Symbole für Eingeben und Abbrechen sowie das Symbol für Formeln bearbeiten an und setzt die Einfügemarke in den Zelleintrag im Tabellenblatt. (Wenn Sie doppelklicken, wird die Einfügemarke an der Stelle angezeigt, auf die Sie klicken; drücken Sie F2, so steht die Einfügemarke am Ende des Zelleintrags.)

✔ Achten Sie darauf, daß auch in der Statusleiste der Modus Bearbeiten angezeigt wird. Sie können nun mit der Maus oder den Pfeiltasten die Einfügemarke an die Stelle in der Zelle bewegen, die bearbeitet werden muß.

In Tabelle 2.2 sind die Tastenkombinationen aufgeführt, mit denen Sie die Einfügemarke im Zelleintrag oder in der Bearbeitungsleiste verschieben und die lästigen Fehler löschen können. Wenn Sie an der Position der Einfügemarke neue Zeichen eingeben wollen, schreiben Sie einfach drauflos. Wenn Sie bestehende Zeichen an der Position der Einfügemarke durch Überschreiben löschen möchten, drücken Sie Einfg, um vom Einfügemodus in den Überschreibemodus umzuschalten. Wenn Sie wieder in den Einfügemodus zurückschalten wollen, drücken Sie noch mal Einfg. Wenn Sie die Korrekturen für Ihren Zelleintrag beendet haben, müssen Sie das Ganze – wie gehabt – ganz offiziell in die Zelle übergeben.

Solange Sie sich im Bearbeitenmodus befinden, können Sie den bearbeiteten Zellinhalt nur in die Zelle übergeben, indem Sie auf das Symbol für Eingeben klicken oder Eingabe drücken, nicht aber durch Drücken der Pfeiltasten. Wenn Sie einen Zelleintrag bearbeiten, dienen die Pfeiltasten nur dazu, die Einfügemarke im Eintrag zu bewegen – ansonsten geht nichts!

Taste(n)	Funktion
Entf	Löscht das Zeichen rechts neben der Einfügemarke
Rück	Löscht das Zeichen links von der Einfügemarke
→	Verschiebt die Einfügemarke um ein Zeichen nach rechts
←	Verschiebt die Einfügemarke um ein Zeichen nach links
↑	Verschiebt die Einfügemarke, wenn sie sich am Ende eines Zelleintrags befindet, nach links auf ihre vorherige Position
Pos1	Verschiebt die Einfügemarke vor das erste Zeichen des Zelleintrags
Ende oder ↓	Verschiebt die Einfügemarke hinter das letzte Zeichen des Zelleintrags
Strg + →	Verschiebt die Einfügemarke vor das nächste Wort des Zelleintrags
Strg + ←	Verschiebt die Einfügemarke vor das vorangegangene Wort des Zelleintrags
Einfg	Wechselt zwischen Einfüge- und Überschreibemodus

Tabelle 2.2: Tastenkombinationen zur Bearbeitung von Zelleinträgen in der Bearbeitungsleiste

Das Märchen von den zwei Bearbeitungswegen

Excel bietet Ihnen die Möglichkeit, den Inhalt einer Zelle entweder in der Zelle selbst (hatten wir bereits!) oder in der Bearbeitungsleiste zu bearbeiten. In den meisten Fällen werden Sie wohl den Inhalt direkt in der Zelle bearbeiten. Bei extrem langen Einträgen (wahnsinnig wissenschaftlichen Formeln oder Texteinträgen, die über mehrere Absätze gehen) könnte die Bearbeitungsleiste jedoch hilfreicher sein, da Excel die Bearbeitungsleiste so erweitert, daß der gesamte Inhalt angezeigt werden kann. In der Anzeige im Tabellenblatt könnte Ihnen in diesem Fall der Inhalt der Zelle einfach rechts aus dem Bild laufen ...

Um den Inhalt in der Bearbeitungsleiste anstatt in der Zelle zu bearbeiten, positionieren Sie den Zellcursor in der Zelle und doppelklicken dann in der Bearbeitungsleiste auf die Stelle, die überarbeitet werden muß.

Keine Angst vor der Dateneingabe

Bevor ich dieses Thema nun endgültig abschließe, fühle ich mich doch genötigt, noch kurz auf die Beschleunigerfunktionen einzugehen, die uns die Dateneingaben dann doch ein wenig versüßen. Hierzu zählen z. B. die Funktionen AutoEingabe und AutoAusfüllen sowie die Dateneingabe in einem ausgewählten Zellbereich und die gleichzeitige Eingabe derselben Daten in andere markierte Zellen.

Ohne AutoEingabe bin ich ein Nichts

Die AutoEingabe-Funktion ist alles andere als ein Spielzeug. Sie sollten während der Dateneingabe dann und wann an ihre (nicht an Ihre!) Existenz denken, denn sie ist eine nützliche Funktion, die freundliche Softwareentwickler bei Microsoft erfunden haben, um uns die Last der Dateneingabe so angenehm wie möglich zu machen.

AutoEingabe ist so etwas wie eine Hellseherin, die voraussieht, was Sie als nächstes eingeben werden (sie stützt sich dabei auf die zuvor von Ihnen eingegebenen Daten). Diese Funktion kommt immer dann ins Spiel, wenn Sie in eine *Spalte* Text eingeben (also nicht bei Werten oder Formeln bzw. wenn Sie eine *Zeile* mit Text vollschreiben). Wenn Sie also Text in eine Spalte schreiben, merkt sich die AutoEingabe, was für Einträge Sie in der Spalte vorgenommen haben und kopiert diese dann automatisch in nachfolgende Zeilen, wann immer Sie einen neuen Eintrag beginnen, der mit demselben Buchstaben anfängt wie ein bestehender Eintrag.

Angenommen, ich gebe `Marios Pizzastube` in Zelle A3 ein (eines der Unternehmen, die zu Annas Strudelladen gehören) und setze dann den Zellcursor eine Zeile tiefer in Zelle A4 und drücke `M` (Groß- oder Kleinschreibung – das ist völlig egal). Die AutoEingabe-Funktion fügt sofort in diese Zelle hinter dem `M` die restlichen Buchstaben `arios Pizzastube` ein (Abbildung 2.10).

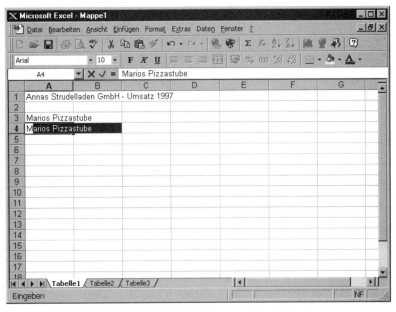

Abbildung 2.10: AutoEingabe dupliziert einen Eintrag, wenn Sie einen neuen Eintrag in derselben Spalte mit demselben Anfangsbuchstaben zu schreiben beginnen.

Das ist natürlich eine ganz phantastische Sache, wenn ich Marios Pizzastube als Zeilenüberschrift sowohl in Zelle A3 als auch in Zelle A4 brauche. Nehmen wir aber mal an, ich will einen ganz anderen Eintrag schreiben, der aber zufälligerweise auch mit M beginnt. Nun, die AutoEingabe füllt natürlich die Zelle mit dem zuvor eingegebenen Text. Sobald ich aber weiterschreibe, zieht die Funktion ihren Vorschlag zurück und läßt mich die Zelle mit meinem neuen Eintrag beschreiben (z. B.: Martinas Croissanterie, auch ein Tochterunternehmen von Annas Strudelladen). Die AutoEingabe wird dann nicht mehr sofort reagieren, wenn ich einen Eintrag mit »M« beginne; ich muß jetzt zumindest so viele Buchstaben eingeben, bis Excel eindeutig weiß, welcher Eintrag nun gemeint ist (in diesem Fall mindestens Mart).

Abrakadabra – AutoAusfüllen!

In vielen Tabellenblättern, die Sie mit Excel erstellen, werden Sie irgendwann Datums- oder Zahlenreihen eingeben müssen. Angenommen, Sie möchten in einem Tabellenblatt als Spaltenüberschrift die zwölf Monatsnamen oder als Zeilenbeschriftungen die Zahlen von 1 bis 100 anzeigen – was für ein Schreibaufwand!

Mit der Funktion AutoAusfüllen wird diese mühselige Arbeit zum Kinderspiel. Sie müssen nur den Anfangswert einer Reihe eingeben, und in den meisten Fällen ist die Funktion AutoAusfüllen intelligent genug zu erkennen, wie die Reihe fortzuführen ist, wenn Sie das Ausfüllkästchen nach rechts ziehen (um die Reihe über die Spalten nach rechts aufzufüllen) oder nach unten ziehen (um die Reihe auf darunterliegende Zeilen auszuweiten).

Ich habe noch nicht erwähnt, was das (Auto-)*Ausfüllkästchen* ist? Es ist das schwarze Viereck, das rechts unten in einer markierten Zelle oder rechts unten in der letzten Zelle eines markierten Zellbereichs angezeigt wird. Sobald Sie den Mauszeiger auf dieses Viereck setzen, nimmt er die Form eines schmalen schwarzen Kreuzes an. Wenn Sie jetzt wie oben beschrieben ziehen, nimmt das AutoAusfüllen seinen Lauf. Wenn Sie jedoch einen Zellbereich mit dem Mauszeiger in Form eines dicken weißen Kreuzes ziehen, markiert Excel lediglich weitere Zellen (mehr dazu in Kapitel 3). Wenn der Mauszeiger noch die Form eines Pfeils hat und Sie drauflos ziehen, verschiebt Excel lediglich den markierten Bereich (hierzu Näheres in Kapitel 4). Also: Erst ziehen, wenn Sie das kleine schwarze Kreuz sehen!

Wenn Sie eine Reihe durch Ziehen des Ausfüllkästchens erstellen, können Sie dies nur in eine Richtung tun. Sie können also die Reihe erweitern, indem Sie das Ausfüllkästchen in *eine* Richtung ziehen. Ob nach rechts, links, oben oder unten bleibt Ihnen überlassen. Sie können die Reihe nur nicht in zwei Richtungen gleichzeitig erweitern (z. B. durch diagonales Ziehen des Ausfüllkästchens nach unten und nach rechts). Eigentlich schade!

Während Sie die Maus ziehen, wird am Bildschirm neben dem Mauszeiger eine QuickInfo angezeigt, die Ihnen verrät, welchen Eintrag Excel in die zuletzt in diesem Bereich markierte Zelle eingeben würde. Wenn Sie die Maustaste loslassen, nachdem Sie das Ausfüllkästchen gezogen haben, kann Ihnen folgendes passieren: 1. Excel hat in alle von Ihnen markierten Zellen eine fortlaufende Reihe geschrieben (z. B. Januar, Februar, März etc.) oder 2. den gesamten

Bereich mit dem Anfangswert ausgefüllt (wenn Sie nur einen Wert, z. B. 1, eingegeben haben und Excel deswegen nicht erkennen kann, welche Art von fortlaufender Reihe Sie wohl gerne hätten).

Die Abbildungen 2.11 und 2.12 zeigen, wie die Funktion AutoAusfüllen eingesetzt werden kann, um eine Reihe von Monaten zu erstellen, die in Zelle B2 mit Januar beginnt und in Zelle G2 mit Juni endet. Um die Reihe zu erstellen, geben Sie in Zelle B2 Januar ein, setzen den Mauszeiger auf das Ausfüllkästchen in der rechten unteren Ecke dieser Zelle und ziehen dann das kleine schwarze Kreuz nach rechts bis zur Zelle G2 (Abbildung 2.11). Wenn Sie die Maustaste loslassen, fügt Excel die restlichen Monatsnamen (Februar bis Juni) automatisch in die markierten Zellen ein (Abbildung 2.12). Die Zellen mit der Monatsnamenreihe bleiben markiert, damit Sie gegebenenfalls Änderungen durchführen können. Falls Sie zu viele Zellen markiert haben, können Sie das Ausfüllkästchen nach links zurückschieben, um die Liste mit den Monatsnamen zu kürzen. Wenn Sie nicht genug Zellen markiert haben, ziehen Sie das Ausfüllkästchen weiter nach rechts, um weitere Monatsnamen hinzuzufügen.

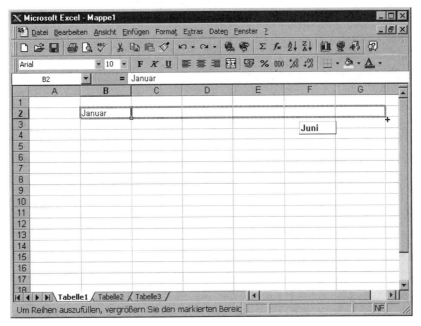

Abbildung 2.11: Um eine Reihe mit Monatsnamen zu erstellen, geben Sie in die erste Zelle Januar ein und ziehen dann das Ausfüllkästchen, um den Zellbereich zu markieren, in dem die noch fehlenden Monatsnamen angezeigt werden sollen.

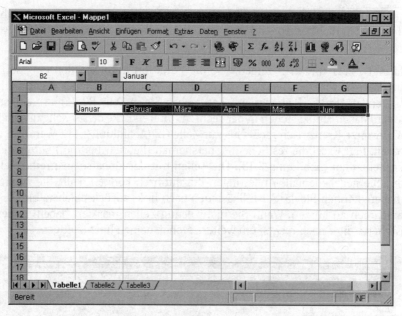

Abbildung 2.12: Sobald Sie die Maustaste loslassen, fügt Excel die restlichen Monatsnamen ein.

Tabelle 2.3 zeigt einige Anfangswerte, mit denen Sie mit der Funktion AutoAusfüllen im Handumdrehen fortlaufende Reihen erstellen können.

Daten in erster Zelle	Erstellte Datenreihe in den nächsten Zellen
Juni	Juli, August, September ...
Aug	Sep, Okt, Nov ...
Dienstag	Mittwoch, Donnerstag, Freitag ...
Mo	Di, Mi, Do ...
4.7.97	5.7.97, 6.7.97, 7.7.97 ...
Aug 97	Sep 97, Okt 97, Nov 97 ...
Jan '97	Jan '98, Jan '99, Jan '00 ...
10:00	11:00, 12:00, 13:00 ...
1. Quartal	2. Quartal, 3. Quartal, 4. Quartal
Qrt1	Qrt2, Qrt3, Qrt4 ...
Produkt 1	Produkt 2, Produkt 3, Produkt 4 ...
1. Produkt	2. Produkt, 3. Produkt, 4. Produkt ...

Tabelle 2.3: Beispiele für Datenreihen, die Sie mit AutoAusfüllen erstellen können

Alles serienmäßig

Die Funktion AutoAusfüllen verwendet den von Ihnen markierten Anfangswert (Datum, Zeitangabe, Tag, Jahr etc.), um die Reihe anzulegen. Alle Beispielreihen in Tabelle 2.3 ändern sich um das Inkrement 1 (ein Tag, ein Monat, ein Jahr). Was ist aber, wenn Sie eine Reihe erstellen möchten, die sich z. B. um das Inkrement 2 erhöhen soll? Auch das ist möglich! Schreiben Sie in zwei benachbarte Zellen je einen Wert. Die Differenz zwischen diesen beiden Werten zeigt Excel, in welchen Schritten es die Reihe fortsetzen soll. Markieren Sie diese beiden Daten als Anfangsbereich, den Sie dann mit dem Ausfüllkästchen ziehen.

Angenommen, eine Reihe soll mit Samstag beginnen und jeder zweite Tag in die benachbarten Zellen eingegeben werden (also: Samstag, Montag, Mittwoch etc.). Geben Sie in die erste Zelle Samstag und in die benachbarte Montag ein. Markieren Sie dann beide Zellen, ziehen Sie das Ausfüllkästchen soweit nach rechts, wie es Ihnen paßt. Wenn Sie die Maustaste loslassen, ist Excel dem Beispiel in den ersten beiden Zellen gefolgt und hat jeden zweiten Tag eingetragen (Mittwoch neben Montag, Freitag neben Mittwoch usw.).

Kopieren mit AutoAusfüllen

Wenn Sie mit AutoAusfüllen einen Texteintrag über einen ganzen Zellbereich kopieren möchten (anstatt eine Reihe verwandter Einträge zu erstellen), brauchen Sie sich nur der Strg-Taste zu bedienen. Drücken Sie Strg, klicken Sie gleichzeitig mit dem kleinen schwarzen Kreuz (das jetzt den Mauszeiger darstellt) auf die rechte untere Ecke der Zelle, und ziehen Sie das Ausfüllkästchen. Ein Pluszeichen wird neben dem Mauszeiger angezeigt, das Zeichen für Sie, daß AutoAusfüllen den Eintrag in der aktiven Zelle tatsächlich *kopieren* wird. (Eine weitere Kontrollmöglichkeit bietet die QuickInfo, die beim Kopieren natürlich denselben Text enthält wie die Originalzelle.)

Die Methode mit der Strg-Taste kopiert zwar einen Texteintrag, bei Werten geht dieser Schuß jedoch nach hinten los. Wenn Sie z. B. die Zahl 17 in eine Zelle eingeben und dann das Ausfüllkästchen ziehen, dann kopiert Ihnen Excel die Zahl 17 in alle markierten Zellen. Drücken Sie jetzt jedoch Strg, während Sie das Ausfüllkästchen ziehen, dann schreibt Excel eine Reihe (17, 18, 19 etc.). Na, so was!

Designer-Serien

Sie können nicht nur die Schrittweite einer Serie mit AutoAusfüllen variieren, sondern auch eigene Reihen erstellen.

So gehören zu Annas Strudelladen GmbH folgende Firmen:

✔ Marios Pizzastube

✔ Martinas Croissanterie

✔ Adrians Stehimbiß

- ✔ Sabines Straßencafé
- ✔ Martins Bierstüberl
- ✔ Thorstens Cocktailbar
- ✔ Fraukes Weindepot

Damit Sie nun diese Liste nicht immer wieder in jedes neue Tabellenblatt eingeben (oder gar aus einem bereits bestehenden Tabellenblatt kopieren) müssen, können Sie eine eigene Datenreihe erstellen, mit der die ganze Unternehmensliste eingefügt wird, wenn Sie in die erste Zelle `Marios Pizzastube` eingeben und dann das Ausfüllkästchen über die leeren Zellen ziehen, in denen die restlichen Unternehmen angezeigt werden sollen.

Das wollen Sie auch können? Also, dann los:

1. **Wählen Sie den Befehl OPTIONEN im Menü EXTRAS, um das Dialogfeld »Optionen« zu öffnen.**

2. **Wählen Sie das Register AUTOAUSFÜLLEN, um die Listenfelder BENUTZERLISTE und LISTENEINTRÄGE anzuzeigen.**

   Falls Sie sich bereits die Mühe gemacht haben und die Liste mit den Unternehmen in einem Zellbereich eingegeben haben, dann machen Sie mit Schritt 3a weiter. Wenn Sie Ihre Daten noch nicht in eine aktive Arbeitsmappe eingegeben haben, dann geht's für Sie mit Schritt 3b weiter.

3a. **Klicken Sie auf das Textfeld LISTE AUS ZELLEN IMPORTIEREN, verschieben Sie das Dialogfeld, damit Sie Ihre Liste sehen können, und markieren Sie den Zellbereich.**

   (Ich beschreibe das mit dem Markieren noch mal ganz genau in Kapitel 3.) Nachdem Sie Ihre Liste markiert haben, wählen Sie die Schaltfläche »Importieren«, um diese Liste in das Listenfeld LISTENEINTRÄGE zu kopieren, und machen dann mit Schritt 5 weiter.

3b. **Wenn Sie die Unternehmensliste noch nicht in ein Tabellenblatt eingetragen haben, markieren Sie statt dessen das Listenfeld LISTENEINTRÄGE und geben jeden einzelnen Eintrag (in der gewünschten Reihenfolge) ein, wobei Sie nach jedem Eintrag Eingabe drücken müssen.**

   Wenn alle Unternehmen in der gewünschten Reihenfolge im Listenfeld LISTENEINTRÄGE angezeigt werden, machen Sie bei Schritt 4 weiter.

4. **Wählen Sie die Schaltfläche »Einfügen«, um die Liste in das Listenfeld BENUTZERLISTE einzufügen.**

   Erstellen Sie so viele Benutzerlisten, wie Sie brauchen, und machen Sie dann mit Schritt 5 weiter.

5. **Sobald Sie Ihre Arbeit beendet haben, wählen Sie »OK« oder drücken Eingabe, um das Dialogfeld »Optionen« zu schließen und wieder zum aktuellen Tabellenblatt in der aktiven Arbeitsmappe zurückzuschalten.**

2 ➤ Die erste Arbeitsmappe

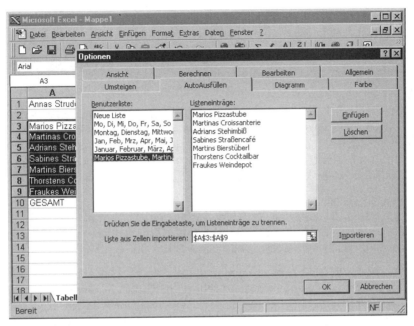

Abbildung 2.13: So erstellen Sie eine Unternehmensliste aus bestehenden Einträgen aus dem Tabellenblatt.

Sobald Sie in Excel eine Benutzerliste erstellt haben, brauchen Sie nur noch den ersten Eintrag in eine Zelle einzugeben und dann mit dem Ausfüllkästchen die Zellen in der gewünschten Richtung zu erweitern. Alles andere erledigt Excel!

 Wenn es Ihnen jedoch zu umständlich ist, die ganze Liste einzugeben, dann können Sie auch mit der AutoKorrektur-Funktion arbeiten – so wie ich es im Abschnitt »Einmal AutoKorrektur, bitte« vorgestellt habe – und eine Abkürzung, z. B. »mp« für »Marios Pizzastube«, festlegen, die dann die AutoKorrektur durch die entsprechende Langform ersetzt.

Das große Zellcursorspringen

Wenn Sie eine Datentabelle in ein neues Tabellenblatt eingeben möchten, können Sie sich die Dateneingabe erleichtern, indem Sie alle leeren Zellen markieren, in die Sie Daten eingeben wollen. Setzen Sie hierzu den Zellcursor auf die erste Zelle der neuen Datentabelle, und markieren Sie alle Zellen in den folgenden Spalten und Zeilen. Weitere Informationen zum Markieren von Zellbereichen finden Sie in Kapitel 3. Nachdem Sie den Zellbereich markiert haben, beginnen Sie mit der Eingabe Ihrer Daten.

Wenn Sie einen *Zellbereich* markieren, bevor Sie mit der Dateneingabe beginnen, begrenzt Excel die Dateneingabe in diesem Bereich wie folgt:

✔ Der Zellcursor wird automatisch zur nächsten Zelle im Bereich verschoben, wenn Sie auf das Symbol für Eingeben klicken oder Eingabe drücken, um den Zelleintrag abzuschließen.

✔ In einem Zellbereich mit mehreren unterschiedlichen Spalten und Zeilen verschiebt Excel den Zellcursor in einer Spalte jeweils um eine Zeile nach unten. Wenn der Zellcursor die Zelle in der letzten Zeile der Spalte erreicht, springt der Zellcursor zur ersten Zeile des Bereichs in der nächsten Spalte auf der rechten Seite. Wenn der Zellbereich nur aus einer Zeile besteht, bewegt sich der Zellcursor in der Zeile von links nach rechts.

✔ Wenn Sie die Dateneingabe in der letzten Zelle des Zellbereichs beendet haben, markiert Excel die erste Zelle der gerade erstellten Tabelle. Um die Markierung für den Zellbereich aufzuheben, klicken Sie mit dem Mauszeiger auf eine andere Zelle im Tabellenblatt (innerhalb oder außerhalb des Bereichs), oder Sie drücken eine der Pfeiltasten.

Achten Sie darauf, innerhalb eines markierten Zellbereichs keine Pfeiltaste zu drücken, um einen Eintrag abzuschließen. Klicken Sie immer auf das Symbol für Eingeben, oder drücken Sie Eingabe. Wenn Sie eine Pfeiltaste drücken, heben Sie die Markierung des Zellbereichs auf. Um den Zellcursor innerhalb des Zellbereichs zu bewegen, ohne dessen Markierung aufzuheben, benutzen Sie die folgenden Tasten:

✔ Drücken Sie Eingabe, um zur nächsten Zelle in der jeweils darunterliegenden Zeile und dann zur nächsten Spalte im Zellbereich zu gelangen. Mit Umschalt + Eingabe springen Sie nach oben zur vorherigen Zelle.

✔ Drücken Sie Tab, um zur nächsten Zelle in der rechts liegenden Spalte zu gelangen. Drücken Sie Umschalt + Tab, um nach links zur vorherigen Zelle zu springen.

✔ Drücken Sie Strg + Umschalt + ' (Apostroph), um von einer Ecke des Zellbereichs zur anderen zu hüpfen.

Do it again, Excel!

Sie können sich viel Zeit und Arbeit ersparen, wenn Sie denselben Eintrag (Text, Zahl oder Formel) in vielen Zellen des Tabellenblatts einfügen wollen, da Sie mit Excel die Daten in einem Arbeitsgang in alle Zellen eingeben können. Markieren Sie zunächst die Zellbereiche, in die die Daten eingegeben werden sollen. (Excel läßt Sie mehrere Zellbereiche markieren. Näheres hierzu finden Sie in Kapitel 3.) Schreiben Sie den Eintrag, und drücken Sie Strg + Eingabe, um den Eintrag in alle markierten Bereiche einzufügen.

Wenn diese Aktion erfolgreich sein soll, dann müssen Sie Strg drücken und gleichzeitig Eingabe betätigen. Excel fügt den Eintrag dann in alle markierten Zellen ein. Wenn Sie nur Eingabe drücken, wird der Eintrag nur in die erste Zelle des markierten Zellbereichs geschrieben.

Funktionieren die Funktionen?

Sie haben in diesem Kapitel bereits erfahren, wie Formeln erstellt werden, die einfache Rechenoperationen wie Addition, Subtraktion, Multiplikation und Division durchführen. Anstatt nun kompliziertere Formeln aus dem Nichts zu erstellen, können Sie sich eine Excel-Funktion suchen, die diese Aufgabe für Sie erledigt.

Eine *Funktion* ist eine Art vordefinierte Formel, die eine oder mehrere Rechenoperationen durchführt. Und was müssen Sie dabei noch tun? Sie geben die Werte ein, die die Funktion für ihre Berechnungen benötigt. Diese Werte werden auch als Funktionsargumente bezeichnet. Wie bei einfachen Formeln können Sie die Argumente für die meisten Funktionen entweder als numerischen Wert (z. B. 22 oder -4,56) oder – was üblicher ist – als Zellbezug (z. B. B10) oder als Zellbereich (z. B. C3:F3) eingeben.

Wie bei einer Formel, die Sie selbst erstellen, muß auch eine Funktion mit einem Gleichheitszeichen (=) beginnen, damit Excel weiß, daß es die Funktion als Formel und nicht als Text interpretieren soll. Nach dem Gleichheitszeichen schreiben Sie den Namen der Funktion (in Groß- oder Kleinbuchstaben, aber ohne Tippfehler). Hinter den Funktionsnamen schreiben Sie die für die Berechnung erforderlichen Argumente. Alle Funktionsargumente werden in runde Klammern gesetzt.

Denken Sie daran, auf keinen Fall ein Leerzeichen zwischen das Gleichheitszeichen, den Funktionsnamen und die in Klammern stehenden Argumente zu setzen. Einige Funktionen verwenden mehr als einen Wert für ihre Berechnungen. In diesem Fall trennen Sie jedes Argument durch ein Semikolon (nicht durch ein Leerzeichen).

Nachdem Sie das Gleichheitszeichen, den Funktionsnamen und die linke Klammer, die den Anfang eines Funktionsarguments kennzeichnet, geschrieben haben, können Sie mit dem Mauszeiger auf eine Zelle oder einen Zellbereich klicken, die/den Sie als erstes Argument verwenden wollen, anstatt die Zellbezüge selbst zu schreiben. Wenn die Funktion mehr als ein Argument verwendet, zeigen Sie auf die Zelle oder den Zellbereich, den Sie als zweites Argument verwenden wollen. (Aber erst nachdem Sie das Semikolon (;) eingegeben haben, mit dem Sie das erste Argument abschließen.)

Wenn Sie das letzte Argument abgeschlossen haben, geben Sie eine schließende runde Klammer ein, um Excel mitzuteilen, daß Ihnen nun die Argumente ausgegangen sind. Klicken Sie anschließend auf das Symbol für Eingeben, oder drücken Sie Eingabe, um die Funktion in die Zelle zu übertragen und Excel das Ergebnis berechnen zu lassen.

Viel Spaß mit dem Funktions-Assistenten und der neuen Formelpalette

Auch wenn Sie eine Funktion direkt in eine Zelle eingeben können, tun Sie sich sicherlich leichter, wenn Sie dies mit dem Funktions-Assistenten erledigen. Wenn Sie auf dieses Symbol (das mit dem *fx*) in der Standard-Symbolleiste klicken, wird das Dialogfeld »Funktion einfügen« angezeigt, aus dem Sie sich die Funktion aussuchen können, die Sie brauchen (Abbildung 2.14). Sie wählen also eine Funktion aus, und Excel öffnet unterhalb der Bearbeitungsleiste ein weiteres Fenster, die sogenannte *Formelpalette*, in dem Sie die Argumente für die Funktion festlegen können. Das hört sich in der Theorie ziemlich kompliziert an, ist es aber überhaupt nicht. Ihnen steht nämlich, wenn es wirklich haarig werden sollte, auch noch der Office-Assistent zu Diensten (den kennen Sie ja schon aus Kapitel 1). Klicken Sie in der Formelpalette auf das Symbol für den Office-Assistenten, wenn Sie nicht wissen, wie Sie die Argumente eingeben sollen, oder Sie sichergehen wollen, daß Sie bei der Eingabe der Funktion weder ein Semikolon noch eine Klammer übersehen.

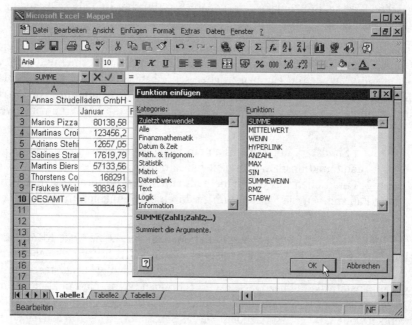

Abbildung 2.14: Markieren Sie im Dialogfeld »Funktion einfügen« die gewünschte Funktion.

Dieses Dialogfeld enthält die Listenfelder Kategorie und Funktion. Wenn Sie das Dialogfeld öffnen, markiert Excel im Listenfeld Kategorie automatisch die Kategorie Zuletzt verwendet und zeigt im Listenfeld Funktion die Funktionen an, die Sie in der Regel einsetzen.

Wenn die von Ihnen gesuchte Funktion nicht in dieser Liste enthalten ist, müssen Sie die entsprechende Kategorie im Listenfeld KATEGORIE markieren (wenn Sie die Kategorie nicht kennen, markieren Sie ALLE). Danach müssen Sie natürlich noch im Listenfeld FUNKTION die entsprechende Funktion markieren.

Sobald Sie eine Funktion im Listenfeld FUNKTION markieren, zeigt Excel die für diese Funktion benötigten Argumente am unteren Rand des Dialogfelds an und fügt den Funktionsnamen samt Argumenten und den obligatorischen Klammern in die aktuelle Zelle ein. Angenommen, Sie wollen die Funktion SUMME im Listenfeld FUNKTION markieren (der Hit in der Kategorie ZULETZT VERWENDET). Sobald Sie die Funktion markieren, werden in der markierten Zelle und in der Bearbeitungsleiste ein Gleichheitszeichen und im unteren Teil des Dialogfelds als Argumente

```
SUMME(Zahl1;Zahl2;...)
```

angezeigt.

Um die Funktion zu vervollständigen und die Zahlenargumente für die SUMME-Funktion einzugeben, klicken Sie auf »OK« oder drücken Eingabe. Excel fügt daraufhin

```
SUMME ()
```

sowohl in die aktuelle Zelle als auch in die Bearbeitungsleiste (hinter dem Gleichheitszeichen) ein. Die Formelpalette mit den Argumenten für die SUMME-Funktion wird unterhalb der Bearbeitungsleiste geöffnet (Abbildung 2.15).

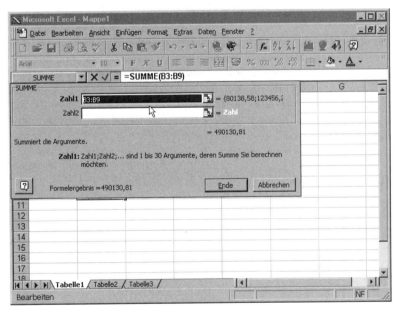

Abbildung 2.15: In der Formelpalette legen Sie fest, welche Argumente in der ausgewählten Funktion verwendet werden sollen.

In der Formelpalette können Sie bis zu 30 Argumente für die Berechnung der Summe eingeben. Was jedoch nirgendwo steht, ist, daß sich diese Werte nicht in einer Zelle befinden müssen. Sie werden sicherlich in der Regel eine ganze Reihe von Werten aus verschiedenen Zellen (das ist die Sache mit der Mehrfachauswahl, zu der Sie in Kapitel 3 mehr erfahren) addieren wollen.

Um das erste Zahlenargument in die Formelpalette einzugeben, klicken Sie auf die Zelle (oder ziehen Sie den Mauszeiger über einen Zellenbereich) im Tabellenblatt. Die Einfügemarke befindet sich bei dieser Aktion im Textfeld Z$_{AHL}$1. Excel zeigt daraufhin die Zelladresse (oder den Zellbereich) im Textfeld Z$_{AHL}$1 und gleichzeitig den Wert der Zelle (bzw. die Werte, falls mehrere Zellen markiert wurden) im Feld rechts neben dem Textfeld sowie die Gesamtsumme (Formelergebnis =) am unteren Dialogfeldrand.

Wenn Sie Zellen markieren wollen, ist Ihnen unter Umständen die Formelpalette im Weg. Aber Excel wäre nicht Excel, wenn es da nicht eine schlaue Möglichkeit gäbe, dies Problem zu beheben. Klicken Sie am Ende des Textfelds Z$_{AHL}$1 auf das Symbol für Minimieren (das Feld mit dem roten Pfeil), und schon sehen Sie von der Formelpalette nur noch die Zeile des Textfelds Z$_{AHL}$1 und das Symbol für Maximieren an dessen rechtem Ende. Nachdem Sie die Zellen markiert haben, die Sie für das erste Argument benötigen, klicken Sie einfach auf das Symbol für Maximieren (die einzige, die ganz rechts angezeigt wird), und, schwuppdiwupp, ist die ganze Formelpalette wieder sichtbar. Natürlich können Sie die Formelpalette auch ganz einfach aus dem Weg ziehen. Sie wissen schon: Drauf klicken und an eine Stelle auf dem Bildschirm ziehen, an der sie nicht stört.

Wenn Sie mehr als eine Zelle (oder mehrere Zellbereiche) in einem Tabellenblatt addieren wollen, drücken Sie anschließend Tab oder klicken auf das Textfeld Z$_{AHL}$2, um die Einfügemarke dorthin zu bewegen. (Excel erweitert daraufhin die Argumentliste um das Textfeld Z$_{AHL}$3.) Im Textfeld Z$_{AHL}$2 definieren Sie die zweite Zelle (bzw. den zweiten Zellbereich), der zum Argument im Textfeld Z$_{AHL}$1 addiert werden soll. Nachdem Sie auf die Zelle geklickt (bzw. den Mauszeiger über den zweiten Zellbereich gezogen haben), zeigt das Programm die Zelladressen und die Werte im rechten Feld neben dem Textfeld Z$_{AHL}$2 und die aktuelle Gesamtsumme (aus den Argumenten Z$_{AHL}$1 und Z$_{AHL}$2) hinter den Worten *Formelergebnis* = am unteren Dialogfeldrand an.

Wenn Sie alle Summenargumente zusammengetragen haben, klicken Sie auf die Schaltfläche »Ende«, um die Formelpalette zu schließen und die SUMME-Funktion in die aktuelle Zelle einzufügen.

2 ➤ Die erste Arbeitsmappe

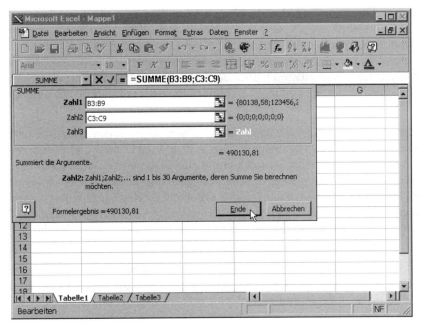

Abbildung 2.16: Wenn Sie weitere Argumente eingeben möchten, drücken Sie Tab, um die Argumentliste zu erweitern.

Etwas Neues: Das Symbol für Formeln bearbeiten

Mit der neuen Schaltfläche für Formeln bearbeiten bietet Ihnen Excel 97 die Möglichkeit, Formeln (insbesondere die mit Funktionen) direkt von der Bearbeitungsleiste aus zu bearbeiten. Sie markieren hierzu einfach die Zelle mit der Formel, die Sie bearbeiten möchten, bevor Sie auf das Symbol für Formeln bearbeiten (die mit dem Gleichheitszeichen, das direkt vor dem aktuellen Zelleintrag in der Bearbeitungsleiste angezeigt wird) klicken.

Zwei Dinge passieren, wenn Sie auf das Symbol klicken:

✓ Der Inhalt des Namenfelds am Anfang der Bearbeitungsleiste zeigt anstatt der aktuellen Zelladresse die Funktion an, die im Listenfeld mit den zuletzt verwendeten Funktionen an erster Stelle steht. Wenn Sie das Listenfeld aufklappen (auf den kleinen nach unten zeigenden Pfeil klicken), werden alle Funktionen angezeigt, die Sie in der Regel verwenden.

✓ Ein Dialogfeld, ähnlich der Formelpalette, mit dem Ergebnis der Formel in der aktuellen Zelle wird im Arbeitsmappenfenster angezeigt. Wenn in dieser Formel eine Funktion verwendet wird, zeigt das Dialogfeld auch die aktuellen Argumente der Funktion an (fast wie in den Abbildungen 2.15 und 2.16).

Sie können jetzt die Formel bearbeiten. Wenn Sie eine Funktion, die in der Formel verwendet wurde, ersetzen wollen, markieren Sie den Funktionsnamen in der Bearbeitungsleiste und klicken dann auf den nach unten zeigenden Pfeil neben dem Namenfelds. Wählen Sie eine neue Funktion aus der Liste aus, durch die Sie die markierte Funktion ersetzen wollen (um weitere Funktion anzuzeigen, klicken Sie am Ende des Listenfelds auf den Eintrag WEITERE FUNKTIONEN, um das Dialogfeld »Funktion einfügen« zu öffnen, das Sie bereits aus den Abbildung 2.14 kennen).

Wenn Sie lediglich die Argumente einer Funktion bearbeiten wollen, dann markieren Sie die Zellbezüge in den jeweiligen Textfeldern (ZAHL1, ZAHL2, ZAHL3 etc.) und führen die entsprechenden Änderungen aus, oder Sie markieren neue Zellbereiche. Achten Sie jedoch darauf, daß Excel automatisch jede markierte Zelle und jeden markierten Zellbereich dem aktuellen Argument hinzufügt. Sie können das gesamte Argument ersetzen, indem Sie es markieren und Entf drücken, um die Zelladressen endgültig los zu werden. Danach markieren Sie einen neuen Zellbereich, der dann als Argument verwendet wird. (Denken Sie an die schicke Sache mit dem Minimieren dieses Dialogfelds, falls es Ihnen bei der Auswahl des Zellbereichs im Weg ist!)

Alles richtig eingegeben? Prima! Dann klicken Sie jetzt in diesem Dialogfeld auf »Ende«, oder drücken Sie Eingabe, um die Formel zu aktualisieren und aus dem Namenfeld wieder ein Namenfeld zu machen, das ordnungsgemäß die aktuelle Zelladresse anzeigt.

Ich lasse addieren!

Bevor wir die faszinierende Diskussion über die Eingabe von Funktionen beenden, möchte ich Sie doch noch auf das Summen-Symbol in der Standard-Symbolleiste aufmerksam machen. Dies ist das Symbol mit dem griechischen Buchstaben Σ (vgl. Tabelle 1.2). Dieses kleine Symbol ist sein Geld wirklich wert, denn es läßt sich damit nicht nur die SUMME-Funktion aufrufen. Mit dem Summen-Symbol können Sie Excel auch auffordern, einen Zellbereich in der aktuellen Spalte oder Zeile mit den zu addierenden Werten zu markieren. In neun von zehn Fällen markiert Excel den richtigen Zellbereich. Im zehnten Fall können Sie den Bereich korrigieren, indem Sie den richtigen Zellbereich markieren.

In Abbildung 2.17 sehen Sie, wie man das Summen-Symbol einsetzt, um die Umsätze von Marios Pizzastube in Zeile 3 zu addieren: Setzen Sie den Zellcursor auf Zelle E3, in der die Summe der Umsätze des 1. Quartals angezeigt werden soll, und klicken Sie auf das Summen-Symbol. Excel fügt die SUMME-Funktion in die Bearbeitungsleiste ein, zeigt einen *Laufrahmen* (die sich bewegende gestrichelte Linie) um die Zellen B3, C3 und D3 an und verwendet den Zellbereich B3:D3 als Argument in der SUMME-Funktion.

Abbildung 2.18 zeigt das Tabellenblatt, nachdem die Funktion in Zelle E3 eingefügt wurde. Die errechnete Gesamtsumme erscheint in Zelle E3, in der Bearbeitungsleiste wird die folgende SUMME-Formel angezeigt:

=SUMME(B3:D3)

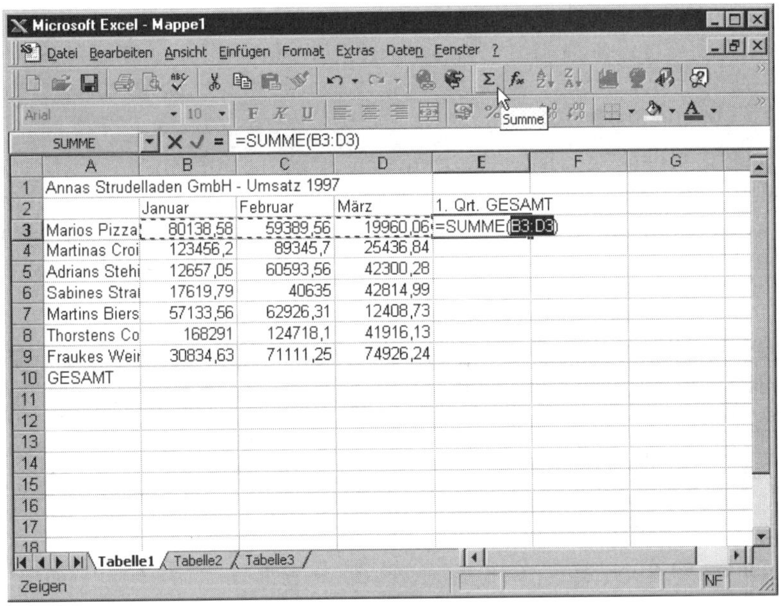

2 ➤ Die erste Arbeitsmappe

Abbildung 2.17: Mit dem Summen-Symbol wird der Gesamtumsatz von Marios Pizzastube in Zeile 3 berechnet.

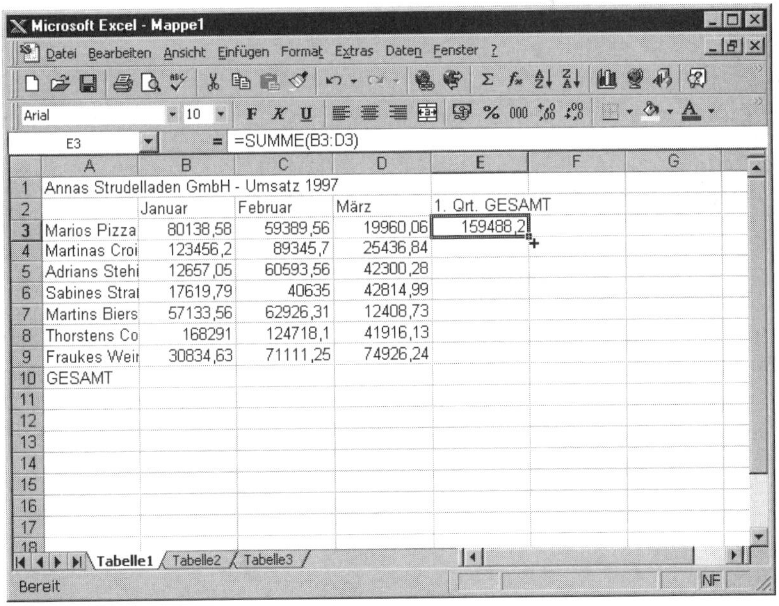

Abbildung 2.18: Das Tabellenblatt mit dem Gesamtumsatz für Marios Pizzastube für das 1. Quartal.

Nachdem Sie die SUMME-Funktion für die Berechnung der Umsätze von Marios Pizzastube eingegeben haben, können Sie diese Formel zur Addition der Umsätze der restlichen Unternehmen kopieren, indem Sie das Ausfüllkästchen in Spalte E nach unten ziehen, bis der Zellbereich E3:E9 markiert wird.

In Abbildung 2.19 sehen Sie, wie Sie das Summen-Symbol benutzen, um die Umsätze für den Monat Januar für alle Unternehmen von Annas Strudelladen GmbH in Spalte B zu addieren. Setzen Sie den Zellcursor auf Zelle B10, um hier die Gesamtsumme anzuzeigen. Wenn Sie auf das Summen-Symbol klicken, wird ein Laufrahmen um die Zellen B3 bis B9 angezeigt und als Argument für die SUMME-Funktion der Zellbereich B3:B9 angegeben.

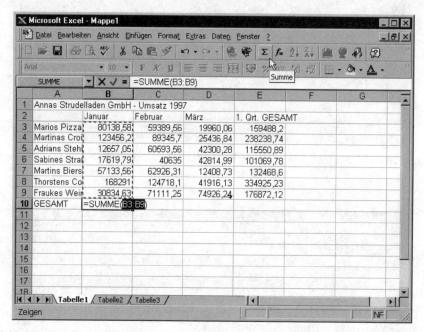

Abbildung 2.19: Mit der SUMME-Funktion werden die Umsätze für Januar in Spalte B addiert.

Abbildung 2.20 zeigt das Tabellenblatt, nachdem ich die Funktion in Zelle B10 eingefügt und mit der AutoAusfüllen-Funktion die Formel in die Zellen C10, D10 und E10 kopiert habe. (Ziehen Sie das Ausfüllkästchen nach rechts bis zur Zelle E10, bevor Sie die Maustaste loslassen.)

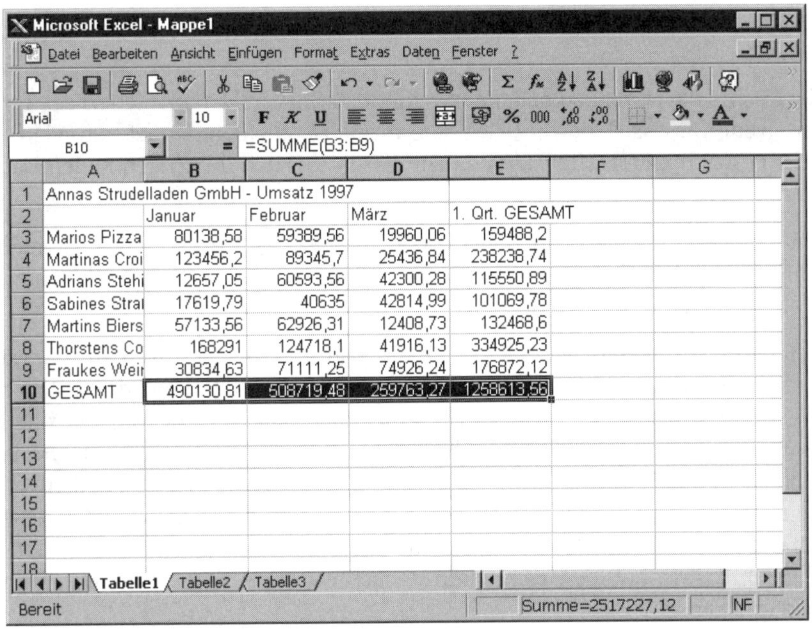

2 ► Die erste Arbeitsmappe

Abbildung 2.20: Das Tabellenblatt nach dem Kopieren der SUMME-Formel

Jetzt wird gespeichert

Die gesamte Arbeit, die Sie in ein Tabellenblatt stecken, ist so lange gefährdet, bis Sie das Dokument auf einem Datenträger (auf einer Diskette oder auf Ihrer Festplatte) speichern. Wenn der Strom ausfällt oder Ihr Rechner aus irgendeinem Grund zusammenbricht, bevor Sie das Dokument gespeichert haben, dann haben Sie Pech gehabt. Sie müssen dann Zeichen für Zeichen alles neu erstellen – eine nervtötende Angelegenheit, zumal sie so unnötig ist. Um sich dieses unangenehme Erlebnis zu ersparen, sollten Sie sich an eine goldene Regel halten: Speichern Sie Ihr Tabellenblatt jedesmal, wenn Sie so viele Daten eingeben haben, daß es Ihnen das Herz brechen würde, wenn sie abhanden kämen.

Um Sie zu häufigerem Speichern zu ermuntern, bietet Ihnen Excel das Symbol für Arbeitsmappe speichern in der Standard-Symbolleiste an. (Dies ist das dritte Symbol von links, das mit der Diskette.) Sie müssen also nicht einmal den Befehl SPEICHERN im Menü DATEI wählen (oder Strg + S drücken), sondern brauchen nur auf dieses Symbol zu klicken, wenn Sie Ihre Arbeit auf einem Datenträger speichern möchten.

Das erste Mal, wenn Sie auf das Symbol für Arbeitsmappe speichern klicken, wird das Dialogfeld »Speichern unter« angezeigt (Abbildung 2.21). In diesem Dialogfeld ersetzen Sie den temporären Dateinamen (MAPPE1, MAPPE2 etc.) durch einen eigenen Dateinamen und wählen gegebenenfalls ein anderes Laufwerk und einen anderen Ordner, bevor Sie das Dokument speichern. Also los:

- ✔ Um die Arbeitsmappe neu zu benennen, schreiben Sie den Dateinamen in das Textfeld DATEINAME. Wenn Sie das Dialogfeld »Speichern unter« aufrufen, ist der aktuelle Dateiname (z. B. MAPPE1) markiert, und Sie können diesen sogleich durch den neuen Dateinamen ersetzen.

- ✔ Um das Laufwerk zu ändern, auf dem die Datei gespeichert werden soll, klicken Sie auf das Dropdown-Listenfeld SPEICHERN IN und markieren dort das entsprechende Laufwerk, also Festplatte (C:) oder 3,5-Diskette (A:).

- ✔ Um den Ordner zu ändern, in dem die Arbeitsmappe gespeichert werden soll, wählen Sie gegebenenfalls das entsprechende Laufwerk und klicken dann auf den entsprechenden Ordner. Wenn Sie die Arbeitsmappe in einem Ordner ablegen möchten, der sich in einem der im Listenfeld angezeigten Ordner befindet, so brauchen Sie auf diesen Ordner nur zu doppelklicken. Damit dürfte alles erledigt sein. Der Name des Ordners, in dem die Arbeitsmappendatei gespeichert werden soll, sollte jetzt im Dropdown-Listenfeld SPEICHERN IN angezeigt werden. Wenn die Datei in einem ganz neuen Ordner gespeichert werden soll, klicken Sie auf das Symbol für Neuen Ordner erstellen, bevor Sie »Speichern« wählen oder Eingabe drücken.

Denken Sie daran, daß bei Windows 95 die Dateinamen Leerzeichen enthalten und bis zu 255 Zeichen lang sein dürfen (wer schreibt denn soooo lange Dateinamen?). Das ist natürlich eine erfreuliche Nachricht für alle, die diesbezüglich unter DOS oder Windows 3.1 gelitten haben, weil sie sich mit acht Zeichen für den Dateinamen und drei Zeichen für die Dateierweiterung begnügen mußten. Sie sollten jedoch bei der Benennung der Arbeitsmappen auch daran denken, daß Sie diese vielleicht mal auf einem PC einsetzen müssen, auf dem Windows 95 nicht installiert ist. Dann werden die Dateinamen empfindlich gekürzt und mit der Excel-Dateierweiterung .XLS versehen. (Ihre mit Excel 97 erstellten Arbeitsmappen enthalten diese Dateierweiterung natürlich auch, nur Windows 95 ist so nett und läßt sie verschwinden.)

Wenn Sie Ihre Änderungen im Dialogfeld »Speichern unter« vorgenommen haben, wählen Sie »Speichern« oder drücken Eingabe, um das Dokument zu speichern. Wenn Excel die Arbeitsmappendatei speichert, werden alle Daten aus sämtlichen Tabellenblättern Ihrer Arbeitsmappe (einschließlich der letzten Position des Zellcursors) in dem angegebenen Ordner abgelegt. Sie brauchen also das Dialogfeld »Speichern unter« nicht wieder zu bemühen, es sei denn, Sie möchten die Arbeitsmappe umbenennen oder eine Kopie davon in einem anderen Ordner ablegen. Dann müssen Sie natürlich, statt auf das Symbol für Arbeitsmappe speichern zu klicken oder Strg + S zu drücken, den Befehl SPEICHERN UNTER im Menü DATEI wählen.

2 ▶ Die erste Arbeitsmappe

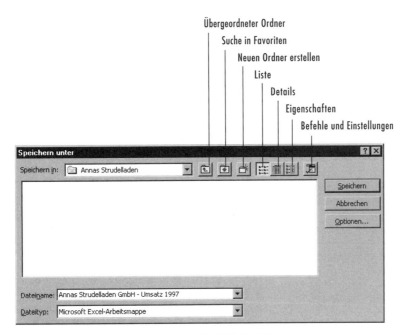

Abbildung 2.21: Das Dialogfeld »Speichern unter«

Teil II

Ändern nach Lust und Laune

In diesem Teil...

Die Sache mit der Arbeit wäre eigentlich gar nicht so schlimm, wenn nicht immer genau in dem Moment, in dem Sie mit sich und Ihrem Job zufrieden sind, jemand vorbeikäme und alles anders haben wollte. Wenn das Leben von Ihnen Flexibilität verlangt, dann wird das ewige Hin und Her Sie mitunter sicherlich kann schön schaffen. Leider besteht auch der Großteil der Arbeit mit Excel 97 darin, all das, wofür Sie zuerst stundenlang gearbeitet haben, um es so wunderbar einzugeben, mal eben wieder umzuschmeißen und anders zu gestalten.

Der zweite Teil präsentiert Ihnen diesen ganzen Bearbeitungskram in drei Phasen: Formatieren der Rohdaten, Anordnen der formatierten Daten bzw. Löschen derselben und Senden der endgültig formatierten und bearbeiteten Daten an den Kollegen Drucker. Glauben Sie mir, sobald Sie sich mit der Bearbeitung der Daten auskennen (das, was Sie jetzt in diesem Teil erwartet), fühlen Sie sich in Excel 97 schon mindestens zu 50% zu Hause.

Ein bißchen Glanz für nüchterne Zahlen

In diesem Kapitel erfahren Sie, wie Sie ...

▶ Zellen, die formatiert werden sollen, markieren

▶ mit der Funktion AutoFormat eine Tabelle auf Vordermann bringen

▶ integrierte Zahlenformate auf Zellen anwenden, die Werte enthalten

▶ eigene Zahlenformate für Ihr Tabellenblatt erstellen

▶ die Breite der Spalten im Tabellenblatt ändern

▶ die Höhe der Zeilen im Tabellenblatt anpassen

▶ Spalten und Zeilen im Tabellenblatt verstecken

▶ Zellen eine neue Schriftart und Schriftgröße zuweisen

▶ die Ausrichtung der Einträge in einem Zellbereich ändern

▶ Zellen mit Rahmen, Schatten oder Farben versehen

▶ eine Formatvorlage für einen Zellbereich auswählen

▶ Zellen mit der neuen bedingten Formatierung formatieren

In Tabellenkalkulationsprogrammen wie Excel brauchen Sie sich in der Regel über die Formatierung erst Gedanken zu machen, wenn Sie alle Daten in das Tabellenblatt eingegeben haben (das wissen Sie ja bereits aus den Kapiteln 1 und 2). Dann jedoch wird es Zeit, daß Sie erfahren, wie man diese Daten wirkungsvoller darstellen kann.

Wenn Sie sich zur Formatierung eines Tabellenblattbereichs entschlossen haben, markieren Sie alle gewünschten Zellen und klicken dann auf das entsprechende Symbol oder wählen den entsprechenden Menübefehl. Bevor Sie aber etwas über diese wunderbaren Formatierungsfunktionen erfahren werden, müssen Sie erst einmal wissen, wie Sie einen *Zellbereich markieren* (so heißt das nämlich).

Die Dateneingabe in eine Zelle und die Formatierung dieser Daten sind zwei vollkommen verschiedene Verfahren. Wenn Sie den Eintrag in einer formatierten Zelle ändern, so erhält der neue Eintrag das entsprechende Zellformat. Sie können daher auch leere Zellen in einem Tabellenblatt formatieren und die Daten, die Sie in diese Zellen eingeben, erhalten dann sofort dieses Format.

Sie haben die Wahl!

Aufgrund der überaus rechteckigen Form des Tabellenblatts und seiner Bestandteile sollte es nicht weiter verwundern, daß man beim Markieren von Zellen an diese Form gebunden ist. Letztendlich ist es ja nichts anderes als ein Zellenverband mit unterschiedlichen Zahlen für Spalten und Zeilen.

Ein *Zellbereich* (auch *Zellauswahl* genannt) besteht aus lauter benachbarten Zellen, die Sie markiert haben, um sie anschließend zu formatieren oder zu bearbeiten. Der kleinstmögliche Zellbereich im Tabellenblatt ist eine Zelle (die sogenannte *aktive Zelle*). Der größtmögliche Zellbereich im Tabellenblatt ist das gesamte Tabellenblatt. In der Regel wird die Größe des Zellbereichs, den Sie formatieren wollen, wohl eher zwischen diesen beiden Extremen liegen und aus Zellen in mehreren benachbarten Spalten und Zeilen bestehen.

Ein Zellbereich wird in Excel stets dunkel hervorgehoben dargestellt. In Abbildung 3.1 sehen Sie verschiedene Größen und Formen möglicher Zellbereiche.

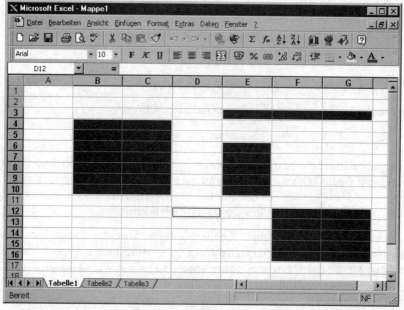

Abbildung 3.1: Verschiedene Formen und Größen von Zellbereichen

Wie Sie sehen, können Sie mit Excel mehrere Zellbereiche auf einmal markieren (die sogenannte *Mehrfachauswahl*). Eigentlich handelt es sich dabei aber nicht um verschiedene Zellbereiche, auch wenn ich es hier so bezeichne, sondern nur um einen großen nicht zusammenhängenden Zellbereich, in dem die Zelle D12 (die aktive Zelle) zuletzt markiert wurde. Wenn Sie es auch mal probieren möchten, dann sprinten Sie doch eben vor zum Abschnitt »Eine Mehrfachauswahl treffen«.

Zellauswahl à la Maus

Die Maus ist für das Markieren von Zellbereichen wie geschaffen. Setzen Sie den Mauszeiger (der jetzt die Form eines dicken, weißen Kreuzes hat) auf die erste Zelle, und ziehen Sie in die Richtung, in die Sie den Zellbereich erweitern möchten.

- ✔ Um den Zellbereich auf Spalten auf der rechten Seite zu erweitern, ziehen Sie nach rechts und markieren so alle benachbarten Zellen.
- ✔ Um den Zellbereich auf darunterliegende Zeilen auszuweiten, ziehen Sie nach unten.
- ✔ Um den Zellbereich gleichzeitig nach rechts und nach unten auszuweiten, ziehen Sie diagonal in Richtung auf die Zelle in der unteren rechten Ecke des von Ihnen gewählten Bereichs.

Der Umschalt-Klick

Um die Auswahl zu beschleunigen, können Sie die Umschalt+Klicken-Methode anwenden:

1. **Klicken Sie auf die erste Zelle im Zellbereich.**

    Hiermit markieren Sie diese Zelle.

2. **Setzen Sie den Zellcursor auf die letzte Zelle des gewünschten Zellbereichs.**
3. **Drücken Sie Umschalt, und klicken Sie dabei auf die Zelle.**

    Sobald Sie auf die letzte Zelle klicken, markiert Excel alle Zellen in den Spalten und Zeilen zwischen der ersten und der letzten Zelle.

Die Umschalt-Taste funktioniert mit der Maus wie eine *Erweiterungstaste*, um eine Auswahl vom ersten ausgewählten Element bis zum letzten Element einschließlich zu erweitern (hierzu mehr etwas später unter »Die Erweiterung des Zellbereichs«). Mit Umschalt können Sie also die erste und die letzte Zelle sowie alle dazwischenliegenden Zellen eines Tabellenblatts oder alle Einträge in einem Listenfeld markieren.

Wenn Sie bemerken – bevor Sie die Maustaste loslassen –, daß Sie eine falsche Zelle in Ihre Auswahl eingeschlossen haben, dann können Sie die Markierung für diese Zelle wieder aufheben, indem Sie den Mauszeiger in die entgegengesetzte Richtung ziehen. Falls Sie die Maustaste bereits losgelassen haben, klicken Sie auf die erste Zelle im markierten Bereich, um nur diese Zelle zu markieren (und die Markierung für alle anderen aufzuheben), und fangen mit der ganzen Prozedur noch einmal von vorne an.

Eine Mehrfachauswahl treffen

Um mehrere nicht zusammenhängende Bereiche gleichzeitig auszuwählen, markieren Sie den ersten Zellbereich und halten dann Strg gedrückt, während Sie auf die erste Zelle des zweiten Bereichs klicken und den Mauszeiger über die Zellen in diesem Bereich ziehen. Solange Sie

Strg bei der Auswahl weiterer Bereiche drücken, wird die Markierung der vorherigen Bereiche nicht aufgehoben.

Die Strg-Taste funktioniert mit der Maus wie eine selektive Markierungstaste, um nicht nebeneinanderliegende Bereiche zu markieren. (Näheres hierzu finden Sie etwas weiter unten unter »Mehrfachauswahl mit der Tastatur«.) Mit Strg können Sie also mehrere Zellbereiche oder Einträge in einem Listenfeld markieren, ohne daß die Zellen bzw. Einträge nebeneinander liegen müssen.

Ganze Spalten und Zeilen markieren

Sie können durch Klicken und Ziehen im Tabellenblattrahmen ganze Spalten und Zeilen, ja sogar alle Zellen eines *Tabellenblatt*s markieren.

- ✔ Um alle Zellen in einer bestimmten Spalte zu markieren, klicken Sie auf den entsprechenden Spaltenbuchstaben oben im Dokumentfenster.
- ✔ Um alle Zellen in einer bestimmten Zeile zu markieren, klicken Sie auf die entsprechende Zeilennummer auf der linken Seite im Dokumentfenster.
- ✔ Um einen Bereich mit ganzen Spalten oder Zeilen gleichzeitig zu markieren, ziehen Sie den Mauszeiger über die Spaltenbuchstaben oder Zeilennummern des Tabellenblattrahmens.
- ✔ Um ganze Spalten und Zeilen zu markieren, die nicht genau nebeneinander liegen (die Sache mit der Mehrfachauswahl), drücken Sie Strg, während Sie auf die Spaltenbuchstaben oder die Zeilennummern klicken, die zu dem Zellbereich gehören sollen.

Um das gesamte Tabellenblatt zu markieren, klicken Sie auf das leere Eck (sieht aus wie eine Art Schaltfläche) in der oberen linken Ecke des Rahmens (dort, wo Spaltenbuchstaben und Zeilennummern sich schneiden).

AutoMarkieren Sie doch mal mit Ihrer Maus!

Excel bietet Ihnen einen besonders schnellen Weg, alle Zellen eines Datenbereichs zu markieren. (Sie sollten dies allerdings nicht bei leeren Zellen oder einer Datentabelle, in der die ersten Spalte oder Reihe leere Zellen enthält, versuchen.) Befolgen Sie hierzu nur die folgenden Schritte:

1. **Klicken Sie auf die erste Zelle des Bereichs, um sie zu markieren.**

    Die erste Zelle ist immer die, die sich links oben in der Tabelle befindet.

2. **Halten Sie Umschalt gedrückt, und doppelklicken Sie auf den Rand der Zelle (rechts oder unten). Der Mauszeiger hat die übliche Pfeilform (nicht das kleine Kreuz).**

Abbildung 3.2 zeigt, wie's gehen soll. Wenn Sie auf den unteren Rand der Zelle doppelklicken, erweitert sich der Zellbereich bis zur Zelle in der letzten Zeile der ersten Spalte (Abbildung 3.3). Doppelklicken auf den rechten Rand der aktiven Zelle markiert die Zellen bis zu der letzten Spalte der ersten Zeile.

3a. Halten Sie Umschalt gedrückt, und doppelklicken Sie irgendwo auf den rechten Rand des Zellbereichs (Abbildung 3.3), wenn der Zellbereich bis jetzt aus der ersten Spalte der Tabelle besteht.

Jetzt haben Sie alle anderen Spalten der Tabelle markiert (Abbildung 3.4).

3b. Halten Sie Umschalt gedrückt, und doppelklicken Sie irgendwo auf den unteren Rand des aktiven Zellbereichs, wenn der Zellbereich bis jetzt aus der ersten Zeile der Tabelle besteht.

Jetzt haben Sie alle weiteren Zeilen der Tabelle markiert.

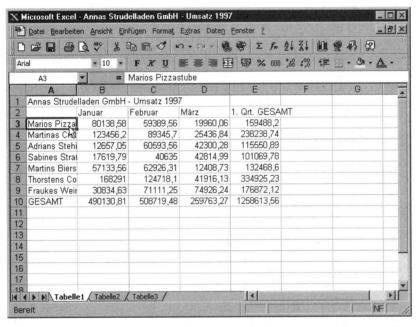

Abbildung 3.2: Setzen Sie den Mauszeiger auf den unteren Rand der ersten Zelle, um alle Zellen in der ersten Spalte der Tabelle zu markieren.

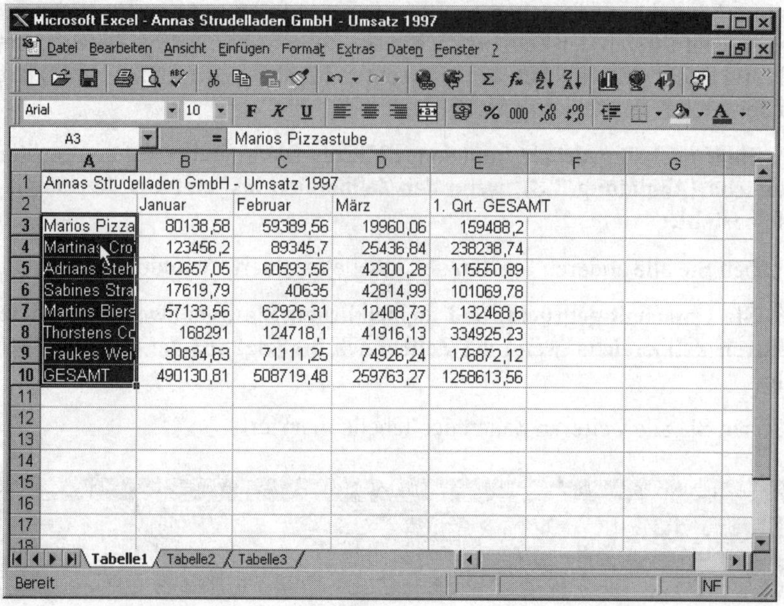

Excel 97 für Dummies

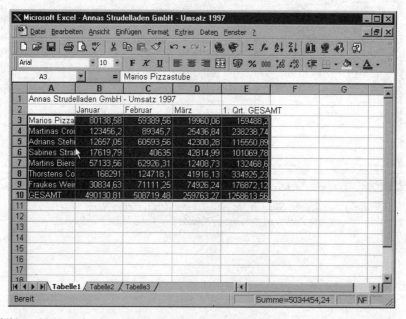

Abbildung 3.3: Drücken von Strg und doppelklicken auf den unteren Rand der aktiven Zelle markiert die erste Spalte der Tabelle.

Abbildung 3.4: Drücken von Strg und doppelklicken auf den rechten Rand der markierten Spalte führt zur Markierung aller Spalten in dieser Tabelle.

Sie könnten jetzt den Eindruck haben, daß man für diese Funktion die erste Zelle einer Tabelle markieren muß. Ich wollte die Sache damit lediglich etwas vereinfachen. Im Grunde genommen können Sie jede der vier Eckzellen der Tabelle nehmen. Dann können Sie bei der Erweiterung des Zellbereichs wählen, ob Sie die erste oder die letzte Zeile bzw. die erste oder letzte Spalte markieren möchten. Klicken Sie also auf den linken Rand, um nach links zu erweitern, auf den oberen Rand, um nach oben zu erweitern, usw.

Zellauswahl nach Art der Tastatur

Wenn Sie nicht gern mit der Maus arbeiten, können Sie auch die Tastatur zum Markieren von Zellen verwenden. Analog zur Umschalt+Klicken-Methode, besteht auch mit der Tastatur der einfachste Weg darin, die Umschalt-Taste mit anderen Tasten, die den Zellcursor verschieben, zu kombinieren. In Kapitel 1 finden Sie eine Liste dieser Tastenkombinationen.

Setzen Sie zuerst den Zellcursor auf die erste Zelle, drücken Sie dann Umschalt, während Sie die entsprechenden Pfeiltasten (↑, ←, ↓, →, Bild↑ oder Bild↓) drücken. Excel markiert nun die Zellen ab der aktuellen Zelle. Das heißt also, daß der Zellcursor nicht nur wie sonst verschoben wird, sondern beim Verschieben auch gleich alle entsprechenden Zellen markiert werden.

Wenn Sie Zellen auf diese Weise markieren, können Sie die Größe und Form des Zellbereichs mit den Pfeiltasten ändern, solange Sie Umschalt gedrückt halten. Sobald Sie Umschalt loslassen und eine der Pfeiltasten drücken, ist die Markierung futsch.

Die Erweiterung des Zellbereichs

Wenn Ihnen das Drücken der Umschalt-Taste zu ermüdend erscheint, aktivieren Sie den Erweiterungsmodus, indem Sie F8 drücken, bevor Sie eine der Pfeiltasten betätigen. In der Statusleiste wird daraufhin ERW (= Erweiterungsmodus) angezeigt, um Ihnen mitzuteilen, daß das Programm alle Zellen markiert, über die Sie den Zellcursor bewegen.

Wenn Sie alle gewünschten Zellen markiert haben, drücken Sie nochmals F8, um den Erweiterungsmodus zu deaktivieren. Die Anzeige ERW verschwindet wieder aus der Statusleiste, und der Mauszeiger bewegt sich wieder über Ihr Tabellenblatt, als wenn nichts geschehen sei.

AutoMarkieren mit der Tastatur

Nicht nur mit der Maus läßt sich prima markieren (hatten wir gerade unter »AutoMarkieren Sie doch mal mit der Maus!«), auch mit der Tastatur läßt sich ein Zellbereich ganz schnell im Tabellenblatt markieren, wenn Sie hierzu F8 (oder Umschalt) mit den Pfeiltasten, mit Strg+Pfeiltasten oder mit Ende, Pfeiltasten kombinieren, um den Zellcursor von einem Ende des Zellbereichs zum anderen hüpfen zu lassen.

Um eine ganze Tabelle auszuwählen, gehen Sie folgendermaßen vor:

1. **Setzen Sie den Zellcursor auf die erste Zelle (die Zelle in der oberen linken Ecke der Tabelle).**
2. **Drücken Sie F8 (oder halten Sie die Umschalt-Taste gedrückt) und anschließend Strg + → (oder Ende,→, wenn Ihnen das sympathischer ist), um die Zellauswahl auf die rechts daneben liegenden Spalten zu erweitern.**
3. **Drücken Sie dann Strg + ↓ (bzw. Ende,↓), um die Auswahl auf die darunterliegenden Zeilen auszuweiten.**

Welche Richtung Sie zuerst angeben, bleibt wiederum Ihnen überlassen – Sie können genausogut zuerst Strg + ↓ (oder Ende,↓) drücken, bevor Sie Strg + → (bzw. Ende,→) drücken. Sie sollten nur eines bedenken: Wenn Sie Umschalt anstelle von F8 drücken, dürfen Sie Umschalt erst loslassen, nachdem Sie beide Richtungsmanöver beendet haben. Sie sollten vielleicht auch nicht vergessen, nochmals F8 zu drücken, um den Erweiterungsmodus zu beenden. Sonst sitzen Sie morgen noch da und markieren Zellen.

Mehrfachauswahl mit der Tastatur

Mit der Tastatur ist die Auswahl mehrerer nicht zusammenhängender Zellbereiche etwas umständlicher als mit der Maus. Wenn Sie mit der Tastatur einen Zellbereich markiert haben, müssen Sie den Zellcursor erst mit Umschalt + F8 lösen, bevor Sie ihn zum nächsten Bereich verschieben können. Mit dieser Tastenkombination aktivieren Sie den Einfügemodus, d. h., Sie können jetzt den Zellcursor zur ersten Zelle des nächsten Bereichs verschieben, ohne dabei weitere Zellen auszuwählen. Excel zeigt jetzt in der Statusleiste ADD an.

Um mehrere Zellbereiche mit der Tastatur zu markieren, versuchen Sie mal folgendes:

1. **Setzen Sie den Zellcursor auf die erste Zelle des ersten Zellbereichs.**
2. **Drücken Sie F8, um den Erweiterungsmodus zu aktivieren.**

    Verschieben Sie den Zellcursor, um alle Zellen im ersten Zellbereich zu markieren. Sie können statt dessen auch Umschalt drücken, während Sie den Zellcursor bewegen.

3. **Drücken Sie Umschalt + F8, um den Einfügemodus zu aktivieren.**

    In der Statuszeile wird ADD angezeigt.

4. **Verschieben Sie den Zellcursor auf die erste Zelle des nächsten (nicht angrenzenden) Bereichs.**
5. **Drücken Sie F8, um in den Erweiterungsmodus zurückzuschalten, und verschieben Sie den Zellcursor, um alle Zellen des zweiten Bereichs zu markieren.**
6. **Wenn Sie noch weitere nicht angrenzende Bereiche markieren möchten, wiederholen Sie die Schritte 3 bis 5.**

Zellauswahl mit GEHE ZU

Wenn Sie einen sehr großen Zellbereich markieren möchten und das Betätigen der verschiedenen Pfeiltasten leid sind, verwenden Sie den Befehl GEHE ZU im Menü BEARBEITEN, um den Bereich zu erweitern. Gehen Sie hierzu wie folgt vor:

1. **Setzen Sie zuerst den Zellcursor auf die erste Zelle des Bereichs, und drücken Sie dann F8, um den Zellcursor zu verankern.**

2. **Drücken Sie F5, um das Dialogfeld »Gehe zu« zu öffnen, geben Sie den Bezug der letzten Zelle des Bereichs (die Zelle diagonal zur ersten Zelle) an, und drücken Sie dann Eingabe.**

Da sich Excel im Erweiterungsmodus befindet, bewegt sich der Zellcursor nicht nur zur angegebenen Zelladresse, sondern markiert gleichzeitig alle dazwischenliegenden Zellen. Nachdem Sie auf diese Weise den Zellbereich markiert haben, sollten Sie nicht vergessen, wieder F8 zu drücken, um das Programm daran zu hindern, Ihrem mühsam markierten Zellbereich noch weitere Zellen hinzuzufügen.

AutoFormatieren – wirklich ein Kinderspiel

Jetzt, da Sie alles über das Markieren von Zellen wissen, die Sie formatieren möchten, erzähle ich Ihnen was von einer Formatierungsart, die keinerlei Zellauswahl erfordert. (Sie sind der Meinung, damit hätte ich auch schon vorher herausrücken können? Na, seien Sie mal ehrlich: Hätten Sie dann die vorangegangenen Seiten gelesen? Sehen Sie ...) Die AutoFormat-Funktion arbeitet nämlich so automatisch, daß Sie den Zellcursor nur irgendwo in der zu formatierenden Tabelle positionieren müssen, wenn Sie den Befehl AUTOFORMAT im Menü FORMAT wählen.

Sobald das Dialogfeld »AutoFormat« angezeigt wird, markiert das Programm alle Zellen in der Tabelle. (Wenn Sie den Befehl gewählt haben, und der Zellcursor befindet sich nicht innerhalb der Tabelle oder auf einer direkt angrenzenden Zelle, macht Excel Sie dezent darauf aufmerksam.)

Mit dem Dialogfeld »AutoFormat« wird die Formatierungsarbeit zum Kinderspiel. Um eines der 16 integrierten Formate zu wählen, brauchen Sie nur die folgenden Schritte auszuführen:

1. **Wählen Sie im Menü FORMAT den Befehl AUTOFORMAT.**

2. **Wählen Sie im Listenfeld FORMATE ein Format aus, um im Vorschaufeld eine Beispieltabelle für dieses Format anzuzeigen.**

   Im Vorschaufeld sehen Sie dann, wie die verschiedenen Tabellenformate sich auf das Aussehen einer Tabelle auswirken. Leider kann Excel im Vorschaufeld nur eine Beispieltabelle und nicht Ihre ausgewählte Tabelle anzeigen.

3. **Wählen Sie weitere Formate aus der Liste aus, um sich einen Überblick über die anderen Darstellungsformen zu verschaffen.**

4. **Wenn Sie sich für ein Format entschieden haben, schließen Sie das Dialogfeld mit einem energischen Klick auf die Schaltfläche »OK«. Das gewählte Format wird sofort auf Ihre Tabelle angewendet.**

Wenn Sie sich erst einmal mit den unterschiedlichen Formaten auskennen, können Sie auch direkt auf das gewünschte Format im Listenfeld FORMATE doppelklicken und damit sowohl das Dialogfeld schließen als auch die Formatierung auf die markierte Tabelle übertragen.

Wenn Sie sich wirklich mal vertan und ein Tabellenformat gewählt haben, das Sie absolut unmöglich finden, wählen Sie den Befehl RÜCKGÄNGIG: AUTOFORMAT im Menü BEARBEITEN (oder drücken Sie Strg + Z), bevor Sie irgend etwas anderes tun. Excel stellt dann wieder den alten Tabellenzustand her. Mehr zu dieser überaus wichtigen Rückgängig-Funktion finden Sie in Kapitel 4. Wenn Sie sich ganz zum Schluß doch gegen jedwedes automatisches Tabellenformat entscheiden, so können Sie dieses komplett wieder loswerden (auch wenn es für den Rückgängig-Befehl bereits zu spät ist), indem Sie das Dialogfeld »AutoFormat« öffnen und sich im Listenfeld FORMATE für den Eintrag OHNE entscheiden (steht ganz am Ende der Liste), bevor Sie »OK« wählen oder Eingabe drücken.

Die integrierten Tabellenformate des Dialogfelds »AutoFormat« sind im Grunde genommen nichts weiter als eine bestimmte Kombination aus verschiedenen Zell- und Datenformatierungen, die Excel einem ausgewählten Zellbereich in einem einzigen Arbeitsgang zuweist. Jedes Format stellt die Überschriften und Daten der Tabelle auf etwas andere Weise dar.

Abbildung 3.5 zeigt die Tabelle mit den Umsätzen des ersten Quartals für Annas Strudelladen GmbH, die Sie ja bereits aus Kapitel 2 kennen, sowie das Dialogfeld »AutoFormat«, in dem ich das Tabellenformat EINFACH markiert habe. Abbildung 3.6 stellt die Umsatztabelle im neuen Kleid dar. Excel hat die Überschrift und die Spaltenbezeichnungen fett formatiert (Zeile 1 und 2) und zwischen Zeile 2 und 3 eine Linie gezogen, um so die Überschriften von den Daten zu trennen. Außerdem wird jetzt `Annas Strudelladen GmbH - Umsatz 1997` über den Spalten A bis E und die Überschriften in den Zellen B2 bis E2 in ihren entsprechenden Zellen zentriert. Mit dem einfachen Tabellenformat kommen allerdings die Zahlen in der Tabelle nicht besonders gut raus.

In Abbildung 3.7 habe ich das einfache Format (mit Hilfe von Strg + Z) wieder aus der Tabelle entfernt und ihr dann das AutoFormat 3D-EFFEKT 2 zugewiesen. Na, wie gefällt Ihnen diese Version? Excel hat Spalte A so verbreitert, daß sie die gesamte Tabellenüberschrift aus Zelle A1 aufnehmen kann. Diese Art der Spaltenverbreiterung nennt sich *optimale Breite* (in diesem Fall dürfte das wohl nicht ganz zutreffend sein). Wenn Sie diesen eigenmächtigen Eingriff in Ihre Tabelle wieder ändern wollen, dann verkleinern Sie die Spalte A wieder, bis sie gerade groß genug ist, um alle Firmennamen in den Zeilen 3 bis 9 der Spalte A anzuzeigen. Lassen Sie die Überschrift in Zelle A1 ruhig wieder in die Spalten B bis E ragen. (Im Abschnitt »Wem die Spaltenbreite paßt ...« weiter unten in diesem Kapitel finden Sie alles Wissenswerte zum Ändern der Spaltenbreite.)

3 ➤ Ein bißchen Glanz für nüchterne Zahlen

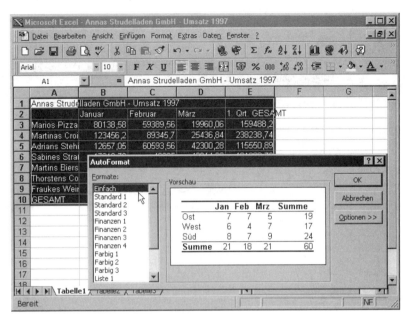

Abbildung 3.5: Mit der AutoFormat-Funktion das Tabellenformat EINFACH auswählen

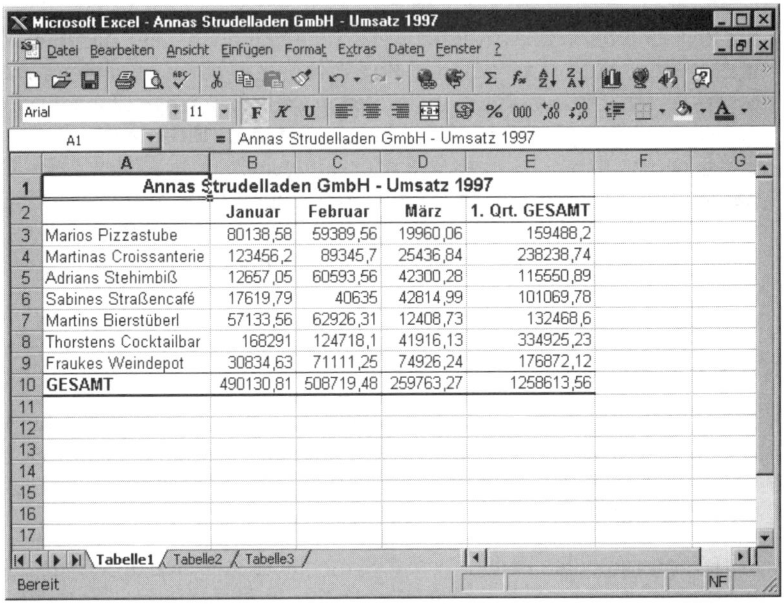

Abbildung 3.6: Das Tabellenblatt für Annas Strudelladen im einfachen Tabellenformat

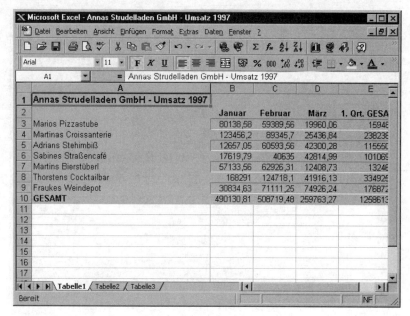

Abbildung 3.7: Das Tabellenblatt in neuem 3D-Effekt 2-Gewand

 Das AutoFormat 3D-EFFEKT 2 ist nicht das einzige Format, das allen markierten Spalten eine *optimale Breite* zuweist (die sich auch über den Befehl SPALTE im Menü FORMAT aufrufen läßt), und Ihre Tabelle mit einer unschönen breiten ersten Spalte verschandelt, falls Sie in der ersten Zelle eine lange Überschrift eingegeben haben (Abbildungen 3.5 bis 3.7). Das gleiche kann Ihnen passieren, wenn Sie die Formate STANDARD 2, FINANZEN 1, 2 oder 3, FARBIG 3, LISTE 1 oder 2 bzw. 3D-EFFEKT 1 wählen. Die anderen Formate zentrieren lange Überschriften in der ersten Zelle über allen Spalten der Tabelle (was wiederum zum Problemchen werden kann, wenn man es so nicht haben will – siehe Abbildung 3.6).

Formate mit Klick

Bei manchen Tabellenblättern ist die gebotene Vielfalt an AutoFormat-Formaten nicht erforderlich. Vielleicht wollen Sie in einer Tabelle lediglich die Spaltenüberschriften durch Fettdruck hervorheben und die Zeile mit den Gesamtsummen unterstreichen. (Dabei wird die Unterkante der Zellen mit einem Rahmen versehen.)

Mit den Formatierungssymbolen in der Format-Symbolleiste, die sich unterhalb der Standard-Symbolleiste befindet, können Sie die meisten Daten- und Zellformatierungen ausführen, ohne sich durch Kontextmenüs (geschweige denn durch Menüs in der Menüleiste) kämpfen zu müssen.

Mit den Symbolen in der Format-Symbolleiste können Sie Zellen andere Schriftarten und Zahlenformate zuweisen, die Ausrichtung des Zellinhalts ändern sowie Zellen mit Rahmen, Mustern und Farben versehen. (Wenn Sie Ihr Gedächtnis hinsichtlich der Namen und Funktionen der Symbole auffrischen wollen, sehen Sie sich noch mal Tabelle 1.3 in Kapitel 1 an.)

Symbolleisten ohne Heimat

In der Regel befinden sich die Standard- und die Format-Symbolleiste fest verankert an ihrer Position zwischen Menü- und Bearbeitungsleiste. Excel setzt diese Symbolleisten zwar automatisch an diese Stelle, es steht Ihnen jedoch frei, diese beiden (und alle anderen Symbolleisten, die Sie einblenden) an andere Positionen zu ziehen – und wenn sie sich noch so dagegen wehren. (In Kapitel 13 finden Sie weitere Informationen zum Umgang mit den anderen Symbolleisten.)

Wenn Sie die Standard- oder Format-Symbolleiste aus ihrer Verankerung lösen wollen, brauchen Sie sie nur in den Arbeitsbereich der aktiven Arbeitsmappe zu ziehen. Die Symbolleiste wird dann in einem kleinen separaten Fenster angezeigt. Wie dies aussieht, sehen Sie in Abbildung 3.8 am Beispiel der Format-Symbolleiste. Eine Symbolleiste, die sich in einem eigenen Fenster befindet, wird auch als *unverankert* oder *frei schwebend* bezeichnet, da sie wie eine Wolke über der aktiven Arbeitsmappe schwebt. (Ist das nicht romantisch?) Aber damit nicht genug: Sie können nämlich diese kleinen Dinger nicht nur verschieben, sondern auch deren Form beliebig verändern. Jetzt sind Sie platt, oder?

- ✔ Wenn Sie an der kleinen Titelleiste ziehen, können Sie eine frei schwebende Symbolleiste im Tabellenblatt beliebig verschieben.

- ✔ Wenn Sie einen Rand der frei schwebenden Symbolleiste ziehen, können Sie deren Form verändern. Setzen Sie den Mauszeiger auf einen Rand (der Mauszeiger nimmt die Form eines Doppelpfeils an), und ziehen Sie den Rand in die gewünschte Richtung.

- ✔ Während Sie einen Rand ziehen, nimmt der Umriß der Symbolleiste eine neue Form an, um die Symbole in einer festgelegten Anordnung einzupassen. Wenn der Umriß die von Ihnen gewünschte Form hat, lassen Sie die Maustaste los; Excel zeichnet daraufhin die Symbolleiste neu.

- ✔ Um eine frei schwebende Symbolleiste zu schließen, d. h. sie aus dem Dokumentfenster zu verbannen, klicken Sie auf das Symbol zum Schließen in der oberen rechten Fensterecke der Symbolleiste.

Klicken Sie auf den Ziehpunkt zum Verschieben – so heißen die beiden senkrechten Balken am linken Rand der Symbolleiste –, wenn Sie eine Symbolleiste an eine neue Position auf dem Bildschirm ziehen wollen. Um die Symbolleiste wieder auf ihren angestammten Platz zurückzuschicken, doppelklicken Sie einfach auf die Titelleiste der jeweiligen Symbolleiste.

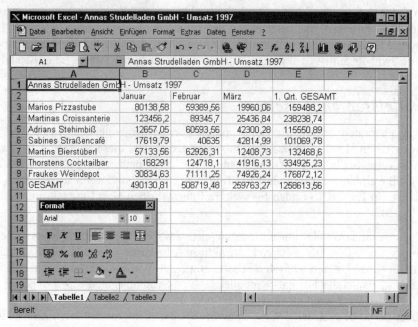

Abbildung 3.8: Die Format-Symbolleiste schwebt frei über der Arbeitsmappe.

Die Standard- und die Format-Symbolleiste sind nicht das einzige, was in Excel 97 frei schwebend ist. Sie können jetzt sogar die Menüleiste mit all ihren Menüs beliebig verschieben. (Das ist auch der Grund, warum die Menüleiste wie die beiden anderen über diesen neuen Ziehpunkt verfügt, solange sie an ihrem Stammplatz unterhalb der Excel-Titelleiste hockt.) Wenn Sie ein Menü in einer frei schwebenden Menüleiste wählen, dann kann es Ihnen passieren, daß die Menübefehle oberhalb anstatt unterhalb der Menüleiste angezeigt werden. Das hängt ganz davon ab, wieviel Platz noch bis zum unteren Bildschirmrand ist.

Symbolleisten mit festem Wohnsitz

Mal ehrlich: Manchmal kann so eine frei umher schwebende Symbolleiste ganz schön lästig sein. Ständig muß man sie woanders positionieren, weil sie beim Einfügen oder Bearbeiten von Daten im Tabellenblatt im Weg ist. Aber nichts ist leichter als das. Sie brauchen nur den Anker zu werfen.

Excel bietet Ihnen vier Docks an, in denen Sie Ihre Symbolleisten verankern können. Die vier *Docks* sind nichts anderes als die vier Seiten des Excel-Programmfensters, also oben, unten, rechts und links. In Abbildung 3.9 habe ich die Format-Symbolleiste am unteren Fensterrand aufs Trockendock gelegt, für das der Platz oberhalb der Statusleiste reserviert ist.

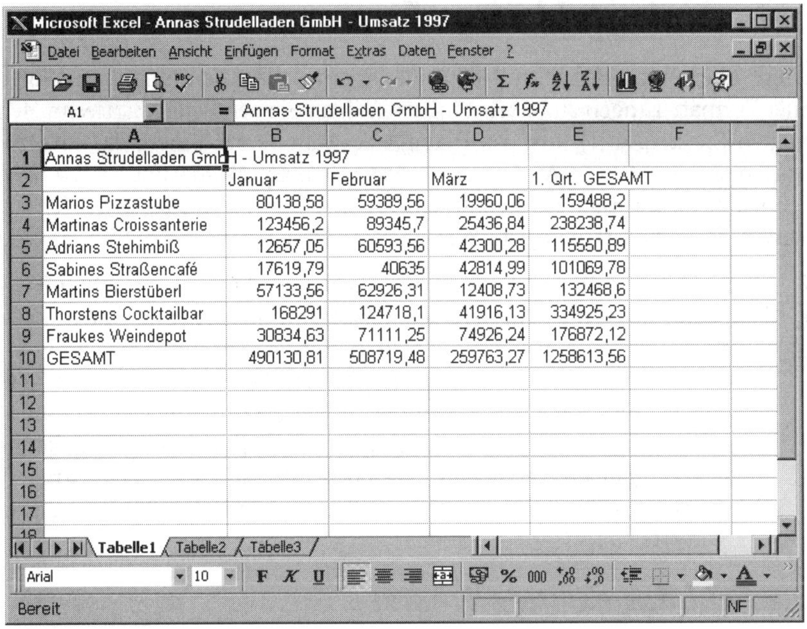

3 ▶ Ein bißchen Glanz für nüchterne Zahlen

Abbildung 3.9: Die Format-Symbolleiste auf dem Trockendock am unteren Dokumentfensterrand

Um eine unverankerte Symbolleiste an einem dieser Docks vor Anker gehen zu lassen, ziehen Sie ihre Titelleiste (die mit dem Namen der Symbolleiste) so weit wie möglich an den entsprechenden Fensterrand. Damit zerren Sie wieder nur den Umriß der Symbolleiste hinter sich her. Lassen Sie die Maustaste los, sobald der Umriß im Hochformat (wenn das rechte oder linke Dock angesteuert wird) oder im Querformat (wenn es das obere oder untere Dock sein soll) angezeigt wird. Symbolleisten, die Sie an ein Dock auf der rechten oder linken Seite verschieben, ordnen ihre Symbole von oben nach unten an.

Excel läßt Sie die Standard- und Format-Symbolleiste zwar auch auf der rechten oder linken Fensterseite verankern, da aber beide Symbolleisten ein Dropdown-Listenfeld enthalten, das weder nach links noch nach rechts aufgeklappt werden kann, geht es bei dieser Anordnung verloren. Diese Einschränkung gilt z. B. auch für die Zeichnen- und die Diagramm-Symbolleiste, die ebenfalls Dropdown-Listenfelder enthalten.

 Wenn das Trockendock der einen oder anderen Symbolleiste den Bildlaufleisten so sehr auf die Pelle rückt, daß diese nicht mehr sichtbar sind, dann packen Sie die Symbolleiste einfach beim Schopf und ziehen sie zur Seite.

Auch ein Dialogfeld zeigt Format

Excel verfügt über einen Befehl, mit dem Sie einem Zellbereich eine ganze Palette unterschiedlicher Formatierungen zuweisen können. Wählen Sie den Befehl ZELLEN im Menü FORMAT (oder drücken Sie Strg + 1), um das Dialogfeld »Zellen« zu öffnen, das insgesamt sechs Registerkarten enthält: ZAHLEN, AUSRICHTUNG, SCHRIFT, RAHMEN, MUSTER und SCHUTZ. In den nächsten Abschnitten dieses Kapitels erzähle ich Ihnen alles Wissenswerte zu den ersten fünf Registerkarten. Über die letzte Registerkarte, SCHUTZ, lasse ich mich erst in Kapitel 6 aus.

Strg + 1, die Tastenkombination für das Dialogfeld »Zellen«, sollten Sie sich merken, denn sie ist ihr Geld wert. Sie werden mit Sicherheit ebensooft Zellen formatieren wie Daten eingeben. Sie sollten sich jedoch unbedingt merken, daß Sie schlicht und einfach 1 und nicht etwa F1 drücken müssen. Und erschwerend für diejenigen, die Zahlen gerne über die Zehnertastatur eingeben, kommt noch hinzu, daß Sie die 1 der Zehnertastatur in diesem Fall nicht einsetzen können. Wenn Sie's nicht glauben, versuchen Sie's doch mal: Strg + F1 oder Strg + 1 auf der Zehnertastatur führt zu ein und demselben Ergebnis: Es rührt sich gar nichts!

Für jede Zahl das richtige Format

Wie Sie bereits aus Kapitel 2 wissen, bestimmt die Art der Zahleneingabe im Tabellenblatt das Zahlenformat. Hier einige Beispiele:

✔ Wenn Sie eine Zahl mit DM und zwei Dezimalstellen eingeben, weist Excel der Zelle ein Währungsformat zu.

✔ Wenn Sie einen prozentualen Wert als ganze Zahl zusammen mit einem Prozentzeichen und ohne Dezimalstellen eingeben, weist Excel der Zelle das entsprechende Prozentzahlenformat zu.

✔ Wenn Sie ein Datum eingeben – Sie erinnern sich noch? Auch Datumsangaben sind Zahlen! –, das einem der integrierten Excel-Datumsformaten entspricht (z. B. 18.08.1997 oder 18. Aug 97), weist Excel ein dementsprechendes Datumsformat zu.

Es ist zwar nicht verkehrt, Zahlen so zu formatieren, aber Sie müssen es nicht. Sie können ein Zahlenformat einer Gruppe von Zellen auch erst nach abgeschlossener Eingabe zuweisen, zumal dies oft der effektivste Weg ist, da hierzu nur zwei Arbeitsschritte erforderlich sind:

1. **Markieren Sie alle Zellen, die formatiert werden sollen.**
2. **Wählen Sie das gewünschte Zahlenformat aus.**

    In vielen Fällen können Sie eines der Symbole in der Format-Symbolleiste verwenden. Wenn nicht, wählen Sie im Dialogfeld »Zellen« auf der Registerkarte ZAHLEN ein Zahlenformat aus. (Denken Sie an Strg + 1!)

3 ➤ Ein bißchen Glanz für nüchterne Zahlen

Selbst wenn Sie mit der Tastatur umzugehen wissen und jede Zahl lieber genau so eingeben, wie sie letztendlich im Tabellenblatt angezeigt werden soll, müssen Sie früher oder später die Zahlenformate verwenden, wenn die von Ihnen eingegebenen Zahlen so aussehen sollen wie die, die Excel errechnet. Die Sache ist nämlich die: Excel weist allen berechneten Werten das Standard-Zahlenformat zu. (Im Dialogfeld »Zellen« wird dieses Format so definiert: `Standardzellen haben kein bestimmtes Zahlenformat`.) Das gilt auch für von Ihnen eingegebenen Werte, die nicht exakt den anderen Excel-Formaten entsprechen. Das größte Problem mit dem Standardformat ist, daß es Nullen wegläßt, die am Anfang und Ende eines Zahleneintrags stehen. Wenn man eine Zahlenkolonne mit untereinanderstehendem Dezimalkomma eingeben möchte, kann das sehr lästig sein. Nun ja, wir sind alle nur Sklaven unserer Programme.

In Abbildung 3.10 sehen Sie den eben beschriebenen mißlichen Zustand: Im Beispieltabellenblatt mit den Umsatzzahlen für das erste Quartal 1997 wurden die Zahlen noch nicht formatiert. Wie Sie sehen, verlaufen die Einträge in den Spalten mit den Monatsumsätzen im Zickzack. Das liegt, wie schon erwähnt, am Standard-Zahlenformat; Abhilfe schafft nur die Zuweisung eines anderen Zahlenformats.

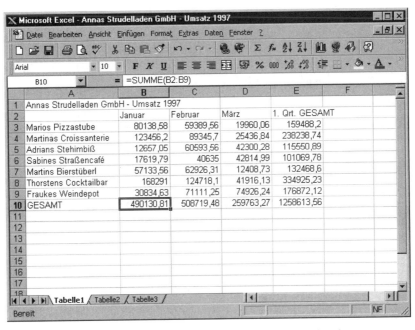

Abbildung 3.10: Die Umsätze für das erste Quartal im Zickzack-Muster

Money, money, money

Da die meisten Berechnungen in der Regel irgend etwas mit Geld zu tun haben, werden Sie wohl das Währungsformat häufiger als alle anderen Formate verwenden. Dieses Format ist sehr einfach zuzuweisen, da sich das Währungsformat-Symbol in der Format-Symbolleiste befindet, das den ausgewählten Zellen ein Währungsformat mit DM, Tausendertrennzeichen und zwei Nachkommastellen zuweist. Sollte eine Zahl in der Zellauswahl negativ sein, wird sie mit einem Minuszeichen versehen. Sie können sie, wenn Ihnen das lieber ist, auch rot anzeigen.

Abbildung 3.11 zeigt das Beispieltabellenblatt, nachdem nur die Zellen mit den Gesamtumsätzen (E3:E9 und B10:E10) markiert wurden. Außerdem habe ich auf das Währungsformat-Symbol in der Format-Symbolleiste (das mit dem Geldschein und den Geldstücken) geklickt, um diese Zellen mit dem Währungsformat zu formatieren.

Manchmal kann es des Guten zuviel sein, wenn alle Zellen einer Tabelle mit dem Währungsformat formatiert werden (immer dieses DM, DM, DM ...). Schließlich lassen sich ja die Dezimalstellen auch noch auf andere Weise anordnen. Aus diesem Grund habe ich mich in Abbildung 3.11 entschieden, nur die Gesamtumsätze nach Währungsart zu formatieren.

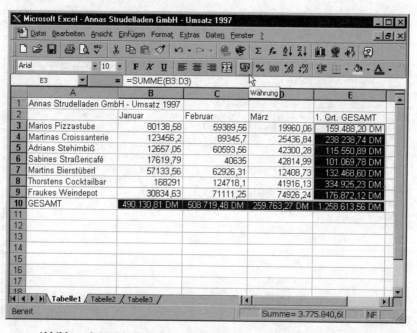

Abbildung 3.11: Die Gesamtumsätze der Tabelle, nachdem ich auf das Währungsformat-Symbol geklickt habe.

Das Währungsformat hat jetzt in den Zellbereichen E3:E10 und B10:D10 die Zahlen mit Tausendertrennzeichen, zwei Dezimalstellen nach dem Komma und Währungszeichen versehen. Aber nicht nur das! Anders als in älteren Excel-Versionen, in denen es zu merkwürdigen Zeichen – ######### – in den Zeilen kam, um anzuzeigen, daß die Breite der Spalte nicht ausreicht, um dies alles anzuzeigen, werden jetzt die Spalten B, C, D und E automatisch in der Größe so angepaßt, daß alles schön ordentlich zu sehen ist.

Wenn Sie die Werte in den Zellen formatieren, paßt Excel 97 die Spaltenbreite jetzt immer automatisch an, so daß Ihnen diese komischen ######### nur noch über den Weg laufen werden, wenn Sie die Spaltenbreite manuell so verändern, daß Excel nicht mehr alle Zeichen in der Zelle mit den formatierten Werten anzeigen kann. (Wie Sie die Spaltenbreite von Hand verändern, erzähle ich Ihnen im Abschnitt »Wem die Spaltenbreite paßt ...«.)

Das Tausendertrennzeichen oder: Bringen wir es auf den Punkt

Das Zahlenformat mit Tausendertrennzeichen bietet eine gute Alternative zum Währungsformat. Ebenso wie das Währungsformat fügt es in längere Zahlen Punkte ein, um Tausender, Zehntausender, Hunderttausender, Millionen etc. zu trennen.

Mit diesem Format werden die Zahlen mit zwei Nachkommastellen angezeigt und negative Zahlen mit einem Minuszeichen versehen sowie (am Farbbildschirm) rot dargestellt. Auf das Währungszeichen müssen Sie bei diesem Format allerdings verzichten. Aus diesem Grund ist dieses Format ideal für die Formatierung von Tabellen, bei denen es klar ersichtlich ist, daß es um Mark und Pfennig geht, bzw. für die Darstellung von größeren Zahlen, die nichts mit Finanzen zu tun haben.

Das Zahlenformat mit den Tausendertrennzeichen eignet sich daher hervorragend für die Beispielzahlen aus den Monatsumsätzen. Abbildung 3.12 zeigt diese Tabelle, nachdem die Zellen mit den Monatsumsätzen für die einzelnen Unternehmen der Annas Strudelladen GmbH mit dem Zahlenformat für Tausendertrennzeichen formatiert wurden. Ich habe hierzu den Zellbereich B3:D9 markiert und auf das Symbol für Tausendertrennzeichen (das mit den drei Nullen (000) direkt neben dem Prozentformat-Symbol) in der Format-Symbolleiste geklickt.

Wie Sie in Abbildung 3.12 sehen, ist durch das neue Format das Problem mit der Ausrichtung der monatlichen Umsatzzahlen gelöst worden. Vielleicht haben Sie auch bemerkt, daß die Dezimalkommata sowohl der Umsatzzahlen als auch der Gesamtumsatzzahlen präzise untereinander ausgerichtet wurden.

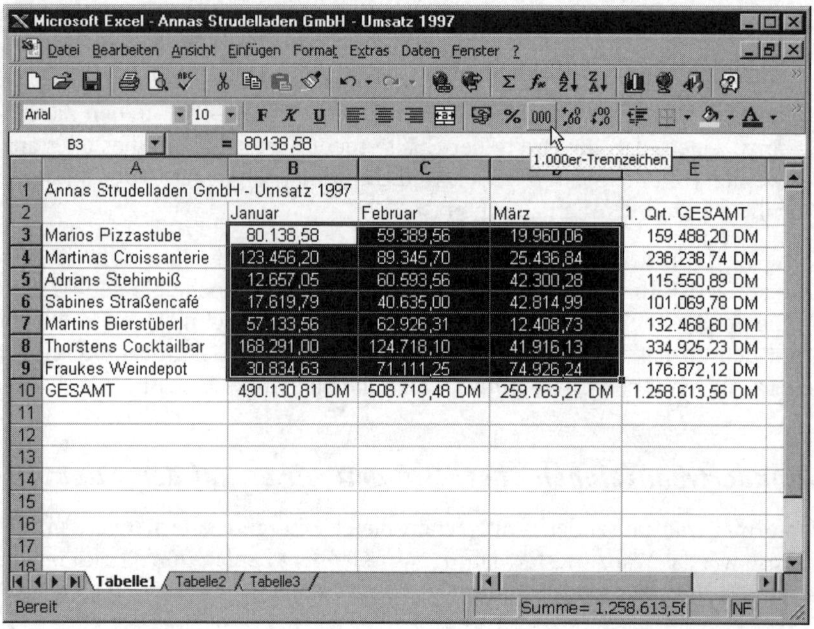

Abbildung 3.12: Die Monatsumsätze, nachdem ich sie mit dem 1.000er-Format formatiert habe

Jonglieren mit Prozentzahlen

Viele Tabellenblätter verwenden Prozentangaben in Form von Zinssätzen, Wachstumsraten, Inflationsraten etc. Um eine Prozentangabe in eine Zelle einzufügen, schreiben Sie das Prozentzeichen (%) hinter die Zahl. Wenn Sie z. B. einen Zinssatz von 12 Prozent eingeben wollen, schreiben Sie 12% in die Zelle. Excel weist der Zelle dann automatisch ein Prozentformat zu, dividiert den Wert durch 100 und zeigt in der Bearbeitungsleiste den errechneten Dezimalwert (0,12 in diesem Fall) an.

Sie werden sicherlich nicht alle Prozentangaben in einem Tabellenblatt auf diese Weise eingeben. Manchmal werden Prozentzahlen auch mit einer Formel errechnet und dann von Excel in den entsprechenden Zellen als Dezimalwerte angezeigt. In diesen Fällen sollten Sie den Werten ein Prozentformat zuweisen, um die errechneten Dezimalwerte durch Prozentzahlen zu ersetzen, d. h., der Dezimalwert wird mit 100 multipliziert und mit Prozentzeichen versehen.

In unserer Beispieltabelle sind in Abbildung 3.13 in Zeile 12 einige Prozentangaben eingetragen, die mit einer Formel errechnet wurden. Um diese Dezimalwerte als Prozentzahlen darzustellen, weisen Sie ihnen ganz einfach das Prozentformat zu. In Abbildung 3.13 sehen Sie die bereits formatierten Zahlen. Markieren Sie lediglich die Zellen, und klicken Sie auf das Prozentformat-Symbol (das mit dem %-Zeichen) in der Format-Symbolleiste.

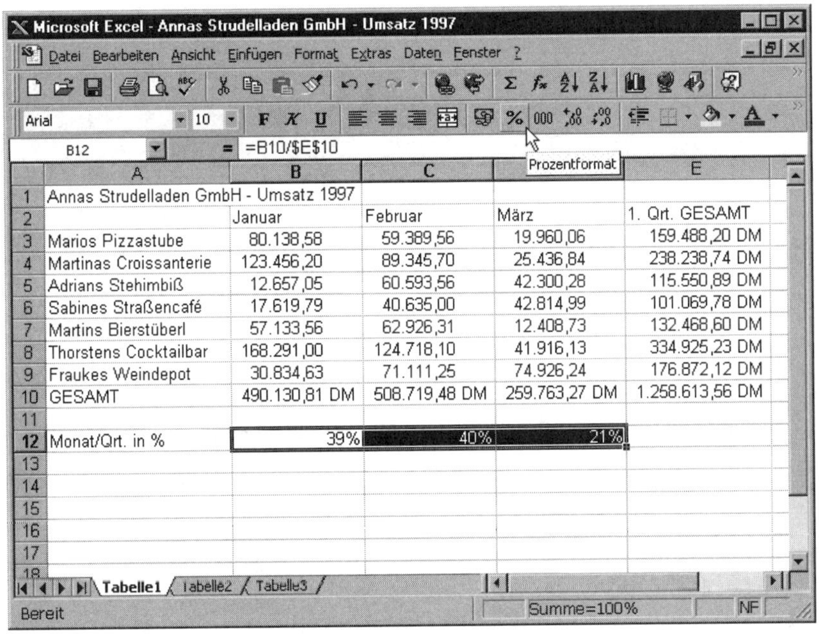

	A	B	C	D	E
1	Annas Strudelladen GmbH - Umsatz 1997				
2		Januar	Februar	März	1. Qrt. GESAMT
3	Marios Pizzastube	80.138,58	59.389,56	19.960,06	159.488,20 DM
4	Martinas Croissanterie	123.456,20	89.345,70	25.436,84	238.238,74 DM
5	Adrians Stehimbiß	12.657,05	60.593,56	42.300,28	115.550,89 DM
6	Sabines Straßencafé	17.619,79	40.635,00	42.814,99	101.069,78 DM
7	Martins Bierstüberl	57.133,56	62.926,31	12.408,73	132.468,60 DM
8	Thorstens Cocktailbar	168.291,00	124.718,10	41.916,13	334.925,23 DM
9	Fraukes Weindepot	30.834,63	71.111,25	74.926,24	176.872,12 DM
10	GESAMT	490.130,81 DM	508.719,48 DM	259.763,27 DM	1.258.613,56 DM
11					
12	Monat/Qrt. in %	39%	40%	21%	

Abbildung 3.13: Verhältnis Monatsumsätze/Quartalsumsätze im Prozentformat

Was kommt nach dem Komma?

Sie können die Anzahl der Dezimalstellen, die in den Währungs-, Prozent- und Tausendertrennzeichenformaten verwendet werden, erhöhen oder reduzieren, indem Sie in der Format-Symbolleiste auf das Symbol für Dezimalstelle hinzufügen bzw. auf das für Dezimalstelle löschen (direkt neben dem Symbol mit den drei Nullen) klicken. Sie müssen natürlich einen Zellbereich markiert haben, wenn Sie auf eines dieser Symbole klicken.

Jedesmal, wenn Sie auf das Symbol für Dezimalstelle hinzufügen klicken, fügt Excel dem zugewiesenen Zahlenformat eine weitere Dezimalstelle hinzu. Abbildung 3.14 zeigt die Prozentangaben des Zellbereichs B12:D12, nachdem ich die Anzahl der Dezimalstellen im Prozentformat von 0 auf 2 erhöht habe. (Das Prozentformat-Symbol verwendet keine Dezimalstellen.) Hierzu müssen Sie zweimal hintereinander auf das Symbol für Dezimalstelle hinzufügen klicken.

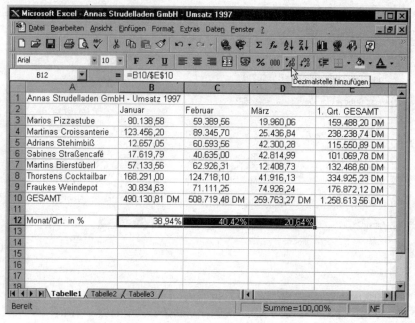

Abbildung 3.14: Verhältnis Monatsumsätze/Quartalsumsätze im Prozentformat mit zwei Dezimalstellen

Nicht immer ist es so, wie es scheint

Lassen Sie sich nicht von den Zahlenformaten täuschen. Sie polieren die Präsentation Ihrer Tabellenblattdaten auf; aber auch wenn sie manchen Eintrag vollkommen neu erscheinen lassen, bleiben es doch immer dieselben alten Zahlen, die Sie eingegeben haben. Nehmen wir beispielsweise an, daß eine Formel den folgenden Wert errechnet hat:

25,6456

Weiter angenommen, daß Sie die Zelle, die diesen Eintrag enthält, mit dem Währungsformat formatieren:

25,65 DM

Diese Änderung könnte Sie nun glauben machen, daß Excel den Wert auf zwei Dezimalstellen aufgerundet hat. Tatsache ist aber, daß das Programm nur die Anzeige des errechneten Werts aufgerundet hat – die Zelle enthält noch immer 25,6456! Falls Sie also diese Zelle an einer anderen Stelle in einer Formel verwenden, dann denken Sie daran, daß Excel den »wahren« Wert für seine Berechnungen verwendet und nicht den in der Zelle angezeigten. (Der »wahre« Wert einer Zelle wird stets in der Bearbeitungsleiste angezeigt.)

Wenn Sie jedoch unbedingt möchten, daß die Zahlen mit den formatierten Werten im Tabellenblatt übereinstimmen, können Sie dies in einem Arbeitsschritt ausführen. Diese Entscheidung können Sie allerdings nicht wieder rückgängig machen. Sie können alle im Hintergrund versteckten Zahlen in die am Bildschirm angezeigten Zahlen umwandeln und müssen dazu nur ein einziges Kontrollkästchen aktivieren; Sie können diese Auswahl allerdings nicht durch Deaktivieren dieses Kontrollkästchens wieder rückgängig machen. Diese Aktion ist also mit Vorsicht zu genießen.

Da Sie mich nun so drängeln und unbedingt wissen wollen, wie das mit dem Umwandeln der Werte geht, sage ich Ihnen, welche Schritte hierfür notwendig sind – aber beschweren Sie sich später nicht bei mir, denn ich habe Sie gewarnt:

1. **Bevor Sie die Genauigkeit der Werte ändern, vergewissern Sie sich, daß alle Zahlen mit der richtigen Anzahl an Dezimalstellen formatiert sind.**

2. **Wählen Sie dann den Befehl** OPTIONEN **im Menü** EXTRAS**, um das Dialogfeld »Optionen« zu öffnen.**

3. **Klicken Sie auf das Register** BERECHNEN**, um die entsprechenden Optionen anzuzeigen.**

4. **Aktivieren Sie im Gruppenfeld** ARBEITSMAPPE **das Kontrollkästchen** GENAUIGKEIT WIE ANGEZEIGT**, und klicken Sie dann auf die Schaltfläche »OK«.**

   Excel warnt Sie ein letztes Mal mit der Meldung `Daten verlieren damit endgültig an Genauigkeit`.

5. **Wenn Sie es nicht lassen können und unbedingt mit dem Feuer spielen müssen, dann klicken Sie jetzt auf die Schaltfläche »OK« oder drücken Eingabe. Das Programm wandelt alle Daten entsprechend ihren angezeigten Werten um – und das für immer!**

 Nachdem Sie alle Werte eines Tabellenblatts mit der Option GENAUIGKEIT WIE ANGEZEIGT umgewandelt haben, wäre es vielleicht nicht schlecht, den Befehl SPEICHERN UNTER im Menü DATEI zu wählen und den Dateinamen im Feld DATEINAME zu ändern (z. B. durch Anhängen des Zusatzes `wie angezeigt` an den aktuellen Dateinamen), bevor Sie auf die Schaltfläche »Speichern« klicken oder Eingabe drücken. Auf diese Weise bleibt Ihnen immer noch eine Kopie der ursprünglichen Arbeitsmappendatei mit den von Ihnen eingegebenen und von Excel berechneten Werten, die Sie im Notfall dann hervorholen können.

Maßgeschneiderte Zahlenformate

Excel unterstützt eine ganze Reihe von Zahlenformaten, die Sie wahrscheinlich nur selten, wenn überhaupt, verwenden werden. Wenn Sie diese Zahlenformate aufrufen möchten, markieren Sie den zu formatierenden Zellbereich und wählen den Befehl ZELLEN FORMATIEREN im Kontextmenü für die Zellen – mit der rechten Maustaste irgendwo innerhalb des Zellbereichs klicken – oder den Befehl ZELLEN im Menü FORMAT (bzw. drücken Strg + 1), um das Dialogfeld »Zellen« zu öffnen.

Wählen Sie in diesem Dialogfeld das Register ZAHLEN, und markieren Sie das gewünschte Format im Listenfeld KATEGORIE. Die Kategorien DATUM, UHRZEIT, BRUCH und SONDERFORMATE bieten Ihnen im Listenfeld FORMATE weitere Formatierungsmöglichkeiten. Andere Kategorien – wie ZAHL und WÄHRUNG – verfügen über eigene Listenfelder, in denen man noch speziellere Formate wählen kann. Bei der Suche nach dem geeigneten Format werden Sie feststellen, daß Excel in einem Vorschaufeld anzeigt, wie sich das ausgewählte Format auf die Werte in der aktiven Zelle auswirken würde. Wenn Sie ein Format gefunden haben, das Ihren Wünschen entspricht, klikken Sie auf die Schaltfläche »OK« oder drücken Eingabe.

Die raffinierten Sonderformate

Eine besonders schicke Kategorie unter den Zahlenformaten stellen die *Sonderformate* dar. Hierin sind vier Zahlenformate enthalten, die ganz interessant sein könnten:

- ✔ POSTLEITZAHL: Hier können Sie zwischen einem neutralen Format sowie Postleitzahlen mit vorangestelltem Länderkennbuchstaben wählen (D für Deutschland, A für Österreich, CH für Schweiz und L für Luxemburg).

- ✔ VERSICHERUNGSNACHWEIS-NR: Dieses Format ist speziell für die deutschen Anwender entworfen worden.

- ✔ SOZIALVERSICHERUNGSNUMMER: Hier stehen Ihnen wieder zwei verschiedene Schreibweisen zur Verfügung, eine für Österreich und eine für die Schweiz.

- ✔ ISBN-FORMAT: Hier können Sie aus drei verschiedenen Schreibweisen auswählen.

Diese Sonderformate werden Ihnen sicherlich bei der Erstellung von Datenbanken äußerst nützlich sein, da Sie hier ja ständig so Dinge wie Postleitzahlen oder Versicherungsnummern eingeben müssen. (Mehr zum Erstellen von Datenbanken erfahren Sie in Kapitel 9.)

Zahlenformate selbstgemacht

Wenn keines der vordefinierten Zahlenformate in den verschiedenen Kategorien Ihren Vorstellungen entspricht, dann können Sie sich Ihre Zahlenformate immer noch selbst schnitzen. Hierzu wählen Sie auf der Registerkarte ZAHLEN im Listenfeld KATEGORIE den Eintrag BENUTZERDEFINIERT und entscheiden sich dann im Listenfeld FORMATE für den Zahlenformatcode, der Ihren Vorstellungen am nächsten kommt. Im Textfeld FORMATE können Sie diesen Code dann noch weiter bearbeiten.

Ein kleines Problem gibt es dabei allerdings. Warum ich diese Zahlenformate *Codes* nenne, ist wohl offensichtlich. Im Listenfeld FORMATE werden auch wirklich die merkwürdigsten Zeichen bestehend aus #, 0, ?, T, M und J angezeigt. Bevor Sie aber schon gleich zu Beginn das Handtuch schmeißen, werfen Sie lieber mal einen Blick auf das Vorschaufeld oberhalb des Textfelds

FORMATE. Hier zeigt Excel, wie der von Ihnen gerade im Listenfeld markierte Code in der aktiven Zelle Ihres Tabellenblatts aussehen würde. Wenn eine Auswahl Ihren Wünschen entspricht, dann sollten Sie nicht mehr lange zögern und auf »OK« klicken bzw. Eingabe drücken.

Zahlenformate für besonders Vorwitzige

Sie wollen also unbedingt wissen, was diese Zahlenformatcodes bedeuten? Also gut: Jedes Zahlenformat kann steuern, wie positive Zahlen, negative Zahlen und sonstige Eingaben aussehen. Die 0 ist der Platzhalter für eine Stelle und wird durch eine Null ersetzt, wenn die entsprechende Zahl an dieser Position keinen Eintrag hat. # ist der Platzhalter für eine Stelle, die leer bleibt, falls die Zahl an dieser Position nicht vorhanden ist. *TT* steht für Tage, *MM* für Monate, *JJ* für Jahreszahl, *hh* für Stunden, *mm* für Minuten und *ss* für Sekunden.

Sie müssen sich aber nicht unbedingt an den vordefinierten Zahlenformaten auf der Registerkarte ZAHLEN orientieren, sondern können dort auch Ihre ganz eigenen Formate erstellen. Es bleibt Ihnen jedoch nicht erspart, hier ebenfalls mit Codes zu arbeiten. Sie müssen hierzu zwar kein Atomphysiker sein – schaden würde es aber sicherlich nicht!

Um Sie nicht mit einer Unmenge von lästigen Beispielen für benutzerdefinierte Formate zu langweilen, möchte ich Ihnen nur eines vorstellen, das Sie vielleicht wirklich brauchen können: Sie können damit nämlich Einträge in ihren Zellen verstecken. Wenn Sie dieses versteckte Format auf eine Zelle anwenden, verschwindet deren Zellinhalt. (Der Inhalt wird allerdings noch in der Bearbeitungsleiste angezeigt, wenn die Zelle markiert ist.) Dieses Format ist sehr nützlich, wenn Sie bestimmte Informationen aus einem zu druckenden Bericht entfernen wollen, ohne diese aus dem Tabellenblatt zu löschen.

Um ein benutzerdefiniertes Zahlenformat zu erstellen, öffnen Sie das Dialogfeld »Zellen«. Wählen Sie das Register ZAHLEN, und markieren Sie im Listenfeld KATEGORIE den Eintrag BENUTZERDEFINIERT und dann im Listenfeld FORMATE den Eintrag STANDARD. Ersetzen Sie jetzt den aktuellen Text durch die folgenden Zeichen:

;;;

Dieses benutzerdefinierte Zahlenformat, mit dem die Anzeige eines Zellinhalts im Tabellenblatt ausgeblendet werden kann, besteht nur aus drei Semikolons (ohne Leerzeichen). Dieses Format bedeutet, daß weder ein positiver Wert, noch ein negativer Wert, noch sonst irgend etwas in der Zelle angezeigt werden soll.

Nachdem Sie die Formatcodes in das Textfeld FORMATE eingegeben haben, klicken Sie auf die Schaltfläche »OK«, um das benutzerdefinierte Format auf den aktuellen Zellbereich anzuwenden. Benutzerdefinierte Formate werden als Teil des Tabellenblatts beim nächsten Speichern des Dokuments gespeichert. (Denken Sie ab und zu daran, mit dem Symbol für Speichern zu arbeiten!)

Wenn Sie dieses Format auf eine Zelle anwenden, wird in dieser Zelle im Tabellenblatt kein Inhalt mehr angezeigt. (Noch mal zur Wiederholung: Wenn Sie die Zelle markieren, wird der Inhalt in der Bearbeitungsleiste angezeigt. Er ist also nicht verloren!) Wenn Sie diese versteckten Zelleinträge wieder anzeigen möchten, wählen Sie einfach eines der »sichtbaren« Zahlenformate.

Die von Ihnen selbst erstellten Zahlenformate werden im Listenfeld FORMATE ganz unten in der Liste angezeigt. Wenn Sie also das nächste Mal das Dialogfeld »Zellen« öffnen, um Ihr eigenes Format auszuwählen, so machen Sie sich darauf gefaßt, daß Sie durch das Listenfeld FORMATE blättern müssen, bevor Sie fündig werden.

Wem die Spaltenbreite paßt ...

Wenn Excel 97 die Spaltenbreite zwar automatisch, aber doch nicht so ganz zu Ihrer Zufriedenheit angepaßt hat, dann können Sie von Glück sagen, daß das Ändern der Spaltenbreite mit Excel ein Kinderspiel ist. Der einfachste Weg ist die Einstellung der optimalen Breite. Mit dieser Methode bestimmt Excel automatisch die Spaltenbreite entsprechend dem längsten Eintrag in der Spalte.

Und so stellen Sie die optimale Spaltenbreite ein:

1. **Setzen Sie den Mauszeiger im Spaltenrahmen auf die rechte Spaltenumrandung der zu ändernden Spalte.**

   Der Mauszeiger nimmt die Form eines Kreuzes mit Doppelpfeil an, der nach links und rechts zeigt.

2. **Doppelklicken Sie.**

   Excel richtet daraufhin die Spaltenbreite nach dem längsten Eintrag in dieser Spalte aus.

Diese Methode können Sie für mehrere Spalten gleichzeitig anwenden. Markieren Sie einfach alle zu ändernden Spalten (bei angrenzenden Spalten durch Ziehen, bei nichtangrenzenden durch Drücken von Strg und gleichzeitigem Klicken auf die einzelnen Spaltenbuchstaben). Sobald alle Spalten markiert sind, doppelklicken Sie auf eine der rechten Spaltenumrandungen der markierten Spalten. (Denken Sie wieder daran, daß der Mauszeiger die Form eines Kreuzes mit Doppelpfeil haben muß.)

Das Einstellen der optimalen Breite mit der Maus liefert leider nicht immer das gewünschte Ergebnis (ich habe es ja bereits erwähnt). Sie brauchen nur einmal eine Spalte mit einer Tabellenüberschrift optimal verbreitern, um zu verstehen, was ich meine. Das sieht dann so ähnlich aus wie in Abbildung 3.7, in der ich der Tabelle das 3D-EFFEKT 2-Format zugewiesen habe. Für eine lange Überschrift, die über die anderen Spalten hinweg angezeigt wird, wird mit der optimalen Breite eine extrem breite Spalte angelegt.

 Wenn die optimale Breite einfach keine Lösung für ihr Problem ist, *ziehen* Sie (anstatt zu doppelklicken) den rechten Rand der Spalte (am Spaltenrahmen), bis diese die gewünschte Breite hat. Diese Technik funktioniert auch mit mehreren Spalten; Sie sollten allerdings bedenken, daß dadurch alle Spalten die Breite der Spalte erhalten, die Sie gerade ziehen.

Sie können die Spaltenbreite auch im Dialogfeld »Spaltenbreite« einstellen. Wenn Sie mit dem Dialogfeld arbeiten, geben Sie die Anzahl der Zeichen ein, die in der Spalte angezeigt werden sollen. Um dieses Dialogfeld zu öffnen, wählen Sie im Kontextmenü für Spalten den Befehl SPALTENBREITE (das Dialogfeld öffnet sich, wenn Sie mit der rechten Maustaste auf eine markierte Spalte oder einen Spaltenbuchstaben klicken) oder den Befehl SPALTE im Menü FORMAT und dort im Untermenü den Befehl BREITE.

Das Textfeld SPALTENBREITE im gleichnamigen Dialogfeld zeigt die Anzahl Zeichen an, die in Spalten mit Standardbreite eingegeben werden können. Um die Breite aller Spalten des Tabellenblatts zu ändern (mit Ausnahme derer, die bereits manuell oder mit dem Befehl OPTIMALE BREITE BESTIMMEN angepaßt wurden), geben Sie einen neuen Wert in das Textfeld SPALTENBREITE ein und klicken auf die Schaltfläche »OK«.

Wenn Sie die optimale Spaltenbreite mit Hilfe der Menüs in der Menüleiste erstellen wollen, wählen Sie den Befehl SPALTE im Menü FORMAT und dort im Untermenü den Befehl OPTIMALE BREITE BESTIMMEN. Mit diesem Befehl können Sie einer Spalte eine optimale Breite zuweisen, die sich lediglich an einigen der Zelleinträgen orientiert. Wenn Sie z. B. mit diesem Befehl eine Spalte gerade breit genug machen wollen, um darin mehrere Überschriften, nicht aber den Arbeitsmappentitel (der sich nach rechts über mehrere leere Spalten erstreckt) unterzubringen, brauchen Sie nur die Zellen der Spalte zu markieren, die die Überschriften enthalten, an denen sich die neue Spaltenbreite orientieren soll. Jetzt können Sie den Befehl OPTIMALE BREITE BESTIMMEN wählen.

Wenn eine markierte Spalte wieder die Standardspaltenbreite erhalten soll, wählen Sie in der Menüleiste den Befehl SPALTE im Menü FORMAT und dort im Untermenü den Befehl STANDARDBREITE. Im Dialogfeld »Standardbreite« wird im Textfeld STANDARDSPALTENBREITE der Wert 10,71 angezeigt. (Standardbreite aller Spalten in einem neuen Tabellenblatt sind 10,71 Zeichen in der Standardschrift.) Um alle markierten Spalten wieder auf ihre Standardbreite zurückzusetzen, wählen Sie die Schaltfläche »OK« oder drücken einfach Eingabe.

Das ist doch die Zeilenhöhe

Das Ändern der Zeilenhöhe funktioniert eigentlich ähnlich wie das Anpassen der Spaltenbreite. Sie werden allerdings seltener in die Verlegenheit kommen, die Zeilenhöhe anpassen zu müssen, da Excel diese automatisch anpaßt, falls z. B. Änderungen in der Schriftgröße oder ein Zeilenumbruch eine größere Zeilenhöhe erforderlich machen. Das Anpassen der Zeilenhöhe ist eigentlich nur dann nötig, wenn Sie den Abstand zwischen einer Tabellenüberschrift und der eigentlichen Tabelle bzw. zwischen einer Zeile mit Spaltenüberschriften und der Tabelle vergrößern möchten, ohne dafür eine leere Zeile einzufügen. Weitere Details hierzu finden Sie weiter unten im Abschnitt »Alles in Reih und Glied bringen«.

Um die Zeilenhöhe zu vergrößern, ziehen Sie den unteren Rand des Zeilenrahmens (der mit den Zeilennummern), bis die Zeile die erforderliche Höhe hat, und lassen dann die Maustaste los. Um eine Zeile zu verschmälern, ziehen Sie den unteren Zeilenrand in die andere Richtung. Wenn Sie eine optimale Zeilenhöhe für ihre Einträge gewährleisten möchten, doppelklicken Sie auf den unteren Rand der Zeile im Zeilenrahmen.

Genau wie bei den Spalten können Sie die Höhe der markierten Zeilen auch über ein Dialogfeld anpassen. Um das Dialogfeld »Zeilenhöhe« zu öffnen, wählen Sie im Kontextmenü für Zeilen den Befehl ZEILENHÖHE (das Sie durch Klicken mit der rechten Maustaste auf die markierte Zeile oder die betreffende Zeilennummer öffnen) oder den Befehl ZEILE im Menü FORMATE und dort im Untermenü den Befehl HÖHE. Um eine neue Zeilenhöhe für die markierte(n) Zeile(n) festzulegen, geben Sie die Anzahl der Zeichen im Textfeld ZEILENHÖHE ein und klicken anschließend auf »OK«. (Die Standardhöhe sind 12,75 Punkt – falls Sie's interessiert!) Um für eine bestimmte Zeile wieder die optimale Höhe einzustellen, wählen Sie den Befehl ZEILE im Menü FORMAT und dort im Untermenü den Befehl OPTIMALE HÖHE.

Das Tabellenblattversteckspiel

Wenn Sie vor lauter Anpasserei etwas übertreiben und eine Spalte bzw. eine Zeile zu schmal werden lassen, wird sie im Tabellenblatt nicht mehr angezeigt. Sie fragen sich natürlich, warum Sie Ihre Zeit mit der Eingabe und Formatierung von Daten verschwenden sollen, nur um diese dann hinterher zu *verstecken*.

Wenn Sie allerdings einen Bericht drucken, werden Sie sicherlich häufiger Tabellenblattdaten verstecken wollen. Sie haben z. B. ein Tabellenblatt angelegt, das eine Spalte mit den Angestelltengehältern enthält, die Sie zur Berechnung des Abteilungsbudgets benötigen. Wenn Sie dieses Tabellenblatt drucken wollen, möchten Sie die Gehaltsangaben ganz gerne für sich behalten. Anstatt nun die Spalte mit den Gehaltszahlen aus dem Druckbereich herauszuschieben (auch das lernen Sie noch), können Sie diese Spalte auch vorübergehend verstecken.

Die einfache Variante des Versteckspiels

Um Ihnen eine Menge Frust zu ersparen, erfahren Sie von mir zunächst, wie Sie Spalten und Zeilen mit Hilfe des Menüs FORMAT oder der Kontextmenüs für Spalten und Zeilen verstecken und wiederfinden. Angenommen, Sie wollen Spalte B verstecken, da sie Daten enthält, die nicht gedruckt werden sollen. Um diese Spalte zu verstecken, gehen Sie folgendermaßen vor:

1. **Klicken Sie auf den Buchstaben »B« des Spaltenrahmens, um die Spalte zu markieren.**

2. **Wählen Sie im Menü FORMAT den Befehl SPALTE und dann im angezeigten Untermenü den Befehl AUSBLENDEN.**

Das war's schon. Spalte B hat sich in Luft aufgelöst! Die gesamten Daten dieser Spalte sind aus dem Tabellenblatt verschwunden. Wenn Sie die Spalte B verstecken, fehlt das »B« auch in der Leiste mit den Spaltenbuchstaben, so daß dort A, C, D, E, F etc. steht.

Wenn Sie das Tabellenblatt gedruckt haben und Änderungen in Spalte B vornehmen müssen, können Sie die Spalte natürlich auch wieder aus ihrem Versteck hervorholen:

1. **Positionieren Sie den Mauszeiger auf dem Spaltenbuchstaben A, und ziehen Sie den Mauszeiger nach rechts, um die Spalten A und C zu markieren.**

   Sie müssen den Mauszeiger von A nach C ziehen, um die versteckte Spalte B in die Spaltenauswahl einzuschließen. Arbeiten Sie nicht mit Strg, sonst funktioniert's nicht.

2. **Wählen Sie im Menü FORMAT den Befehl SPALTE und dort im angezeigten Untermenü den Befehl EINBLENDEN.**

Excel zeigt die Spalte B wieder im Tabellenblatt an und markiert alle drei Spalten (A, B und C). Klicken Sie mit der Maus auf eine beliebige Zelle im Tabellenblatt, um die Markierung aufzuheben.

Das Ganze funktioniert auch mit den Kontextmenüs für Spalten und Zeilen, die ebenfalls die Befehle AUSBLENDEN bzw. EINBLENDEN enthalten.

Die schwierigere Variante des Versteckspiels

Das Verstecken und Wiederanzeigen von Spalten mit der Maus kann sich zuweilen als trickreich erweisen und erfordert außerdem ein hohes Maß an Genauigkeit, über das Sie vielleicht noch nicht verfügen (vor allem wenn Sie mit Nagetieren nicht so viel Erfahrung haben). Wenn Sie jedoch meinen, daß Sie den Umgang mit der Maus beherrschen, können Sie dieses Versteckspiel auch nur mit Ziehen des Mauszeigers spielen.

- ✔ Um eine Spalte mit der Maus zu verstecken, ziehen Sie im Spaltenrahmen die rechte Spaltenumrandung nach links auf die rechte Umrandung der Nachbarspalte, so daß sie übereinanderstehen und lassen dann die Maustaste los.

- ✔ Um eine Zeile mit der Maus zu verstecken, ziehen Sie im Zeilenrahmen den unteren Zeilenrand bis auf den oberen Zeilenrand.

Während Sie einen Rand ziehen, zeigt Excel eine QuickInfo mit der aktuellen Spaltenbreite bzw. Zeilenhöhe direkt neben dem Mauszeiger an. Wenn die Anzeige der Breite bzw. Höhe 0,00 erreicht hat, ist es an der Zeit, die Maustaste loszulassen.

Eine Spalte oder Zeile mit der Maus wieder sichtbar zu machen, funktioniert genau umgekehrt. Ziehen Sie jetzt den Spalten- oder Zeilenrand, der sich zwischen den jeweiligen Spalten oder Zeilen befindet, in die entgegengesetzte Richtung, d. h. nach rechts bei Spalten und nach unten bei Zeilen. Sie müssen nur aufpassen, daß Sie den Mauszeiger ganz exakt auf dem Spalten- oder Zeilenrand positionieren und dieser nicht wie zuvor die Form eines schwarzen Kreuzes mit Doppelpfeil annimmt, sondern aus zwei parallelen Linien mit jeweils einem Pfeil besteht. (Sehen Sie sich die beiden Mauszeigerformen noch mal in Tabelle 1.1 an.)

Für den Fall, daß Sie eine Zeile oder Spalte mit Hilfe der Maus verstecken, und es Ihnen partout nicht gelingt, sie wieder anzuzeigen, weil sich der Mauszeiger hartnäckig weigert, die dafür erforderliche Form anzunehmen, so verzweifeln Sie nicht! Markieren Sie einfach die Spalten oder Zeilen, zwischen denen sich die Spalte bzw. Zeile versteckt hält (also z. B. die Zeilen 8 und 10, wenn die Zeile 9 wieder angezeigt werden soll), und wählen Sie dann im Kontextmenü den Befehl EINBLENDEN. So einfach kann's auch gehen!

Das ist aber schriftartig!

Wenn Sie ein neues Tabellenblatt erstellen, weist Excel allen Zelleinträgen dieselbe Schriftart und -größe zu. Diese Schriftart ändert sich entsprechend dem angeschlossenen Drucker – für einen Laserdrucker wie den HP LaserJet oder den Apple LaserWriter verwendet Excel die Schriftart Arial in der Schriftgröße 10 Punkt. Obwohl sich diese Schriftart für normale Einträge gut eignet, wollen Sie vielleicht doch etwas Aufregenderes für die Überschriften des Tabellenblatts.

Wenn Ihnen die Standardschriftart, die Excel verwendet, nicht sonderlich gefällt, können Sie diese selbstverständlich ändern. Wählen Sie hierzu den Befehl OPTIONEN im Menü EXTRAS, und klicken Sie im Dialogfeld »Optionen« auf das Register ALLGEMEIN. Im unteren Teil des Dialogfelds sehen Sie das Dropdown-Listenfeld STANDARDSCHRIFTART, in dem Sie sich eine neue Schriftart aussuchen können, die Sie als Standard für alle Ihre Arbeitsmappen verwenden möchten. Falls es auch eine andere Schriftgröße sein soll, dann wählen Sie im Dropdown-Listenfeld SCHRIFTGRAD gleich noch die neue Schriftgröße aus, oder geben Sie sie gleich direkt in das Textfeld ein.

Mit den Symbolen in der Format-Symbolleiste können Sie die meisten der Schriftartänderungen vornehmen sowie eine neue Schriftart und -größe wählen, ohne den Befehl ZELLEN FORMATIEREN im Kontextmenü für Zellen oder den Befehl ZELLEN im Menü FORMAT aufrufen zu müssen.

- ✔ Um eine neue Schriftart für einen Zellbereich zu wählen, klappen Sie das Dropdown-Listenfeld für die Schriftart in der Format-Symbolleiste auf und wählen die gewünschte Schriftart in der Liste aus.

- ✔ Wenn Sie die Schriftgröße ändern möchten, klappen Sie das Dropdown-Listenfeld für den Schriftgrad in der Format-Symbolleiste auf und wählen hier die neue Schriftgröße aus.

Sie können den von Ihnen verwendeten Schriftarten auch verschiedene Stilarten, z. B. Fett, Kursiv, Unterstrichen oder Durchgestrichen, zuweisen. In der Format-Symbolleiste sind die Symbole für Fettdruck, Kursivdruck und für Unterstrichen enthalten. Und vergessen Sie nicht: Diese Symbole werden nicht nur verwendet, um diese Stilarten einer Zellauswahl zuzuweisen, sondern auch, um sie wieder zu entfernen. Wenn Sie auf eines dieser Symbole klicken, verändert sich seine Darstellung. Es sieht aus, als wäre es nach innen gedrückt. Durch nochmaliges Klicken auf ein »gedrücktes« Symbol wechselt das Symbol wieder zurück zu seiner ursprünglichen Form.

Auch wenn Sie die meisten Änderungen der Schriftart und des Schriftstils über die Symbole der Symbolleiste steuern, wird es vielleicht einmal den einen oder anderen Fall geben, in dem Sie lieber auf die Registerkarte SCHRIFT im Dialogfeld »Zellen« zurückgreifen wollen (öffnet sich mit Strg + 1).

In Abbildung 3.15 sehen Sie dieses Dialogfeld mit der Registerkarte SCHRIFT, auf der Sie aus verschiedenen Schriftarten, Schriftgrößen, Schriftstilarten (z. B. Fett- oder Kursivdruck), Darstellungsarten (z. B. Durchgestrichen oder Hochgestellt) und Farben auswählen können. Wenn Sie bei einem Zellbereich sehr viele Änderungen bei der Schrift vornehmen möchten, eignet sich die Registerkarte SCHRIFT hierzu am besten. Besonders vorteilhaft beim Arbeiten mit diesem Dialogfeld ist vor allem, daß es ein Vorschaufeld enthält, in dem Sie sehen können, wie sich die vorgenommenen Änderungen (zumindest auf dem Bildschirm) auswirken.

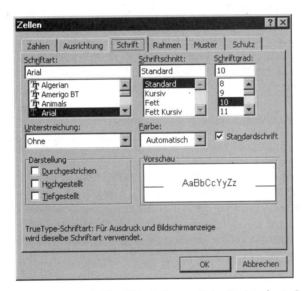

Abbildung 3.15: Arbeiten Sie im Dialogfeld »Zellen« mit der Registerkarte SCHRIFT, um viele Änderungen für die Schrift in einem Aufwasch auszuführen.

 Wenn Sie die Farbe der Schrift ändern (entweder auf der Registerkarte SCHRIFT im Dialogfeld »Zellen« oder mit dem Symbol für die Farbpalette in der Format-Symbolleiste), das Tabellenblatt dann aber auf einem Schwarzweißdrucker drukken, werden die Farben in Grauabstufungen gedruckt. Das Dropdown-Listenfeld FARBE enthält neben einer Farbpalette auch den Eintrag AUTOMATISCH; mit dieser Option wählen Sie die Farbe, die Sie in Windows als Fenstertextfarbe definiert haben. (Die Windows-Standardeinstellung für die Fenstertextfarbe ist schwarz, es sei denn, Sie haben über die Windows-Systemsteuerung eine andere Farbe eingestellt. – Falls Sie gerne mehr über Windows 95 wissen möchten, dann sollten Sie zum »Windows 95 für Dummies« greifen!)

Alles in Reih und Glied bringen

Ich habe Ihnen bereits erzählt, daß die Ausrichtung eines Zelleintrags lediglich durch die Art des Eintrags gesteuert wird: Alle Texteingaben werden linksbündig ausgerichtet, alle Zahlen rechtsbündig. Sie können diese Standardeinstellungen jedoch ändern, wann immer es Ihnen einfällt.

Die Format-Symbolleiste enthält drei Ausrichtungssymbole: das Symbol für Linksbündig, das Symbol für Zentriert und das Symbol für Rechtsbündig. Direkt neben dem Symbol für Rechtsbündig befindet sich das Symbol für Verbinden und zentrieren.

Trotz des langen Namens werden Sie dieses Symbol kennenlernen wollen, da es Ihnen eine Tabellenblattüberschrift in Sekundenschnelle über die gesamte Tabellenbreite zentriert. In den Abbildungen 3.16 und 3.17 sehen Sie, wie das funktioniert. In Abbildung 3.16 ist die Überschrift für das Tabellenblatt mit den Umsätzen für 1997 in Zelle A1 eingegeben worden. Da es sich um einen langen Eintrag handelt, fließt der Text in die rechts angrenzende Zelle (B1). Um die Überschrift über die gesamte Tabellenbreite (also von Spalte A bis E) zu zentrieren, markieren Sie den Zellbereich A1:E1 (die Breite der Tabelle), wie in Abbildung 3.16 dargestellt, und klicken dann auf das Symbol für Verbinden und zentrieren in der Format-Symbolleiste. Abbildung 3.17 zeigt Ihnen das Ergebnis: Die Überschrift steht jetzt ganz genau in der Mitte über der Tabelle.

Wenn Sie mal einen superlangen Zelleintrag, den Sie mit dem Symbol für Verbinden und zentrieren ausgerichtet haben, wieder in seinen ursprünglichen Zustand zurückversetzen wollen, dann markieren Sie dazu die Zelle, öffnen das Dialogfeld »Zellen« (Strg + 1), klicken auf das Register AUSRICHTUNG und deaktivieren dort das Kontrollkästchen ZELLEN VERBINDEN. Klicken Sie dann auf »OK«, oder drücken Sie Eingabe.

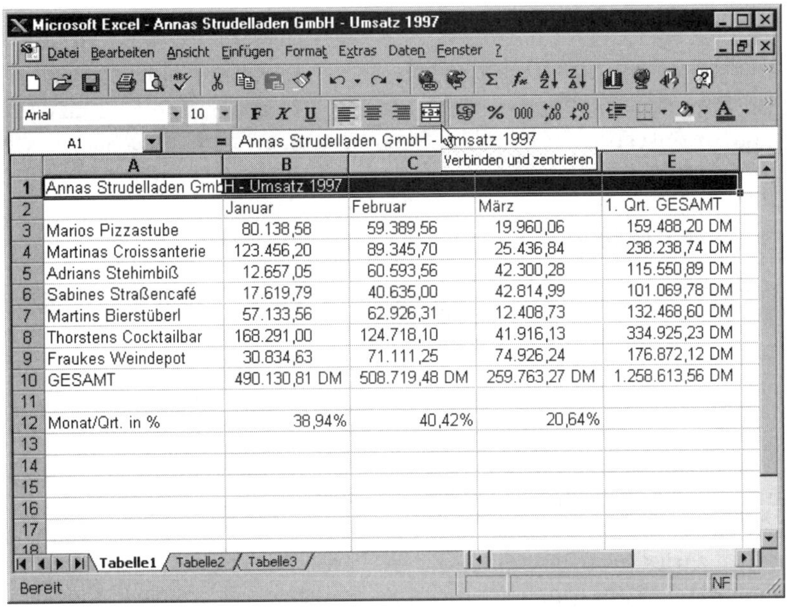

3 ➤ Ein bißchen Glanz für nüchterne Zahlen

Abbildung 3.16: Zentrieren der Überschrift des Tabellenblatts über die ganze Tabellenbreite mit Hilfe des Symbols für Verbinden und zentrieren

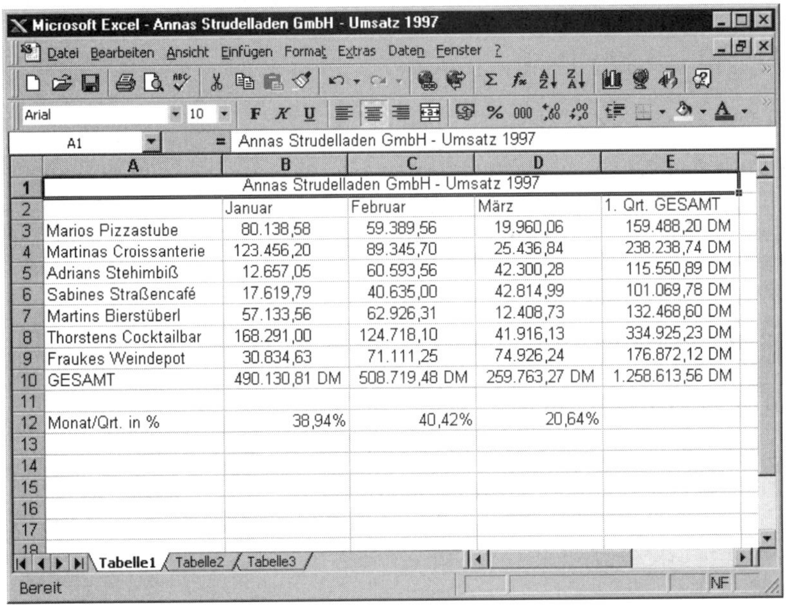

Abbildung 3.17: So sieht's aus, wenn die Überschrift über den Spalten A bis E zentriert ist.

Die Sache mit dem Einzug

In Excel 97 läßt sich jetzt der Einzug von Einträgen in einem Zellbereich ändern. Die Format-Symbolleiste enthält hierzu zwei neue Symbole – Einzug verkleinern und Einzug vergrößern –, die allerdings, wenn Sie nicht bereits einen dieser neuen großen Bildschirme besitzen, nicht unbedingt angezeigt werden. Wenn Sie jedoch die Format-Symbolleiste aus ihrer Verankerung ziehen und irgendwo am Bildschirm plazieren, zeigt sie Ihnen alles, was sie hat (Abbildung 3.18).

Abbildung 3.18: Die Format-Symbolleiste in ihrer vollen Größe

Mit dem Symbol für Einzug vergrößern (bei dem zeigt der Pfeil nach rechts) werden die Einträge im aktuellen Zellbereich um die Breite eines Zeichens der Standardschriftart nach rechts eingerückt. (Wenn Sie sich jetzt nichts unter Standardschriftart vorstellen können, dann blättern Sie noch mal zurück zum Abschnitt »Das ist aber schriftartig!«.) Wenn Ihnen das mit dem Einzug doch nicht so gefällt, dann entfernen Sie das Ganze wieder, indem Sie auf das Gegensymbol – nämlich das Symbol für Einzug verkleinern – klicken. Aber das ist noch nicht alles! Sie können auch die Anzahl Zeichen, um die ein Einzug verkleinert bzw. vergrößert werden soll, festlegen. Öffnen Sie dazu das Dialogfeld »Zellen«, klicken Sie auf das Register AUSRICHTUNG, und ändern Sie dort im Textfeld EINZUG den eingestellten Wert, indem Sie einen neuen Wert in dieses Feld manuell oder mit Hilfe der Drehfelder eingeben.

Ausrichten in der Vertikalen

Die Befehle für linksbündige, rechtsbündige und zentrierte Ausrichtung beziehen sich alle auf die Ausrichtung eines Eintrags im Verhältnis zum linken und rechten Zellenrand. In der Vertikalen werden alle Einträge standardmäßig am unteren Zellenrand ausgerichtet. Das können Sie natürlich ändern: Sie können ebensogut einen Eintrag in der Zelle vertikal zentrieren oder am oberen Zellenrand ausrichten.

Um die vertikale Ausrichtung eines Zellbereichs zu ändern, öffnen Sie das Dialogfeld »Zellen«. Wählen Sie das Register AUSRICHTUNG (Abbildung 3.19), und wählen Sie OBEN, ZENTRIERT, UNTEN oder AUFTEILEN im Listenfeld VERTIKAL.

Abbildung 3.20 zeigt die Überschrift für die Tabelle mit den Umsatzzahlen für 1997, nachdem diese vertikal in der Zelle zentriert wurde. (Zuvor wurde dieser Texteintrag über dem Zellbereich A1:E1 zentriert; die Höhe der Zeile 1 wurde von standardmäßig 12,75 Zeichen auf 33,75 Zeichen erhöht. Sie erinnern sich an den Abschnitt »Das ist doch die Zeilenhöhe!« in diesem Kapitel?)

3 ➤ Ein bißchen Glanz für nüchterne Zahlen

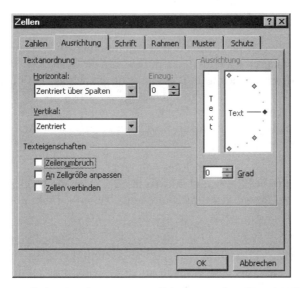

Abbildung 3.19: Die vertikale Ausrichtung eines Zelleintrags ändern Sie mit Hilfe der Registerkarte AUSRICHTUNG im Dialogfeld »Zellen«.

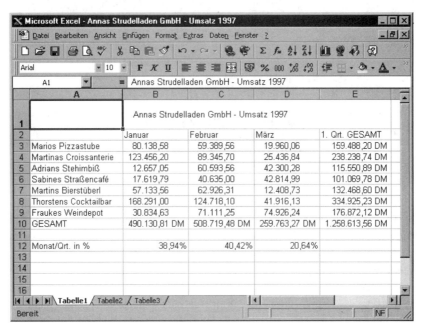

Abbildung 3.20: Die Tabellenüberschrift wurde in Zeile 1 vertikal zentriert.

Alles im Umbruch!

Die Spaltenüberschriften im Tabellenblatt sind schon immer ein Problem gewesen, da man sie entweder knapp formulieren oder abkürzen mußte, um die Spalte nicht unnötig breit werden zu lassen. Mit Excel können Sie dieses Problem ganz einfach lösen, und zwar, indem Sie mit der Funktion ZEILENUMBRUCH arbeiten. In Abbildung 3.21 sehen Sie ein neues Tabellenblatt, in dem die Spaltenüberschriften mit den Namen der zu Annas Strudelladen GmbH gehörenden Unternehmen umbrochen wurden, um die Spalten nicht breiter machen zu müssen, als für die Länge der Firmennamen unbedingt erforderlich ist.

Um den in Abbildung 3.21 gezeigten Effekt zu erzielen, markieren Sie die Zellen mit den Spaltenüberschriften (also B2:G2) und klicken dann auf das Kontrollkästchen ZEILENUMBRUCH auf der Registerkarte AUSRICHTUNG im Dialogfeld »Zellen«. (Abbildung 3.19 zeigt dieses Kontrollkästchen.)

Wenn das Kontrollkästchen ZEILENUMBRUCH aktiviert ist, werden lange Einträge (die entweder in benachbarte leere Zellen »überschwappen« oder abgeschnitten werden) in den markierten Zellen umbrochen. Um mehr als eine Textzeile in einer Zelle unterzubringen, ändert das Programm automatisch die Zeilenhöhe, damit der gesamte umbrochene Text angezeigt werden kann.

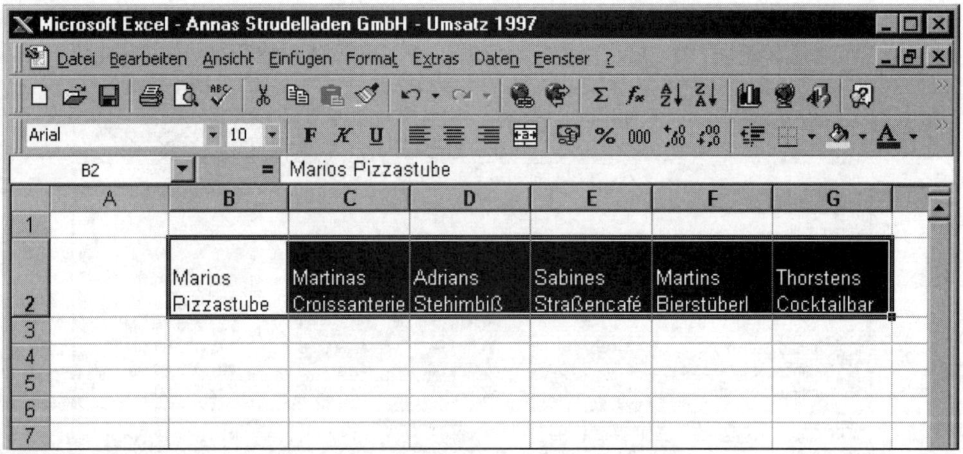

Abbildung 3.21: Ein neues Tabellenblatt, dessen Spaltenüberschriften umbrochen wurden

Wenn Sie das Kontrollkästchen ZEILENUMBRUCH aktivieren, verwendet Excel weiterhin die horizontale und vertikale Ausrichtung, die Sie zuvor für die Zelle festgelegt haben. Noch ein Hinweis sei gestattet: Sie können die Einträge im Listenfeld HORIZONTAL relativ bedenkenlos verwenden. Bei der Option AUSFÜLLEN ist jedoch Vorsicht geboten. Wählen Sie diese Option nur, wenn Sie einen Eintrag über die gesamte Breite der Zelle wiederholen wollen.

Wenn Sie einen Zeilenumbruch in einem Texteintrag durchführen möchten und Excel den Text in der Zelle zentrieren soll, markieren Sie die Zelle und wählen in einem der Listenfelder die Option BLOCKSATZ (gibt es sowohl für die vertikale als auch für die horizontale Ausrichtung) auf der Registerkarte AUSRICHTUNG im Dialogfeld »Zellen«.

 Sie können in einem langen Texteintrag einen Zeilenumbruch durchführen, indem Sie die Einfügemarke in der Zelle (Sie müssen dazu auf die Zelle doppelklicken) oder in der Bearbeitungsleiste an der Stelle positionieren, an der der Text umbrochen werden soll, und anschließend Alt + Eingabe drücken. Excel weitet daraufhin die Zelle bzw. die Bearbeitungsleiste aus und fängt eine neue Textzeile an. Wenn Sie Eingabe drücken, um den Text in die Zelle zu übergeben, führt Excel automatisch einen Zeilenumbruch an der gewünschten Stelle entsprechend der jeweiligen Spaltenbreite durch.

Richtungsänderungen

Anstatt Texteinträge in Zellen zu umbrechen, finden Sie vielleicht mehr Gefallen daran, die Ausrichtung des Texts zu ändern. Abbildung 3.22 zeigt einen Fall, bei dem die Änderung der Richtung der Spaltenüberschriften besser aussieht als der Zeilenumbruch. (Über Geschmack läßt sich zwar bekanntlich streiten, aber mal ehrlich, ganz objektiv betrachtet sind Sie doch auch meiner Ansicht.)

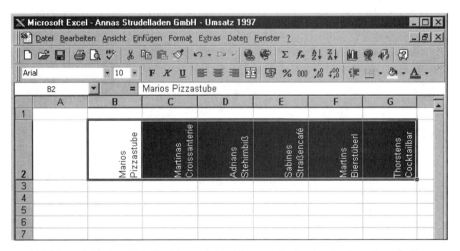

Abbildung 3.22: Das Tabellenblatt mit hochkant verlaufenden Spaltenüberschriften

Ich habe als Beispiel hierzu das Tabellenblatt aus Abbildung 3.21 gewählt und die Ausrichtung der Spaltenüberschriften für die verschiedenen Unternehmen von Annas Strudelladen GmbH geändert. Jetzt sind die Spalten ziemlich schmal.

Um die Richtung des Texts zu ändern, markieren Sie zunächst einmal den Zellbereich (B2:G2), öffnen dann das Register AUSRICHTUNG im Dialogfeld »Zellen« und klicken dort auf im Gruppenfeld AUSRICHTUNG ganz oben auf die kleine schwarze Raute. (Wenn Sie sich das Ganze als Uhr vorstellen, dann klicken Sie auf 12 Uhr.) Im darunterliegenden Textfeld GRAD, in das Sie die jeweilige Gradzahl natürlich auch manuell eingeben können, wird 90 Grad angezeigt, d. h., der Text wird so gedreht, daß er von unten nach oben verläuft. Das Kontrollkästchen ZEILENUMBRUCH bleibt aktiviert, um den Text sowohl auf den Kopf zu stellen als auch zu umbrechen. Auf diese Weise wird verhindert, daß zu lange, schmale Spalten entstehen. Sollten Ihnen die Zeilenumbrüche mißfallen, so passen Sie einfach die Zeilenhöhe etwas an. Na? Sieht schon besser aus, nicht wahr? (Habe ich in Abbildung 3.22 übrigens auch gemacht!) Ganz Penible ändern jetzt natürlich auch noch die Spaltenbreite.

Ich habe noch ein bißchen mit der Ausrichtungsoption im Register AUSRICHTUNG gespielt, und die Spaltenüberschriften um nur 45 Grad zu ihrer horizontalen Ausrichtung gedreht. Wie ich das gemacht habe? Nun, ich habe wieder auf die kleine schwarze Raute geklickt, und zwar dieses Mal zwischen 12 und 3 Uhr. Ich hätte natürlich auch die Zahl 45 in das Textfeld GRAD eingeben können. Das wäre auf dasselbe rausgekommen!

 Sie können in das Textfeld GRAD jede beliebige Zahl zwischen -90 und 90 Grad für die Ausrichtung des Texts eingeben oder auf die entsprechende Stelle im dargestellten Halbkreis klicken. Eine weitere Möglichkeit ist, die Linie, die im Halbkreis vor dem Wort *Text* angezeigt wird, auf den gewünschten Winkel zu ziehen. Wenn der Text vertikal so ausgerichtet werden soll, daß die einzelnen Buchstaben in einer Spalte übereinanderstehen, dann klicken Sie im Gruppenfeld AUSRICHTUNG auf das Wort TEXT, bei dem die Buchstaben in dieser Weise ausgerichtet sind.

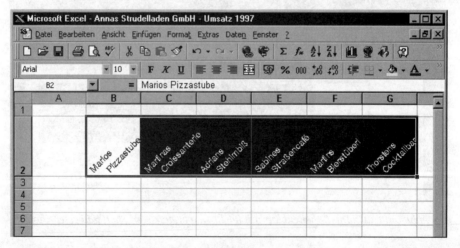

Abbildung 3.23: Das Tabellenblatt mit um 45 Grad geneigten Spaltenüberschriften

Raum ist in der kleinsten Zelle

 Wenn Sie mal nicht möchten, daß Excel die Spaltenbreite an die Zelleinträge anpaßt, weil sich das im Ausdruck nicht immer so gut macht, dann können Sie das neue Kontrollkästchen AN ZELLGRÖSSE ANPASSEN auf der Registerkarte AUSRICHTUNG im Dialogfeld »Zellen« aktivieren. Mit dieser Option wird die Schriftgröße der Einträge im Zellbereich so verkleinert, daß sie genau in die vorgegebene Spaltenbreite passen. Allerdings kann diese Option je nach Länge der Einträge und Breite der Spalten den Text so verkleinern, daß Sie ihn kaum noch mit der Lupe erkennen können!

Auf den äußeren Rahmen kommt es an

Die Gitternetzlinien, die im Tabellenblatt angezeigt werden, sollen Ihnen bei der Arbeit als Orientierungshilfe dienen. Sie können sie zusammen mit Ihren Daten ausdrucken, Sie müssen aber nicht. Um Bereiche des Tabellenblatts oder Teile einer Tabelle besonders hervorzuheben, können Sie bestimmte Zellen mit einem Rahmen oder mit einem Schatten versehen. Verwechseln Sie also einen Rahmen nicht mit einer Gitternetzlinie, da von Ihnen eingefügte Rahmen immer gedruckt werden – ob mit oder ohne Gitternetzlinien.

Um die hinzugefügten Rahmen im Tabellenblatt besser sehen zu können, entfernen Sie die standardmäßig im Tabellenblatt angezeigten Gitternetzlinien.

1. **Wählen Sie den Befehl OPTIONEN im Menü EXTRAS, und klicken Sie im Dialogfeld »Optionen« auf das Register ANSICHT.**
2. **Deaktivieren Sie im Gruppenfeld FENSTEROPTIONEN das Kontrollkästchen GITTERNETZLINIEN.**
3. **Wählen Sie »OK«, oder drücken Sie Eingabe.**

Mit dem Kontrollkästchen GITTERNETZLINIEN legen Sie nur fest, ob Ihr Tabellenblatt in der Bildschirmanzeige Gitternetzlinien enthalten soll. Um die Gitternetzlinien auch für den Ausdruck Ihres Tabellenblatts zu entfernen, wählen Sie den Befehl SEITE EINRICHTEN im Menü DATEI, klicken im angezeigten Dialogfeld auf das Register TABELLE und deaktivieren im Gruppenfeld DRUCKEN das Kontrollkästchen GITTERNETZLINIEN.

Um einen Zellbereich mit einem Rahmen zu versehen, öffnen Sie das Dialogfeld »Zellen« (immer noch am schnellsten mit Strg + 1) und klicken dann auf das Register RAHMEN (Abbildung 3.24). Wählen Sie im Gruppenfeld LINIEN die gewünschte Rahmenart und dann im Gruppenfeld RAHMEN die Zellenränder, die mit diesem Rahmen versehen werden sollen.

Abbildung 3.24: Auf der Registerkarte RAHMEN im Dialogfeld »Zellen« geben Sie Ihren Zellen den entsprechenden Rahmen.

- ✔ Um die markierten Zellen vollständig einzurahmen, aktivieren Sie im Gruppenfeld VOREINSTELLUNGEN das Symbol KONTUR.

- ✔ Wenn die vier Ränder jeder einzelnen Zelle eines Zellbereichs mit einer Linie versehen werden sollen, aktivieren Sie im Gruppenfeld VOREINSTELLUNGEN das Symbol INNEN.

 Wenn Sie eine einzelne Zelle oder die äußeren Kanten eines Zellbereichs mit einem Rahmen versehen möchten, können Sie dies auch ohne die Registerkarte RAHMEN tun. Markieren Sie einfach die Zelle oder den Zellbereich, und klicken Sie dann auf den Pfeil neben dem Symbol für Rahmen in der Format-Symbolleiste, hinter dem sich eine Palette verbirgt, aus der Sie einen Rahmenlinientyp für Ihren Zellbereich auswählen können.

Um die Rahmen wieder zu entfernen, müssen Sie die Zellen markieren, die mit einem Rahmen bzw. mit Linien versehen sind, das Dialogfeld »Zellen« öffnen, auf das Register RAHMEN klicken und dann im Gruppenfeld VOREINSTELLUNGEN auf das Symbol OHNE klicken. Wenn Sie lieber mit dem Symbol für Rahmen in der Format-Symbolleiste arbeiten, dann klicken Sie in der angezeigten Palette auf das erste Symbol (das, was nur gepunktete Linien außen und innen hat).

Mustern Sie mal Ihre Zelle!

Sie können bestimmte Bereiche des Tabellenblatts hervorheben, indem Sie die Farbe und/oder das Muster der Zellen ändern. Wenn Sie mit einem Schwarzweißdrucker arbeiten (was wohl vielen von uns so geht), dann sollten Sie sich bei der Farbauswahl in der Farbpalette vielleicht auf Hellgrau beschränken. Bei der Verschönerung von Zellbereichen, die Daten enthalten, sollten Sie bei der Wahl eines Musters vorsichtig sein und eher ein schlichtes mit wenigen Punkten wählen. (Unter Umständen ist nämlich der Inhalt der Zellen im Ausdruck nicht mehr lesbar.)

Der Zauber der freischwebenden Rahmenlinien-Palette

Genauso wie Sie mit der Rahmenlinien-Palette, die sich hinter dem Symbol für Rahmen in der Format-Symbolleiste verbirgt, einem Zellbereich verschiedene Linien hinzufügen können, genauso können Sie diesen Rahmen damit auch wieder entfernen. Markieren Sie hierzu den entsprechenden Zellbereich in Ihrem Tabellenblatt, und klicken Sie auf das erste Symbol (links oben) in der Palette. Wie bei dem Symbol für die Füllfarbe und dem Symbol für die Schriftfarbe läßt sich die Rahmen-Palette aus der Format-Symbolleiste ziehen. Klicken Sie hierzu mit der Maustaste auf den Rand der geöffneten Palette, und ziehen Sie sie an die gewünschte Stelle im Tabellenblatt. Auf diese Weise bleibt die Palette während Ihrer Arbeit ständig geöffnet und damit jederzeit zugriffsbereit. Wenn Sie die Palette wieder schließen wollen, brauchen Sie nur auf das Symbol für Schließen in der rechten oberen Ecke des kleinen Fensters zu klicken, und schwupp ist sie auf und davon.

Um eine andere Farbe und/oder ein anderes Muster für einen Teil des Tabellenblatts auszuwählen, markieren Sie die Zellen, die Sie etwas aufpolieren möchten, öffnen mit Strg + 1 das Dialogfeld »Zellen« und klicken dann auf das Register MUSTER (Abbildung 3.25). Wenn Sie die Farbe der Zellen ändern möchten, klicken Sie im Gruppenfeld ZELLENHINTERGRUND in der Farbpalette auf die gewünschte Farbe. Soll das Muster der Zellen geändert werden, klicken Sie auf den Pfeil des Dropdown-Listenfelds MUSTER, um eine erweiterte Palette anzuzeigen, die eine Reihe Schwarzweißmuster enthält. Klicken Sie auf ein Muster, das Ihnen gefällt. Excel zeigt im Vorschaufeld, wie Ihre Kreation aussehen würde.

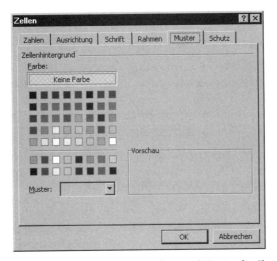

Abbildung 3.25: Im Register MUSTER können Sie Farben und Muster für Ihre Zellen auswählen.

Um ein Muster wieder zu entfernen, markieren Sie den entsprechenden Zellbereich, öffnen das Dialogfeld »Zellen« und klicken auf das Register MUSTER. Wählen Sie dann ganz oben in der Farbpalette die Option KEINE FARBE.

Sie können Zellbereichen auch andere Farben (jedoch keine Muster) mit dem Symbol für Füllfarbe (in der Format-Symbolleiste) zuweisen. Sie brauchen hierzu nur die Zellen zu markieren, die einen neuen Anstrich benötigen, und dann die Palette zu diesem Symbol aufzuklappen. Wählen Sie die Farbe in der angezeigten Palette aus, nach der Ihnen heute gerade ist. (Denken Sie auch ab und zu mal daran, daß die Farbpalette zu denen gehört, die man aus der Format-Symbolleiste ziehen und geöffnet über dem Tabellenblatt schweben lassen kann.)

Sie können mit diesem Symbol Zellbereichen zwar keine anderen Muster zuweisen, dafür aber Muster und Farbe auf einen Schlag aus markierten Zellen entfernen. Klicken Sie auf das Symbol für Füllfarbe, und wählen Sie in der angezeigten Farbpalette die Option KEIN FÜLLBEREICH.

Wenn Sie den Text in einem Zellbereich farblich passend zum Hintergrund gestalten möchten, so können Sie die Textfarbe mit Hilfe des Symbols für Schriftfarbe schnell ändern. Klicken Sie in der Format-Symbolleiste (das letzte in dieser Leiste) auf dieses Symbol, um die Farbe für den Text zu ändern, und auf das Symbol für die Füllfarbe, um die Hintergrundfarbe zu ändern. Falls der Text dann irgendwann mal wieder wie üblich schwarz werden soll, dann brauchen Sie nur die Zellen zu markieren und die Option AUTOMATISCH zu wählen.

Jetzt wird's formatvorlagig!

Mit den Formatvorlagen versucht Excel die verschiedenen Formatierungsarten unter einen Hut zu bringen. Excel verfügt über sechs integrierte Formatvorlagen, die Sie in jedem Tabellenblatt einsetzen können: DEZIMAL, DEZIMAL [0], PROZENT, STANDARD, WÄHRUNG und WÄHRUNG [0]. Wenn Sie Hyperlinks einfügen (die ich Ihnen in Kapitel 10 näherbringe), fügt Excel noch zwei weitere Formatvorlagen hinzu: HYPERLINK und GESICHTETER HYPERLINK.

Am häufigsten wird die Standard-Formatvorlage verwendet, die allen Zellen in einem neuen Tabellenblatt automatisch zugewiesen wird. Die anderen fünf Formatvorlagen werden zur Formatierung ganz bestimmter Zellen mit verschiedenen Zahlenformaten eingesetzt. (Die Formatvorlagen HYPERLINK und GESICHTETER HYPERLINK brauchen Sie, um Hyperlinks in einem Arbeitsblatt zu formatieren. Wie das geht, erfahren Sie in Kapitel 10.)

Um eine dieser integrierten Formatvorlagen (oder eine benutzerdefinierte) zu verwenden, müssen Sie lediglich den Befehl FORMATVORLAGE im Menü FORMAT wählen und im Dropdown-Listenfeld FORMATVORLAGENNAME eine andere Vorlage auswählen.

Es gibt nichts Einfacheres, als neue Formatvorlagen für ein Tabellenblatt zu erstellen. Sie brauchen lediglich einen der Zelleinträge im Tabellenblatt zu formatieren und dabei alle für die neue Formatvorlage gewünschten Formatierungsmöglichkeiten anzuwenden – auch Zahlenformate, Schriftart, Ausrichtung, Rahmen, Muster und Schutzstatus. (In Kapitel 6 finden Sie alles Wissenswerte zum Schutz der Zellinhalte.)

Wenn der Zellcursor sich auf der formatierten Beispielzelle befindet, wählen Sie den Befehl FORMATVORLAGE im Menü FORMAT, um das Dialogfeld »Formatvorlage« zu öffnen. Setzen Sie die Einfügemarke in das Dropdown-Listenfeld FORMATVORLAGENNAME, und geben Sie den Namen für Ihre neue Formatvorlage in das Textfeld ein. Klicken Sie dann auf die Schaltfläche »Hinzufügen«, und wählen Sie »OK«, oder drücken Sie Eingabe.

Wenn Sie Ihre Arbeitsmappe das nächste Mal speichern, speichert Excel die neue Formatvorlage als Bestandteil des Dokuments. Um nun diese neue Formatvorlage auch für andere Zellen zu verwenden, brauchen Sie nur die betreffenden Zellen zu markieren, das Dialogfeld »Formatvorlage« zu öffnen und den Namen der Formatvorlage aus dem Dropdown-Listenfeld auszuwählen.

Mit Hilfe einer Formatvorlage lassen sich benutzerdefinierte Zahlenformate viel einfacher in einer Arbeitsmappe einsetzen. Sie erstellen beispielsweise eine Formatvorlage UNSICHTBAR, bei der Sie ein benutzerdefiniertes Zahlenformat verwenden, um alle Dateneinträge zu verstecken. Sie brauchen dazu nur die entsprechenden Zahlenformate erstellen, diese einer Beispielzelle zuweisen und dann eine Formatvorlage erstellen, die Sie UNSICHTBAR nennen. (Wenn Sie nicht mehr wissen, wie das mit den Zahlenformaten geht, dann blättern Sie zurück zum Abschnitt »Maßgeschneiderte Zahlenformate« in diesem Kapitel.) Nachdem Sie die Arbeitsmappe mit diesen neuen Formatvorlagen gespeichert haben, können Sie die Vorlage vom Dialogfeld »Formatvorlage« aus auch für alle anderen Zellen der Mappe verwenden.

Mit Excel können Sie Formatvorlagen, die Sie in anderen Arbeitsmappen erstellt haben, mit der aktuellen Arbeitsmappe zusammenführen:

1. **Öffnen Sie die Arbeitsmappe, die die Formatvorlagen enthält, die Sie in die aktuelle Arbeitsmappe kopieren möchten.**

2. **Wählen Sie dann den Befehl FENSTER, und aktivieren Sie die Arbeitsmappe, in die Sie diese Formatvorlagen einfügen möchten.**

3. **Wählen Sie den Befehl FORMATVORLAGE im Menü FORMAT, um das Dialogfeld »Formatvorlage« in der Arbeitsmappe zu öffnen, in die die Kopie der Formatvorlagen der anderen Arbeitsmappe eingefügt werden soll.**

4. **Klicken Sie auf die Schaltfläche »Zusammenführen«, um das Dialogfeld »Formatvorlagen zusammenführen« zu öffnen, und doppelklicken Sie dann auf den Namen der Arbeitsmappe, aus der Sie Formatvorlagen in das Listenfeld FORMATVORLAGENNAME kopieren wollen.**

Falls die aktuelle Arbeitsmappe benutzerdefinierte Formatvorlagen enthält, die dieselben Namen haben wie die, die Sie kopieren, fragt Excel in einer Meldung ab, ob Sie fortfahren und die Formatvorlagen mit den identischen Namen überschreiben möchten. Um die Formatvorlagen mit identischen Namen in der aktuellen Arbeitsmappe zu überschreiben, wählen Sie »Ja«. Um nur Formatvorlagen mit unterschiedlichen Namen zusammenzuführen, wählen Sie »Nein«. Wenn Ihnen das Ganze zu ungeheuer wird, wählen Sie »Abbrechen«.

Hiermit übertrage ich Dir mein Format!

Wenn Sie es sich zur Gewohnheit machen, für Formatierungen, die sich in Ihren Arbeitsmappen ständig wiederholen, mit den Formatvorlagen zu arbeiten, dann sind Sie bereits auf dem besten Weg, ein Excel-Profi zu werden. Mitunter möchten Sie aber vielleicht einfach nur das Format einer ganz bestimmten Zelle auf eine andere übertragen, ohne dazu großartig eine Formatvorlage zu erstellen.

In diesem Fall, wenn Sie also mal eben schnell ein Format von einer Zelle auf eine andere übertragen wollen, arbeiten Sie mit dem Symbol für Format übertragen in der Standard-Symbolleiste (das mit dem Pinsel neben dem Symbol für Einfügen). Mit diesem wunderbaren Symbol können Sie das Format einer Zelle, die Sie vielleicht ganz besonders nett formatiert haben, auf andere Zellen im Tabellenblatt übertragen.

Um nun mit dem Symbol für Format übertragen ein Zellformat in andere Zellen des Tabellenblatts zu kopieren, brauchen Sie nur die folgenden drei Schritte auszuführen:

1. **Formatieren Sie eine Beispielzelle oder einen Beispielzellbereich ganz nach Belieben mit Schriftart, Ausrichtung, Rahmen, Muster oder Farbe.**

2. **Setzen Sie den Zellcursor auf eine dieser schick formatierten Zellen, und klicken Sie auf das Symbol für Format übertragen in der Standard-Symbolleiste.**

   Der Mauszeiger ist jetzt ein dickes weißes Kreuz mit einem Pinsel. Die Zelle, deren Format übertragen werden soll, umgibt ein Laufrahmen.

3. **Ziehen Sie mit diesem Mauszeiger über alle Zellen, die mit dem Format der Beispielzelle formatiert werden sollen.**

   Sobald Sie die Maustaste loslassen, wendet Excel alle Formatierungsoptionen der Beispielzelle auf die von Ihnen markierte(n) Zelle(n) an.

 Wenn Sie ein bestimmtes Format auf verschiedene Zellbereiche anwenden möchten, dann kann ich Ihnen einen Trick verraten, wie Sie den Format-Mauszeiger aktiviert lassen können: *Doppelklicken* Sie einfach auf das Symbol für Format übertragen, nachdem Sie die Zelle mit der zu übertragenden Formatierung markiert haben. (Daß es geklappt hat, sehen Sie daran, daß das Symbol »gedrückt« bleibt!). Sobald Sie alle gewünschten Zellen mit dem Format-Mauszeiger formatiert haben, klicken Sie wieder auf das Symbol für Format übertragen, um dem Mauszeiger seine normale Form zurückzugeben.

Mit dem Symbol für Format übertragen können Sie auch einen Zellbereich wieder auf das Standardformat zurücksetzen, falls Sie mal übertrieben und in Ihren Zellen ein heilloses Durcheinander angestellt haben. Markieren Sie hierzu einfach eine leere noch unformatierte Zelle im Tabellenblatt, klicken Sie auf das Symbol für Format übertragen, und ziehen Sie dann den Format-Mauszeiger über den Zellbereich, der wieder das Standardformat erhalten soll.

Ganz schön raffiniert: Bedingtes Formatieren

 Excel 97 bietet Ihnen etwas ganz Neues in Sachen Formatierung. Und zwar können Sie eine Formatierung nur dann ausführen, wenn die Zelle einen ganz bestimmten Wert enthält. Sagen wir mal, Sie möchten ein bedingtes Format erstellen, mit dem der Inhalt einer Zelle in Schriftgröße 14 (statt den üblichen 10) und obendrein noch fett angezeigt werden soll, wenn die Zelle z. B. den Wert 150.000 oder aber einen Wert zwischen 50.000 und 100.000 enthält. Sie könnten den Zellinhalt auch in Rot anzeigen, wenn der Wert negativ (kleiner als 0) ist. Alles ist machbar!

In Abbildung 3.26 habe ich diese neue Art der Formatierung auf die Zelle C26 der prognostizierten Gewinn- und Verlustrechnung für Marios Pizzastube für 1997 angewendet. In dieser Zelle steht nämlich der Reingewinn (oder Verlust, je nachdem).

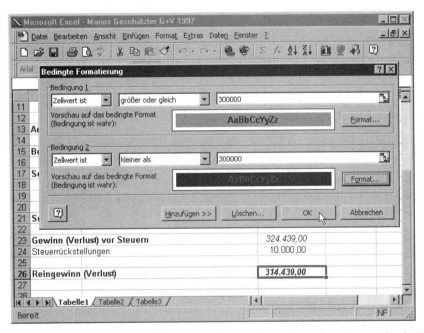

Abbildung 3.26: In der Gewinn- und Verlustrechnung wird ein besonderes Format für die Zelle mit dem Reingewinn (Verlust) im Dialogfeld »Bedingte Formatierung« festgelegt.

Für dieses Beispiel habe ich die bedingte Formatierung eingesetzt, um den Inhalt der Zelle in fetter schwarzer Schrift auf einem hellgrauen Hintergrund anzuzeigen, wenn der prognostizierte Reingewinn größer oder gleich 300.000 DM ist und in fetter roter Schrift auf schwarzem Hintergrund, wenn der Reingewinn kleiner als 300.000 DM ausfallen wird.

1. **Markieren Sie die Zelle C26, die bedingt formatiert werden soll.**

   Bevor Sie diese neue Formatierungsart anwenden können, müssen Sie Excel natürlich mitteilen, für welche Zelle oder welchen Zellbereich das Ganze gelten soll.

2. **Wählen Sie im Menü Format den Befehl Bedingte Formatierung, um das Dialogfeld »Bedingte Formatierung« zu öffnen.**

3. **Prüfen Sie, ob im ersten Textfeld des Gruppenfelds Bedingung 1 die Option Zellwert ist und nicht Formel ist ausgewählt ist.**

   Wenn Sie ein bedingtes Format erstellen, dann können Sie entweder festlegen, daß die Zelle formatiert werden soll, wenn sie einen bestimmten Wert oder einen Wertebereich enthält – in diesem Fall würden Sie die Option Zellwert ist wählen –, oder wenn eine Formel, die Sie in der bedingten Formatierung festlegen, den Wert *Wahr* ausgibt – in diesem Fall würden Sie die Option Formel ist wählen.

4. **Ändern Sie im zweiten Textfeld die Option zwischen in grösser als oder gleich.**

   Wenn Sie im ersten Textfeld die Option Zellwert ist gewählt haben, dann können Sie im zweiten Textfeld je nach Bedarf folgende Optionen auswählen: zwischen, nicht zwischen, gleich, ungleich, grösser als, kleiner als, grösser oder gleich, kleiner oder gleich.

5. **Geben Sie in das dritte Textfeld 300000 ein.**

6. **Wählen Sie im Gruppenfeld Bedingung 1 die Schaltfläche »Format«, um das Dialogfeld »Zellen« zu öffnen, in dem Sie das Format für die ausgewählte Zelle festlegen.**

   Das Dialogfeld »Zellen« enthält drei Register, nämlich Schrift, Rahmen und Muster, die Sie für die Formatierung der Zelle, wenn ihr Wert der ersten Bedingung entspricht, verwenden können.

7. **Wählen Sie auf den Registerkarten Schrift und Muster die Formateinstellungen für die erste Bedingung. Klicken Sie auf »OK«, um das Dialogfeld »Zellen« zu schließen und wieder zum Dialogfeld »Bedingte Formatierung« zu wechseln.**

   Wenn der Wert größer oder gleich 300.000 DM ist, habe ich für das Zellformat auf der Registerkarte Schrift als Schriftschnitt Fett und als Farbe Automatisch gewählt. Auf der Registerkarte Muster habe ich mich beim Zellenhintergrund für Hellgrau entschieden.

8. **Klicken Sie am unteren Rand des Dialogfelds »Bedingte Formatierung« auf die Schaltfläche »Hinzufügen«, um das Dialogfeld um die zweite Bedingung zu erweitern.**

   Mit der neuen Formatierungsfunktion können Sie so viele Bedingungen festlegen, wie Sie für Ihre Zwecke brauchen. Ich habe mich in meinem Beispiel auf zwei Bedingungen beschränkt: entweder ist der Wert größer oder gleich 300000 oder kleiner als 300000.

9. **Geben Sie die entsprechenden Informationen für die zweite Bedingung in die Textfelder ein.**

3 ▶ Ein bißchen Glanz für nüchterne Zahlen

Bei der zweiten Bedingung habe ich im ersten Textfeld wieder die Option ZELLWERT IST, und im zweiten Textfeld KLEINER ALS gewählt. Im dritten Textfeld habe ich 300000 eingegeben (Abbildung 3.26).

10. **Klicken Sie auf die Schaltfläche »Format« im Gruppenfeld BEDINGUNG 2, und formatieren Sie die ausgewählte Zelle mit den angezeigten Optionen auf den Registerkarten SCHRIFT, RAHMEN und MUSTER im Dialogfeld »Zellen«.**

Für die Formatierung der zweiten Bedingung habe ich auf der Registerkarte SCHRIFT als Schriftschnitt Fett und als Farbe Rot gewählt. Auf der Registerkarte MUSTER habe ich mich beim Zellenhintergrund für Schwarz entschieden.

11. **Wenn Sie die Formatierung für die zweite Bedingung festgelegt haben, schließen Sie das Dialogfeld »Zellen« mit »OK«. Klicken Sie im Dialogfeld »Bedingte Formatierung« auf »OK«, um es zu schließen und die bedingte Formatierung auf die ausgewählte Zelle anzuwenden.**

In Abbildung 3.27 sehen Sie, wie sich diese bedingte Formatierung auf die Zelle C26 mit dem Reingewinn auswirkt. Da der aktuelle Wert der Zelle größer als 300.000 ist, formatiert Excel ihn entsprechend der ersten Bedingung (fett, schwarz und hellgrauer Zellenhintergrund). Abbildung 3.28 zeigt, was passiert, wenn sich die Werte ändern und der Reingewinn unter 300.000 DM liegt. In diesem Fall wendet Excel das Format für die zweite Bedingung an und zeigt den Wert in C26 mit fetter roter Schrift auf einem schwarzen Zellenhintergrund an.

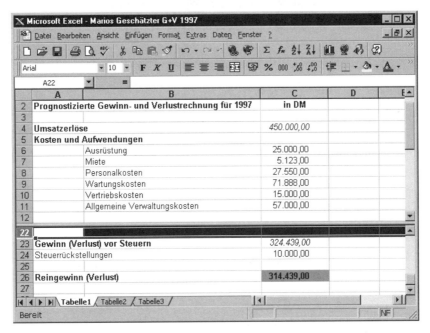

Abbildung 3.27: Auf die Zelle mit dem Reingewinn wird das Format der ersten Bedingung angewendet, da der Wert größer als 300.000 ist.

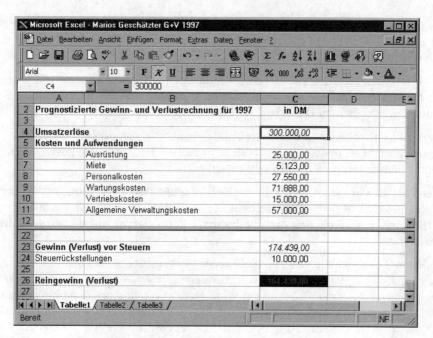

Abbildung 3.28: Auf die Zelle mit dem Reingewinn wird das Format der zweiten Bedingung angewendet, da der Wert kleiner als 300.000 ist.

Wie Sie Änderungen durchführen, ohne ein Chaos zu veranstalten

In diesem Kapitel erfahren Sie, wie Sie ...

- eine Arbeitsmappe öffnen, die bearbeitet werden soll
- mit der Rückgängig-Funktion arbeiten, um einen Fehler auszumerzen
- mit »Ziehen und Ablegen« Einträge innerhalb eines Dokuments verschieben und kopieren
- die Befehle AUSSCHNEIDEN, KOPIEREN und EINFÜGEN verwenden, um Informationen zu verschieben oder zu kopieren
- Formeln kopieren
- Zellen wieder von ihren Einträgen befreien
- Zeilen und Spalten aus einem Tabellenblatt löschen
- neue Zeilen und Spalten in ein Tabellenblatt einfügen
- mit der Rechtschreibprüfung Rechtschreibfehler aufspüren

Stellen Sie sich folgende Situation vor: Sie haben gerade ein größeres Projekt mit Excel erstellt, formatiert und gedruckt, z. B. eine Arbeitsmappe mit dem Budget Ihrer Abteilung für das kommende Geschäftsjahr. Da Sie sich mittlerweile schon einigermaßen mit Excel auskennen, sind Sie vor dem eigentlichen Termin fertig geworden. Sie geben also die Unterlagen weiter, damit Ihre Chefin (oder Ihr Chef) die Zahlen noch mal prüfen kann. Es ist ausreichend Zeit für die unweigerlichen Änderungen auf den letzten Drücker – Sie haben alles im Griff.

Doch dann wird's doch noch ernst: Sie kriegen die Unterlagen zurück, versehen mit einer ellenlangen Notiz: »Sie haben die Zeitarbeitskräfte und die Überstunden vergessen! Die müssen unbedingt noch eingefügt werden. Könnten Sie dann auch noch die gekennzeichneten Zahlenreihen nach oben und die Spalten nach rechts verschieben?«

Ihre Euphorie läßt allmählich nach, und Sie werden jetzt doch noch nervös. Sie haben eher so etwas erwartet wie: »Ändern Sie bitte diese Spaltenüberschriften von Fett- in Kursivdruck, und gestalten Sie die Zeile mit den Endsummen farbig.« Mit den jetzigen Änderungswünschen ist mehr Aufwand verbunden, als Sie eingeplant haben. Schlimmer noch, Sie müssen gravierende Änderungen vornehmen, und der Aufbau Ihres wundervollen Dokuments ist in Gefahr.

Was ich Ihnen mit dieser rührenden Geschichte sagen wollte, ist eigentlich nur, daß die Bearbeitung eines Tabellenblatts in einer Arbeitsmappe auf verschiedenen Ebenen ablaufen kann:

✔ Sie können Änderungen vornehmen, die den Inhalt der Zellen betreffen, z. B. Kopieren einer Zeile mit Spaltenüberschriften oder Verschieben einer Tabelle in einen anderen Bereich des Tabellenblatts.

✔ Sie können Änderungen vornehmen, die die Struktur des Tabellenblatts betreffen, z. B. neue Spalten und Zeilen einfügen (um Daten einzufügen, die vergessen wurden) oder nicht erforderliche Spalten und Zeilen aus einer bestehenden Tabelle löschen, ohne dadurch Lücken entstehen zu lassen.

✔ Sie können sogar die Anzahl der Tabellenblätter in einer Arbeitsmappe ändern, indem Sie Blätter einfügen oder löschen.

In diesem Kapitel erfahren Sie, wie Sie diese Arten von Änderungen problemlos durchführen. Sie werden sehen, daß das Kopieren und Verschieben von Daten oder das Einfügen und Löschen von Zeilen eine ganz einfache Sache ist. Die einzige Schwierigkeit liegt darin, die Reichweite zu erkennen, die derartige Aktionen haben können. Aber lassen Sie sich darüber (noch) keine grauen Haare wachsen! Es bleibt Ihnen immer noch die Notbremse mit dem Befehl RÜCKGÄNGIG – für den Fall, daß Sie durch eine kleine Änderung das gesamte Tabellenblatt auf den Kopf gestellt haben!

Arbeitsmappen, wo seid ihr?

Bevor Sie einer Arbeitsmappe überhaupt irgendwelchen Schaden zufügen können, müssen Sie sie erst einmal öffnen. Klicken Sie also auf das Symbol für Arbeitsmappe öffnen (das zweite von links mit dem Bild eines sich öffnenden Dateiordners) in der Standard-Symbolleiste, oder wählen Sie den Befehl ÖFFNEN im Menü DATEI, bzw. drücken Sie die Tastenkombination Strg + O (oder Strg + F12, falls Ihnen die Funktionstasten lieber sind).

Egal, was Sie machen: In jedem Fall wird das Dialogfeld »Öffnen« angezeigt (Abbildung 4.1). Wählen Sie in der Liste das Dokument aus, das Sie bearbeiten wollen, und klicken Sie anschließend auf die Schaltfläche »Öffnen«, oder drücken Sie Eingabe, um die Arbeitsmappe zu öffnen. Wenn Sie die Technik mit der Maus souverän beherrschen, können Sie auch auf den Dokumentnamen doppelklicken, um die Mappe zu öffnen.

■ 4 ➤ *Wie Sie Änderungen durchführen, ohne ein Chaos zu veranstalten* ■■■■■■

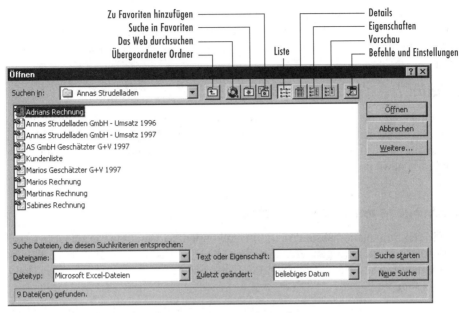

Abbildung 4.1: Das Dialogfeld »Öffnen«

Mehr als eine Arbeitsmappe gleichzeitig öffnen

Wenn Sie wissen, daß Sie mehr als eine Arbeitsmappe bearbeiten wollen, markieren Sie im Dialogfeld »Öffnen« mehrere Dateinamen gleichzeitig. Excel öffnet dann alle in der aufgeführten Reihenfolge, sobald Sie »Öffnen« wählen oder Eingabe drücken.

Falls Sie nicht mehr wissen, wie Sie mehrere Dateinamen gleichzeitig markieren: Stehen die Dateinamen alle hintereinander im Listenfeld, klicken Sie auf den ersten Dateinamen, drücken dann Umschalt und klicken gleichzeitig auf den letzten Dateinamen. Falls die gewünschten Dateinamen kunterbunt durcheinander stehen, halten Sie die Strg-Taste gedrückt, während Sie auf die einzelnen Dateinamen klicken.

Wenn alle Dateien geöffnet sind, können Sie zwischen den einzelnen Arbeitsmappen hin- und herschalten, indem Sie deren Dateinamen im Menü FENSTER wählen. (In Kapitel 7 erfahren Sie Näheres zum gleichzeitigen Arbeiten mit mehreren Tabellenblättern und Arbeitsmappen.)

Arbeitsmappen im Menü DATEI öffnen

Wenn Sie wissen, daß Sie mit der Arbeitsmappe, die Sie öffnen wollen, erst vor kurzem gearbeitet haben, dann können Sie das Dialogfeld »Öffnen« elegant umgehen. Öffnen Sie einfach das Menü DATEI, und wählen Sie den entsprechenden Dateinamen im unteren Teil des Menüs. (Excel listet die vier Dokumente auf, die Sie zuletzt geöffnet haben.) Wenn also die Arbeitsmappe, mit der Sie arbeiten wollen, eines von diesen Vieren ist, können Sie sie öffnen, indem Sie mit der Maus auf den entsprechenden Dateinamen im Menü DATEI klicken oder den Dateinamen markieren und dann Eingabe bzw. Alt+Zahl (1, 2, 3 oder 4) drücken.

Wo habe ich diese Arbeitsmappe bloß abgelegt?

Eigentlich ist das einzige Problem, auf das Sie beim Öffnen einer Arbeitsmappe stoßen könnten, daß Sie den Dateinamen nicht finden. Solange Sie Ihr Dokument im Dialogfeld »Öffnen« sehen, ist alles in Butter. Was aber, wenn eine Datei sich anscheinend aus dem Staub gemacht hat und nirgendwo im Listenfeld zu finden ist?

Auf der Suche nach dem Dokument

Wenn Sie den Dateinamen absolut nicht finden können, dann sollten Sie zuerst herausfinden, ob Sie überhaupt im richtigen Ordner suchen. Welcher Ordner gerade geöffnet ist, erfahren Sie mit einem Blick auf das Dropdown-Listenfeld SUCHEN IN am oberen Rand des Dialogfelds »Öffnen« (Abbildung 4.1).

Falls sich nun herausstellt, daß der verkehrte Ordner geöffnet ist, dann öffnen Sie jetzt bitte den richtigen! Benutzen Sie hierzu das Symbol für Übergeordneter Ordner (Abbildung 4.1) im Dialogfeld »Öffnen«, um alle Ebenen zu durchsuchen, bis der gesuchte Ordner im Listenfeld angezeigt wird. Um diesen neuen Ordner nun zu öffnen, klicken Sie auf dessen Symbol im Listenfeld und wählen dann die Schaltfläche »Öffnen« oder drücken Eingabe (mit Doppelklicken auf das Symbol funktioniert's auch).

Befindet sich die Datei auf einem anderen Laufwerk, dann klicken Sie so lange auf das Symbol für Übergeordneter Ordner, bis im Dropdown-Listenfeld SUCHEN IN der Eintrag ARBEITSPLATZ angezeigt wird. Jetzt können Sie zu einem anderen Laufwerk wechseln, indem Sie im Listenfeld auf das entsprechende Laufwerkssymbol klicken und dann die Schaltfläche »Öffnen« wählen oder Eingabe drücken (oder einfach auf das entsprechende Laufwerkssymbol doppelklicken).

Sobald Sie die gesuchte Datei im Listenfeld sehen, öffnen Sie diese mit einem energischen Klick auf das Dateisymbol und einem Klick auf die Schaltfläche »Öffnen« oder Drücken von Eingabe (Doppelklicken auf das Dateisymbol tut's bekanntlich auch).

Favoriten

Gehen wir mal vom günstigsten Fall aus und nehmen wir an, daß Sie Ihre Datei gefunden haben, indem Sie genau wie eben beschrieben, sich durch die Ordnerstruktur gekämpft haben. Wenn Sie sich für alle Zukunft diese Arbeit ersparen wollen, dann legen Sie den soeben gefundenen Ordner jetzt lieber im Ordner FAVORITEN ab. Dann brauchen Sie demnächst nämlich nur noch auf das Symbol für Suche in Favoriten (Abbildung 4.1) zu klicken und dann im Listenfeld den gewünschten Ordner zu markieren. Wie man das macht? Ganz einfach:

1. Markieren Sie den Ordner oder das Dateisymbol im Dialogfeld »Öffnen« auf die gewohnte beschwerliche Weise (hatten wir gerade im vorangegangenen Abschnitt).
2. Klicken Sie auf das Symbol für Zu Favoriten hinzufügen (Abbildung 4.1).
3. Wählen Sie im Untermenü dieses Symbols den Befehl MARKIERTES ELEMENT ZU FAVORITEN HINZUFÜGEN.

    Der Ordner bzw. die Datei, den/die Sie im Dialogfeld »Öffnen« markiert haben, wird in den Ordner FAVORITEN eingefügt.

Sobald Sie einen Ordner oder eine Datei im Ordner FAVORITEN abgelegt haben, können Sie diesen bzw. diese im Dialogfeld »Öffnen« öffnen, indem Sie auf das Symbol für Suche in Favoriten klicken und dann entweder auf den Ordner oder das Dateisymbol doppelklicken, bzw. indem Sie den Ordner/die Datei markieren und auf die Schaltfläche »Öffnen« klicken bzw. Eingabe drücken. Alles klar?

Das Datei-Suchspiel

Das Dialogfeld »Öffnen« verfügt über eine Suchfunktion, mit der sich eine bestimmte Datei im geöffneten Ordner suchen (und vielleicht auch finden) läßt. Mit Hilfe dieser Funktion kann die Suche im Listenfeld des Dialogfelds »Öffnen« auf diejenigen Dateien beschränkt werden, die bestimmten Kriterien entsprechen (z. B. Dateien, die Sie heute oder irgendwann in dieser Woche geändert haben, Dateien, die einen bestimmten Text enthalten, oder Dateien, die über eine bestimmte Eigenschaft verfügen – z. B. Name des Autors, Stichwort).

Wenn Sie mit der Suchfunktion im Dialogfeld »Öffnen« arbeiten, können Sie Excel exakt vorschreiben, wie die Suche durchgeführt werden soll:

- ✔ Um die Suche im Dialogfeld »Öffnen« auf diejenigen Dateien zu beschränken, deren Dateinamen eine bestimmte Zeichenfolge enthalten, wählen Sie das Dropdown-Listenfeld DATEINAME und geben den Text in das Textfeld ein.

- ✔ Um die Suche auch auf Dateien auszuweiten, deren Dateierweiterung nicht der von Microsoft Excel-Dateien entspricht, öffnen Sie das Dropdown-Listenfeld DATEITYP und wählen den entsprechenden Typ im Listenfeld aus.

- ✔ Um die Suche der im Listenfeld angezeigten Dateien auf Dateien zu beschränken, die einen bestimmten Text enthalten oder eine bestimmte Eigenschaft haben (z. B. eine Überschrift, den Namen des Autors oder Stichwörter, die Sie auf der Registerkarte DATEI-INFO festgelegt haben), wählen Sie das Dropdown-Listenfeld TEXT ODER EIGENSCHAFT und geben den jeweiligen Text bzw. die jeweilige Eigenschaft in das Textfeld ein. (Wenn Sie eine Datei-Info mit Stichwörtern erstellen wollen, um sich die Suche nach Dateien zu erleichtern, markieren Sie die Datei im Dialogfeld »Öffnen« und klicken auf das Symbol für Befehle und Einstellungen, um dann in dem angezeigten Menü den Befehl EIGENSCHAFTEN zu wählen. Das Dialogfeld »Eigenschaften« wird geöffnet, in dem Sie auf das Register DATEI-INFO klicken und dort nach Lust und Laune alles eingeben können, was Ihnen zu Ihrer Datei einfällt.)

✔ Damit Excel nur die Dateien im Listenfeld anzeigt, die innerhalb eines bestimmten Zeitraums geändert wurden, öffnen Sie das Dropdown-Listenfeld ZULETZT GEÄNDERT und wählen dann den gewünschten Zeitraum (HEUTE, LETZTE WOCHE, DIESE WOCHE, LETZTEN MONAT, DIESEN MONAT oder BELIEBIGES DATUM).

Das Datei-Suchspiel für Fortgeschrittene

Eigentlich sollten die vier Dropdown-Listenfelder für die Suche nach einer Datei mittels Dateiname, Dateityp, Text oder Eigenschaft bzw. Datum der letzten Änderung ja ausreichen. Für den Fall, daß nicht, bietet Ihnen Excel weitere Suchkriterien an, wenn Sie auf die Schaltfläche »Weitere« im Dialogfeld »Öffnen« klicken. Abbildung 4.2 zeigt das Dialogfeld »Weitere Suche«. In diesem Dialogfeld werden jetzt alle Kriterien, die Sie bereits im Dialogfeld »Öffnen« vorgegeben haben, im Listenfeld SUCHE DATEIEN, DIE DIESEN KRITERIEN ENTSPRECHEN angezeigt.

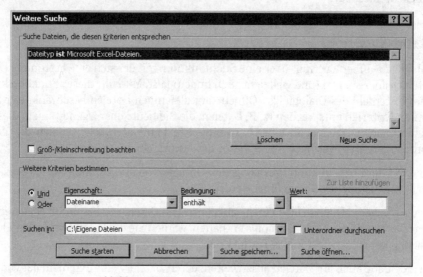

Abbildung 4.2: Das Dialogfeld »Weitere Suche«

Im Gruppenfeld WEITERE KRITERIEN BESTIMMEN können Sie noch weitere Einstellungen vornehmen, um die Suche zusätzlich einzuschränken.

✔ In der Regel werden die Suchkriterien für die erweiterte Suche den ursprünglichen Kriterien hinzugefügt, so daß alle Kriterien übereinstimmen müssen, damit Excel die passende Datei finden kann. (Das Optionsfeld UND ist automatisch aktiviert.) Falls Excel jedoch eine Datei suchen soll, die entweder den ursprünglichen *oder* den neuen Kriterien entsprechen soll, dann müssen Sie das Optionsfeld ODER mit einem Mausklick aktivieren.

✔ Standardmäßig sucht Excel nach den Zeichen, die Sie für den Dateinamen eingeben. Wenn Excel nach anderen Eigenschaften suchen soll (z. B. Autor, Inhalt, Erstellungsdatum), dann öffnen Sie das Dropdown-Listenfeld EIGENSCHAFT und wählen die gewünschte Eigenschaft in diesem Listenfeld aus.

✔ Für gewöhnlich schaut Excel, ob ein bestimmter Wert oder ein Textelement in der angegebenen Eigenschaft enthalten ist (z. B. Dateiname, Autor). Wenn nun Excel nur Dateien finden soll, deren Eigenschaft mit diesem Wert oder Text beginnt oder endet, dann öffnen Sie das Dropdown-Listenfeld BEDINGUNG und wählen die Option BEGINNT MIT bzw. ENDET MIT.

✔ In das Textfeld WERT geben Sie den Wert oder Text ein, den die gesuchte Datei enthält. Wenn Sie beispielsweise alle Dateien finden möchten, deren INHALT den Text »Excel« enthält, dann schreiben Sie Excel in das Textfeld. Sollen alle Dateien gefunden werden, deren INHALT die Zahl 1.250.750 enthält, dann geben Sie 1250750 in das Textfeld WERT ein.

Wenn Sie alle weiteren Suchkriterien im Gruppenfeld WEITERE KRITERIEN BESTIMMEN festgelegt haben, können Sie diese in das Listenfeld SUCHE DATEIEN, DIE DIESEN KRITERIEN ENTSPRECHEN einfügen, indem Sie die Schaltfläche »Zur Liste hinzufügen« wählen. Falls bei der Suche zwischen Groß- und Kleinschreibung (wenn es um Text geht) unterschieden werden soll, dann brauchen Sie nur das Kontrollkästchen GROSS-/KLEINSCHREIBUNG BEACHTEN zu aktivieren.

In der Regel führt Excel die Suche nur in dem Ordner durch, der gerade im Dropdown-Listenfeld SUCHEN IN im unteren Teil des Dialogfelds »Weitere Suche« angezeigt wird. Sie können selbstverständlich die Ordner ändern, in denen Excel suchen soll. Öffnen Sie hierzu das Dropdown-Listenfeld SUCHEN IN, und wählen Sie eine andere Ebene in der Hierarchie. Für den Fall, daß Excel auch in allen Unterordnern des im Listenfeld SUCHEN IN angezeigten Ordners suchen soll, müssen Sie das Kontrollkästchen UNTERORDNER DURCHSUCHEN aktivieren. Wenn also Excel beispielsweise die gesamte Festplatte C: mit allen Ordnern und Unterordnern durchsuchen soll, dann wählen Sie im Dropdown-Listenfeld SUCHEN IN das Laufwerk C: aus und aktivieren gleichzeitig das Kontrollkästchen UNTERORDNER DURCHSUCHEN.

Falls Sie Ihre Suchkriterien aufbewahren möchten

Sie können diese so mühsam ausgetüftelten Suchkriterien speichern, um sie vielleicht irgendwann noch mal wieder zu verwenden. Um also die Suchkriterien aus dem Listenfeld SUCHE DATEIEN, DIE DIESEN KRITERIEN ENTSPRECHEN im Dialogfeld »Weitere Suche« zu speichern, wählen Sie die Schaltfläche »Suche speichern«, geben einen schönen Namen für diese Suche ein (vielleicht »Alle Dateien auf C: mit Stichwörtern 'Nur für Dich'« oder so ähnlich) und wählen dann »OK«.

Wenn Sie nun diese Suchkriterien mal wieder benutzen möchten, um Dateien im Dialogfeld »Öffnen« zu suchen, brauchen Sie nur auf das Symbol für Befehle und Einstellungen auf der Symbolleiste dieses Dialogfelds zu klicken, auf den Befehl GESPEICHERTE SUCHLÄUFE zu zeigen und aus dem aufgeklappten Untermenü den Namen des Suchlaufs auszuwählen.

Sobald Sie alle weiteren Kriterien für die Suche eingeben haben, wählen Sie die Schaltfläche »Suche starten«, um Excel den Startschuß für die Suche zu geben. Während der Suche wird das Dialogfeld »Weitere Suche« geschlossen, lediglich das Dialogfeld »Öffnen« bleibt aktiviert. Wenn das Programm die Suche beendet hat, wird das Ergebnis im Listenfeld des Dialogfelds »Öffnen« angezeigt. (Hoffentlich sind alle gewünschten Arbeitsmappendateien dabei!) Vielleicht ist das Suchergebnis ja auch so umfangreich (alle Ordner auf der Festplatte oder so), daß Sie durch die angezeigten Dateisymbole blättern müssen.

Dateien – Eure Pässe, bitte!

Normalerweise zeigt Excel die Ordner und Dateien im Dialogfeld »Öffnen« nur ganz knapp mit Ordner- oder Dateisymbol plus dem dazugehörigen Namen an.

Die Anzeige im Dialogfeld »Öffnen« läßt sich kinderleicht ändern. Sie klicken nur auf eine der folgenden Symbole in der Symbolleiste dieses Dialogfelds (Abbildung 4.1):

✓ Klicken Sie auf das Symbol für Details, um die Dateigröße in Kilobytes, den Dateityp und das Datum der letzten Änderung zusammen mit dem Dateisymbol und dem Dateinamen anzuzeigen (Abbildung 4.3).

✓ Klicken Sie auf das Symbol für Eigenschaften, um Datei-Informationen neben dem Dateisymbol und dem Dateinamen anzuzeigen, sobald Sie die entsprechende Datei im Listenfeld markieren (Abbildung 4.4). (Wenn Sie Datei-Informationen für eine Datei erstellen wollen, markieren Sie die Datei im Dialogfeld »Öffnen« und klicken auf das Symbol für Befehle und Einstellungen, um dann in dem angezeigten Menü den Befehl EIGENSCHAFTEN zu wählen. Klicken Sie dann im Dialogfeld »Eigenschaften« auf das Register DATEI-INFO.)

✓ Klicken Sie auf das Symbol für Vorschau, um eine Mini-Vorschau anzuzeigen. Excel zeigt jeweils die linke obere Ecke des ersten Tabellenblatts (Abbildung 4.5).

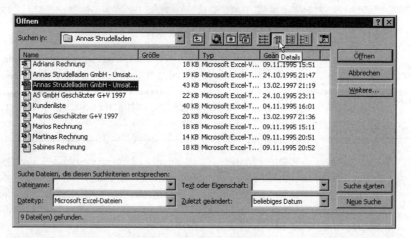

Abbildung 4.3: So sieht das Dialogfeld »Öffnen« aus, nachdem Sie auf das Symbol für Details geklickt haben.

4 ➤ *Wie Sie Änderungen durchführen, ohne ein Chaos zu veranstalten*

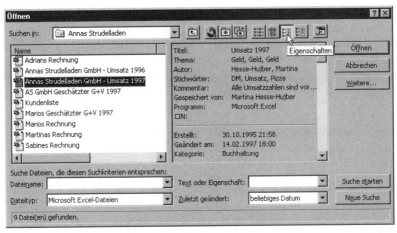

Abbildung 4.4: So sieht das Dialogfeld »Öffnen« aus, nachdem Sie auf das Symbol für Eigenschaften geklickt haben.

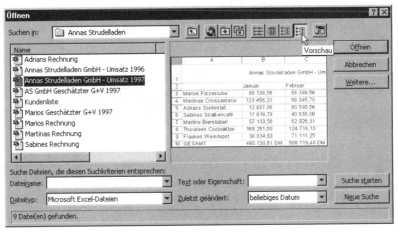

Abbildung 4.5: So sieht das Dialogfeld »Öffnen« aus, nachdem Sie auf das Symbol für Vorschau geklickt haben.

Was gibt es noch im Dialogfeld »Öffnen«?

Das letzte Symbol im Dialogfeld »Öffnen« ist das Symbol für Befehle und Einstellungen (Abbildung 4.1). Wenn Sie darauf klicken, dann öffnet sich ein Menü wie das in Abbildung 4.6. Mit den darin enthaltenen Befehlen können Sie, außer Dateien zu öffnen, z. B. Änderungen in der Dateiliste des Dialogfelds »Öffnen« vornehmen, Dateien sortieren oder suchen.

✔ SCHREIBGESCHÜTZT ÖFFNEN: Dieser Befehl öffnet die Dokumente, die im Listenfeld des Dialogfelds »Öffnen« markiert sind, als schreibgeschützte Dateien. Was heißt das nun schon wieder? Schreibgeschützt heißt, daß Sie die Dateien anschauen dürfen, aber – falls Sie in den Dateien herumpfuschen – die Änderungen nicht speichern können. Und was machen Sie dann? Dann müssen Sie im Excel-Menü DATEI den Befehl SPEICHERN UNTER wählen und der Arbeitsmappe einen neuen Dateinamen geben (hierzu mehr in Kapitel 2 im Abschnitt »Jetzt wird gespeichert«).

✔ ALS KOPIE ÖFFNEN: Mit diesem Befehl öffnen Sie eine Kopie der Dateien, die Sie im Dialogfeld »Öffnen« markiert haben. Eigentlich keine schlechte Sache, denn wenn Sie mal ein heilloses Durcheinander anrichten, können Sie immer wieder auf das Original zurückgreifen.

✔ DRUCKEN: Dieser Befehl schickt die Dateien, die im Listenfeld des Dialogfelds »Öffnen« markiert sind, an den Drucker, der in Windows 95 ausgewählt ist. Mit diesem Befehl können Sie ein ganzes Bündel an Dateien drucken, ohne diese erst in Excel öffnen und markieren zu müssen. (Wie das mit dem Drucken normalerweise funktioniert, erfahren Sie in Kapitel 5.)

✔ EIGENSCHAFTEN: Mit diesem Befehl wird das Dialogfeld »Eigenschaften« für den ersten Ordner oder die erste Datei geöffnet, der bzw. die im Listenfeld des Dialogfelds »Öffnen« markiert ist. Jetzt können Sie Datei-Infos für die Datei hinzufügen oder ändern oder aber einige statistische Daten über den Ordner bzw. die Datei betrachten (ist bestimmt sehr interessant).

✔ SORTIEREN: Wenn Sie diesen Befehl wählen, können Sie die Ordner und Dateien im Dialogfeld »Öffnen« sortieren. In der Regel werden Ordner und Dateien (wobei Ordner vor den Dateien stehen) namentlich in aufsteigender alphabetischer Reihenfolge sortiert. Falls Ihnen Ihre Ordner und Dateien jedoch in absteigender Reihenfolge sortiert lieber sind, so können Sie dies mit diesem Befehl ändern.

✔ UNTERORDNER DURCHSUCHEN: Dieser Befehl entspricht dem Kontrollkästchen UNTERORDNER DURCHSUCHEN im Dialogfeld »Weitere Suche« (blättern Sie ein paar Seiten zurück, um Ihr Wissen zu diesem Dialogfeld aufzufrischen). Bei der Dateisuche, die Sie vom Dialogfeld »Öffnen« aus starten, werden alle Unterordner eingeschlossen, die sich in dem Ordner befinden, der aktuell im Dropdown-Listenfeld SUCHEN IN des Dialogfelds »Weitere Suche« angezeigt wird.

✔ DATEIEN NACH ORDNER GRUPPIEREN: Mit diesem Befehl werden alle Dateien, die Ihren Suchkriterien aus dem Listenfeld des Dialogfelds »Öffnen« entsprechen, innerhalb ihrer Ordnerstruktur dargestellt. Ansonsten werden sie einfach untereinander aufgelistet, unabhängig davon, in welchen Ordnern sie sich befinden.

NETZLAUFWERK VERBINDEN: Dieser Befehl ist für Sie natürlich nur interessant, wenn Sie mit Excel in einem Netzwerk arbeiten. Sie können sich damit in einen anderen Rechner einloggen und dort kostbare Dateien durcheinanderwirbeln!

✔ FTP-SPEICHERORT HINZUFÜGEN/ÄNDERN: Mit diesem Befehl läßt sich eine FTP (File Transfer Protocol) definieren oder ändern. Der FTP-Speicherort befindet sich entweder im Intranet Ihres Unternehmens oder über irgendeine Verbindung im Internet. (Legen Sie sich »Internet für Dummies« zu, wenn Sie mehr über dieses Thema wissen wollen.)

✔ GESPEICHERTE SUCHLÄUFE: Wenn Sie diesen Befehl wählen, können Sie einen Suchlauf auswählen, der Suchkriterien enthält, die Sie bereits unter einem eigenen Namen im Dialogfeld »Weitere Suche« gespeichert haben. (Blättern Sie zurück zum Abschnitt »Falls Sie Ihre Suchkriterien aufbewahren möchten«, wenn Sie's noch mal nachlesen möchten.)

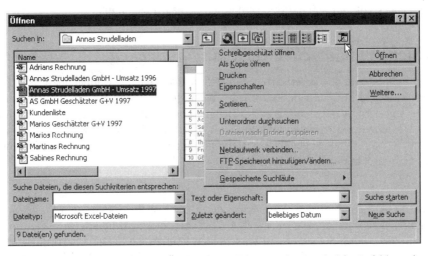

Abbildung 4.6: Das Dialogfeld »Öffnen« mit allem, was das Symbol für Befehle und Einstellungen zu bieten hat

Bitte rückgängig machen!

Bevor Sie nun in Ihrer wertvollen Arbeitsmappe mit der großen Änderungsaktion beginnen, sollten Sie – für alle Fälle – wissen, wie überaus hilfreich der Befehl RÜCKGÄNGIG im Menü BEARBEITEN sein kann. Zunächst einmal sei gesagt, daß es sich hierbei um das reinste Chamäleon handelt, denn der Befehl ändert sich je nach der von Ihnen gerade ausgeführten Aktion: Wenn Sie soeben den Inhalt einer Zelle mit dem Befehl LÖSCHEN im Menü BEARBEITEN entfernt haben, ändert sich der Befehl in RÜCKGÄNGIG: LÖSCHEN. Wenn Sie mit den Befehlen AUSSCHNEIDEN und EINFÜGEN (beide im Menü BEARBEITEN) Einträge in einen anderen Teil des Tabellenblatts verschoben haben, ändert sich der Befehl in RÜCKGÄNGIG: EINFÜGEN.

Hier noch zwei andere Möglichkeiten, den Befehl RÜCKGÄNGIG aufzurufen: Drücken Sie Strg + Z, oder klicken Sie in der Standard-Symbolleiste auf das Symbol für Rückgängig.

Wie gesagt, der Befehl RÜCKGÄNGIG im Menü BEARBEITEN ändert sich je nach der von Ihnen ausgeführten Aktion. Da der Befehl sich also nach jeder Aktion entsprechend wandelt, müssen Sie schnell reagieren, denn wenn Sie erst einmal den nächsten Befehl gewählt haben, können Sie den Fehler in Ihrem Tabellenblatt mit dem Befehl RÜCKGÄNGIG nicht mehr ausmerzen. In einem solchen Fall müssen Sie sich des Symbols für Rückgängig in der Standard-Symbolleiste bedienen. Wenn Sie nämlich auf den Pfeil neben diesem Symbol klicken, werden Ihnen die Befehle angezeigt, die Sie zuletzt ausgeführt haben. Klicken Sie auf den Befehl, der rückgängig gemacht werden soll, und Excel macht diesen und alle bis zu diesem Befehl in der Liste enthaltenen Aktionen auf einen Schlag rückgängig.

Das Rückgängigmachen rückgängig machen

Nachdem Sie auf eine der vielen Arten den Befehl RÜCKGÄNGIG gewählt haben, fügt Excel 97 einen neuen Befehl im Menü BEARBEITEN ein: WIEDERHOLEN. Wenn Sie also einen Eintrag aus einer Zelle mit dem Unterbefehl ALLES des Befehls LÖSCHEN im Menü BEARBEITEN (kommen Sie noch mit?) löschen und anschließend im Menü BEARBEITEN den Befehl RÜCKGÄNGIG: INHALTE LÖSCHEN wählen, dann sehen Sie beim nächsten Öffnen des Menüs BEARBEITEN den folgenden Befehl direkt unter dem Befehl RÜCKGÄNGIG.

```
Wiederholen: Inhalte löschen    STRG + Y
```

Wenn Sie diesen Befehl wählen, führt Excel den Befehl nochmals aus, den Sie gerade zuvor rückgängig gemacht haben. Das hört sich ein bißchen merkwürdig an. Diese Option ist aber äußerst nützlich, wenn Sie sich nicht entscheiden können, ob Sie eine bestimmte Änderung vornehmen sollen oder nicht. Schalten Sie also einfach zwischen den Befehlen RÜCKGÄNGIG und WIEDERHOLEN hin und her, und lassen Sie sich so einmal den Zustand vorher und einmal nachher anzeigen.

Sie werden es sicher viel bequemer finden, mit den Symbolen für Rückgängig und Wiederholen zu arbeiten, anstatt diese Befehle über die Menüleiste aufzurufen. Die beiden Symbole finden Sie übrigens etwa in der Mitte der Standard-Symbolleiste und fallen durch ihre geschwungenen Pfeile angenehm auf. Das Schöne an der Rückgängig-Funktion ist, daß man mehrere Aktionen auf einmal ungeschehen machen kann, wenn man in dem Dropdown-Listenfeld dieses Symbols auf die Aktion klickt, die nicht ausgeführt hätte werden sollen. Daß alle anderen Aktionen, die Sie ausgeführt haben, bis Ihnen der Fehler aufgefallen ist, auch wieder rückgängig gemacht werden, müssen Sie leider in Kauf nehmen.

Wenn mit Rückgängig nichts mehr vorwärts geht

Jetzt glauben Sie bestimmt, daß bei soviel Netz und doppeltem Boden nichts mehr schiefgehen kann. Nun, dann sollte ich Sie vielleicht wieder auf den Boden der Tatsachen zurückholen und Ihnen sagen, daß Sie mit RÜCKGÄNGIG nicht alles rückgängig machen können. Sie können zwar

4 ▶ Wie Sie Änderungen durchführen, ohne ein Chaos zu veranstalten

die letzte Löschung eines Zellinhalts oder das letzte Ausschneiden, Kopieren und Einfügen von Zellen widerrufen, nicht aber das Löschen einer Datei oder ein falsches Speichern. (Wenn Sie z. B. anstatt des Befehls SPEICHERN UNTER im Menü DATEI, mit dem Sie die bearbeitete Arbeitsmappe unter einem anderen Namen ablegen wollten, den Befehl SPEICHERN wählen und damit alle Änderungen als Teil des aktuellen Dokuments speichern – Pech gehabt!)

Leider teilt Excel Ihnen nicht mit, wann Sie im Begriff sind, etwas zu tun, von wo es kein Zurück mehr gibt. Erst wenn Sie das, was Sie nicht hätten tun sollen, ausgeführt haben, und Sie das Menü BEARBEITEN öffnen und hoffnungsfroh nun den Befehl RÜCKGÄNGIG: ... erwarten, wird ganz keck angezeigt:

```
Rückgängig: Nicht möglich
```

Um dem Ganzen noch die Krone aufzusetzen, wird dieser ganz und gar nicht hilfreiche Befehl auch noch abgeblendet dargestellt, d. h., der Befehl kann noch nicht einmal gewählt werden – was natürlich auch nichts ändern würde!

Es gibt allerdings eine Ausnahme von dieser Regel, nämlich wenn das Programm Sie vor einer Änderung, die in der Regel rückgängig gemacht werden kann, mit einer Meldung warnt. Wenn der Speicherplatz nur noch minimal ist und/oder die Änderung sich grundlegend auf das Tabellenblatt auswirken würde, dann erkennt Excel, daß es nicht in der Lage wäre, diese Änderung rückgängig zu machen. Das Programm meldet Ihnen dann, daß nicht genügend Speicherplatz vorhanden ist, um diese Aktion rückgängig zu machen, und fragt, ob Sie fortfahren möchten. Wenn Sie auf die Schaltfläche »Ja« klicken und die Bearbeitung damit abschließen, sollten Sie sich bewußt sein, daß es jetzt kein Pardon mehr gibt. Falls Sie später – zu spät – bemerken, daß Sie eine Zeile mit wichtigen Formeln gelöscht haben (die Sie vergessen haben, weil sie nicht angezeigt wurden), dann gibt es kein Zurück bzw. Rückgängig mehr. In diesem Fall hilft nur noch eins: Die Datei schließen und die Frage, ob Sie die Änderungen speichern wollen, entschieden verneinen!

Ziehen, bis zum Ablegen

Die bedeutendste Bearbeitungstechnik, die Sie unbedingt kennen sollten, heißt *Ziehen und Ablegen* oder auch Drag & Drop. Wie der Name irgendwie schon sagt, ist dies eine Maustechnik, die Sie einsetzen, um markierte Zellen »aufzunehmen« und an einer anderen Stelle im Tabellenblatt wieder »abzulegen«. In erster Linie verschiebt man mit »Ziehen und Ablegen« Zellinhalte im Tabellenblatt; Sie können aber auch markierte Zellen damit kopieren. (Falls Sie's nicht mehr, noch nicht oder noch nie wußten: »Ziehen« heißt, daß Sie ein Element markieren und die linke Maustaste gedrückt halten, während Sie die Maus bewegen, um das Element an die gewünschte Stelle zu verschieben.)

Um »Ziehen und Ablegen« zum Verschieben eines Zellbereichs (das geht immer nur mit *einem*) einzusetzen, gehen Sie so vor:

1. **Markieren Sie den Bereich wie gewohnt.**
2. **Setzen Sie den Mauszeiger auf einen Rand des markierten Bereichs.**

   Ihr Startzeichen wird gegeben, wenn sich der Mauszeiger in einen Pfeil verwandelt: Jetzt können Sie den Zellbereich an die neue Position im Tabellenblatt ziehen.

3. **Ziehen Sie los.**

   Sie ziehen, indem Sie die Maustaste (in der Regel die linke) drücken und diese so lange gedrückt lassen, wie Sie die Maus bewegen.

   Während Sie ziehen, bewegen Sie nur die Umrisse des Zellbereichs. In einer kleinen QuickInfo sagt Excel Ihnen, wo Sie den Zellbereich ablegen würden, wenn Sie jetzt die Maus losließen. Ziehen Sie den Umriß weiter bis an die gewünschte Position.

4. **Lassen Sie die Maustaste los.**

   Die Zellinhalte dieses Zellbereichs werden an der neuen Position angezeigt, sobald Sie die Taste loslassen.

In den Abbildungen 4.7 und 4.8 sehen Sie, wie Sie mit »Ziehen und Ablegen« einen Zellbereich verschieben. In Abbildung 4.7 ist der Zellbereich A10:E10 markiert, der in die Zeile 12 verschoben werden soll, damit die Umsatzzahlen von zwei neuen Firmen (Silkes Pilspub und Gabys Pfannkuchenhaus) eingefügt werden können, die bei der Erstellung dieses Tabellenblatts noch nicht zu Annas Strudelladen GmbH gehörten. Abbildung 4.8 zeigt das Tabellenblatt nach dem Verschieben und dem anschließenden Markieren von Zelle B12.

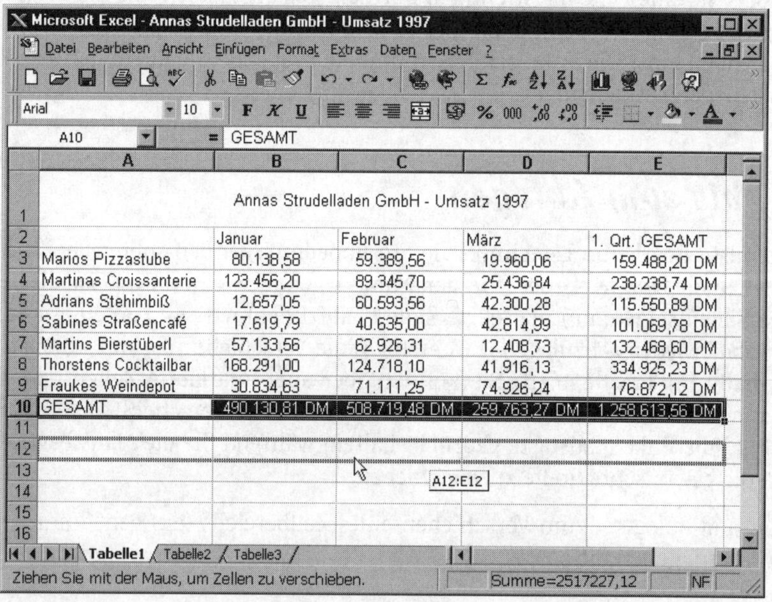

Abbildung 4.7: Ein markierter Zellbereich wird an eine neue Position im Tabellenblatt gezogen.

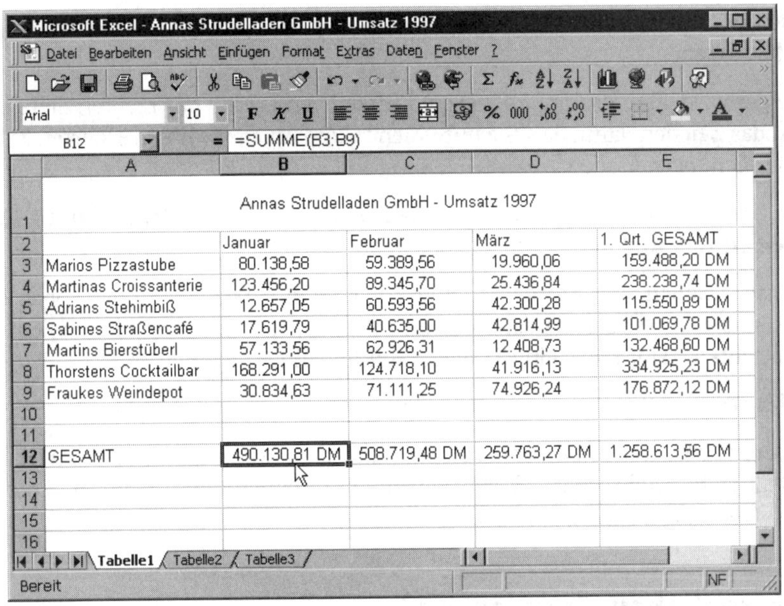

■ 4 ➤ *Wie Sie Änderungen durchführen, ohne ein Chaos zu veranstalten*

Abbildung 4.8: Das Tabellenblatt nach Ausführen der Aktion »Ziehen und Ablegen«

 Wenn Sie sich Abbildung 4.8 genau ansehen, werden Sie feststellen, daß das Argument für die SUMME-Funktion in Zelle B12 nicht mit den Änderungen Schritt gehalten hat. Als zu addierender Bereich wird noch immer B3:B9 angezeigt. Dieser Bereich muß um die Zellen B10 und B11 erweitert werden, um die Umsatzzahlen des ersten Quartals der beiden neuen Unternehmen aufzunehmen. (Mehr dazu weiter unten im Abschnitt »Die Formel und das AutoAusfüllen«).

Kopieren mit Ziehen und Ablegen

Das war also die Sache mit dem »Ziehen und Ablegen«. Aber was, wenn Sie lieber einen Zellbereich kopieren möchten? Sie müssen z. B. eine neue Tabelle in demselben Tabellenblatt anlegen und wollen den Zellbereich mit der formatierten Überschrift und den Spaltenüberschriften für diese neue Tabelle kopieren. Spielen wir das Ganze mal für die Spaltenüberschriften durch:

1. **Markieren Sie den Zellbereich.**

   Wenn wir die Abbildungen 4.7 und 4.8 als Beispiel nehmen, müßten Sie den Zellbereich B2:E2 markieren.

2. **Drücken Sie Strg, während Sie den Mauszeiger auf einen Rand des markierten Zellbereichs setzen.**

   Der Zeiger wird jetzt als Pfeil mit einem Pluszeichen (+) auf der rechten Seite dargestellt. Dies ist das Zeichen dafür, daß Sie mit »Ziehen und Ablegen« die markierten Zellen *kopieren* und nicht *verschieben*.

3. **Ziehen Sie den Umriß des markierten Zellbereichs an die Stelle, an der die Kopie abgelegt werden soll, und lassen Sie die Maustaste los.**

Wenn Sie mit »Ziehen und Ablegen« einen Zellbereich verschieben oder kopieren und die Umrisse des markierten Bereichs dabei so positionieren, daß sie Zellen überlappen, die bereits Einträge enthalten, zeigt Excel ein Dialogfeld mit folgender Meldung an:

`Zielbereich ist nicht leer. Überschreiben?`

Um keine bereits bestehenden Einträge zu überschreiben, wählen Sie in diesem Dialogfeld lieber die Schaltfläche »Abbrechen«. Wenn Sie auf die Inhalte dieser Zellen verzichten können, wählen Sie »OK« oder drücken Eingabe.

Darf ich mal eben dazwischen?

Wenn Sie einen neuen Eintrag in eine bereits belegte Zelle schreiben oder dorthin verschieben bzw. kopieren, überschreibt der neue Eintrag vollständig den alten, als ob der alte Eintrag nie bestanden hätte.

Wenn Sie einen Zellbereich in einen stark frequentierten Bereich des Tabellenblatts verschieben oder kopieren wollen, ohne dabei versehentlich vorhandene Einträge zu überschreiben, drücken Sie Umschalt, während Sie den markierten Bereich ziehen. (Wenn Sie kopieren, drükken Sie Umschalt + Strg während des Ziehens.) Anstatt einen rechteckigen Umriß des Zellbereichs zu ziehen, ziehen Sie jetzt einen schraffierten Balken, der je nach Position die Breite und Höhe des markierten Bereichs darstellt. Wenn Sie diesen Balken auf dem Spalten- oder Zeilenrand positionieren, wo der Zellbereich eingefügt werden soll (Excel zeigt wieder in einer QuickInfo an, an welcher Position Sie sich befinden), lassen Sie die Maustaste los. Excel fügt den Zellbereich ein und verweist bestehende Einträge in benachbarte leere Zellen.

In den Abbildungen 4.9 und 4.10 sehen Sie, wie dieser schraffierte Balken eingesetzt wird, um die Umsatzzahlen des ersten Quartals aus Spalte E in Spalte B zu verschieben. Wenn Sie den Zellbereich E2:E10 zum Zellbereich B2:B10 ziehen, können Sie sicher sein, daß Excel die Umsatzzahlen *einfügt* und die bestehenden Spalten mit den Monatsumsätzen nach rechts verschiebt.

Abbildung 4.9 zeigt das Tabellenblatt, nachdem ich den Zellbereich mit den Umsatzzahlen (E2:E10) markiert, Umschalt gedrückt und den schraffierten Balken gezogen habe, bis er sich genau auf dem Rand zwischen Spalte A und B (also zwischen den Zeilenüberschriften mit den einzelnen Unternehmen und den Umsatzzahlen für Januar) befindet. In Abbildung 4.10 sehen Sie das Ergebnis meiner Bemühungen, nachdem ich die Maustaste losgelassen habe.

In Abbildung 4.9 läuft der schraffierte Balken parallel zum Spaltenrand. Die Linie in diese Position zu bekommen, kann mitunter recht schwierig sein. Bevor Sie mit dem Ziehen des Zellbereichs beginnen, sollten Sie daher den Mauszeiger auf den linken oder rechten Rand des Zellbereichs setzen. Während Sie dann ziehen, bleiben Sie mit dem Mauszeiger eher etwas hinter dem schraffierten Balken.

Was Ihnen natürlich auch passieren kann, wenn Sie einen Zellbereich an eine neue Position ziehen, ist, daß anstatt der Daten nur diese ########## angezeigt werden, da Excel die Spaltenbreite jetzt nicht wie bei der Formatierung automatisch anpaßt (Abbildung 4.10). Es ist aber ein Leichtes, diese ######### wieder verschwinden zu lassen. Doppelklicken Sie auf die rechte Spaltenbegrenzung, und die Spalte wird in der Breite so angepaßt, daß wieder alle Daten samt Währungszeichen angezeigt werden können.

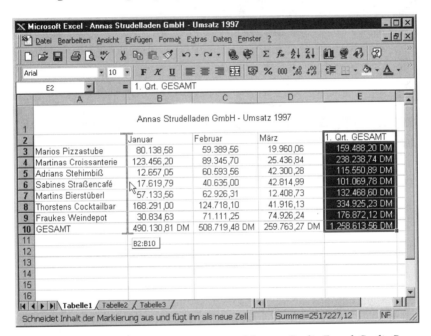

Abbildung 4.9: Ziehen der Gesamtumsatzzahlen von Spalte E nach Spalte B, ohne bestehende Einträge zu überschreiben

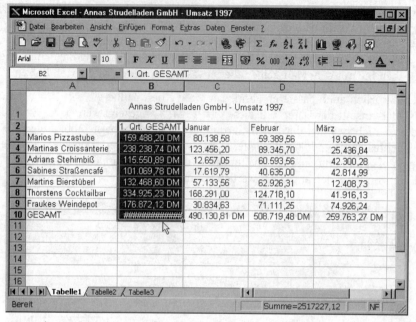

Abbildung 4.10: Das Tabellenblatt, nachdem der Zellbereich mit den Umsatzzahlen des ersten Quartals in Spalte B eingefügt wurde

Aber ich habe doch nur gemacht, was Sie gesagt haben ...

»Ziehen und Ablegen«, um Daten einzufügen, ist wohl eine der heikelsten Excel-Funktionen. Manchmal, selbst wenn Sie alles richtig ausgeführt haben, wird ein Dialogfeld mit einer Meldung angezeigt, daß Excel jetzt die bestehenden Einträge überschreibt, anstatt sie zur Seite zu schieben. Klicken Sie in diesen Fall immer auf »Abbrechen«. Glücklicherweise bleiben Ihnen ja noch die Befehle AUSSCHNEIDEN und EINFÜGEN, mit denen es sich auch nicht schlecht arbeiten läßt. (Mehr dazu im Abschnitt »Man muß auch einfügen können« weiter unten in diesem Kapitel.)

Die Formel und das AutoAusfüllen

Sie sollten immer dann mit »Ziehen und Ablegen« arbeiten, wenn Sie mehrere angrenzende Zellen an eine andere Stelle im Tabellenblatt kopieren möchten. Es wird aber sicherlich häufiger vorkommen, daß Sie eine Formel, die Sie gerade erstellt haben, in eine Reihe angrenzender Zellen kopieren wollen, da dort dieselbe Berechnung durchgeführt werden soll (z. B. Er-

4 ➤ Wie Sie Änderungen durchführen, ohne ein Chaos zu veranstalten

rechnen der Gesamtsumme einer Zahlenreihe). Diese Art des Kopierens kann jedoch nicht mit »Ziehen und Ablegen« ausgeführt werden. Verwenden Sie hierzu die bereits in Kapitel 2 beschriebene AutoAusfüllen-Funktion oder die Befehle KOPIEREN und EINFÜGEN (siehe »Man muß auch einfügen können« weiter unten in diesem Kapitel).

In den Abbildungen 4.11 und 4.12 habe ich mit AutoAusfüllen eine Formel in einen Zellbereich kopiert. Abbildung 4.11 zeigt das Tabellenblatt mit den Umsatzzahlen für 1997 von Annas Strudelladen GmbH, nachdem ich in die Liste die beiden neuen Firmen Silkes Pilspub und Gabys Pfannkuchenhaus eingefügt habe. (Sehen Sie sich noch mal die Abbildung 4.8 an, wenn Sie nicht mehr wissen, wie ich die Zeile mit den Gesamtsummen in die Zeile 12 verschoben habe.)

Leider hat Excel die Summenformeln nicht aktualisiert. Die SUMME-Funktion verwendet noch immer B3:B9 als Argument, obwohl doch mittlerweile die Zeilen 10 und 11 dazugehören. Um dies zu ändern, positionieren Sie den Zellcursor auf Zelle B12 und klicken auf das Summen-Symbol in der Standard-Symbolleiste. Excel schlägt daraufhin als neuen Bereich für die SUMME-Funktion B3:B11 vor. Na also, es geht doch! Man muß nur ein bißchen nachhelfen.

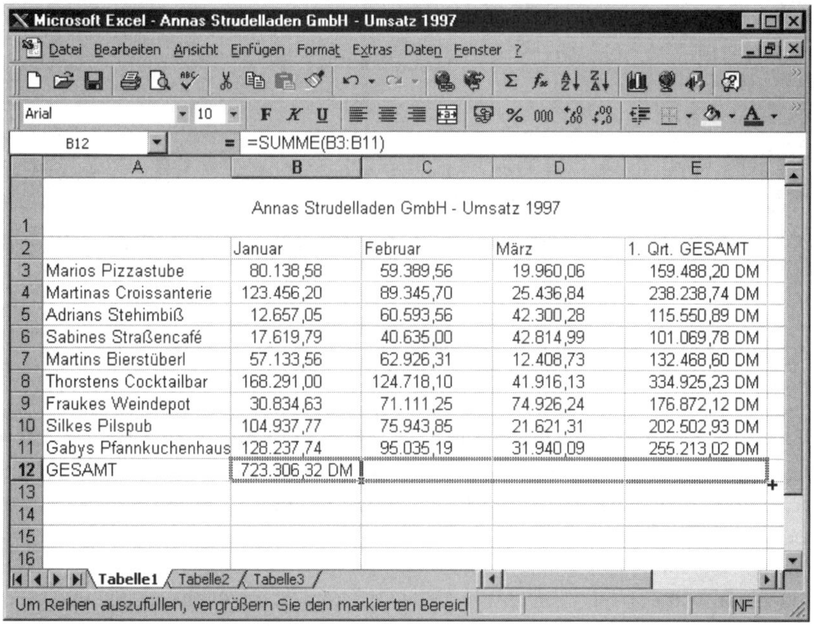

Abbildung 4.11: Mit AutoAusfüllen eine Formel in einen Zellbereich kopieren

Abbildung 4.11 zeigt das Tabellenblatt, nachdem ich die Summenformel in Zelle B12 mit dem Summen-Symbol neu definiert habe. Dann habe ich das Ausfüllkästchen gezogen (der Mauszeiger nimmt die Form eines kleinen schwarzen Kreuzes an – siehe Tabelle 1.1 in Kapitel 1), um den Zellbereich C12:E12 (in den die Summenformel kopiert werden soll) zu markieren. Ich habe hierzu die ursprünglichen Formeln aus diesem Zellbereich entfernt, um die Darstellung deutlicher zu machen. In der Regel kopieren Sie einfach die neue Formel in die Zelle und überschreiben dadurch die alte.

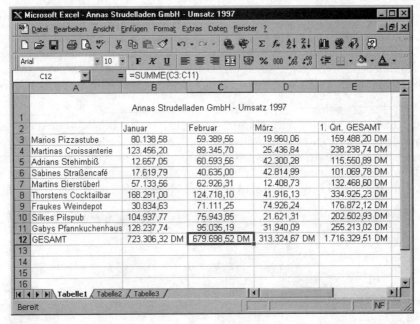

Abbildung 4.12: Das Tabellenblatt, nachdem die Formel zur Addition der Monatsumsätze kopiert wurde

Alles relativ

In Abbildung 4.12 sehen Sie das Tabellenblatt, nachdem ich die Formel aus einer Zelle in den Zellbereich C12:E12 kopiert habe (Zelle C12 ist aktiv). Beim Kopieren der Formeln geht Excel folgendermaßen vor. Die Originalformel in Zelle B12 lautet:

=SUMME(B3:B11)

Wenn die Originalformel nach nebenan in Zelle C12 kopiert wird, ändert Excel die Formel und zeigt jetzt an:

=SUMME(C3:C11)

Excel paßt also den Spaltenbezug an und ändert B in C, da ich von links nach rechts gezogen habe.

Wenn Sie eine Formel in einen Zellbereich kopieren, der sich über mehrere Zeilen innerhalb einer Spalte erstreckt, paßt Excel die Zeilennummern anstatt der Spaltenbuchstaben an. Die

4 ➤ Wie Sie Änderungen durchführen, ohne ein Chaos zu veranstalten

Zelle E3 im Tabellenblatt mit den Umsatzzahlen von Annas Strudelladen GmbH enthält beispielsweise die Formel:

=SUMME(B3:D3)

Wenn Sie diese Formel in Zelle E4 kopieren, ändert Excel die Kopie der Formel in:

=SUMME(B4:D4)

Excel paßt den Zeilenbezug der neuen Position in Zeile 4 an. Da Excel den Zellbezug in den kopierten Formeln relativ zur Kopierrichtung anpaßt, werden die Zellbezüge auch als *relative Zellbezüge* bezeichnet.

Absolut richtig

Alle neuen Formeln, die Sie erstellen, enthalten automatisch relative Zellbezüge. Da die meisten Kopien, die Sie von Formeln erstellen, eine Anpassung der Zellbezüge erforderlich machen, brauchen Sie sich darüber keine weiteren Gedanken zu machen. Ab und zu werden Sie allerdings der berühmten Ausnahme begegnen und festlegen müssen, wann und wie Zellbezüge in Kopien angepaßt werden sollen.

Eine der häufigsten Ausnahmen ist wohl, wenn Sie einen Bereich mit verschiedenen Werten mit einem Einzelwert vergleichen wollen, also wenn Sie beispielsweise berechnen wollen, welchen prozentualen Anteil ein bestimmter Bereich am Gesamtbereich hat. Angenommen, Sie wollen im Tabellenblatt mit den Umsätzen für Annas Strudelladen GmbH eine Formel erstellen und kopieren, die den prozentualen Anteil des jeweiligen Monatsumsatzes (aus den Zellen B12 bis D12) am Quartalsumsatz (aus Zelle E12) errechnet.

Weiter angenommen, Sie möchten diese Formeln in Zeile 14 des Tabellenblatts eingeben und dabei in Zelle B14 beginnen. Die Formel in Zelle B14 zur Berechnung des prozentualen Anteils des Januarumsatzes am Quartalsumsatz ist recht simpel:

=B12/E12

Diese Formel dividiert die Gesamtumsätze für Januar aus Zelle B12 durch den Quartalsumsatz in E12. Das war ein Kinderspiel, oder? Wenn Sie jetzt allerdings das Ausfüllkästchen eine Zelle nach rechts ziehen, um die Formel in Zelle C14 zu kopieren, lesen Sie in der Bearbeitungsleiste:

=C12/F12

Die Anpassung des ersten Zellbezugs von B12 nach C12 hat ja geklappt. Was man allerdings von der Anpassung des zweiten Zellbezugs von E12 auf F12 nicht behaupten kann. Nicht nur, daß dies keineswegs den gewünschten Anteil der Umsätze im Februar aus Zelle C12 am Umsatz des 1. Quartals aus Zelle E12 berechnet, das Ganze endet obendrein in C14 in der Fehlermeldung #DIV/0!.

Um Excel daran zu hindern, einen Zellbezug beim Kopieren einer Formel anzupassen, ändern Sie den relativen Zellbezug in einen absoluten. Wie? Nun, Sie drücken ganz einfach die Funktionstaste F4, nachdem Sie die entsprechende Zelle markiert haben. Das Programm zeigt Ihnen den absoluten Zellbezug an, indem es $-Zeichen vor den Spaltenbuchstaben und die Zeilennummer einfügt. In Abbildung 4.13 enthält die Zelle B14 die korrekte Formel, die in den Zellbereich C14:D14 kopiert werden kann:

=B12/$E$12

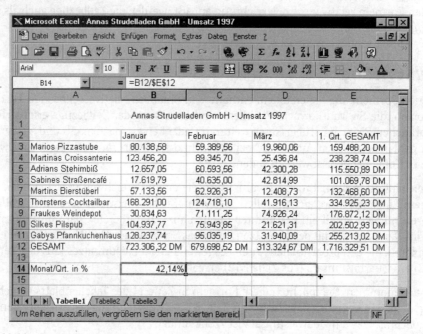

Abbildung 4.13: Die Formel zur Berechnung des prozentualen Anteils der Monatsumsätze am Quartalsumsatz enthält einen absoluten Zellbezug.

Abbildung 4.14 zeigt das Tabellenblatt, nachdem diese Formel mit dem Ausfüllkästchen in den Zellbereich C14:D14 kopiert wurde. Die Zelle C14 ist markiert und in der Bearbeitungsleiste wird die folgende Formel angezeigt:

=C12/$E$12

Da in der ursprünglichen Formel E12 in $E$12 geändert wurde, enthalten jetzt alle Kopien denselben absoluten Zellbezug.

4 ➤ Wie Sie Änderungen durchführen, ohne ein Chaos zu veranstalten

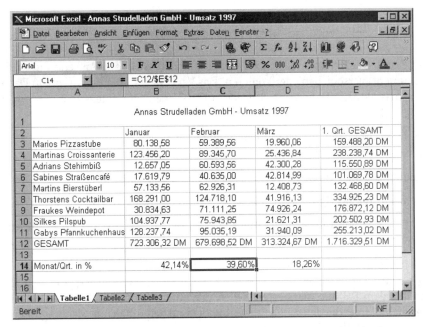

Abbildung 4.14: Das Tabellenblatt, nachdem ich die Formel mit den absoluten Zellbezügen kopiert habe

 Wenn Sie aus Versehen eine Formel kopieren, in der ein oder mehrere Zellbezüge absolut hätten sein sollen, dann können Sie den Schaden mit den folgenden Schritten beheben:

1. **Doppelklicken Sie auf die Zelle, die die falsche Formel enthält, bzw. markieren Sie die Zelle, und drücken Sie F2, um sie zu bearbeiten.**

2. **Positionieren Sie die Einfügemarke vor dem relativen Zellbezug, der absolut werden soll.**

3. **Drücken Sie F4.**

4. **Wenn Sie den Bearbeitungsvorgang abgeschlossen haben, drücken Sie Eingabe und kopieren dann die Formel mit dem Ausfüllkästchen in den betreffenden Zellbereich. Jetzt ist der Schaden behoben, den die Formel mit dem relativen Zellbezug angerichtet hat.**

Man muß auch einfügen können

Anstatt mit »Ziehen und Ablegen« oder AutoAusfüllen zu arbeiten, können Sie auch die allzeit bereiten Befehle AUSSCHNEIDEN, KOPIEREN und EINFÜGEN verwenden, um Daten in einem Tabellenblatt zu verschieben oder zu kopieren. Diese Befehle bedienen sich der elektronischen

Zwischenablage, in der die Daten, die Sie ausschneiden oder kopieren, gespeichert werden, bis Sie sich dazu entschließen, diese Daten irgendwo einzufügen. Weil es diese hervorragende Einrichtung der Zwischenablage gibt, können Sie mit diesen Befehlen Daten auch in eine andere geöffnete Excel-Arbeitsmappe oder sogar in eine andere Windows-Anwendung (z. B. in ein Word-Dokument) verschieben oder kopieren. Das Verschieben und Kopieren von Daten in ein anderes als das aktuelle Dokument ist weder mit »Ziehen und Ablegen« noch mit AutoAusfüllen möglich!

Um einen markierten Zellbereich mit den Befehlen AUSSCHNEIDEN und EINFÜGEN im Menü BEARBEITEN zu verschieben, gehen Sie folgendermaßen vor:

1. **Markieren Sie die Zellen, die verschoben werden sollen.**
2. **Klicken Sie auf das Symbol für Ausschneiden in der Standard-Symbolleiste.**

    Oder, falls Ihnen das lieber ist, wählen Sie den Befehl AUSSCHNEIDEN im Kontextmenü für Zellen bzw. im Menü BEARBEITEN.

    Den Umweg über die Menüs und Symbole können Sie sich sparen, indem Sie ganz einfach Strg + X drücken. Egal auf welche Weise Sie den Befehl AUSSCHNEIDEN aufrufen, Excel versieht in jedem Fall die markierten Zellen mit einem *Laufrahmen* (eine sich bewegende gestrichelte Linie, die den Zellbereich umgibt) und zeigt folgende Meldung in der Statusleiste an:

    Markieren Sie den Zielbereich, und drücken Sie die Eingabetaste.

3. **Markieren Sie die Zelle in der oberen linken Ecke des Zellbereichs, in dem die Daten dann abgelegt werden sollen.**
4. **Drücken Sie Eingabe, um die Aktion abzuschließen.**

    Wenn Ihnen keine Anstrengung zuviel ist, dann erzielen Sie dasselbe Ergebnis auch über die Menüleiste mit dem Befehl EINFÜGEN im Menü BEARBEITEN bzw. im Kontextmenü für Zellen oder ganz einfach durch Drücken von Strg + V. Last, but not least, gibt es in der Standard-Symbolleiste auch noch das Symbol für Einfügen.

Wenn Sie den Zielbereich festlegen, müssen Sie keinen leeren Zellbereich markieren, dessen Form und Größe den markierten Zellen entspricht, die Sie verschieben. Excel muß nur die Position der Zelle in der oberen linken Ecke des Zielbereichs kennen, um die restlichen Zellen unterzubringen.

Sie können nämlich alles durcheinanderbringen, wenn Sie mehr als die erste Zelle des Zielbereichs markieren und dieser Zielbereich dann nicht exakt mit der Form und Größe der Zellen übereinstimmt, die Sie verschieben. Sobald Sie in einem solchen Fall Eingabe drücken, zeigt Excel ein Dialogfeld mit folgender Meldung an:

Bereiche für Ausschneiden und Einfügen haben unterschiedliche Formen.

Nachdem Sie »OK« gewählt haben, um dieses Dialogfeld wieder zu schließen, müssen Sie die Größe des Zielbereichs ändern, um das Verschieben erfolgreich abschließen zu können.

4 ► Wie Sie Änderungen durchführen, ohne ein Chaos zu veranstalten

Das Kopieren markierter Zellen mit den Befehlen KOPIEREN und EINFÜGEN verläuft nach demselben Schema wie das Ausschneiden und Einfügen. Nachdem Sie den zu kopierenden Zellbereich markiert haben, stehen Ihnen wieder viele Möglichkeiten offen, um die Daten in die Zwischenablage zu kopieren. Sie können nicht nur im Kontextmenü für Zellen bzw. im Menü BEARBEITEN den Befehl KOPIEREN wählen. Es gibt da auch noch die Tastenkombination Strg + C oder das Symbol für Kopieren in der Standard-Symbolleiste.

Kopieren wird erst beim zweiten Mal schön

Wenn Sie einen markierten Zellbereich mit den Befehlen KOPIEREN und EINFÜGEN über die Zwischenablage kopiert haben, können Sie diese Daten beliebig oft einfügen. Sie müssen nur darauf achten, den ersten Kopiervorgang nicht mit Eingabe abzuschließen, sondern den Befehl EINFÜGEN (im Kontextmenü oder im Menü BEARBEITEN) zu wählen oder Strg + V zu drücken.

Wenn Sie den Befehl EINFÜGEN verwenden, um einen Kopiervorgang abzuschließen, kopiert Excel die markierten Zellen in den Zielbereich, ohne den Laufrahmen zu entfernen. Das heißt für Sie, daß Sie noch weitere Zielbereiche (in diesem oder einem anderen Dokument) wählen können.

Nachdem Sie die erste Zelle des nächsten Zielbereichs markiert haben, wählen Sie wiederum den Befehl EINFÜGEN. Sie können jetzt beliebig lange so weitermachen. Wenn Sie die letzte Kopie machen, drücken Sie Eingabe, anstatt den Befehl EINFÜGEN zu wählen. Sollten Sie statt Eingabe doch (in alter Gewohnheit) wieder EINFÜGEN gewählt haben, müssen Sie Esc drücken, um den Laufrahmen um den ursprünglichen Zellbereich zu entfernen.

Vielleicht sollte ich noch erwähnen, daß Sie mit dem Befehl EINFÜGEN nur dann mehrmals dasselbe einfügen können, wenn Sie zuvor etwas in die Zwischenablage *kopiert*, nicht aber wenn Sie etwas ausgeschnitten haben. Wenn Sie also mit den Befehlen AUSSCHNEIDEN und EINFÜGEN arbeiten, um etwas im Tabellenblatt zu verschieben, dann können Sie zum Einfügen genausogut Eingabe drücken, da es nach der Wahl des Befehls AUSSCHNEIDEN keine Hoffnung auf weiteres Einfügen gibt.

Auch beim Einfügen sollte man wählerisch sein

In der Regel kopiert Excel die gesamten Informationen, die der markierte Zellbereich enthält, d. h. Formatierungen ebenso wie Formeln, Text und sonstige Daten. Sie haben allerdings die Möglichkeit festzulegen, ob nur der Zellinhalt (ohne Formatierung) oder nur die Formate (ohne den Zellinhalt) kopiert werden. Sie können sogar nur die Werte markierter Zellen kopieren, d. h., Texteinträge und Werte werden kopiert, nicht aber Formeln oder Formate. Wenn Sie Werte einfügen, werden alle in den markierten Zellen enthaltenen Formeln herausgefiltert und nur die errechneten Werte beibehalten – diese Werte werden in dem neuen Zellbereich angezeigt, als ob sie manuell eingegeben worden wären.

Wenn Sie nur ganz bestimmte Inhalte des markierten Zellbereichs einfügen möchten, wählen Sie anstelle des Befehls EINFÜGEN den Befehl INHALTE EINFÜGEN im Kontextmenü für Zellen oder im Menü BEARBEITEN. Das Dialogfeld »Inhalte einfügen« wird geöffnet (Abbildung 4.15), in dem Sie festlegen, welchen Inhalt des aktuellen Zellbereichs Sie einfügen möchten:

✔ Standardmäßig wählt Excel das Optionsfeld ALLES im Gruppenfeld EINFÜGEN und fügt damit den gesamten Zellinhalt (Formeln, Formate etc.) des markierten Zellbereichs ein.

✔ Wählen Sie das Optionsfeld FORMELN im Gruppenfeld EINFÜGEN, um Text, Zahlen und Formeln des aktuell markierten Zellbereichs einzufügen, ohne dessen Format zu übernehmen.

✔ Wählen Sie das Optionsfeld WERTE im Gruppenfeld EINFÜGEN, um anstelle der Formeln nur die berechneten Werte aus dem markierten Zellbereich zu übernehmen.

✔ Wählen Sie das Optionsfeld FORMATE im Gruppenfeld EINFÜGEN, um lediglich die Formatierung des markierten Zellbereichs einzufügen. Alle anderen Zellinhalte bleiben bei dieser Option unberücksichtigt.

✔ Wählen Sie das Optionsfeld KOMMENTARE im Gruppenfeld EINFÜGEN, um nur die Kommentare der Zellen einzufügen (hierzu mehr in Kapitel 6).

✔ Wählen Sie das Optionsfeld GÜLTIGKEIT im Gruppenfeld EINFÜGEN, um nur die Gültigkeitskriterien in den Zellbereich einzufügen, die Sie mit dem neuen Befehl GÜLTIGKEIT im Menü DATEN festgelegt haben.

✔ Wählen Sie das Optionsfeld ALLES AUSSER RAHMEN im Gruppenfeld EINFÜGEN, um den gesamten Zellinhalt des markierten Zellbereichs ohne die dort verwendeten Rahmen einzufügen.

✔ Standardmäßig ist im Gruppenfeld OPERATION das Optionsfeld KEINE aktiviert. Diese Auswahl soll uns signalisieren, daß Excel keine Rechenoperation zwischen den Daten, die Sie in der Zwischenablage abgelegt haben, und den Daten in dem Zellbereich, in den Sie einfügen wollen, ausführen wird.

✔ Wählen Sie das Optionsfeld ADDIEREN im Gruppenfeld OPERATION, um die Daten, die Sie in der Zwischenablage abgelegt haben, zu den Daten in dem Zellbereich, in den Sie einfügen wollen, hinzu zu addieren.

✔ Wählen Sie das Optionsfeld SUBTRAHIEREN im Gruppenfeld OPERATION, um die Daten, die Sie in der Zwischenablage abgelegt haben, von den Daten in dem Zellbereich, in den Sie einfügen wollen, zu subtrahieren.

✔ Wählen Sie das Optionsfeld MULTIPLIZIEREN im Gruppenfeld OPERATION, um die Daten, die Sie in der Zwischenablage abgelegt haben, mit den Daten in dem Zellbereich, in den Sie einfügen wollen, zu multiplizieren.

✔ Wählen Sie das Optionsfeld DIVIDIEREN im Gruppenfeld OPERATION, um die Daten, die Sie in der Zwischenablage abgelegt haben, durch die Daten in dem Zellbereich, in den Sie einfügen wollen, zu dividieren.

4 ➤ Wie Sie Änderungen durchführen, ohne ein Chaos zu veranstalten

✔ Aktivieren Sie das Kontrollkästchen LEERZELLEN ÜBERSPRINGEN, wenn Sie vermeiden wollen, daß Werte im Einfügebereich durch Leerzellen im Kopierbereich ersetzt werden. Denn: Eine leere Zelle kann Ihre aktuellen Zellinhalte nicht überschreiben.

✔ Aktivieren Sie das Kontrollkästchen TRANSPONIEREN, wenn Excel die Ausrichtung der eingefügten Inhalte ändern soll. Beispiel: Die ursprünglichen Zellinhalte nehmen mehrere Zeilen in einer Spalte ein, die transponierten eingefügten Zellinhalte stehen in einer Zeile, die sich aber über mehrere Spalten erstreckt.

✔ Wählen Sie die Schaltfläche »Verknüpfen«, wenn Sie Zellinhalte kopieren und gleichzeitig eine Verknüpfung zwischen den Kopien, die Sie einfügen, und den Originalinhalten herstellen möchten, damit es bei Änderungen im Original gleichzeitig zu einer Aktualisierung der eingefügten Kopien kommt.

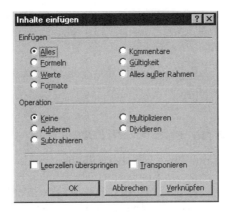

Abbildung 4.15: Das Dialogfeld »Inhalte einfügen«

Inhalt oder Zelle löschen, das ist hier die Frage

Ich kann natürlich der Bearbeitung von Daten in Excel kein ganzes Kapitel widmen, ohne Ihnen zum Schluß auch noch zu erzählen, wie Sie Einträge aus einem Tabellenblatt wieder entfernen können. Hierzu stehen Ihnen zwei Möglichkeiten zur Auswahl:

✔ Sie können den Inhalt einer Zelle löschen, ohne damit die Zelle selbst aus dem Tabellenblatt zu entfernen, da sich dadurch die Struktur der angrenzenden Zellen ändern würde.

✔ Sie können jedoch auch die Zelle selbst löschen, wobei nicht nur der Inhalt und das Format der Zelle gelöscht werden, sondern die Zelle selbst aus dem Tabellenblatt entfernt wird. Wenn Sie eine Zelle löschen, muß Excel die Anordnung der Inhalte in den angrenzenden Zellen neu gestalten, um mögliche Lücken zu stopfen.

Inhalte löschen

Um den Inhalt eines Zellbereichs und nicht die Zellen selbst zu löschen, markieren Sie den Bereich und drücken Entf oder wählen den Befehl INHALTE LÖSCHEN im Kontextmenü der Zellen.

Wenn Sie allerdings nicht nur einfach den Inhalt eines Zellbereichs loswerden wollen, dann sollten Sie den Befehl LÖSCHEN im Menü BEARBEITEN wählen. In dem Untermenü, das daraufhin angezeigt wird, stehen Ihnen dann vier Befehle zur Auswahl:

- ✔ Wählen Sie ALLE, um einfach alles, d. h. Formate, Notizen und Einträge, aus der Zelle zu entfernen.

- ✔ Wählen Sie FORMATE, wenn Sie außer mit dem Format mit dem Inhalt der Zelle einverstanden sind.

- ✔ Wählen Sie INHALTE, um der Formel den Garaus zu machen. Daten, die ja ohne Formeln gar nicht zustande gekommen wären, werden auch gleich entfernt. Formate und Zellkommentare bleiben erhalten.

- ✔ Wählen Sie KOMMENTARE, falls Sie nur die Kommentare aus der Zelle entfernen möchten und alles andere beim alten belassen wollen.

Das absolute Ende für einen Zellbereich

Um Zellen an sich und nicht nur deren Inhalte zu löschen, markieren Sie den Zellbereich und wählen den Befehl ZELLEN LÖSCHEN im Kontextmenü der Zellen bzw. im Menü BEARBEITEN. Das Dialogfeld »Zellen löschen« wird geöffnet, in dem Sie festlegen können, in welche Richtung Excel die verbleibenden Zellen verschieben soll, um die entstehende Lücke zu schließen. Die folgenden Optionen stehen Ihnen zur Verfügung:

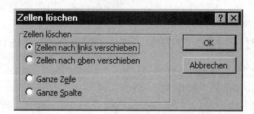

Abbildung 4.16: Das Dialogfeld »Zellen löschen«

- ✔ Standardmäßig ist das Optionsfeld ZELLEN NACH LINKS VERSCHIEBEN aktiviert, damit Excel die Einträge aus den benachbarten Zellen auf der rechten Seite nach links verschiebt und dort die Lücken schließt, wenn Sie den Zellbereich mit »OK« oder Eingabe löschen.

- ✔ Wenn Excel die Einträge aus den unten angrenzenden Zeilen nach oben verschieben soll, aktivieren Sie das Optionsfeld ZELLEN NACH OBEN VERSCHIEBEN.

✔ Wenn Sie in einem Zellbereich alle Zeilen löschen wollen, dann sollten Sie das Optionsfeld GANZE ZEILE wählen.

✔ Wenn Sie alle Spalten im markierten Zellbereich löschen möchten, klicken Sie auf das Optionsfeld GANZE SPALTE.

Wenn Sie bereits im voraus wissen, daß Sie eine ganze Spalte oder Zeile aus dem Tabellenblatt löschen wollen, können Sie den Spaltenbuchstaben bzw. die Zeilennummer markieren und dann den Befehl ZELLEN LÖSCHEN im Kontextmenü für Zellen bzw. im Menü BEARBEITEN wählen. Sie können auch mehrere Spalten oder Zeilen gleichzeitig löschen, vorausgesetzt, daß sie aneinander angrenzen und Sie deren Spaltenbuchstaben bzw. Zeilennummern durch Ziehen markieren. Allerdings wird beim Löschen ganzer Spalten und Zeilen kein Dialogfeld mehr angezeigt (zu erkennen an den fehlenden drei Punkten hinter dem Befehl). Wenn Sie also auf ZELLEN LÖSCHEN klicken, nimmt das Geschehen sofort seinen Lauf.

Ganze Spalten und Zeilen aus einem Tabellenblatt zu löschen, ist eine riskante Angelegenheit. Sie sollten sich ganz sicher sein, daß diese Spalten und Zellen nichts Wertvolles enthalten. Wenn Sie nämlich eine vollständige Zeile aus dem Tabellenblatt entfernen, löschen Sie alle *Daten in den Spalten A bis IV* in dieser Zeile (angezeigt werden ja immer nur einige wenige). Entsprechend gilt: Wenn Sie eine ganze Spalte löschen, entfernen Sie alle *Daten in den Zeilen 1 bis 65.536* in dieser Spalte. Das könnte gefährlich werden ...

Vorsicht, Bauarbeiten!

Es wird wahrscheinlich sehr häufig vorkommen, daß Sie neue Einträge in einen bereits belegten Bereich des Tabellenblatts einfügen müssen. Sie können hierzu neue Zellen in den Bereich einfügen, anstatt einzelne Zellbereiche zu verschieben und neu anzuordnen. Um einen Zellbereich einzufügen, markieren Sie die Zellen (von denen einige bereits belegt sein werden), an deren Stelle die neuen Zellen angezeigt werden sollen, und wählen dann den Befehl ZELLEN EINFÜGEN im Kontextmenü für Zellen bzw. den Befehl ZELLEN im Menü EINFÜGEN, um das Dialogfeld »Zellen einfügen« zu öffnen. Wenn Sie neue Zellen einfügen, können Sie bestimmen, in welche Richtung Excel die bestehenden Einträge verschieben soll:

✔ Sollen die bestehenden Zelleinträge nach rechts verschoben werden, klicken Sie auf das Optionsfeld ZELLEN NACH RECHTS VERSCHIEBEN und wählen dann »OK« oder drücken Eingabe.

✔ Wenn das Programm die bestehenden Zellen nach unten verschieben soll, klicken Sie auf das Optionsfeld ZELLEN NACH UNTEN VERSCHIEBEN und wählen dann »OK« oder drücken Eingabe.

✔ Ebenso wie beim Löschen von Zellen, können Sie beim Einfügen von Zellen mit dem Dialogfeld »Zellen einfügen« ganze Zeilen und Spalten in den Zellbereich einfügen. Klikken Sie hierzu entweder auf das Optionsfeld GANZE ZEILE oder GANZE SPALTE. Sie können auch direkt die Zeilennummer oder den Spaltenbuchstaben markieren und dann den Befehl ZELLEN im Menü EINFÜGEN wählen.

Sie können ganze Spalten und Zeilen in einem Tabellenblatt auch einfügen, indem Sie den Befehl SPALTEN bzw. ZEILEN im Menü EINFÜGEN wählen, d. h., Sie brauchen das Dialogfeld »Zellen einfügen« gar nicht erst zu öffnen.

Denken Sie daran, daß sich – genau wie beim Löschen ganzer Spalten und Zeilen – das Einfügen ganzer Spalten und Zeilen auf das gesamte Tabellenblatt auswirkt und nicht nur auf den Teil, den Sie momentan auf dem Bildschirm sehen. Wenn Sie also nicht wissen, was alles noch in der großen Weite des Tabellenblatts verborgen ist, können Sie nicht mit Gewißheit sagen, ob sich das Einfügen nicht irgendwie auf Einträge in nicht angezeigten Bereichen auswirkt.

Letzte Rettung – die Rechtschreibprüfung

Ich denke, daß es Sie beruhigt zu wissen, daß Excel über eine Rechtschreibprüfung verfügt, die alle diese kleinen mitunter peinlichen Rechtschreibfehler aufspürt und verbessert. Es gibt also keine Entschuldigung mehr für ein Tabellenblatt mit »Tippfehlern« in den Überschriften.

Um die Rechtschreibung in einem Tabellenblatt zu prüfen, wählen Sie entweder den Befehl RECHTSCHREIBUNG im Menü EXTRAS, oder Sie klicken auf das Symbol für Rechtschreibung in der Standard-Symbolleiste (das mit dem ABC und dem Häkchen), bzw. drücken Sie F7.

Egal, wie Sie die Sache angehen, Excel beginnt sofort mit der Rechtschreibprüfung aller Texteinträge im Tabellenblatt. Wenn das Programm auf ein unbekanntes Wort trifft, wird dieses im Dialogfeld »Rechtschreibung« angezeigt (Abbildung 4.17).

Excel bietet Vorschläge für das unbekannte Wort an, wobei das höchstwahrscheinlich richtige Wort im Listenfeld ÄNDERN IN angezeigt wird. Lassen Sie mich auch noch ein paar Worte über die Schaltflächen im Dialogfeld »Rechtschreibung« verlieren. Denn davon gibt es ja wirklich mehr als genug.

- ✔ Um das Wort hinter NICHT IM WÖRTERBUCH durch das Wort im Listenfeld ÄNDERN IN zu ersetzen, klicken Sie auf die Schaltfläche »Ändern«.

- ✔ Um alle Vorkommen dieses falsch geschriebenen Worts im Tabellenblatt zu ändern, klicken Sie auf »Immer ändern«.

- ✔ Wenn das unbekannte Wort in ein Benutzerwörterbuch eingefügt werden soll, damit es bei einer späteren Rechtschreibprüfung nicht mehr als falsch angezeigt wird, klicken Sie auf »Hinzufügen«.

- ✔ Wenn Excel von jetzt an den gerade angezeigten Fehler automatisch durch den Vorschlag ersetzen soll, der im Listenfeld ÄNDERN IN angezeigt wird, dann klicken Sie auf die Schaltfläche »AutoKorrektur« (das falsch geschriebene Wort und der Vorschlag werden dem Dialogfeld »AutoKorrektur« hinzugefügt – mehr dazu in Kapitel 2 im Abschnitt »Einmal AutoKorrektur, bitte«).

4 ➤ Wie Sie Änderungen durchführen, ohne ein Chaos zu veranstalten

✔ Wenn Sie der Ansicht sind, daß Excel sich irrt (d. h., Sie haben das Word zumindest Ihrer Meinung nach korrekt geschrieben), dann klicken Sie lässig auf die Schaltfläche »Nicht ändern« (oder »Nie ändern«, wenn Excel – zumindest in der aktuellen Arbeitssitzung – nie wieder ein Wort über diese Schreibweise verlieren soll).

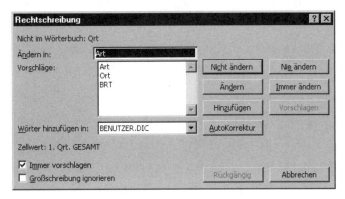

Abbildung 4.17: Die Rechtschreibprüfung im Dialogfeld »Rechtschreibung«

Mit der Rechtschreibprüfung werden nicht nur Wörter angezeigt, die im integrierten oder benutzerdefinierten Wörterbuch nicht gefunden werden, sondern auch Wortwiederholungen in einem Zelleintrag (z. B. in in DM) oder Wörter mit eigenartiger Groß-/Kleinschreibung (z. B. UMsatz).

Sie können die Rechtschreibung auch nur für eine bestimmte Gruppe von Einträgen prüfen, indem Sie den Zellbereich markieren, bevor Sie den Befehl RECHTSCHREIBUNG im Menü EXTRAS wählen oder auf das Symbol für Rechtschreibung in der Standard-Symbolleiste klicken bzw. F7 drücken.

Und jetzt alles aufs Papier gebracht (oder Druckversuch – der 101.)

In diesem Kapitel erfahren Sie, wie Sie ...

▶ schon mal vorab einen Blick in die Seitenansicht von Excel werfen, um zu prüfen, wie Ihre Daten auf dem Papier aussehen werden

▶ mit dem Symbol für Drucken das aktuelle Tabellenblatt im Handumdrehen an den Drucker schicken

▶ alle Tabellenblätter einer Arbeitsmappe auf einen Streich drucken

▶ nur einen ganz bestimmten Bereich des Tabellenblatts drucken

▶ ein ganzes Tabellenblatt auf nur einer Seite drucken

▶ vom Hochformat zum Querformat und umgekehrt wechseln

▶ die Ränder für den Ausdruck ändern

▶ Ihren Ausdruck mit Kopf- und Fußzeilen informativer gestalten

▶ auf jeder Druckseite die Spalten- und Zeilenköpfe wiederholen

▶ selbst bestimmen, wo im Ausdruck eine neue Seite beginnen soll

▶ die Formeln anstelle der Ergebnisse ausdrucken

---

*W*enn alles gesagt und getan ist, wird es höchste Zeit, die Daten aufs Papier zu bringen. Alles, was Sie sich bisher mühsam erarbeitet haben, Dateneingabe, Formatierungen, Formeleingabe etc., hat ja eigentlich hauptsächlich dem Zweck gedient, das Ganze irgendwann einmal schwarz auf weiß in Händen zu halten. In diesem Kapitel erfahren Sie endlich, wie Sie mit Excel drucken. Es wurde auch Zeit, oder? Wie Sie sehen werden, gilt es dabei nur ein paar Formalitäten einzuhalten, und schon erhalten Sie einen Top-Ausdruck – und das bereits beim ersten Versuch (hoffentlich!).

Sie müssen sich lediglich ein bißchen mit der Seitenaufteilung von Excel beschäftigen und lernen, diese Ihren Wünschen entsprechend zu steuern. Angenommen, Sie möchten ein Dokument ausdrucken, das circa zwei Druckseiten lang ist. Da Sie aber recht viele Spalten mit wichtigen Zahlen versehen haben, ist das Tabellenblatt nicht nur länger als eine Seite, sondern auch noch breiter. Wie um alles in der Welt soll das jemals in ordentlicher Form aus dem Drucker kommen? Excel muß also sowohl einen horizontalen Seitenwechsel (für die Länge) als auch einen vertikalen (für die Breite) durchführen.

Excel geht dabei folgendermaßen vor: Es druckt zuerst in vertikaler Richtung, d. h. alle Zeilen und so viele Spalten, wie auf eine Seite passen (z. B. A bis E). Sobald eine Seite bis unten vollgeschrieben ist, wird eine neue Seite begonnen ... und das so lange, bis alle Zeilen mit den ersten Spalten gedruckt sind. Dann blättert Excel zurück zur ersten Zeile und springt nach rechts, um den zweiten Spaltenbereich (z. B. F bis K) für alle Zeilen zu drucken. Das Ganze wird so lange wiederholt, bis alle Daten gedruckt sind.

Wenn Excel seine Druckaufteilung vornimmt, käme es nie auf die Idee, die Daten innerhalb einer Zeile oder Spalte aufzuteilen. Paßt eine Zeile nicht mehr aufs Papier, wird sie vollständig auf die neue Seite geschrieben. Dasselbe gilt für die Spalten.

Sie haben nun mehrere Möglichkeiten, mit diesen Problemen fertig zu werden. Und Sie werden diese auch alle kennenlernen. Denn wenn Sie erst einmal gelernt haben, die Seitenaufteilung von Excel für Ihre Zwecke zu nutzen, dann muß nur noch der Drucker arbeiten. Sie selbst haben Ihre Schuldigkeit getan.

Eile mit Weile

Tun Sie sich und der Umwelt einen Gefallen. Verwenden Sie vor dem Drucken stets die wunderbare Einrichtung der Seitenansicht, und retten Sie so im Laufe der Zeit ein bis zwei Wälder. In der Seitenansicht können Sie genau sehen, wie Excel Ihre Daten auf dem Papier verteilen wird. Sie haben in der Seitenansicht noch eine Chance, die Ränder anzupassen oder Seiteneinstellungen zu ändern. Schaut alles okay aus, können Sie direkt aus der Seitenansicht heraus drucken.

Um zur Seitenansicht zu gelangen, klicken Sie auf das Symbol für die Seitenansicht in der Standard-Symbolleiste (das ist das Symbol mit dem weißen Blatt Papier und der Lupe) oder wählen den Befehl SEITENANSICHT im Menü DATEI. Excel wechselt in die Seitenansicht und zeigt alle Informationen der ersten Seite an. Jetzt können Sie zwar nichts mehr lesen, dafür sehen Sie aber genau, wie die erste Druckseite aussehen wird. In Abbildung 5.1 sehen Sie die Seitenansicht mit der ersten Seite eines dreiseitigen Dokuments und dem typischen Mauszeiger der Seitenansicht – dem Zoom-Zeiger (der Lupe).

Was machen Sie, wenn Sie doch zumindest ein bißchen von dem, was da geschrieben steht, lesen möchten, um sich im Tabellenblatt zu orientieren? Sie vergrößern einfach die Ansicht. Sie können die Darstellung bis zu 100 Prozent vergrößern, indem Sie auf die Schaltfläche »Zoom« klicken. Alternativ können Sie auch mit dem Mauszeiger auf den Bereich zeigen, den Sie entziffern möchten (der Mauszeiger stellt in weiser Voraussicht eine Lupe dar), und auf eine beliebige Stelle klicken. Abbildung 5.2 zeigt eine Vergrößerung der ersten Seite unseres dreiseitigen Dokuments. Um diese Vergrößerung zu erhalten, klicken Sie mit der Lupe auf den oberen linken Teil der Seite.

5 ➤ Und jetzt alles aufs Papier gebracht

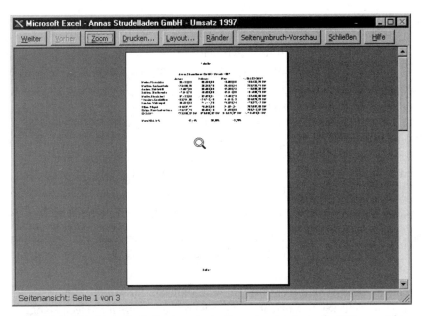

Abbildung 5.1: Die erste Seite eines dreiseitigen Ausdrucks in der Seitenansicht

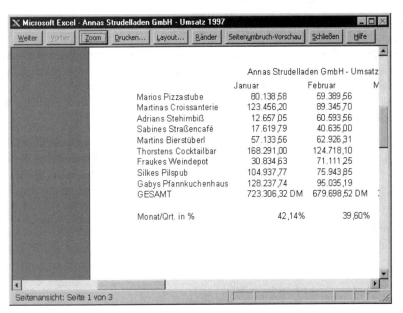

Abbildung 5.2: Die erste Seite in der Seitenansicht wurde durch Klicken auf den oberen linken Bereich vergrößert.

Nachdem Sie die Seite vergrößert haben, können Sie mit den Bildlaufleisten in Ruhe durch die Seiten blättern. Natürlich können Sie auch die Pfeiltasten ↑ und ↓ oder Bild↑ bzw. Bild↓ verwenden, um nach oben bzw. nach unten zu blättern, oder ← und → bzw. Strg + Bild↑ oder Strg + Bild↓, um nach links bzw. nach rechts zu blättern.

Wenn Sie die ganze Druckseite wieder anzeigen lassen möchten, klicken Sie auf eine beliebige Stelle im Fenster (mit dem Pfeil-Mauszeiger) bzw. wählen erneut die Schaltfläche »Zoom«. Excel zeigt stets in der Statusleiste an, wie viele Seiten insgesamt gedruckt werden. Mit der Schaltfläche »Weiter« gelangen Sie zur nächsten, mit der Schaltfläche »Vorher« zur vorherigen Druckseite. Alternativ drücken Sie ↓ oder Bild↓, um zur nächsten Seite zu gelangen, und ↑ oder Bild↑, um zur vorherigen Seite zurückzublättern. Das funktioniert aber nur, wenn die gesamte Druckseite angezeigt wird.

Wenn Sie alles überprüft haben, stehen Ihnen folgende Möglichkeiten offen:

- ✔ Haben Sie alle Seiten für gut befunden, klicken Sie auf die Schaltfläche »Drucken«, um das Dialogfeld »Drucken« zu öffnen. Von dort aus gehen Ihre Daten dann endgültig an den Drucker.

- ✔ Einige Dinge waren nicht okay? Na gut, dann klicken Sie auf die Schaltfläche »Layout«, um das Dialogfeld »Seite einrichten« zu öffnen. Dort können Sie jede Menge reparieren: Papiergröße, Papierformat, Seitenreihenfolge oder Ränder – ja sogar die Kopf- und/oder Fußzeile können Sie dort definieren bzw. ändern.

- ✔ Wenn Ihnen was am Seitenumbruch nicht gefällt, klicken Sie auf die Schaltfläche »Seitenumbruch-Vorschau«. Das führt Sie zurück zum Arbeitsmappenfenster, in dem das Tabellenblatt etwas verkleinert angezeigt wird. Ziehen Sie die Seitenränder nach Lust und Laune mit der Maus, um so den Seitenumbruch zu ändern. Wenn Sie genug davon haben, wählen Sie den Befehl NORMAL im Menü ANSICHT. Sollten Sie endlich zufrieden sein, drucken Sie die Tabelle mit dem Befehl DRUCKEN im Menü DATEI, oder klicken Sie auf das Symbol für Drucken in der Standard-Symbolleiste.

- ✔ Wenn Sie mit den Rändern oder den Spaltenbreiten nicht einverstanden sind, klicken Sie in der Seitenansicht auf die Schaltfläche »Ränder«. Anschließend ziehen Sie einfach die Randmarkierungen (die Ihnen Excel jetzt nicht mehr vorenthält) an die gewünschte Position (siehe »Marginales Denken ist angesagt« weiter unten in diesem Kapitel).

- ✔ Sollten Sie allerdings auf einen Tippfehler oder eine falsche Zahl stoßen, dann bleibt Ihnen nichts anderes übrig, als auf die Schaltfläche »Schließen« zu klicken, um zur gewohnten Ansicht des Tabellenblatts zurückzuschalten. Denn nur dort können Sie Ihre Daten direkt bearbeiten.

- ✔ Wenn Sie Ihre Änderungen im Tabellenblatt durchgeführt haben, müssen Sie nicht unbedingt zur Seitenansicht zurückschalten, es sei denn, Sie wollen auf Nummer Sicher gehen und alles noch einmal prüfen. Wenn Sie nur kleine Korrekturen vorgenommen haben, können Sie auch direkt den Befehl DRUCKEN im Menü DATEI wählen oder auf das Symbol für Drucken (viertes von links) in der Standard-Symbolleiste klicken.

Wo hört die Seite auf, wo fängt die nächste an?

Wenn Sie aus der Seitenansicht in die normale Ansicht zurückschalten, zeigt Excel im Arbeitsmappenfenster automatisch an, wie es sich die Aufteilung der Daten auf den Seiten vorstellt. Dort, wo es eine neue Seite beginnen will (Kenner sprechen hier vom Seitenwechsel), wird eine gepunktete Linie angezeigt. Dies gilt sowohl für den vertikalen als auch für den horizontalen Umbruch.

Manchmal kann das ganz schön störend sein – immer diese Punkte. Das läßt sich abschalten. Wählen Sie den Befehl OPTIONEN im Menü EXTRAS und anschließend das Register ANSICHT. Deaktivieren Sie dort das Kontrollkästchen SEITENWECHSEL. Einmal auf »OK« geklickt bzw. auf Eingabe gedrückt, und es ist Schluß mit den Punkten.

Drucken, wie es Euch gefällt

Solange Sie Excels Standardeinstellungen für das Drucken verwenden, ist das Drucken eines Tabellenblatts ein Kinderspiel: Einmal auf das Symbol für Drucken in der Standard-Symbolleiste klicken (nicht zu übersehen, dort wird ein Drucker dargestellt), und schon geht die Post ab. Alle Daten des aktuellen Tabellenblatts werden gedruckt, einschließlich Diagrammen und grafischen Objekten. Die Ausnahme bilden die Kommentare; sie werden nicht automatisch gedruckt. (In Kapitel 8 kriegen Sie jede Menge Infos über Grafiken und Diagramme.)

Was passiert eigentlich beim Drucken? Wenn Sie auf das Symbol für Drucken klicken, übergibt Excel die eigentliche Arbeit (den Druckjob) an die sogenannte Druckerwarteschlange von Windows. Diese ominöse Schlange fungiert als Botenjunge zwischen Excel und Ihrem Drucker. Je nachdem, wieviel Sie drucken, kann die Übergabe an den Boten etwas Zeit in Anspruch nehmen. Excel hält Sie über ein Dialogfeld auf dem laufenden (z. B. `Druckt Seite 2 von 100`). Sobald das Dialogfeld verschwindet, können Sie wieder weiterarbeiten. (Excel ist dann unter Umständen ein bißchen schlapp, da die Warteschlange auch ihren Speicheranteil haben will.) Sollten Sie es sich jetzt doch noch anders überlegen, können Sie den Druckjob durch Klicken auf »Abbrechen« den Garaus machen. Ansonsten wird der Druckjob jetzt an den Drucker übergeben. Auch das kann wieder etwas dauern. Also keine Sorge, wenn der Drucker nicht sofort reagiert.

Manchmal will man eigentlich nicht drucken und hat es aber trotzdem irgendwie geschafft, riesige Datenmengen an den Drucker zu schicken. (Denken Sie an den Wald.) Wenn man es schnell genug merkt, sind die Daten vielleicht in der Warteschlange gelandet oder nur zum Teil bereits von dort an den Drucker weitergeleitet worden. Dann lohnt es sich, den Druck abzubrechen. Und wo? Im Druckerfenster. Gehen Sie dabei folgendermaßen vor:

1. **Klicken Sie mit der rechten Maustaste in der Task-Leiste von Windows auf das Druckersymbol (ganz rechts direkt neben der aktuellen Uhrzeit). Damit wird das Kontextmenü für den Drucker geöffnet.**

Wenn Sie lediglich mit dem Mauszeiger auf das Druckersymbol zeigen (nicht klicken!), wird dort folgende, grammatikalisch etwas fragwürdige Erläuterung eingeblendet:

```
1 Dokument(e) warten auf Greg
```

2. **Wählen Sie im Kontextmenü für den Drucker den Befehl AKTIVE DRUCKER ÖFFNEN.**

   Damit öffnen Sie das Druckerfenster, in dem der Excel-Druckauftrag angezeigt wird.

3. **Markieren Sie den Excel-Druckauftrag, der gelöscht werden soll.**

4. **Wählen Sie den Befehl DRUCKAUFTRAG ABBRECHEN im Menü DOKUMENT.**

5. **Warten Sie, bis der Auftrag abgebrochen ist. (Kann 'ne Weile dauern.) Klicken Sie anschließend auf das »X« ganz rechts in der Titelleiste, um das Druckerfenster zu schließen.**

Variationen zum Thema »Drucken«

Wenn Sie einen Ausdruck über das Symbol für Drucken in der Standard-Symbolleiste starten, geht Excel davon aus, daß Sie alle Daten des aktuellen Tabellenblatts drucken möchten, wobei keine Kommentare ausgegeben werden. Außerdem wird vorausgesetzt, daß Sie nur eine Kopie drucken möchten, und daß Sie alle Standardseiteneinstellungen vorbehaltslos akzeptieren. Sobald eine dieser Vermutungen nicht mehr zutrifft, müssen Sie den Ausdruck über den Befehl DRUCKEN im Menü DATEI aktivieren. Denn nur so haben Sie die Möglichkeit, eigene Druckwünsche durchzusetzen – und zwar im Dialogfeld »Drucken« (Abbildung 5.3).

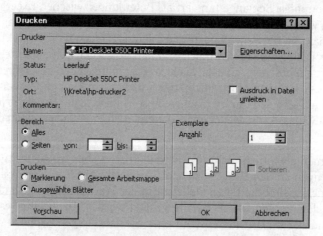

Abbildung 5.3: Das Dialogfeld »Drucken«

Insgesamt führen gleich drei Wege zu diesem Dialogfeld:

- ✔ Drücken Sie Strg + P. (Das »P« steht für den englischen Befehlsnamen »Print«.)
- ✔ Wählen Sie den Befehl DRUCKEN im Menü DATEI.
- ✔ Drücken Sie Strg + Umschalt + F12 (wenn Sie sich das merken können).

Die guten ins Töpfchen, die schlechten ...

Im Dialogfeld »Drucken« können Sie ganz genau festlegen, was alles gedruckt werden soll. Außerdem können Sie dort bestimmen, mit wie vielen Kopien Sie Ihren Drucker belästigen möchten. Und hier die Auswahlmöglichkeiten:

- ✔ ALLES: Das ist der Standard. Excel druckt alle Daten Ihrer Mappe. Dieses Optionsfeld brauchen Sie nur dann zu wählen, wenn Sie sich zuvor beim Drucken auf ein paar Seiten beschränkt haben.
- ✔ SEITEN VON/BIS: Manchmal möchten Sie vielleicht nur eine bestimmte Seite oder einen bestimmten Bereich drucken, die/den Sie geändert haben. Wenn Sie nur eine Seite drucken möchten, geben Sie die entsprechende Seitenzahl in den beiden Feldern VON und BIS ein. Logischerweise müssen Sie dann für das Drucken eines Seitenbereichs die erste Seite im Feld VON und die letzte Seite im Feld BIS eingeben.
- ✔ MARKIERUNG: Wählen Sie dieses Optionsfeld aus, wenn nur die Zellen gedruckt werden sollen, die Sie in Ihrer Arbeitsmappe markiert haben. Allerdings müssen Sie die Zellen zuerst markieren, bevor Sie das Dialogfeld »Drucken« öffnen und das Optionsfeld auswählen.
- ✔ AUSGEWÄHLTE BLÄTTER: Dieses Optionsfeld ist standardmäßig ausgewählt. Das heißt, wenn Sie hier nichts ändern, werden immer die Tabellenblätter gedruckt, die in Ihrer Arbeitsmappe gerade markiert sind. In der Regel ist dies das Tabellenblatt, mit dem Sie gerade arbeiten. Wollen Sie mehrere Blätter gleichzeitig drucken, müssen Sie noch mal zurück in Ihre Arbeitsmappe. Klicken Sie dort mit gedrückter Strg-Taste auf die Register der Tabellenblätter, die Sie drucken möchten. Wenn Sie alle Blätter der Mappe drucken möchten, klicken Sie auf das erste Blattregister und anschließend mit gedrückter Umschalt-Taste auf das letzte Blattregister. Damit werden automatisch alle Tabellenblätter in der Arbeitsmappe markiert.
- ✔ GESAMTE ARBEITSMAPPE: Entscheiden Sie sich für dieses Optionsfeld, wenn Excel alle Daten in der Mappe drucken soll.
- ✔ ANZAHL: Manchmal möchten Sie für Ihre lieben KollegInnen gleich eine Kopie miterstellen. Kein Problem. Geben Sie im Textfeld ANZAHL einfach die Anzahl der gewünschten Kopien ein, oder stellen Sie sie über die Drehfelder ein.
- ✔ SORTIEREN: Für den Fall, daß Sie mehrere Kopien drucken, brauchen Sie keine Angst zu haben, daß Sie die Seiten hinterher mühselig zusammensuchen müssen. Wenn Sie dieses Kontrollkästchen aktivieren, wird jede Datei einmal komplett gedruckt, dann noch einmal, dann noch einmal ... – eben so oft, wie Sie im Feld ANZAHL angegeben haben.

Wenn alles nach Ihren Wünschen eingestellt ist, klicken Sie auf »OK« oder drücken Eingabe. Wenn Sie Ihr Dokument sicherheitshalber vor dem Ausdruck noch einmal in der Seitenansicht sehen möchten, klicken Sie auf die Schaltfläche »Vorschau«. Und falls Sie das Ganze auf einem anderen Drucker ausgeben möchten (muß in Windows installiert sein), öffnen Sie das Dropdown-Listenfeld NAME (ganz oben im Dialogfeld) und wählen dort den Drucker aus. Sehr komfortabel!

Das mit dem Druckbereich muß noch geklärt werden

Tja, also, diese Funktion gab es bereits in Excel für Windows 95. Um ehrlich zu sein, ich hatte völlig vergessen, ein paar Worte über sie zu verlieren. Und darum will ich das jetzt schleunigst nachholen. In Excel können Sie also einen sogenannten *Druckbereich* festlegen. Dazu markieren Sie zunächst alle Zellen im Tabellenblatt, die Sie drucken möchten. Dann wählen Sie den Befehl DRUCKBEREICH im Menü DATEI und anschließend den Befehl DRUCKBEREICH FESTLEGEN. Wenn Sie nun auf das Symbol für Drucken klicken oder den Befehl DRUCKEN im Menü DATEI wählen, dann wird genau dieser Druckbereich gedruckt – nicht mehr und nicht weniger. Auch wenn Sie versuchen, im Dialogfeld »Drucken« irgendeinen anderen Bereich zum Drucken einzustellen – es hilft nichts! Der Druckbereich setzt sich durch!

Und wie werden Sie einen einmal festgelegten Druckbereich wieder los? Dazu wählen Sie den Befehl DRUCKBEREICH im Menü DATEI und anschließend den Befehl DRUCKBEREICH AUFHEBEN. Dann haben die Einstellungen im Dialogfeld »Drucken« wieder das Sagen.

Sie können einen Druckbereich auch auf der Registerkarte TABELLE im Dialogfeld SEITE EINRICHTEN definieren bzw. löschen. Um auf dieser Registerkarte den Druckbereich zu definieren, setzen Sie die Einfügemarke in das Textfeld DRUCKBEREICH und markieren dann den Zellbereich im Tabellenblatt. (Dieses Dialogfeld läßt sich mit dem Symbol am Ende des Textfelds so minimieren, daß nur noch das Druckbereichfeld angezeigt wird!) Sollten Sie den Druckbereich in diesem Dialogfeld wieder loswerden wollen, brauchen Sie nur die Zelladressen im Textfeld DRUCKBEREICH zu markieren und Entf zu drücken.

Auf der Jagd nach der perfekten Seite

Wie ich bereits am Anfang dieses Kapitels angekündigt habe, ist die Steuerung der Seitenaufteilung die einzige Schwierigkeit beim Drucken. Gott sei Dank bietet das Dialogfeld »Seite einrichten« jede Menge Möglichkeiten zu bestimmen, wo was wie gedruckt wird. Alle Wege führen nach Rom und einige zum Dialogfeld »Seite einrichten«: Wählen Sie den Befehl SEITE EINRICHTEN im Menü DATEI, oder klicken Sie auf die Schaltfläche »Layout« in der Seitenansicht. Das Dialogfeld »Seite einrichten« enthält gleich vier verschiedene Register: PAPIERFORMAT, SEITENRÄNDER, KOPFZEILE/FUSSZEILE und TABELLE.

Die Optionen auf der Registerkarte PAPIERFORMAT hängen davon ab, mit welchem Drucker Sie arbeiten. Wenn das Dialogfeld auf Ihrem Bildschirm also etwas anders aussieht als das in Abbildung 5.4, brauchen Sie sich keine Sorgen zu machen. In Abbildung 5.4 wurde der Drucker HP DeskJet 550C als Drucker gewählt. (Alle in dieser Abbildung enthaltenen Optionen stehen auch zur Verfügung, wenn Sie mit einem HP LaserJet arbeiten.)

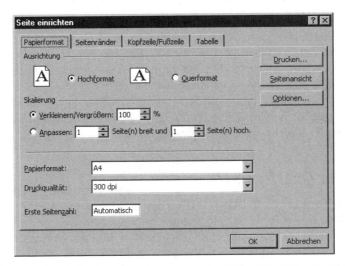

Abbildung 5.4: Die Registerkarte PAPIERFORMAT im Dialogfeld »Seite einrichten«

Für nahezu alle Drucker können Sie auf der Registerkarte PAPIERFORMAT im Dialogfeld »Seite einrichten« die Ausrichtung, die Größe des Ausdrucks, die Papiergröße und die Druckqualität ändern. Folgende Optionen stehen Ihnen dort zur freien Verfügung:

- ✔ AUSRICHTUNG: Im HOCHFORMAT wird die kurze Seite des Papiers horizontal bedruckt. Im QUERFORMAT wird – na klar – die lange Seite des Papiers horizontal bedruckt. (Über das Für und Wider dieser beiden Möglichkeiten plaudere ich gleich noch im nächsten Abschnitt etwas ausführlicher.)

- ✔ VERKLEINERN/VERGRÖSSERN: Hier können Sie die Größe des Ausdrucks in Prozent angeben (ähnlich wie beim Zoomen auf dem Bildschirm). Wenn Sie einen Wert in das Textfeld eingeben, denken Sie dran, daß 100% die Normalgröße ist. Alles, was unter 100% liegt, verkleinert den Ausdruck. Das heißt, daß mehr Daten auf eine Seite passen. Alles über 100% vergrößert den Ausdruck, was wiederum bedeutet, daß Sie mehr Papier brauchen.

- ✔ ANPASSEN: Wenn Sie dieses Optionsfeld auswählen, versucht Excel, alle Daten auf eine einzige Seite (das ist die Standardeinstellung) oder auf die von Ihnen angegebene Anzahl von Seiten zu pressen (gleich mehr dazu im Abschnitt »Man quetsche alles auf eine Seite«).

- ✔ PAPIERFORMAT: In diesem Dropdown-Listenfeld können Sie eine Papiergröße auswählen. Die Liste enthält nur die Größen, mit denen Ihr Drucker etwas anfangen kann.

- ✔ DRUCKQUALITÄT: Für manche Drucker (z. B. Matrixdrucker) können Sie die Druckqualität einstellen, d. h. entweder eine Art Rohfassung oder einen perfekten Superausdruck.

- ✔ ERSTE SEITENZAHL: Hier legen Sie fest, mit welcher Seitenzahl der Ausdruck beginnen soll. Verwenden Sie diese Option nur, wenn Sie in der Kopf- oder Fußzeile eine Seitenzahl eingefügt haben. (Mehr hierzu im Abschnitt »Wenn der Kopf nicht weiß, was der Fuß macht« weiter unten in diesem Kapitel.)

- ✔ OPTIONEN: Wenn Sie auf diese Schaltfläche klicken, wird ein Dialogfeld geöffnet, das jede Menge Eigenschaften zu dem Drucker enthält, den Sie eingestellt haben. Das Dialogfeld sieht von Drucker zu Drucker anders aus. Enthält Ihres vielleicht Register zu den Themen »Papier«, »Grafiken«, »Geräteeinstellungen« oder »PostScript«? Oder enthält Ihr Dialogfeld gar keine Register? Ist ganz egal. Ein paar Optionen wird jeder haben. Und mit diesen können Sie zusätzliche Einstellungen für Ihren Drucker festlegen, z. B. Papierschacht, Druckqualität, PostScript-Optionen und vieles mehr.

Wie wär's im Querformat?

Für die meisten Drucker (z. B. Matrix-, Laser- oder Tintenstrahldrucker) gibt es auf der Registerkarte PAPIERFORMAT im Dialogfeld »Seite einrichten« ein Gruppenfeld für die Ausrichtung, in dem Sie zwischen Hoch- und Querformat wählen können. Normalerweise können Sie dort auch mit den Optionen VERKLEINERN/VERGRÖSSERN und ANPASSEN die Größe des Ausdrucks bestimmen (siehe den folgenden Abschnitt). Sie geben einfach einen Prozentsatz für die Verkleinerung bzw. Vergrößerung an oder legen fest, ob alle Daten auf eine Seite gequetscht oder auf mehrere Seiten plattgewälzt werden sollen.

Da viele Tabellenblätter breiter als hoch sind (denken Sie nur an ein Budgetblatt mit zwölf Monaten nebeneinander), kann es nur von Vorteil sein, wenn Ihr Drucker in der Lage ist, auch einmal querzudenken, d. h. das Papier im Querformat zu bedrucken. (Pech, wenn Ihr Drucker das nicht kann.)

In Abbildung 5.5 sehen Sie das Seitenansichtsfenster mit der ersten Seite eines zukünftigen Ausdrucks im Querformat. In diesem Beispiel kann Excel drei Spalten mehr auf eine Seite bekommen als im Hochformat (vgl. Abbildung 5.1). Und die Anzahl der Seiten wird dadurch von drei auf zwei reduziert.

5 ➤ Und jetzt alles aufs Papier gebracht

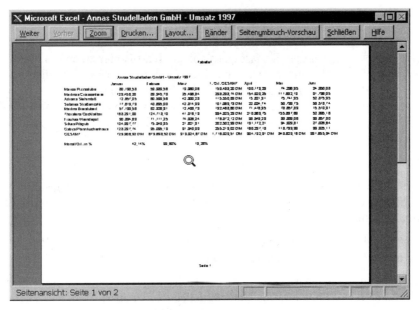

Abbildung 5.5: Die Seitenansicht mit einer Seite im Querformat

Man quetsche alles auf eine Seite

Es hängt von Ihrem Drucker ab, ob Sie die Option ANPASSEN verwenden können. Mit Hilfe dieser Option können Sie alle Daten Ihres Tabellenblatts auf eine Seite quetschen. Excel berechnet dabei automatisch, um wieviel es das Tabellenblatt verkleinern muß, damit alles auf einer Seite Platz hat.

Sie werden dabei aber häufig in der Seitenansicht bemerken, daß es einfach zu klein geworden ist. Was nützt es, wenig Papier zu verbrauchen, wenn man das Ergebnis hinterher nicht mehr entziffern kann. Wenn es wirklich unleserlich ist, öffnen Sie erneut das Dialogfeld »Seite einrichten« und wechseln dann zur Registerkarte PAPIERFORMAT. Geben Sie eine höhere Anzahl Seiten für die Höhe oder Breite an. Bei einer recht breiten Tabellen geben Sie z. B. im Textfeld SEITE(N) BREIT 2 ein und belassen den Eintrag im Textfeld SEITE(N) HOCH bei 1. Bei einer recht langen Tabelle verfahren Sie genau umgekehrt.

Sollten Sie nach dem automatischen Anpassen einsehen, daß das Verkleinern des Tabellenblatts sinnlos ist, klicken Sie einfach auf das Optionsfeld VERKLEINERN/VERGRÖSSERN (es liegt direkt über dem Feld zum Anpassen der Größe) und geben dort in das Textfeld 100 ein – schon ist die alte Größe wiederhergestellt.

Marginales Denken ist angesagt

Wie ärgerlich, alles paßt eigentlich recht gut auf eine Seite – nur die letzte Spalte flutscht auf eine zweite Seite. Dafür lohnt es sich fast gar nicht, ein Blatt Papier zu opfern. Kein Problem. Sie haben bei der Seitenplanung immer noch etwas Spielraum, da Excel standardmäßig oben und unten einen Rand von 2,5 cm und rechts und links einen Rand von 2 cm setzt. Wenn Sie nun den rechten und linken Rand etwas kleiner machen, paßt in den meisten Fällen der Ausreißer (die letzte Spalte) doch noch auf die Seite. Reduzieren Sie den oberen und unteren Rand, wenn Sie ein paar Zeilen zuviel haben.

Sie können die Ränder auf zwei Arten ändern:

✔ Öffnen Sie das Dialogfeld »Seite einrichten«, und klicken Sie auf das Register SEITENRÄNDER (Abbildung 5.6). Geben Sie dort die neuen Randeinstellungen in die Textfelder LINKS, RECHTS, OBEN und UNTEN ein.

✔ Öffnen Sie die Seitenansicht, und klicken Sie dort auf die Schaltfläche »Ränder«. Ziehen Sie dann die Randmarkierungen in die gewünschte Richtung (Abbildung 5.7).

 Im Gruppenfeld AUF DER SEITE ZENTRIEREN des Registers SEITENRÄNDER können Sie außerdem eine Seite innerhalb der aktuellen Ränder ausrichten. Mit HORIZONTAL wird die Seite zwischen dem linken und dem rechten, mit VERTIKAL zwischen dem oberen und dem unteren Seitenrand ausgerichtet.

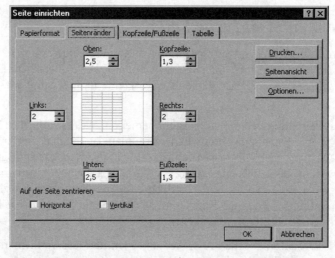

Abbildung 5.6: Die Registerkarte SEITENRÄNDER im Dialogfeld »Seite einrichten«

5 ▶ Und jetzt alles aufs Papier gebracht

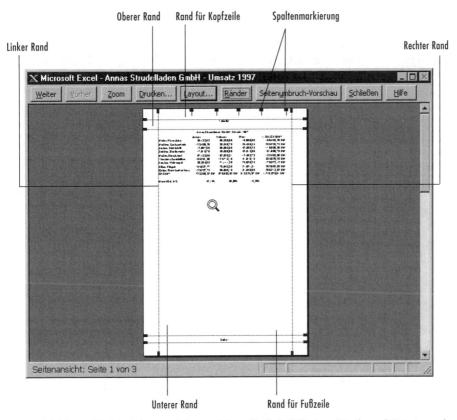

Abbildung 5.7: Die Seitenansicht, nachdem die Schaltfläche »Ränder« aktiviert wurde

Wenn Sie die Ränder in der Seitenansicht ändern, können Sie – falls alle Stricke reißen – auch noch die Spaltenbreite verändern. (In Abbildung 5.7 sehen Sie die Rand- und Spaltenmarkierungen, die eingeblendet werden, wenn Sie auf die Schaltfläche »Ränder« in der Seitenansicht klicken.) Um einen Rand zu ändern, setzen Sie den Mauszeiger auf die gewünschte Randmarkierung. (Der Mauszeiger wird zum Doppelpfeil.) Ziehen Sie dann die Markierung ganz einfach in die gewünschte Richtung. Sobald Sie die Maustaste loslassen, zeichnet Excel die Seite neu und berücksichtigt dabei die geänderten Randeinstellungen. Dabei kann es passieren, daß Sie Spalten oder Zeilen auf der aktuellen Seite »verlieren«. Aber mit etwas Übung bekommen Sie schnell ein Gefühl dafür, wie weit Sie gehen können. Die Spaltenbreite wird analog dazu geändert. Für jede Spalte zeigt Excel am oberen Seitenrand eine Markierung an, die Sie beliebig ziehen können.

Wenn der Kopf nicht weiß, was der Fuß macht

Kopf- und Fußzeilen sind ganz einfach Textzeilen, die im Ausdruck auf jeder Seite ganz oben bzw. ganz unten gedruckt werden. Dabei wird die Kopfzeile innerhalb des oberen Seitenrands und die Fußzeile innerhalb des unteren Seitenrands gedruckt. Beide werden innerhalb ihrer Randbegrenzung vertikal zentriert. Was kann man nun so alles in diese Zeilen schreiben? Sie können z. B. den Dateinamen, die Seitennummer, das Druckdatum oder die Druckuhrzeit in die Kopf- und/oder Fußzeile schreiben. Excel hat auch hier seine eigenen Vorstellungen und fügt in den Ausdruck automatisch eine Kopfzeile ein, in der der Name des zu druckenden Tabellenblatts steht (das, was auf dem Blattregister zu lesen ist), und auch eine Fußzeile, die die jeweilige Seitennummer enthält.

Kopf- und Fußzeilen von der Stange

Wenn Sie die Kopf- und/oder Fußzeile rauswerfen oder ändern möchten, öffnen Sie zunächst das Dialogfeld »Seite einrichten« und klicken dann auf das Register KOPFZEILE/FUSSZEILE (Abbildung 5.8). Die beiden Dropdown-Listenfelder KOPFZEILE und FUSSZEILE enthalten eine Fülle von Daten, die Sie in die Kopf- und Fußzeilen einfügen können. Selbstverständlich können Sie diese Einträge auch kombinieren. Wer die Wahl hat, hat die Qual:

- ✔ Name des Tabellenblatts: Excel holt sich diese Informationen aus dem Blattregister. (In Kapitel 7 erfahren Sie, wie Sie ein Blattregister umbenennen.)
- ✔ Name der Person, die das Tabellenblatt erstellt hat: Diese Informationen stammen aus der Registerkarte ALLGEMEIN im Textfeld BENUTZERNAME, wenn Sie den Befehl OPTIONEN im Menü EXTRAS wählen (mehr dazu in Kapitel 7).
- ✔ Seitennummer
- ✔ Aktuelles Datum
- ✔ Name der Arbeitsmappe
- ✔ und verschiedene Kombinationen aus diesen Angaben.

In Abbildung 5.8 sehen Sie die Registerkarte KOPFZEILE/FUSSZEILE im Dialogfeld »Seite einrichten«, nachdem ich für die Kopfzeile den folgenden Eintrag gewählt habe:

```
PCSS GmbH; Seite 1; 25.01.97
```

Für die Fußzeile habe ich mich für den folgenden Listeneintrag entschieden:

```
Seite 1 von ?
```

Der Name in der Kopfzeile steht für den Benutzernamen, den Sie mit dem Befehl OPTIONEN im Menü EXTRAS (Registerkarte ALLGEMEIN) ändern können. Excel ersetzt den Fußzeileneintrag `Seite 1 von ?` im Ausdruck durch die aktuelle Seitenzahl und die Gesamtanzahl der gedruckten Seiten. Diese Option können Sie sowohl im Dropdown-Listenfeld KOPFZEILE als auch im Dropdown-Listenfeld FUSSZEILE wählen.

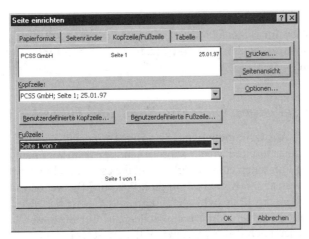

Abbildung 5.8: Die Registerkarte KOPFZEILE/FUSSZEILE im Dialogfeld »Seite einrichten«

In Abbildung 5.9 sehen Sie die erste Seite eines Dokuments in der Seitenansicht. Hier können Sie prüfen, was aus der Kopf- und Fußzeile im Ausdruck wird. Glücklicherweise können Sie in der Seitenansicht auch wunderbar sehen, wie die Kopfzeilendaten in der Kopfzeile verteilt werden. In der Fußzeile sehen Sie den Eintrag `Seite 1 von 2`. Auf der zweiten Seite steht dann `Seite 2 von 2` (was Sie natürlich in Abbildung 5.9 nicht sehen können).

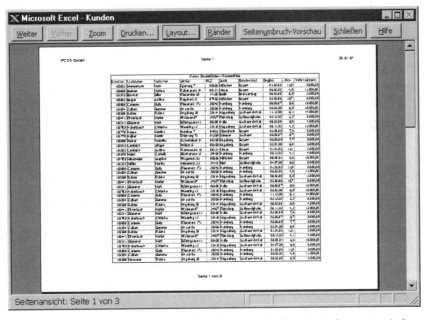

Abbildung 5.9: Die erste Seite eines dreiseitigen zu druckenden Dokuments mit der Kopf- und der Fußzeile

Wenn Sie weder Kopf- noch Fußzeile in Ihrem Ausdruck haben möchten, klicken Sie einfach im Dialogfeld »Seite einrichten« auf das Register KOPFZEILE/FUSSZEILE und wählen in beiden Dropdown-Listenfeldern den Eintrag (KEINE) ganz oben in der Liste.

Wenn nur noch selbstgeschneiderte Kopf- und Fußzeilen weiterhelfen

Meistens reichen die Auswahlmöglichkeiten in den Dropdown-Listenfeldern KOPFZEILE und FUSSZEILE völlig aus. Aber hin und wieder kann es schon mal vorkommen, daß Sie Informationen in die Kopf- oder Fußzeilen einfügen möchten, die es dort nicht gibt oder die es dort nicht in der von Ihnen gewünschten Kombination gibt. Was tun? Sie wenden sich auf der Registerkarte KOPFZEILE/FUSSZEILE im Dialogfeld »Seite einrichten« den Schaltflächen »Benutzerdefinierte Kopfzeile« und »Benutzerdefinierte Fußzeile« zu. Mit Hilfe dieser Schaltflächen können Sie Kopf- und Fußzeilen nach Ihrem ganz persönlichen Geschmack erstellen.

In Abbildung 5.10 sehen Sie das Dialogfeld »Kopfzeile«. Ich habe zuvor den Kopfzeileneintrag aus Abbildung 5.8 ausgewählt und anschließend auf die Schaltfläche »Benutzerdefinierte Kopfzeile« geklickt.

Wie Sie sehen, ist das Dialogfeld in drei Bereiche unterteilt: LINKER BEREICH, MITTLERER BEREICH und RECHTER BEREICH. Alles, was Sie im linken Bereich eingeben, wird links in der Kopfzeile angezeigt. Alles, was Sie im mittleren Bereich eingeben, wird zentriert zwischen linkem und rechten Rand dargestellt. Und alles, was Sie im rechten Bereich eingeben ... Sie wissen schon, oder?

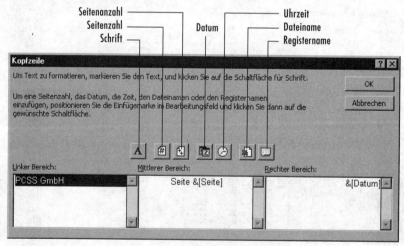

Abbildung 5.10: Benutzerdefinierte Kopfzeile im Dialogfeld »Kopfzeile« erstellen

5 ➤ Und jetzt alles aufs Papier gebracht

Mit Tab wechseln Sie zwischen den drei Bereichen der Kopfzeile und markieren den jeweiligen Bereichsinhalt. Statt dessen können Sie auch Alt + L, Alt + M bzw. Alt + R drücken. Wenn Sie Eingabe drücken, fügen Sie einen Zeilenumbruch ein. Mit Entf können Sie den Inhalt eines Bereichs löschen.

Wie Sie in Abbildung 5.10 sehen, gibt es in den Bereichen einige äußerst mysteriöse Codes mit so komischen &-Zeichen. In benutzerdefinierten Kopf- und Fußzeilen können Sie diese seltsamen Codes mit konkretem Text vermischen. Um diese Codes in einen Bereich der Kopf- oder Fußzeile einzufügen, klicken Sie einfach auf die entsprechende Schaltfläche in der Schaltflächenreihe über den drei Bereichen. Es funktioniert so:

- ✔ Wenn Sie auf die Schaltfläche ganz links klicken, können Sie für Ihre Kopf- und Fußzeilen die Schriftart, Schriftgröße und Schriftattribute ändern. Excel öffnet daraufhin das Dialogfeld »Schrift«, in dem Sie sich austoben können.
- ✔ Klicken Sie auf die Schaltfläche für die Seitenzahl. Excel schreibt daraufhin den Eintrag &[Seite] in den entsprechenden Bereich.
- ✔ Klicken Sie auf die Schaltfläche für die Gesamtseitenzahl, um den Code &[Seiten] einzufügen. Wenn Sie Excel dazu bringen möchten, die Information Seite 1 von 3 in einer benutzerdefinierten Kopf- oder Fußzeile anzuzeigen, dann geben Sie zunächst das Wort Seite ein und drücken einmal die Leertaste. Klicken Sie anschließend auf die Schaltfläche für die Seitenzahl, drücken Sie erneut die Leertaste, geben Sie von ein, und drücken Sie noch mal die Leertaste. Klicken Sie abschließend auf die Schaltfläche für die Gesamtseitenzahl. Damit fabrizieren Sie folgenden Eintrag im entsprechenden Bereich: Seite &[Seite] von &[Seiten]
- ✔ Wenn Sie auf die Schaltfläche für das Datum klicken, wird der Code &[Datum] eingefügt. Im Ausdruck wird dann das entsprechende aktuelle Datum angezeigt.
- ✔ Analog zum Datum fügen Sie durch Klicken auf die Schaltfläche für die Uhrzeit den Code &[Zeit] ein. Im Ausdruck wird er dann durch die aktuelle Uhrzeit ersetzt.
- ✔ Klicken Sie auf die Schaltfläche für den Dateinamen, um den Arbeitsmappennamen in Form von &[Datei] einzufügen. Im Ausdruck wird hier dann der Arbeitsmappenname – sprich der Dateiname – eingefügt.
- ✔ Und dann gibt es da noch die Schaltfläche für den Registernamen. Wenn Sie darauf klicken, wird der Code &[Register] eingefügt. Im Ausdruck wird der Name des Tabellenblatts angezeigt.

Wenn Sie alles im Dialogfeld »Kopfzeile« erledigt haben, klicken Sie auf »OK«, um das Dialogfeld zu schließen. Danach befinden Sie sich wieder auf der Registerkarte KOPFZEILE/FUSSZEILE im Dialogfeld »Seite einrichten«. In den Vorschaufeldern können Sie prüfen, was Sie so angestellt haben.

Der Tabelle zeigen, wo's langgeht

Eine Registerkarte müssen wir noch durchkauen: die Registerkarte TABELLE (Abbildung 5.11). Sie enthält eine Flut von Optionen für den Ausdruck, die Sie sicherlich hier und da gebrauchen können:

✔ DRUCKBEREICH: Hier wird der aktuelle Druckbereich angezeigt, den Sie mit dem Unterbefehl DRUCKBEREICH FESTLEGEN des Befehls DRUCKBEREICH im Menü DATEI (puh) festgelegt haben. Hier können Sie also noch in letzter Sekunde einen anderen Bereich zum Drucken definieren. Markieren Sie dazu das Feld, und markiren Sie im Tabellenblatt die gewünschten Zellen. Wer es gerne etwas komplizierter hat, gibt den Zellbereich oder die Bereichsnamen (keine Angst, das lernen Sie in Kapitel 6) in das Textfeld ein. Und stellen Sie sich vor, Sie können dort auch mehrere, nicht zusammenhängende Bereiche eingeben (z. B. A1:G72;K50:M75). Die Bereiche trennen Sie einfach durch ein Semikolon voneinander ab. Dann weiß Excel Bescheid.

Wenn Sie den Bereich durch Markieren der Zellen definieren, erschrecken Sie bitte nicht. Das Dialogfeld verschwindet nämlich auf einmal, und es wird nur noch ein Feld mit der Druckbereichsoption angezeigt. Sobald Sie aufhören zu ziehen, kehrt das Dialogfeld aber wie der Blitz zurück. Sollten Sie diesen neuen Schnickschnack des Dialogfeldschrumpfens auch bei der direkten Eingabe in Anspruch nehmen wollen, dann klicken Sie ganz einfach auf das komische Feld mit dem roten Pfeil am Ende des Textfelds.

Wann braucht man denn den komischen Druckbereich? Nun, Sie könnten ja vielleicht einen Bereich in Ihrer Arbeitsmappe haben, der ziemlich oft gedruckt werden soll. Und Sie wollen nicht jedesmal diesen Bereich markieren und das Optionsfeld MARKIERUNG im Dialogfeld »Drucken« aktivieren. Warum auch, wenn es so viel einfacher geht.

✔ WIEDERHOLUNGSZEILEN: Mit dieser Option legen Sie einen Drucktitel fest. Das heißt, Sie geben an, welche Zeilen auf jeder Seite oben als eine Art Titel gedruckt werden sollen (gleich mehr dazu im nächsten Abschnitt). Setzen Sie die Einfügemarke in das Textfeld, und geben Sie den Zeilenbezug ein (z. B. $2:$3), oder ziehen Sie mit der Maus über die entsprechenden Zeilen. Im letzteren Fall wird das Dialogfeld auf das Feld WIEDERHOLUNGSZEILEN reduziert. Dasselbe erreichen Sie auch, wenn Sie auf das Feld zum Minimieren (das mit dem kleinen roten Pfeil drin) am Ende des Textfelds klicken.

✔ WIEDERHOLUNGSSPALTEN: Das ist das Drucktitelpendant für die Spalten. Alle Spalten, die Sie hier angeben, werden auf jeder Seite links gedruckt (gleich mehr dazu im nächsten Abschnitt). Setzen Sie die Einfügemarke in das Textfeld, und geben Sie den Spaltenbezug ein (z. B. A:B), oder ziehen Sie mit der Maus über die entsprechenden Spalten. Im letzteren Fall wird das Dialogfeld auf das Feld WIEDERHOLUNGSSPALTEN reduziert. Dasselbe erreichen Sie auch, wenn Sie auf das Feld zum Minimieren (das mit dem kleinen roten Pfeil drin) am Ende des Textfelds klicken.

- ✔ GITTERNETZLINIEN: Mit diesem Kontrollkästchen können Sie bestimmen, ob die Gitternetzlinien der Zellen gedruckt bzw. nicht gedruckt werden sollen.

- ✔ SCHWARZWEISSDRUCK: Wenn Sie dieses Kontrollkästchen aktivieren, druckt Excel die verschiedenen Farben, die Sie Zellbereichen zwecks optischer Gestaltung zugewiesen haben, in Schwarzweiß. »Geht mich nichts an.«, werden Sie sagen. »Ich habe eh keinen Farbdrucker.« Es könnte Sie aber doch etwas angehen: Wenn Sie dieses Kontrollkästchen nämlich nicht aktivieren, werden die verschiedenen Farben im Ausdruck in Graustufen umgesetzt. Und das sieht auch recht hübsch aus.

- ✔ ENTWURFSQUALITÄT: Aktivieren Sie dieses Kontrollkästchen, wenn es mal ganz schnell mit dem Ausdruck gehen soll. Gitternetzlinien werden dann grundsätzlich nicht gedruckt (egal, ob das entsprechende Kontrollkästchen aktiviert ist), und Grafiken werden ebenfalls ignoriert.

- ✔ ZEILEN- UND SPALTENKÖPFE: Aktivieren Sie dieses Kontrollkästchen, wenn die Zeilennummern und Spaltenbuchstaben ebenfalls gedruckt werden sollen. Das hat den Vorteil, daß Sie auch im Ausdruck genau nachvollziehen können, in welchen Zellen sich die entsprechenden Daten befinden. Mehr Infos zu diesem Thema gibt es im Abschnitt »Auch Formeln wollen gedruckt werden« am Ende dieses Kapitels.

- ✔ KOMMENTARE: Diese Option macht natürlich nur Sinn, wenn Ihre Tabelle Kommentare enthält, und Sie diese auch drucken möchten. (Mehr zu Kommentaren in Kapitel 6.) Wählen Sie dazu im Dropdown-Listenfeld KOMMENTARE den Eintrag AM ENDE DES BLATTES oder WIE AUF DEM BLATT ANGEZEIGT. Im ersten Fall werden alle Kommentare »kommentarlos« am Ende des Ausdrucks hintereinander aufgelistet. Im zweiten Fall werden nur die Kommentare gedruckt, die aktuell im Tabellenblatt angezeigt werden. (Wie gesagt, Kapitel 6, Abschnitt »Elektronische Kommentare« weiß mehr dazu.)

- ✔ SEITEN NACH UNTEN, DANN NACH RECHTS: Mit diesem Optionsfeld legen Sie fest, daß in einem mehrseitigen Dokument zuerst von oben nach unten und dann von links nach rechts gedruckt wird. Das ist die Standardeinstellung in Excel.

- ✔ SEITEN NACH RECHTS, DANN NACH UNTEN: Mit diesem Optionsfeld legen Sie fest, daß in einem mehrseitigen Dokument zuerst von links nach rechts und dann von oben nach unten gedruckt wird.

Jeder hat Anspruch auf einen Titel

Sie erinnern sich noch? Sie können auf dem Bildschirm Zeilen und Spalten »einfrieren« oder – korrekt gesagt – fixieren, damit Sie beliebig im Tabellenblatt blättern können, ohne den Überblick zu verlieren. Dasselbe ist auch beim Ausdruck möglich. Sie können einen Drucktitel definieren – nicht zu verwechseln mit der Kopfzeile des Dokuments. Sie können Zeilen und Spalten als Drucktitel definieren. Im Fall von Zeilen wird der Drucktitel stets direkt oberhalb der ersten Daten und im Falle von Spalten links neben den ersten Daten ausgegeben.

Und so legen Sie einen Drucktitel für den Ausdruck fest:

1. **Öffnen Sie das Dialogfeld »Seite einrichten«, und klicken Sie dort auf das Register TABELLE.**

    In Abbildung 5.11 sehen Sie die Registerkarte TABELLE. Wenn Sie Zeilen als Drucktitel definieren möchten, fahren Sie mit Schritt 2a fort, im Fall von Spalten mit Schritt 2b.

2a. **Setzen Sie die Einfügemarke in das Textfeld WIEDERHOLUNGSZEILEN, und ziehen Sie dann mit der Maus über die Zeilen, deren Inhalt oben auf jeder Seite gedruckt werden soll. Das Dialogfeld wird auf das Feld WIEDERHOLUNGSZEILEN reduziert. Dasselbe erreichen Sie auch, wenn Sie auf das Feld zum Minimieren (das mit dem kleinen roten Pfeil drin) am Ende des Textfelds klicken.**

    Zur Not müssen Sie das Dialogfeld »Seite einrichten« in eine andere Ecke zerren, um die gewünschten Zeilen erspähen zu können. In Abbildung 5.11 habe ich die Zeilen 1 und 2 von Spalte A des Tabellenblatts DATENBANK der Arbeitsmappe KUNDEN.XLS (vgl. Abbildung 5.12) als Drucktitel ausgewählt. Folglich steht im Textfeld WIEDERHOLUNGSZEILEN der Eintrag $1:$2.

    Haben Sie gesehen, daß Excel beim Ziehen mit der Maus um den Drucktitel einen Laufrahmen setzt – eine gepunktete Linie, die »herumläuft«? Sie soll den Titel und Rest optisch voneinander trennen und Ihnen als Orientierung dienen.

2b. **Im Fall von Spalten aktivieren Sie das Textfeld WIEDERHOLUNGSSPALTEN und ziehen dann über den Spaltenbereich, der auf jeder Seite links gedruckt werden soll. Das Dialogfeld wird auf das Feld WIEDERHOLUNGSSPALTEN reduziert. Dasselbe erreichen Sie auch, wenn Sie auf das Feld zum Minimieren (das mit dem kleinen roten Pfeil drin) am Ende des Textfelds klicken.**

3. **Wählen Sie »OK«, oder drücken Sie Eingabe.**

    Sobald das Dialogfeld »Seite einrichten« verschwindet, verduftet auch der Laufrahmen.

In Abbildung 5.11 wurden die Zeilen 1 und 2, die den Tabellentitel und die Spaltenbeschriftung für die Kundendatenbank enthalten, als Drucktitel definiert. Abbildung 5.12 zeigt die Seitenansicht mit der zweiten Seite des Ausdrucks. Wie Sie sehen können, werden Zeile 1 und Zeile 2 wiederholt.

Wenn Sie genug von den Drucktiteln haben, können Sie sie einfach entfernen, indem Sie im Dialogfeld »Seite einrichten« auf das Register TABELLE klicken und die Einträge in den Textfeldern WIEDERHOLUNGSZEILEN und WIEDERHOLUNGSSPALTEN löschen. Auf »OK« klicken, und weg ist der Drucktitel.

5 ➤ Und jetzt alles aufs Papier gebracht

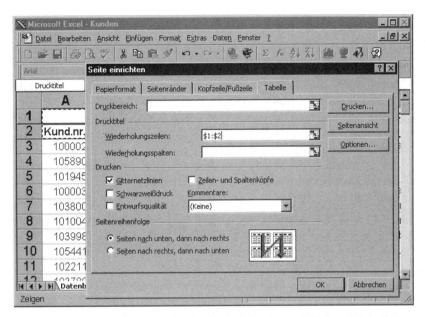

Abbildung 5.11: Drucktitel für die Kundendatenbank aus Abbildung 5.9 festlegen

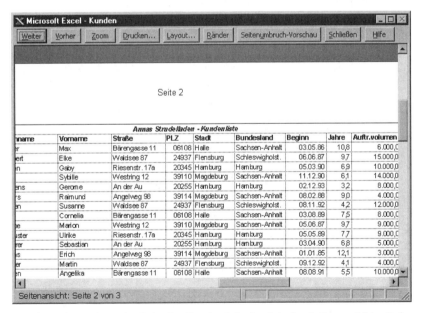

Abbildung 5.12: Die zweite Seite der Kundendatenbank in der Seitenansicht mit dem Drucktitel aus Abbildung 5.11

Alles an seinem Platz

Wenn Excel Ihre Daten auf die Druckseiten verteilt, nimmt es natürlich keine Rücksicht darauf, was eigentlich zusammengehört und folglich nicht auf zwei Druckseiten verteilt werden sollte. Das stellen Sie Gott sei Dank noch rechtzeitig in der Seitenansicht fest und können so korrigierend eingreifen. Wenn aber alles nichts hilft – Ändern der Seitengröße, der Ausrichtung oder der Ränder –, dann müssen Sie eben hart durchgreifen und selbst bestimmen, an welcher Stelle die neue Seite beginnen soll. Und dafür gibt es die brandneue Seitenumbruch-Vorschau. Wie kommen Sie dahin? Ganz einfach. In der Normalansicht wählen Sie im Menü ANSICHT den Befehl SEITENUMBRUCH-VORSCHAU. Und wenn Sie sich gerade in der Seitenansicht tummeln, dann klicken Sie dort einfach auf die Schaltfläche »Seitenumbruch-Vorschau«.

In Abbildung 5.13 sehen Sie ein typisches Beispiel für einen sinnlosen vertikalen Umbruch in einem Tabellenblatt. Aber dagegen läßt sich was tun. Was genau stört denn hier? Seite 2 endet mit dem ersten Monat des dritten Quartals. Ne! So wollen wir das nicht. Die Monate eines Quartals gehören zusammen auf eine Seite. Excel würde also zwischen den Spalten J und K einen vertikalen Seitenumbruch ausführen. Nicht mit mir! So geht es nun doch nicht. Lieber verschwenden Sie ein bißchen Platz und haben dafür alle Daten für das dritte Quartal auf einer Seite. Das heißt, der vertikale Seitenumbruch soll zwischen den Spalten I und J eingefügt werden. (Dieses Beispiel geht davon aus, daß alle anderen Möglichkeiten zur Anpassung des Umbruchs versagt haben.)

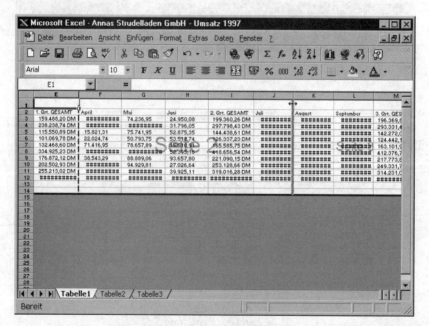

Abbildung 5.13: Wenn Sie den Befehl SEITENUMBRUCH-VORSCHAU im Menü ANSICHT wählen, setzt Excel den Umbruch für die zweite und dritte Seite zwischen die Spalten J und K. So geht's ja wohl nicht!

5 ➤ Und jetzt alles aufs Papier gebracht

An die Arbeit! Einen vertikalen Seitenumbruch selbst definieren, das geht so:

1. **Wählen Sie im Menü Ansicht den Befehl Seitenumbruch-Vorschau.**

   Die Seitenumbruch-Vorschau wird geöffnet. Dort werden alle Daten verkleinert angezeigt (ca. 60% der Normalanzeige). Die Seitenzahlen sind in großen hellgrauen Buchstaben unterlegt, und die Seitenumbrüche sind an den fetten Linien zwischen den Zeilen und Spalten im Tabellenblatt zu erkennen.

2. **Klicken Sie auf OK, oder drücken Sie Eingabe, um den störenden Willkommensbildschirm zu schließen.** Den kriegen Sie übrigens jetzt immer zu sehen, es sei denn, Sie aktivieren dort das Kontrollkästchen, das dafür sorgt, daß Sie dieses Dialogfeld endgültig los sind.

3. **Zeigen Sie auf die Seitenumbruchslinie (die fetten, Sie wissen schon), die Sie anpassen möchten.** Wenn sich der Mauszeiger dienstbeflissen in einen horizontalen Doppelpfeil wandelt, drücken Sie die linke Maustaste und ziehen die fette Linie bis zur gewünschten Spalte (bzw. Zeile). Dann lassen Sie die Maustaste wieder los.

In Abbildung 5.13 bin ich beispielsweise gerade dabei, die Seitenumbruchslinie zwischen Seite 2 und 3 um eine Spalte nach links zu verschieben. Der Umbruch soll zwischen den Spalten I und J stattfinden, damit das gesamte dritte Quartal friedlich nach Seite 3 von dannen ziehen kann. Das Ergebnis sehen Sie in Abbildung 5.14.

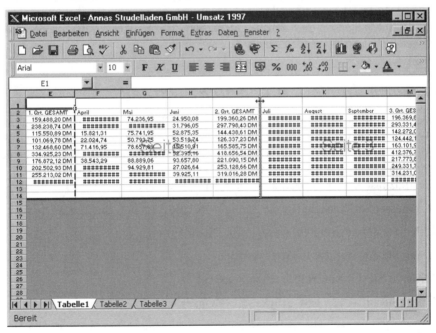

Abbildung 5.14: Jetzt sitzt der Seitenumbruch. Jedes Quartal wird übersichtlich auf einer Seite dargestellt.

4. **Wenn alle Umbruchslinien so stehen, wie Sie sie haben wollen, wählen Sie den Befehl NORMAL im Menü ANSICHT. Alle Zahlen noch da? Dann kann ja gedruckt werden, oder?**

Denken Sie dran, daß Sie den Seitenumbruch auch jederzeit mit dem Befehl SEITENWECHSEL im Menü EINFÜGEN ändern können. Seitenumbruch? Seitenwechsel? Zwei Wörter, die dasselbe meinen! Wenn Sie also einen manuellen Seitenwechsel mit diesem Befehl einfügen möchten, dann müssen Sie sich zunächst die Stelle im Tabellenblatt suchen, an der das Ganze stattfinden soll. Markieren Sie die Zelle, über der ein horizontaler Umbruch bzw. neben der (links!) ein vertikaler Umbruch eingefügt werden soll. Danach fix SEITENWECHSEL im Menü EINFÜGEN gewählt, und schon haben Sie eine gestrichelte Linie für den vertikalen und eine gestrichelte Linie für den horizontalen Umbruch im Tabellenblatt. Soll's nur ein vertikaler Umbruch sein? Dann muß sich der Cursor in Zeile 1 der entsprechenden Spalte befinden. Was? Nur ein horizontaler Umbruch? Auch gut – dann muß sich der Cursor eben in Spalte A der entsprechenden Zeile tummeln.

Was ist, wenn Sie sich geirrt haben und den Umbruch wieder rückgängig machen möchten? Sie setzen den Cursor in die Zeile unterhalb eines horizontalen Umbruchs bzw. in die Spalte rechts neben einem vertikalen Seitenumbruch (Umbrüche sind unfehlbar an ihren gestrichelten Linien zu erkennen) und wählen den Befehl SEITENWECHSEL AUFHEBEN im Menü EINFÜGEN. Der Befehl SEITENWECHSEL im Menü EINFÜGEN ändert sich automatisch in die Bezeichnung SEITENWECHSEL AUFHEBEN, wenn Sie den Cursor unterhalb oder rechts neben einem Seitenumbruch setzen. Wenn Sie sowohl einen vertikalen als auch einen horizontalen Seitenwechsel festgelegt haben und wieder aufheben möchten, setzen Sie den Cursor auf exakt dieselbe Stelle wie beim Definieren des Umbruchs, um ihn wieder loszuwerden.

Auch Formeln wollen gedruckt werden

Jetzt wissen Sie nur noch nicht, wie man Formeln anstelle der berechneten Werte ausdrucken kann. Wozu? Das kann manchmal ganz nützlich sein, wenn Sie in einem recht großen Tabellenblatt mit vielen Formeln rechnen und irgendwann feststellen: Da ist ein Fehler drin. Wenn man alles schwarz auf weiß sieht, besteht eher die Möglichkeit, eine fehlerhafte Formel zu finden. Dazu ist es aber nötig, die Formeln selbst aufs Papier zu bringen.

Zunächst müssen im Tabellenblatt die Formeln anstelle ihrer berechneten Werte stehen:

1. **Wählen Sie dazu den Befehl OPTIONEN im Menü EXTRAS.**
2. **Klicken Sie dort auf das Register ANSICHT.**
3. **Aktivieren Sie das Kontrollkästchen FORMELN.**
4. **Klicken Sie auf »OK«, bzw. drücken Sie Eingabe.**

Nun zeigt Excel im Tabellenblatt alle Formeln an, wie sie ansonsten nur in der Bearbeitungsleiste zu sehen sind. Excel vergrößert dabei automatisch die Spaltenbreite, da Formeln in der Regel länger sind als berechnete Werte.

Sie können bequem und einfach zwischen der normalen Darstellung des Zellinhalts und der Formeldarstellung hin- und herschalten, indem Sie Strg + # drücken.

Nun kann gedruckt werden. Es empfiehlt sich, die Zeilen- und Spaltenköpfe ebenfalls auszudrucken, damit Sie Zellbezüge in den Formeln im Ausdruck leichter verfolgen können. Klicken Sie dazu auf der Registerkarte TABELLE im Dialogfeld »Seite einrichten« auf das Kontrollkästchen ZEILEN- UND SPALTENKÖPFE.

 Wenn Sie die Formeln in einem Tabellenblatt anzeigen lassen, werden alle Einträge – Text, Werte und Formeln – linksbündig und ohne ein Zahlenformat angezeigt.

Wenn Sie das Tabellenblatt mit seinen Formeln gedruckt und hoffentlich auch den Fehler in der Formel gefunden haben, können Sie zur normalen Anzeige (ohne Formeln) zurückschalten, indem Sie auf der Registerkarte ANSICHT im Dialogfeld »Optionen« das Kontrollkästchen FORMELN deaktivieren. Auf »OK« klicken oder Eingabe drücken und weg sind die Formeln. Strg + # tut's natürlich auch.

Viel Spaß beim Drucken.

Teil III

Den Daten auf der Spur

In diesem Teil...

Wir wissen alle zur Genüge, wie lebenswichtig und schwierig zugleich es heutzutage ist, stets alles im Griff zu haben. Worauf ich damit hinaus will ist, daß auch die Organisation der Arbeitsmappen, die Sie in Excel erstellen, von ziemlicher Bedeutung und gelegentlich auch nicht minder problembehaftet ist.

Teil III will Ihnen helfen, das nötige Hintergrundwissen zu bekommen, und Sie werden erfahren, wie Sie stets, ob nun beim Erstellen oder Bearbeiten eines Tabellenblatts, das Oberwasser behalten. In Kapitel 6 lernen Sie, die Daten in einem Tabellenblatt nicht aus den Augen zu verlieren, und Kapitel 7 geht sogar so weit, Ihnen zu zeigen, wie Sie Informationen von einem Tabellenblatt zum anderen – ja sogar von einer Arbeitsmappe zur anderen – schieben.

Wie Sie Ihre Daten in den Griff kriegen

In diesem Kapitel erfahren Sie, wie Sie ...

- mit der Zoom-Funktion das Tabellenblatt in der Bildschirmanzeige vergrößern oder verkleinern
- ein Dokumentfenster in zwei oder vier Ausschnitte teilen
- Spalten und Zeilen am Bildschirm als Überschriften »einfrieren«
- in Zellen Kommentare einfügen
- Daten im Tabellenblatt aufspüren und ersetzen
- Zellbereichen allgemeinverständliche Namen zuweisen
- selbst entscheiden können, wann ein Tabellenblatt neu berechnet wird
- ein Tabellenblatt vor unbefugten Änderungen schützen

Sie wissen ja mittlerweile, daß das Excel-Tabellenblatt Ihnen unsagbar viel Raum für die Unterbringung Ihrer Daten bietet und daß obendrein jede Arbeitsmappe drei von diesen netten Blättchen enthält. Da Ihr Bildschirm Sie aber nur jeweils einen kleinen Ausschnitt von diesem großen Blatt sehen läßt, kann es manchmal zum Problem werden, den Überblick über die Daten zu behalten.

Das Excel-Tabellenblatt verwendet zwar ein zusammenhängendes Zellkoordinatensystem, mit dem Sie sich in dem großen Tabellenblatt zurechtfinden können. Sie werden aber sicherlich zugeben, daß die Bezeichnungen A1, B2 etc. zwar äußerst logisch, jedoch für den menschlichen Denkapparat schwer zu verdauen sind. Ich meine damit, daß »Gehe zu Zelle IV88« bei weitem nicht die Aussagekraft besitzt wie »Gehe zur Ecke Badstraße und zur Turmstraße«. Denken Sie mal darüber nach, wie schwierig es ist, sich eine vernünftige Eselsbrücke für den Abschreibungsplan 1997 und dessen Standort im Zellbereich AC50:AN75 einfallen zu lassen.

In diesem Kapitel lernen Sie, welche Möglichkeiten Ihnen im Kampf gegen das plötzliche Verschwinden von Daten zur Verfügung stehen. Zunächst einmal erfahren Sie, wie Sie die Anzeigegröße für ein Tabellenblatt ändern, indem Sie die Anzeige vergrößern oder verkleinern, wie Sie das Dokumentfenster in mehrere kleine Ausschnitte unterteilen und bestimmte Zeilen und Spalten als festen Bestandteil der Bildschirmanzeige fixieren.

Aber damit noch nicht genug! Sie werden auch erfahren, wie Sie Zellen mit Kommentare versehen, Zellbereichen beschreibende allgemeinverständliche Namen zuweisen und mit den Befehlen SUCHEN und ERSETZEN arbeiten, um Einträge irgendwo im Tabellenblatt zu finden und, falls erforderlich, zu ersetzen. Zu guter Letzt erzähle ich Ihnen dann, wie Sie Excel dazu bringen, das Tabellenblatt neu zu berechnen, und wie Sie eingrenzen können, wo Änderungen durchgeführt werden sollen.

Zoom, zoom, zoom, Fenster zoom herum

Der Chef hat gesagt, es gibt keinen 21-Zoll-Bildschirm für Ihren Rechner. Na, und jetzt? Den ganzen Tag quälen Sie sich und Ihre Augen damit, die Daten in den winzigen Zellen zu lesen, oder führen wilde Bildläufe durch, um eine Tabelle zu suchen, die heute einfach nicht aufzufinden ist. Bleiben Sie gelassen, schließlich gibt es die Zoom-Funktion, die Sie wie ein Vergrößerungsglas zum Vergrößern und Verkleinern einsetzen können.

In Abbildung 6.1 sehen Sie das Tabellenblatt mit den Umsatzzahlen für 1997 in der Vergrößerungsstufe 200%, d. h., die Darstellung ist doppelt so groß wie normal. Um ein Tabellenblatt derart zu vergrößern, klicken Sie auf den Pfeil des Zoom-Felds in der Standard-Symbolleiste und wählen dort den Eintrag 200%. (Wenn Sie's lieber etwas umständlicher mögen, können Sie auch den Befehl ZOOM im Menü ANSICHT wählen. Im Dialogfeld »Zoom« klicken Sie dann im Gruppenfeld VERGRÖSSERN/VERKLEINERN auf das Optionsfeld 200%. Glauben Sie wirklich, daß sich dieser Aufwand lohnt?) Um jetzt die Daten in diesen Zellen zu lesen, werden Sie noch nicht einmal Ihre Lesebrille brauchen! Das einzige Problem mit der 200%igen Vergrößerungsstufe ist, daß Sie nur wenige Zellen gleichzeitig anzeigen lassen können.

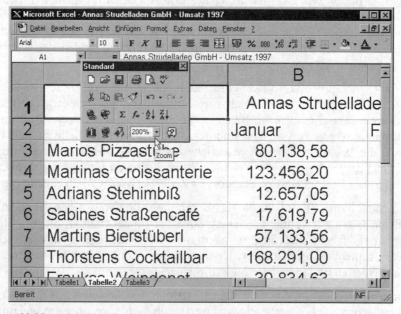

Abbildung 6.1: So sieht das Tabellenblatt in der Vergrößerungsstufe 200% aus.

Abbildung 6.2 zeigt wieder das Tabellenblatt aus Abbildung 6.1, jetzt allerdings in der Vergrößerungsstufe 25% (etwa ein Viertel der normalen Größe). Um die Anzeige auf diese Größe zu verkleinern, klicken Sie wieder in der Standard-Symbolleiste auf den Pfeil des Zoom-Felds und wählen dort die Einstellung 25% (falls Sie es nicht lassen können, steht es Ihnen jedoch ohne weiteres frei, das Dialogfeld »Zoom« zu öffnen und auf das Optionsfeld 25% zu klicken).

Nun ja, bei dieser Größe können Sie dann wenigstens sicher sein, daß Sie garantiert nichts lesen können. Aus dieser Vogelperspektive können Sie jedoch auf einen Blick erkennen, wie sich die Daten in Ihrem Tabellenblatt verteilen.

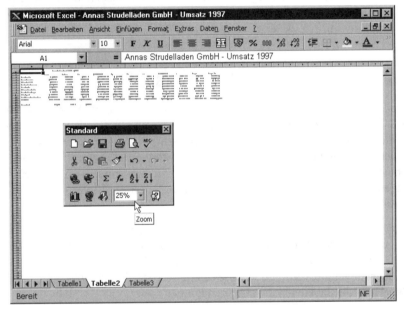

Abbildung 6.2: Darf's auch etwas kleiner sein? Das Tabellenblatt in der Vergrößerungsstufe 25%

Der Befehl ZOOM verfügt über fünf integrierte Vergrößerungsstufen (200%, 100% (das ist die normale Bildschirmanzeige), 75%, 50% und 25%). Wenn Sie andere Vergrößerungen einstellen möchten, verwenden Sie eine der beiden folgenden Optionen:

✔ Wenn Sie Vergrößerungsstufen einstellen wollen, die zwischen den vorgegebenen liegen (z. B. 150% oder 85%) oder größer bzw. kleiner als die größte bzw. die kleinste Stufe sind (z. B. 400% oder 15%), markieren Sie das Eingabefeld des Zoom-Felds in der Standard-Symbolleiste und geben dort die gewünschte Vergrößerungsstufe ein. Jetzt brauchen Sie nur noch Eingabe zu drücken. Im Dialogfeld »Zoom« geben Sie die gewünschte Größe im Textfeld neben dem Optionsfeld BENUTZERDEFINIERT ein.

✔ Wenn Sie nicht wissen, welche Vergrößerung Sie eingeben sollen, um einen bestimmten Zellbereich am Bildschirm anzuzeigen, markieren Sie den Zellbereich und wählen im

Zoom-Feld den Eintrag MARKIERUNG. Sie können auch, wie gehabt, das Dialogfeld »Zoom« öffnen, auf das Optionsfeld AN MARKIERUNG ANPASSEN klicken und dann »OK« wählen oder Eingabe drücken. Excel berechnet daraufhin, welche Vergrößerung benötigt wird, um den gesamten aktuell markierten Zellbereich am Bildschirm anzeigen zu können. Das ist doch was, oder?

Sie können den Befehl ZOOM auch dazu verwenden, einen neuen Zellbereich im Tabellenblatt anzeigen zu lassen. Wählen Sie zuerst eine kleine Vergrößerungsstufe, z. B. 50%. Suchen Sie dann den gewünschten Zellbereich heraus, und markieren Sie eine der Zellen. Wählen Sie dann nochmals den Befehl ZOOM, und markieren Sie die Einstellung 100%. Wenn Excel die Anzeige wieder auf Normalgröße zurückstellt, wird die von Ihnen markierte Zelle und der dazugehörige Zellbereich am Bildschirm angezeigt.

Wer klopft da an mein Unterfenster?

Auch wenn Sie sich mit Vergrößern und Verkleinern einen Überblick über Ihr Tabellenblatt verschaffen, können Sie damit noch lange nicht zwei separate Bereiche zusammenbringen, damit Sie die darin enthaltenen Daten am Bildschirm vergleichen können (oder zumindest nicht in einer Größe, in der Sie die Daten auch lesen können). Um das zu erreichen, teilen Sie das Dokumentfenster in verschiedene Unterfenster bzw. Ausschnitte und führen dann einen Bildlauf in jedem einzelnen Ausschnitt durch, so daß alle Daten, die verglichen werden sollen, angezeigt werden.

Das Teilen des Fensters ist eine der leichtesten Übungen. Abbildung 6.3 zeigt die prognostizierte Gewinn- und Verlustrechnung für Marios Pizzastube, bei der ich das Tabellenblattfenster horizontal in zwei Ausschnitte unterteilt und im zweiten Ausschnitt zur Zeile 21 bis 26 geblättert habe. Jeder Ausschnitt verfügt über eine eigene vertikale Bildlaufleiste, mit deren Hilfe Sie verschiedene Teile des Tabellenblatts anzeigen können.

Um ein Tabellenblatt horizontal in zwei Ausschnitte zu teilen, ziehen Sie das Teilungsfeld, das sich direkt oberhalb des oberen Bildlaufpfeils in der vertikalen Bildlaufleiste befindet, nach unten, bis das Fenster so aufgeteilt ist, wie es Ihnen gefällt. Das hört sich jetzt vielleicht etwas kompliziert an, ist aber eigentlich ganz einfach!

1. **Klicken Sie auf das vertikale Teilungsfeld, und halten Sie die Maustaste gedrückt.**

    Der Mauszeiger ändert seine Form in einen Doppelpfeil, der in der Mitte geteilt ist (wie der zur Anzeige versteckter Zeilen).

2. **Ziehen Sie nach unten, bis Sie bei der Zeile sind, an der das Dokumentfenster geteilt werden soll.**

    Ein grauer Balken wird im Dokumentfenster angezeigt, der die Zeile markiert, in der das Fenster geteilt wird.

3. **Lassen Sie die Maustaste los.**

   Excel unterteilt das Fenster an der Position des Mauszeigers in zwei horizontale Ausschnitte und fügt in den neuen Ausschnitt eine vertikale Bildlaufleiste ein.

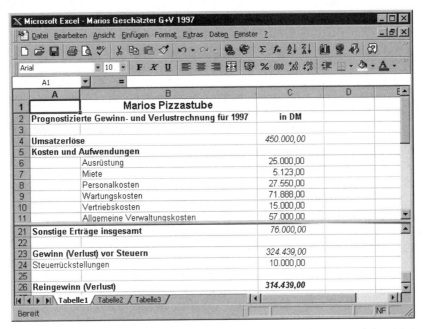

Abbildung 6.3: Das Tabellenblatt in einem geteilten Dokumentfenster, nachdem ich im unteren Ausschnitt mit der Bildlaufleiste nach unten geblättert habe.

Sie können das Dokumentfenster auch vertikal unterteilen. Das geht so:

1. **Klicken Sie auf das Teilungsfeld am rechten Rand der horizontalen Bildlaufleiste.**
2. **Ziehen Sie nach links, bis Sie die Spalte erreicht haben, an der das Fenster unterteilt werden soll.**
3. **Lassen Sie die Maustaste los.**

   Excel unterteilt das Fenster an dieser Spalte und stattet den neuen Ausschnitt mit einer eigenen horizontalen Bildlaufleiste aus.

Verwechseln Sie das Teilungsfeld nicht mit dem Registerteilungsfeld zwischen den Blattregistern und der horizontalen Bildlaufleiste. Sie ziehen das Registerteilungsfeld, nach rechts, um zusätzliche Blattregister anzuzeigen bzw. nach links, um mit einer größeren horizontalen Bildlaufleiste zu arbeiten. Zur Sicherheit noch mal: An der rechten Seite der horizontalen Bildlaufleiste befindet sich das Teilungsfeld, mit dem Sie das Dokumentfenster vertikal in zwei Ausschnitte teilen.

Wenn Sie die Ausschnitte stören, können Sie sie ganz einfach verschwinden lassen, indem Sie irgendwo auf den Bildschirmteiler doppelklicken, der das Fenster unterteilt.

Wenn Ihnen das mit der Zieherei des Teilungsfelds nicht gefällt, können Sie ein Dokumentfenster auch mit dem Befehl TEILEN im Menü FENSTER unterteilen. Wenn Sie diesen Befehl wählen, wird durch die Position des Zellcursors bestimmt, an welcher Stelle das Fenster unterteilt wird. Das Programm teilt das Fenster vertikal am linken Rand des Cursors und horizontal am oberen Rand. Wenn das Fenster nur in zwei Ausschnitte unterteilt werden soll, setzen Sie den Zellcursor entweder auf die erste Spalte der gewünschten Zeile (um in dieser Zeile eine Unterteilung in zwei horizontale Ausschnitte vorzunehmen) oder in die erste Zeile der gewünschten Spalte (um in dieser Spalte eine Unterteilung in zwei vertikale Ausschnitte vorzunehmen).

Wenn sich der linke Rand des Zellcursors genau am linken Rand des Dokumentfensters befindet (wenn der Cursor sich in einer Zelle in der ersten Spalte befindet, die am Bildschirm angezeigt wird), teilt das Programm das Fenster nicht vertikal, sondern horizontal entlang des oberen Rands des Zellcursors. Befindet sich der obere Rand des Zellcursors genau am oberen Rand des Dokumentfensters (wenn der Cursor sich in einer Zelle in der ersten angezeigten Zeile befindet), dann wird das Fenster nicht horizontal, sondern vertikal entlang des linken Rands des Zellcursors geteilt. Etwas verwirrend, was? Da hilft nur ausprobieren. Das kriegen Sie schon hin!

In Abbildung 6.4 habe ich den Zellcursor auf die Zelle C6 gesetzt und den Befehl TEILEN im Menü FENSTER gewählt. Wie erwartet hat Excel das Fenster in vier Ausschnitte geteilt: horizontal zwischen den Zeilen 5 und 6 und vertikal zwischen den Spalten B und C.

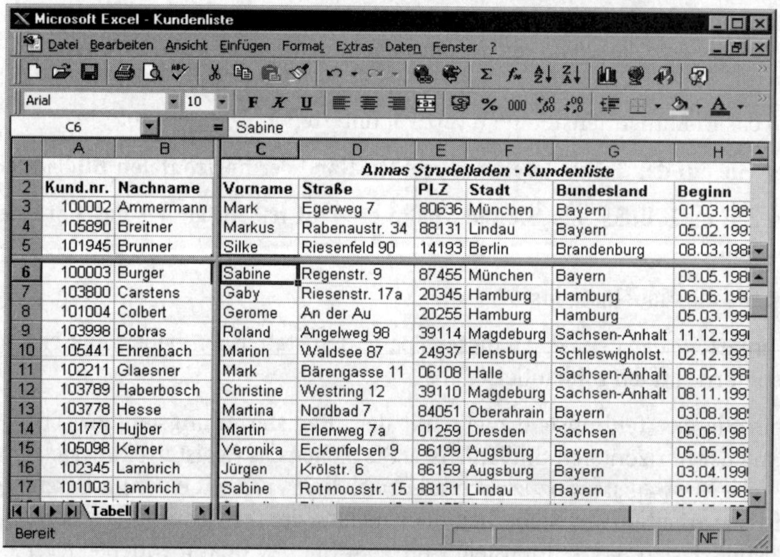

Abbildung 6.4: Das Fenster teilt sich entlang der Zelle C6, in der sich der Zellcursor befindet, in vier Ausschnitte.

Wenn Sie den Zellcursor auf die Zelle A1 setzen und den Befehl TEILEN im Menü FENSTER wählen, dann teilt Excel das Fenster ungefähr in der Mitte der Bildschirmanzeige in vier Ausschnitte.

Wenn das Fenster in Ausschnitte unterteilt ist, können Sie den Zellcursor in die einzelnen Ausschnitte verschieben, indem Sie entweder auf eine Zelle im entsprechenden Ausschnitt klicken oder Umschalt + F6 drücken. (Sie verschieben damit den Zellcursor entgegen dem Uhrzeigersinn in den einzelnen Ausschnitten.) Um die Ausschnitte wieder zu entfernen, wählen Sie den Befehl TEILUNG AUFHEBEN im Menü FENSTER.

Festgemauert in meinem Fenster sitzt die Überschrift

Ausschnitte sind eine tolle Erfindung, wenn man verschiedene Teile desselben Tabellenblatts anzeigen lassen will, die man normalerweise nicht gleichzeitig betrachten könnte. Und da gibt es noch eine andere Art von Ausschnitt, die sogenannten *fixierten Ausschnitte*. Was heißt das denn schon wieder? Sie können mit Hilfe von fixierten Ausschnitten Überschriften in den oberen Zeilen und ersten Spalten »festmauern«, damit sie stets am Bildschirm angezeigt werden, ungeachtet dessen, wie oft und wie weit Sie im Tabellenblatt blättern. Derart fixierte Überschriften sind besonders hilfreich, wenn Sie mit einer Tabelle arbeiten, die mehr Daten enthält, als am Bildschirm angezeigt werden können.

In Abbildung 6.5 habe ich so eine Tabelle dargestellt. Das Tabellenblatt mit der Kundenliste enthält mehr Zeilen und Spalten, als Sie auf einmal anzeigen lassen können (es sei denn durch Verkleinern, aber dann wird's unleserlich).

Werden nun im Dokumentfenster die ersten beiden Zeilen fixiert, so können Sie die oberen zwei Zeilen mit der Tabellenüberschrift und den Spaltenüberschriften am Bildschirm anzeigen lassen, während Sie im restlichen Tabellenblatt nach oben oder unten blättern, um die verschiedenen Kundendaten zu prüfen. Wenn Sie im Fenster dann noch die ersten beiden Spalten, bleiben auch die Kundennummer und der Nachname am Bildschirm »kleben«, wenn Sie nach rechts oder nach links blättern.

Abbildung 6.5 zeigt die Kundenliste, nachdem im Fenster die ersten beiden Spalten und Zeilen fixiert wurden. Sie wollen wissen, wie das geht? Dann bitte:

1. **Positionieren Sie den Zellcursor in Zelle C3.**
2. **Wählen Sie den Befehl FIXIEREN im Menü FENSTER.**

    Excel fixiert den Ausschnitt oberhalb der Zeile 3 und den Ausschnitt links von Spalte C.

Die Rahmen der fixierten Ausschnitte werden als eine Linie und nicht wie bei den herkömmlichen Ausschnitten als schmaler Balken dargestellt.

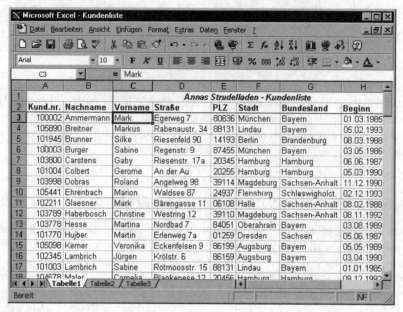

Abbildung 6.5: In den fixierten Ausschnitten stehen die Tabellenüberschrift und die Spaltenüberschriften sowie die Kundennummern und Nachnamen unbeweglich am Bildschirm.

In Abbildung 6.6 sehen Sie, was passiert, wenn Sie nach dem Fixieren der Ausschnitte im Tabellenblatt blättern. In dieser Abbildung habe ich so lange geblättert, bis die Zeilen 11 bis 26 am Bildschirm angezeigt werden. Da der horizontale Ausschnitt mit der Überschrift des Tabellenblatts und mit den Spaltenüberschriften in den Zeilen 1 und 2 fixiert ist, hat der Bildlauf auf sie überhaupt keinen Einfluß.

In Abbildung 6.7 sehen Sie, was passiert, wenn Sie nach rechts blättern, so daß die Spalten E bis J zu sehen sind. Die fixierten Spalten A und B lassen sich hiervon nicht beirren und werden weiterhin am Bildschirm angezeigt. Ohne die Information in diesen Spalten hätten Sie ganz schöne Schwierigkeiten, die Daten zuzuordnen!

Um die Fixierung der Ausschnitte aufzuheben, wählen Sie den Befehl FIXIERUNG AUFHEBEN im Menü FENSTER.

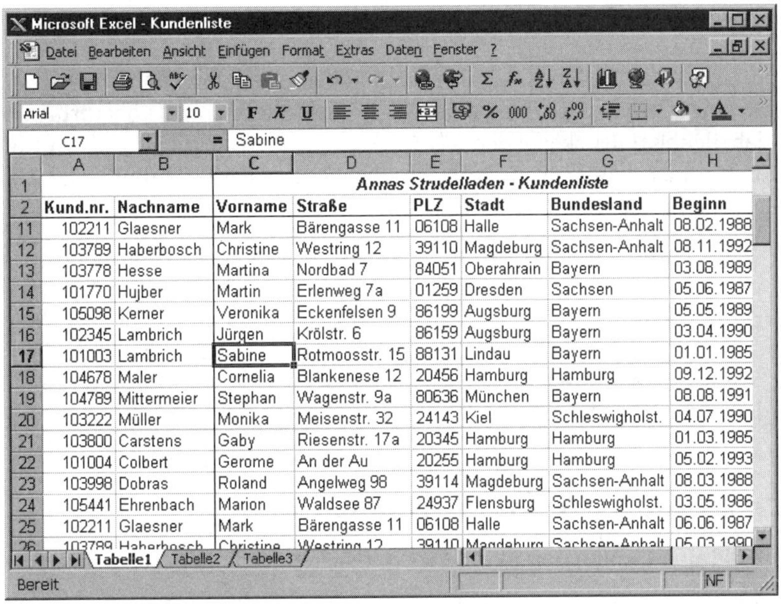

6 ➤ Wie Sie Ihre Daten in den Griff kriegen

Abbildung 6.6: Blättern Sie in der Kundenliste nach unten, um weitere Zeilen des Tabellenblatts anzuzeigen.

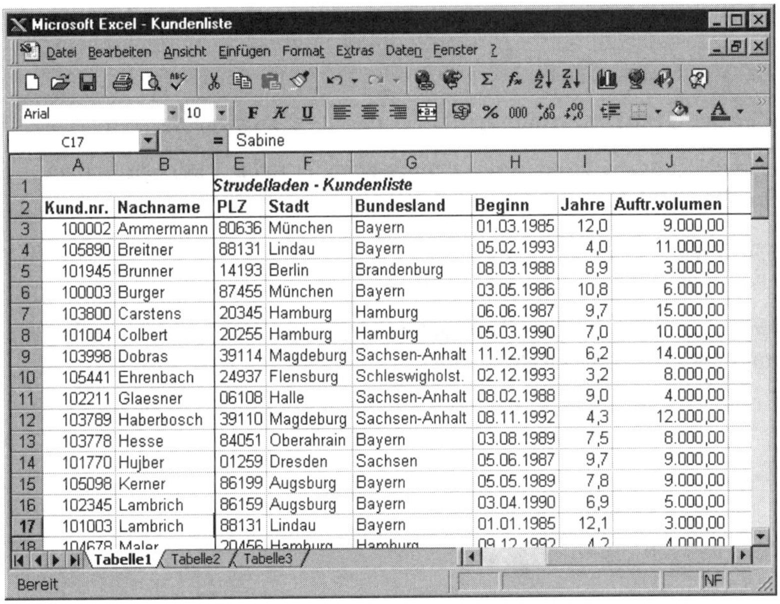

Abbildung 6.7: Blättern Sie nach rechts, um weitere Spalten anzuzeigen.

Elektronische Kommentare

Mit Excel können Sie in Zellen *Kommentare* erstellen. Sie können sich beispielsweise selbst einen Kommentar schreiben, daß Sie eine bestimmte Zahl nochmals überprüfen müssen, bevor Sie das Tabellenblatt drucken, oder daß Sie daran denken sollten, daß ein bestimmter Wert nur ein Schätzwert ist. Vielleicht hinterlegen Sie aber auch einen Kommentar, um einen Geburtstag oder eine Einladung nicht zu vergessen.

Ein Kommentar kann also dazu dienen, Sie an etwas zu erinnern, das Sie getan haben oder noch tun müssen; Sie können damit jedoch auch die Position markieren, an der Sie sich gerade in einem großen Tabellenblatt befinden. Wenn Sie dann das nächste Mal dieses Tabellenblatt bearbeiten, können Sie über die Position des Kommentars schnell die Stelle wiederfinden, an der Sie mit Ihrer Arbeit aufgehört haben.

So bekommt die Zelle ihren Kommentar

Um in eine Zelle einen Kommentar einzufügen, machen Sie folgendes:

1. **Markieren Sie die Zelle, in die Sie den Kommentar einfügen möchten.**
2. **Wählen Sie den Befehl KOMMENTAR im Menü EINFÜGEN.**

   Ein kleines Textfeld (wie in Abbildung 6.8) wird angezeigt, das bereits den Namen des Benutzers enthält. (Diesen Namen holt sich Excel aus dem Eintrag im Textfeld BENUTZERNAME, das sich auf der Registerkarte ALLGEMEIN des Dialogfelds »Optionen« befindet, das Sie im Menü EXTRAS mit dem Befehl OPTIONEN öffnen!)

3. **Geben Sie den Text Ihres Kommentars in das Textfeld ein.**
4. **Wenn Sie die Eingabe Ihres Kommentars beendet haben, klicken Sie auf eine beliebige Stelle im Arbeitsblatt.**

   Wenn eine Zelle einen Kommentar enthält, wird dies mit einem winzigen Dreieck (rot bei einem Farbbildschirm) in der oberen rechten Ecke der Zelle angezeigt.

5. **Um den Kommentar in einer Zelle anzuzeigen, zeigen Sie mit dem Mauszeiger auf die Zelle mit dem kleinen Dreieck.**

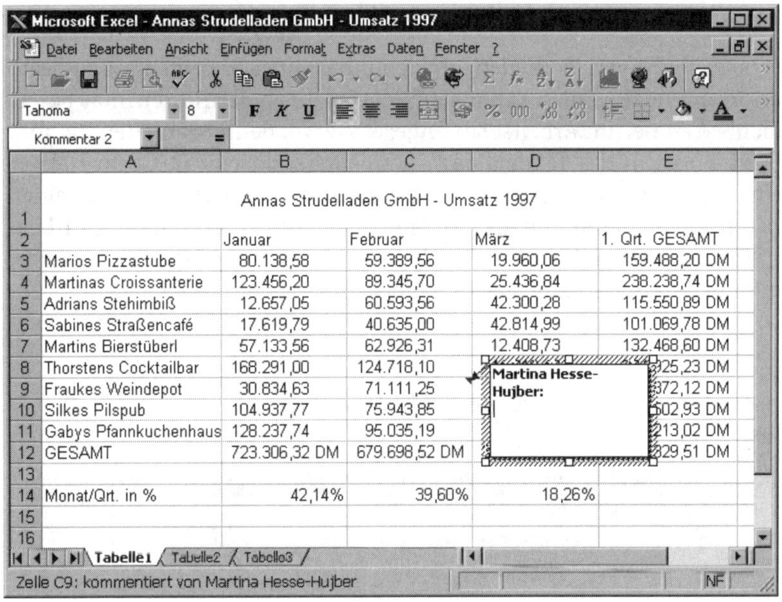

Abbildung 6.8: Geben Sie den Kommentar zu einer Zelle in dieses Textfeld ein.

Kommentare in Überarbeitung

Wenn Sie in einer Arbeitsmappe jede Menge Tabellenblätter haben, die die verschiedensten Kommentare enthalten, dann ist es sicherlich ein bißchen mühsam, auf jeden einzelnen mit dem Mauszeiger zu zeigen, um den Kommentar lesen zu können. Für diese Fälle steht der Befehl KOMMENTARE im Menü ANSICHT zur Verfügung. Damit zeigen Sie auf einen Schlag alle Kommentare in der Arbeitsmappe an und bekommen obendrein noch die Überarbeiten-Symbolleiste eingeblendet (Abbildung 6.9).

In der geöffneten Überarbeiten-Symbolleiste können Sie dann auf die Symbole für Nächster Kommentar und Vorheriger Kommentar klicken, um zwischen den einzelnen Kommentaren hin und her zu wechseln. Wenn Sie beim letzten Kommentar in der Arbeitsmappe angekommen sind, erhalten Sie eine Meldung, ob mit der Überprüfung der Kommentare wieder von vorne begonnen werden soll. Falls Sie das möchten, wählen Sie »OK« und fahren mit der Überarbeitung fort. Nach getaner Arbeit lassen sich die Kommentare natürlich auch wieder ausblenden. Klicken Sie dafür einfach erneut auf das Symbol für Alle Kommentare anzeigen (was jetzt allerdings Symbol für Alle Kommentare ausblenden heißt) in der Überarbeiten-Symbolleiste. Wenn Sie diese Symbolleiste bereits wieder geschlossen haben, können Sie auch noch mal den Befehl KOMMENTARE im Menü ANSICHT wählen.

Was man mit Kommentaren so alles machen kann

Es gibt eine ganze Reihe von Methoden, um den Inhalt eines Kommentars zu bearbeiten. Welche Methode angewendet werden kann, hängt davon ab, ob der Kommentar bereits angezeigt wird oder nicht. Wenn er im Arbeitsblatt angezeigt wird, dann bearbeiten Sie ihn, indem Sie mit dem I-Mauszeiger in das Textfeld des Kommentars klicken. Aus dem I-Mauszeiger wird daraufhin eine Einfügemarke, das gesamte Textfeld wird markiert und erhält einen schraffierten Rahmen mit Ziehpunkten, um die Größe des Textfelds zu verändern. Bearbeiten Sie jetzt einfach den Kommentar, und klicken Sie dann auf irgendeine Zelle im Arbeitsblatt, um die Markierung für den Kommentar wieder aufzuheben.

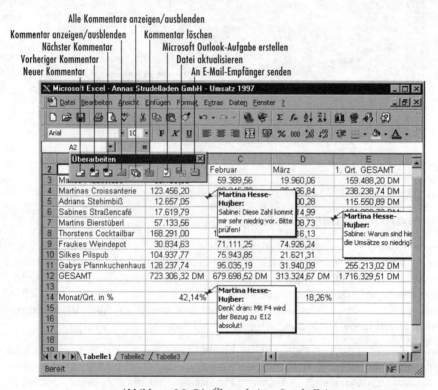

Abbildung 6.9: Die Überarbeiten-Symbolleiste

Wird der Kommentar noch nicht angezeigt, dann müssen Sie die Zelle markieren, die den Kommentar enthält. Wählen Sie dann im Menü EINFÜGEN den Befehl KOMMENTAR BEARBEITEN bzw. im Kontextmenü der Zelle den Befehl KOMMENTAR BEARBEITEN.

Falls Sie den Kommentar nicht direkt neben der Zelle, sondern irgendwo anders in der Arbeitsmappe anzeigen wollen, dann markieren Sie den Kommentar und setzen den Mauszeiger auf einen der vier Ränder des Textfelds. Sobald aus dem Mauszeiger ein Vierfachpfeil wird, ziehen Sie das gesamte Textfeld an die neue Position im Tabellenblatt. Wenn Sie jetzt die Maustaste loslassen, sehen Sie, daß Excel die Linie mit dem Pfeil, der das Textfeld mit dem roten Dreieck in der oberen rechten Zellecke verbindet, neu gezeichnet hat.

Sie können die Größe dieses Textfeld auch verändern, indem Sie den Kommentar markieren und den Mauszeiger auf einen der Ziehpunkte setzen und in die gewünschte Richtung ziehen (zur Mitte des Textfelds, um es zu verkleinern, bzw. von der Mitte weg, um es zu vergrößern). Sobald Sie die Maustaste loslassen, wird das Textfeld neu gezeichnet. Da Excel jedoch nur die Größe des Textfelds, nicht aber der Schrift ändert, kann es Ihnen beim Verkleinern des Textfelds schon mal passieren, daß Sie den Kommentar nicht mehr vollständig lesen können.

Aber alles halb so schlimm! Denn auch die Schrift für den Kommentar läßt sich natürlich ändern. Klicken Sie auf den Kommentar, und wählen Sie im Menü FORMAT den Befehl KOMMENTAR. Das Dialogfeld »Kommentar formatieren« wird geöffnet, das nur das Register SCHRIFT enthält (dasselbe wie im Dialogfeld »Zellen« – Abbildung 3.15). Ändern Sie hier die Schriftart, Schriftgröße, Schriftfarbe etc. für den angezeigten Kommentar.

Ein Kommentar läßt sich natürlich auch wieder löschen. Markieren Sie dazu die Zelle, die den Kommentar enthält, und wählen Sie im Menü BEARBEITEN den Befehl LÖSCHEN und im angezeigten Untermenü den Befehl KOMMENTARE. Falls Ihnen das jetzt zu umständlich war, nehmen Sie den Befehl KOMMENTAR LÖSCHEN aus dem Kontextmenü der Zelle. Der Kommentar wird samt rotem Dreieck aus der Zelle entfernt.

Für die Bearbeitung der Kommentare läßt sich auch die Zeichnen-Symbolleiste ganz gut verwenden. Hiermit können Sie für das Textfeld die Hintergrundfarbe ändern oder auch eine neue Form oder Schattierung auswählen. (Kapitel 8 weiß im Abschnitt »Frei wie ein Vogel (nicht zugeordneter Text)« mehr dazu.

Der Kommentar im Ausdruck

Wenn Sie ein Arbeitsblatt drucken, dann können Sie die Kommentare zusammen mit den ausgewählten Daten aus dem Arbeitsblatt drucken. Sie brauchen dazu nur im Dialogfeld »Seite einrichten« im Register TABELLE im Listenfeld KOMMENTARE eine Option auszuwählen. Wenn Sie wissen wollen, was es mit den Optionen AM ENDE DES BLATTES bzw. WIE AUF DEM BLATT ANGEZEIGT auf sich hat, dann lesen Sie in Kapitel 5 den Abschnitt »Der Tabelle zeigen, wo's langgeht«.

Wie heißt denn die Zelle?

Wenn Sie Zellen und Zellbereichen allgemeinverständliche Namen zuweisen, werden Sie sehr viel länger den Überblick über den Verbleib wichtiger Daten in einer Arbeitsmappe behalten. Anstatt sich also zu bemühen, die merkwürdigen Zellkoordinaten mit bestimmten Informationen in Verbindung zu bringen, merken Sie sich einfach einen Namen. Und was noch besser ist: Nachdem Sie einen Namen für eine Zelle oder einen Zellbereich festgelegt haben, können

Sie ihn mit der GEHE-ZU-Funktion anwählen und sogleich zum gewünschten Zellbereich springen.

Das Kind beim Namen nennen

Wenn Sie einen Namen für eine Zelle oder einen Zellbereich festlegen, sollten Sie sich an die folgenden kleinen Regeln halten:

- ✔ Der Name muß mit einem Buchstaben, nicht mit einer Zahl beginnen, also `Gewinn97` (nicht `97Gewinn`).

- ✔ Der Name darf keine Leerzeichen enthalten. Statt eines Leerzeichens verwenden Sie den Unterstrich (_), um die Bestandteile des Namens zu kennzeichnen (z. B. `Gewinn_97`).

- ✔ Der Name darf weder Zahlen noch Zellbezügen ähneln. Sie können z. B. eine Zelle nicht `Q1` nennen, da dies ein Zellbezug ist. Verwenden Sie statt dessen `Q1_Gesamt`.

Und so legen Sie einen Namen für eine Zelle oder einen Zellbereich fest:

1. **Markieren Sie die Zelle oder den Zellbereich.**

2. **Klicken Sie im Namensfeld in der Bearbeitungsleiste auf die Zelladresse.**

    Die Zelladresse im Namensfeld wird markiert.

3. **Geben Sie den Namen für die markierten Zellen in das Namensfeld ein.**

    Schauen Sie sich noch mal die obige Liste an, um sicherzugehen, daß Sie dem Zellbereich keinen ungültigen Namen zuweisen.

4. **Wählen Sie »OK«, oder drücken Sie Eingabe.**

Wenn Sie jetzt eine benannte Zelle oder einen benannten Zellbereich in einem Tabellenblatt auswählen wollen, klicken Sie im Dropdown-Listenfeld des Namensfelds auf den entsprechenden Namen. Sie öffnen dieses Listenfeld, indem Sie auf den nach unten zeigenden Pfeil gleich rechts neben der Zelladresse klicken.

Um einen Zellbereich zu markieren, dem Sie bereits einen Namen zugewiesen haben, drücken Sie F5 oder wählen den Befehl GEHE ZU im Menü BEARBEITEN. Daraufhin wird das Dialogfeld »Gehe zu« geöffnet (Abbildung 6.10). Doppelklicken Sie auf den gewünschten Namen im Listenfeld GEHE ZU (bzw. markieren Sie den Namen, und wählen Sie »OK«, oder drücken Sie Eingabe). Excel setzt den Zellcursor direkt auf die benannte Zelle bzw. markiert den benannten Zellbereich.

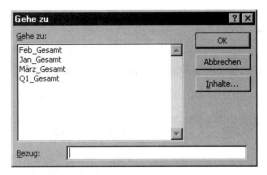

Abbildung 6.10: Das Dialogfeld »Gehe zu«

Auch Formeln haben einen Namen

Mit Zellnamen lassen sich Zellen nicht nur hervorragend aufspüren, mit ihrer Hilfe kann man Formeln zu einem logischeren Aufbau verhelfen. Gehen wir mal davon aus, daß Sie in der Zelle K3 eine ganz simple Formel eingegeben haben, die die Stunden, die Sie für einen Kunden tätig waren (in Zelle I3), mit Ihrem Stundensatz (in Zelle J3) multipliziert, um auszurechnen, wieviel Sie dem Kunden in Rechnung stellen können. Normalerweise würden Sie diese Formel in Zelle K3 so eingeben:

=I3*J3

Wenn Sie jedoch die Zelle I3 Stunden und die Zelle J3 Stundensatz genannt haben, dann könnten Sie als Formel in K3 auch eingeben:

=Stunden*Stundensatz

Es läßt sich wohl nicht bestreiten, daß man sich unter der Formel =Stunden*Stundensatz sehr viel mehr vorstellen kann als unter =I3*J3.

Wenn Sie von dieser Möglichkeit, Formeln zu gestalten, angetan sind, dann steht hier, wie's funktioniert:

1. **Geben Sie Ihren Zellen Namen, so wie Sie es bereits gelernt haben. (Jetzt kontrolliere ich, ob Sie auch aufgepaßt haben!)**

    Geben Sie für dieses Beispiel der Zelle I3 den Namen Stunden und der Zelle J3 den Namen Stundensatz.

2. **Setzen Sie den Zellcursor in die Zelle, in der die Formel angezeigt werden soll.**

    Setzen Sie den Zellcursor also in Zelle K3.

3. **Beginnen Sie die Formel mit dem Gleichheitszeichen (=).**

4. **Markieren Sie die erste Zelle, auf die sich die Formel bezieht, indem Sie deren Namen im Dropdown-Listenfeld ganz links in der Bearbeitungsleiste auswählen. (Hatten wir auch gerade!)**

   Wählen Sie in diesem Fall I3, indem Sie in der Liste auf den Zellnamen Stunden klicken.

5. **Geben Sie den mathematischen Operator ein, der in der Formel verwendet werden soll.**

   Für dieses Beispiel geben Sie das Sternchen (*) als Multiplikationszeichen ein. (Kapitel 2 enthält eine Liste mit weiteren mathematischen Operatoren.)

6. **Markieren Sie die zweite Zelle, auf die sich die Formel bezieht, indem Sie deren Namen im Dropdown-Listenfeld in der Bearbeitungsleiste auswählen (siehe oben).**

   Wählen Sie in diesem Fall J3, indem Sie in der Liste auf den Zellnamen Stundensatz klicken.

7. **Klicken Sie auf das Eingabefeld, oder drücken Sie Eingabe, um die Formel zu beenden.**

   Wenn Sie alle Schritte ausgeführt haben, dann schreibt Excel in Zelle K3 die Formel =Stunden*Stundensatz.

Formeln, die Zellnamen enthalten, lassen sich mit dem Ausfüllkästchen in andere Zellen einer Spalte oder Zeile kopieren, die dieselbe Funktion ausführen. (Mehr dazu in Kapitel 4 unter »Die Formel und das AutoAusfüllen«.) Beispiel: Sie schreiben in den Zellbereich B2:D2 die Umsatzzahlen Ihres Unternehmens und nennen den Bereich Umsatz. Dann geben Sie in den Zellbereich B3:D3 Ihre Auslagen ein und nennen den Zellbereich Auslagen. Um nun den Gewinn in Zeile 4 zu ermitteln, geben Sie in Zelle B4 die Formel =Umsatz-Auslagen ein. Wenn Sie jetzt die Formel mit dem Ausfüllkästchen in die Zellen C4 und D4 kopieren, werden Sie bemerken, daß Excel brav für jede Spalte die Berechnung ausführt, d. h., die Zellbezüge werden angepaßt! (Näheres hierzu finden Sie in Kapitel 4 unter »Alles relativ«.)

Eine ganz besondere Form der Formelnamensgebung

Wenn Sie mit einer ganz normalen Datentabelle arbeiten, die Zeilen- und Spaltenüberschriften enthält (wie die in Abbildung 6.11), dann können Sie jetzt in Excel 97 mit diesen Überschriften anstatt mit den entsprechenden Zelladressen arbeiten, um die Zellen zu definieren, die in der Formel verwendet werden sollen. Diese Funktion erspart Ihnen das lästige Zuweisen von Zellnamen, und stellt sicher, daß diese Spalten- und Zeilenüberschriften auch in den Kopien, die Sie von der ursprünglichen Formel erstellen, angezeigt werden.

Die Abbildungen 6.11 und 6.12 zeigen, wie einfach es ist, eine Formel zu erstellen, die die Spalten- und Zeilenüberschriften aus der Tabelle verwendet, und dann diese Formel (mit diesen Überschriften) in andere Zellen in der Tabelle zu kopieren.

Abbildung 6.11 zeigt eine einfache Tabelle, in der der Verkaufspreis für eine Reihe von Weinen ermittelt wird, die in Fraukes Weindepot verkauft werden. Die erste Spalte der Tabelle enthält die Zeilenüberschriften mit den Bezeichnungen der Weine. In der zweiten Spalte stehen die

Listenpreise für den jeweiligen Wein und in der dritten Spalte die gewährten Rabatte. Die vierte Spalte enthält dann die Verkaufspreise für jeden dieser Weine. Um nun den Verkaufspreis für die einzelnen Weine zu ermitteln, brauchen Sie eine Formel, in der Sie den Rabatt vom Listenpreis abziehen.

Um die erste Formel in Zelle D5 mit den Spalten- und Zeilenüberschriften zu erstellen, mußte ich zunächst die gesamte Formel eingeben. (Wenn man auf die Überschriften zeigen würde, ließen sich nur die Zelladressen auswählen, nicht aber der Text!) Anstatt nun also die Adresse der Zelle, die den Listenpreis enthält (z. B. B5), und die der Zelle mit dem Rabatt (C5) auszuwählen, habe ich die Spaltenüberschrift und dann die Zeilenüberschrift eingegeben:

```
Listenpreis Riesling-Listenpreis Riesling*Rabatt Riesling)
```

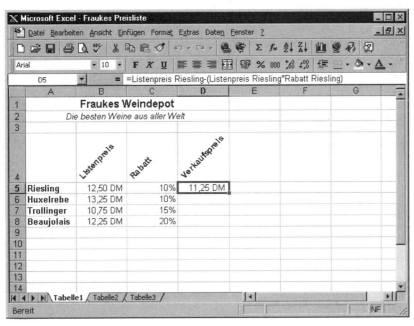

Abbildung 6.11: Ich habe mit den Spalten- und Zeilenüberschriften eine Formel zur Berechnung des Verkaufspreises erstellt.

Es ist übrigens ganz egal, ob ich zuerst die Spaltenüberschrift und dann die Zeilenüberschrift eingebe oder umgekehrt. Ich hätte diese Formel genausogut so erstellen können:

```
Riesling Listenpreis-Riesling Listenpreis*Riesling Rabatt)
```

In Abbildung 6.12 sehen Sie, was passiert, wenn ich die Originalformel zur Berechnung des Verkaufspreises in D5 in den Zellbereich D6:D8 kopiere und dann die Zelle D6 markiere. Der Inhalt der Formel für die Zelle D6 liest sich so:

```
Listenpreis Huxelrebe-Listenpreis Huxelrebe*Rabatt Huxelrebe)
```

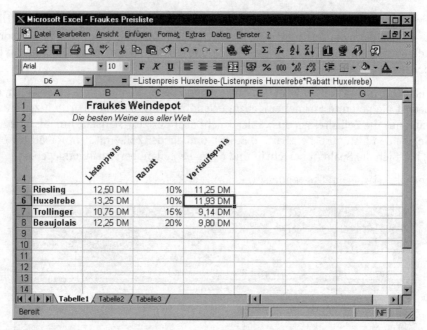

Abbildung 6.12: Diese Superformel habe ich dann in die Zellen kopiert, in denen ich ebenfalls den Verkaufspreis ermitteln will.

Stark, nicht? Das heißt also, wenn Sie eine Formel mit Spalten- und Zeilenüberschriften erstellen, dann werden diese in neue Zellbereiche kopiert und automatisch an die Zellen angepaßt, die diese neue Formel verwendet. Nun sagen Sie selbst: Ist das nicht eine einfache Methode, um beschreibende Formeln zu erstellen und das sowohl im Original als auch in der Kopie?! Ade, ihr schnöden Formeln mit den unverständlichen Zellbezügen!

Wer suchet, der findet

Wenn alle anderen Bemühungen, einen Zelleintrag zu finden, bereits fehlgeschlagen sind, sollten Sie Excels Suchfunktion aktivieren, um bestimmte Daten in Ihrem Tabellenblatt aufzuspüren. Wählen Sie den Befehl SUCHEN im Menü BEARBEITEN, oder drücken Sie Strg + F oder Umschalt + F5 – wie Sie sehen, Sie haben die Qual der Wahl. Das Dialogfeld »Suchen«, wie in Abbildung 6.13 gezeigt, wird geöffnet. Schreiben Sie den Text oder die Werte, die Sie suchen, in das Textfeld SUCHEN NACH, und wählen Sie anschließend »OK«, oder drücken Sie Eingabe, um die Suche zu starten.

6 ➤ Wie Sie Ihre Daten in den Griff kriegen

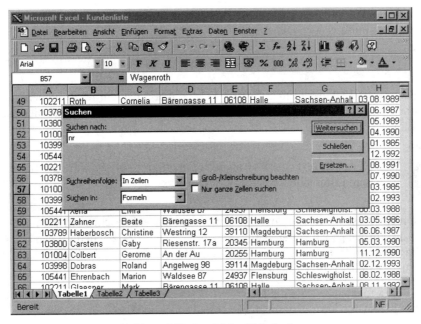

Abbildung 6.13: Das Dialogfeld »Suchen«

Wenn Sie nach einem Eintrag suchen, achten Sie bei Ihrer Eingabe in das Textfeld SUCHEN NACH darauf, ob der Text oder der Wert ein vollständiger Zelleintrag ist oder nur einen Ausschnitt aus einem Zelleintrag darstellt. In Abbildung 6.11 ist im Textfeld SUCHEN NACH nr eingegeben. Da das Kontrollkästchen NUR GANZE ZELLEN SUCHEN nicht aktiviert ist, findet Excel

✔ den Eintrag nr im Feldnamen Kund.nr in Zelle A2 sowie

✔ den Eintrag nr in Wagenroth in Zelle B57.

Wenn Sie vor Suchbeginn das Kontrollkästchen NUR GANZE ZELLEN SUCHEN aktiviert hätten, hätte Excel keinen Eintrag gefunden, da ja die beiden zuvor gefundenen Einträge den Ausdruck nr ja nur als Bestandteile des Zelleintrags enthalten.

Wenn Sie nach Text suchen, können Sie auch festlegen, ob Excel bei der Suche auf die Groß- bzw. Kleinschreibung achten soll. Standardmäßig legt Excel auf diesen kleinen (aber oft wichtigen) Unterschied keinen Wert. Ist es aber für die Eingrenzung Ihres Suchbegriffs erforderlich, daß Excel zwischen der Groß- und Kleinschreibung unterscheidet, dann sollten Sie das Kontrollkästchen GROSS-/KLEINSCHREIBUNG BEACHTEN aktivieren.

Wenn Sie in einem Tabellenblatt nach Werten suchen, denken Sie immer an den Unterschied zwischen Formeln und Werten. In Abbildung 6.7 wird z. B. in Zelle I6 der Kundenliste der Wert 10,8 angezeigt. Wenn Sie jedoch 10,8 in das Textfeld SUCHEN NACH eingeben und Eingabe drücken, um die Suche zu starten, wird sofort folgende Meldung angezeigt:

```
Kann keine übereinstimmenden Daten finden.
```

Excel konnte den Wert 10,8 in Zelle I6 nicht finden, da dieser Wert mit der folgenden Formel errechnet wurde und Excel standardmäßig in den Formeln (d. h. nicht im Wert selbst) nach einer Übereinstimmung sucht:

`=(JETZT()-H15)/365`

Um nach dem Wert 10,8, der in I6 mit dieser Formel errechnet wurde, zu suchen, markieren Sie im Dropdown-Listenfeld SUCHEN IN den Eintrag WERTE. Standardmäßig ist hier die Option FORMELN aktiviert.

Wenn Sie nach Text oder Werten in Kommentaren suchen möchten, markieren Sie in diesem Listenfeld den Eintrag KOMMENTARE.

Wenn Sie nicht wissen, wie ein Wort oder ein Name korrekt geschrieben wird oder wie der Wert oder die Formel genau lautet, dann können Sie Platzhalterzeichen verwenden. Nehmen Sie das Fragezeichen (?) für ein einzelnes unbekanntes Zeichen und das Sternchen (*) für eine beliebige Anzahl unbekannter Zeichen.

Versuchen Sie's mal: Geben Sie die folgenden Zeichen in das Textfeld SUCHEN NACH ein, und markieren Sie im Dropdown-Listenfeld SUCHEN IN die Option WERTE.

`7*4`

Excel sucht daraufhin nach Zellen, die Werte wie `74.704` oder `75234` enthalten, und findet auch einen Texteintrag wie `Badstr. 73 4. Stock`.

Wenn Sie tatsächlich einmal nach einem (Multiplikations-)Sternchen suchen wollen, stellen Sie dem Sternchen eine Tilde voran:

`~*4`

Auf diese Art und Weise können Sie nach einer Formel suchen, in der mit 4 multipliziert wird.

Wenn Sie den folgenden Eintrag im Textfeld SUCHEN NACH verwenden, werden Zelleinträge wie `Jan, Januar, Juni` etc. gefunden:

`J?n*`

In der Regel sucht Excel nur im aktuellen Tabellenblatt nach dem von Ihnen eingegebenen Suchtext. Wenn das Programm alle Tabellenblätter einer Arbeitsmappe durchsuchen soll, müssen Sie alle Tabellenblätter markieren, bevor Sie Ihre Suchaktion starten. Um alle Tabellenblätter einer Arbeitsmappe auszuwählen, klicken Sie mit der rechten Maustaste auf eines der Register am unteren Rand des Dokumentfensters und wählen dann im angezeigten Kontextmenü den Befehl ALLE BLÄTTER MARKIEREN. Wie Sie mit mehr als einem Tabellenblatt in einer Arbeitsmappe arbeiten, erzähle ich Ihnen in Kapitel 7.

Wenn Excel eine Zelle im Tabellenblatt findet, die den gesuchten Text oder Wert enthält, wird diese Zelle markiert. Das Dialogfeld »Suchen« bleibt geöffnet. (Sollte es die Sicht auf die gesuchte Zelle versperren, ziehen Sie es einfach auf die Seite.) Um die nächste Übereinstimmung zu suchen, wählen Sie die Schaltfläche »Weitersuchen« bzw. drücken Eingabe.

Excel sucht normalerweise die Zeilen von oben nach unten durch. Wenn Sie jedoch lieber spaltenweise suchen möchten, markieren Sie im Dropdown-Listenfeld SUCHREIHENFOLGE den Eintrag IN SPALTEN. Wenn Sie einen zuvor gefundenen Eintrag nochmals anzeigen lassen wollen, drücken Sie Umschalt und klicken dabei auf die Schaltfläche »Weitersuchen«.

Passen Sie auf bei Zellersatzteilen!

Wenn Sie einen Zelleintrag nur suchen, um ihn anschließend zu ersetzen, können Sie diesen Vorgang automatisch ablaufen lassen, indem Sie den Befehl ERSETZEN im Menü BEARBEITEN wählen oder Strg + H drücken. In das Dialogfeld »Ersetzen« geben Sie im Textfeld SUCHEN NACH den Wert oder Text ein, der ersetzt werden soll, und in das Textfeld ERSETZEN DURCH den Wert oder Text ein, durch den ersetzt werden soll.

Wenn Sie den Ersatztext eingeben, achten Sie darauf, den Text genau so zu schreiben, wie er am Bildschirm angezeigt werden soll. Mit anderen Worten: Wenn Sie jedesmal, wenn *Jan* im Tabellenblatt steht, dies durch *Januar* ersetzen möchten, muß folgendes im Textfeld ERSETZEN DURCH stehen:

Januar

Denken Sie daran, daß Sie im Textfeld ERSETZEN DURCH genau auf die Groß- oder Kleinschreibung eines Worts achten müssen, auch wenn Sie im Textfeld SUCHEN NACH hierauf keine Rücksicht zu nehmen brauchen (immer vorausgesetzt natürlich, daß das Kontrollkästchen GROSS-/ KLEINSCHREIBUNG BEACHTEN nicht aktiviert ist).

Nachdem Sie eingegeben haben, was gesucht und durch was ersetzt werden soll, lassen Sie Excel die übereinstimmenden Einträge im Tabellenblatt entweder von Fall zu Fall (auf »Ersetzen« klicken) oder alle in einem Arbeitsgang ersetzen (auf »Alle ersetzen« klicken).

Seien Sie vorsichtig mit der Wahl der Schaltfläche »Alle ersetzen«. Ihr ganzes Tabellenblatt kann mit einem Mal durcheinander gewirbelt werden, wenn Sie damit – nichts Böses ahnend – Werte, Teile von Formeln oder Zeichen in Überschriften ersetzen, die Sie eigentlich gar nicht ersetzen wollten. Als Vorsichtsmaßnahme lege ich Ihnen folgende goldene Regel ans Herz:

Führen Sie niemals die Funktion »Alle ersetzen« in einem nicht gespeicherten Dokument durch.

Vergewissern Sie sich vor dem Ersetzen auch, daß das Kontrollkästchen NUR GANZE ZELLEN SUCHEN aktiviert ist. Es könnte Ihnen eine ganze Reihe ungewollter Änderungen bescheren, wenn Sie dieses Kontrollkästchen nicht aktivieren, und Sie wirklich nur ganze Zelleinträge ersetzen wollen.

Wenn Sie aber tatsächlich einmal einen Wurm reingebracht haben, wählen Sie den Befehl RÜCKGÄNGIG im Menü BEARBEITEN (bzw. drücken Strg + Z), um das Tabellenblatt wieder in seinen alten Zustand zu versetzen. Wenn Sie das Problem erst zu spät erkennen und nichts mehr rückgängig gemacht werden kann, schließen Sie das Dokument, ohne es zu speichern, und öffnen dann die vor dem Ersetzen gespeicherte Version. Was für ein Glück, daß Sie dies gelesen haben!

Wenn Excel Ihnen alle gefundenen Einträge zuerst anzeigen soll, klicken Sie auf die Schaltfläche »Weitersuchen« oder drücken Eingabe. Excel markiert dann die nächste Zelle, die den Text oder Wert enthält, den Sie im Textfeld SUCHEN NACH eingegeben haben. Soll Excel den markierten Text ersetzen, dann klicken Sie auf die Schaltfläche »Ersetzen«. Falls Sie gerade diese Übereinstimmung nicht ersetzen wollen, klicken Sie auf »Weitersuchen«, um mit der Suche fortzufahren. Um das Dialogfeld »Ersetzen« zu schließen, weil der Suchen-und Ersetzen-Vorgang für Sie beendet ist, klicken Sie kurz entschlossen auf »Schließen«.

Berechnen oder nicht berechnen

Die Suche nach Daten in einem Tabellenblatt ist zwar zugegebenermaßen außerordentlich wichtig; sie ist aber nur eine der Möglichkeiten, die Daten in den Griff zu kriegen. In wirklich umfangreichen Tabellenblättern kann es z. B. vorteilhaft sein, die Neuberechnung von Einträgen manuell zu steuern. Dies ist dann von Vorteil, wenn durch das ständige Neuberechnen geänderter oder neu eingegebener Daten das Arbeiten mit Excel nur noch im Schneckentempo vorangeht. Wenn Sie diese Neuberechnungen erst durchführen lassen, wenn Sie das Tabellenblatt speichern oder drucken wollen, werden Sie von dererlei Verzögerungen nichts mitbekommen.

Um die Neuberechnungen manuell zu steuern, wählen Sie den Befehl OPTIONEN im Menü EXTRAS und klicken dann im Dialogfeld »Optionen« auf das Register BERECHNEN. Wählen Sie dann im Gruppenfeld BERECHNEN das Optionsfeld MANUELL. Deaktivieren Sie auf keinen Fall das Kontrollkästchen VOR DEM SPEICHERN NEU BERECHNEN (d. h., in dem Kästchen *muß* ein Häkchen sein!), damit Excel automatisch alle Formeln neu berechnet, wenn Sie das Tabellenblatt speichern. Wenn Sie dieses Kontrollkästchen aktiviert lassen, können Sie davon ausgehen, daß Sie stets die aktuellsten Werte mit Ihrer Arbeitsmappe speichern.

Wenn Sie das Optionsfeld MANUELL aktiviert haben, wird in der Statusleiste die Meldung Berechnen angezeigt, sobald Sie im Tabellenblatt eine Änderung vornehmen, die sich irgendwie auf die aktuellen Werte Ihrer Formeln auswirkt. Die Meldung Berechnen will Sie darauf aufmerksam machen, daß Excel die Formeln aktualisieren, d. h. neu berechnen sollte, bevor Sie die Arbeitsmappe speichern oder drucken.

Um die Formeln in einem Tabellenblatt neu zu berechnen, drücken Sie F9 oder klicken auf die Schaltfläche »Neu berechnen (F9)« auf der Registerkarte BERECHNEN im Dialogfeld »Optionen«.

Excel berechnet daraufhin alle Formeln in allen geöffneten Tabellenblättern einer Arbeitsmappe neu. Falls Sie Änderungen nur im aktuellen Tabellenblatt vorgenommen haben und nicht warten wollen, bis Excel jedes einzelne Tabellenblatt neu berechnet hat, können Sie die Neuberechnung auf das aktuelle Tabellenblatt beschränken, indem Sie auf der Registerkarte BERECHNEN im Dialogfeld »Optionen« auf die Schaltfläche »Datei berechnen« klicken oder Umschalt + F9 drücken.

Schützen Sie sich!

Sobald Sie ein Tabellenblatt so gut wie fertiggestellt haben, d. h. die Formeln überprüft und den Text nochmals gelesen haben, möchten Sie Ihr Dokument doch sicherlich gern vor unplanmäßigen Änderungen schützen.

Jede Zelle in einem Tabellenblatt kann *gesperrt* bzw. *nicht gesperrt* sein. Excel sperrt alle Zellen in einem Tabellenblatt, wenn Sie meinen Anweisungen Folge leisten:

1. **Wählen Sie den Befehl** SCHUTZ **im Menü** EXTRAS **und dann im angezeigten Untermenü den Befehl** BLATT.

   Excel öffnet das Dialogfeld »Blatt schützen«, in dem die Kontrollkästchen INHALTE, OBJEKTE und SZENARIOS bereits aktiviert sind.

2. **Wenn Sie ein Kennwort zuweisen wollen, das eingegeben werden muß, bevor der Schutz für ein Tabellenblatt wieder entfernt werden kann, dann geben Sie ein Kennwort in das Textfeld** KENNWORT (OPTIONAL) **ein.**

3. **Klicken Sie auf »OK«, oder drücken Sie Eingabe.**

   Wenn Sie ein Kennwort eingegeben haben, dann wird ein neues Dialogfeld »Kennwort bestätigen« geöffnet. Geben Sie hier das Kennwort erneut ein, und achten Sie darauf, es genau so zu schreiben wie im Textfeld KENNWORT (OPTIONAL) im Dialogfeld »Blatt schützen«. Klicken Sie dann auf »OK«, oder drücken Sie Eingabe.

Sie können auch noch einen Schritt weitergehen und das gesamte Layout der Tabellenblätter in einer Arbeitsmappe schützen. Das geht so:

1. **Wählen Sie den Befehl** SCHUTZ **im Menü** EXTRAS **und dann im angezeigten Untermenü den Befehl** ARBEITSMAPPE.

   Excel öffnet das Dialogfeld »Arbeitsmappe schützen«, in dem das Kontrollkästchen AUFBAU bereits aktiviert ist, das Kontrollkästchen FENSTER jedoch nicht. Wenn Sie den Aufbau einer Arbeitsmappe schützen, dann können die Tabellenblätter z. B. nicht mehr gelöscht oder umbenannt werden. Die Fenster in einer Arbeitsmappe zu schützen, ist dann sinnvoll, wenn Sie Teilungen oder Fixierungen vorgenommen haben, wie ich sie am Anfang dieses Kapitels beschrieben habe.

2. **Wenn Sie ein Kennwort zuweisen wollen, das eingegeben werden muß, bevor der Schutz für ein Tabellenblatt wieder entfernt werden kann, dann geben Sie ein Kennwort in das Textfeld** KENNWORT (OPTIONAL) **ein.**

3. **Klicken Sie auf »OK«, oder wählen Sie Eingabe.**

   Wenn Sie ein Kennwort eingegeben haben, dann wird ein neues Dialogfeld »Kennwort bestätigen« geöffnet. Geben Sie hier das Kennwort erneut ein, und achten Sie darauf, es genau so zu schreiben wie im Textfeld KENNWORT (OPTIONAL) im Dialogfeld »Blatt schützen«. Klicken Sie dann auf »OK«, oder drücken Sie Eingabe.

Wenn Sie den Befehl BLATT im Untermenü des Befehls SCHUTZ wählen, können in diesem Tabellenblatt die Inhalte der Zellen nicht mehr verändert werden. Ist die Arbeitsmappe geschützt, so scheitern alle Versuche an ihrem Layout etwas zu verändern.

Wenn Sie versuchen, einen Eintrag in einer gesperrten Zelle zu bearbeiten oder zu ersetzen, zeigt Excel folgende Warnmeldung an:

```
Sie versuchen Zellen zu ändern, die schreibgeschützt sind.
```

In der Regel wird es nicht in Ihrer Absicht liegen, in den Tabellenblättern einer Arbeitsmappe alle Zellen vor Änderungen zu schützen, sondern nur bestimmte Bereiche. In einem Budget-Tabellenblatt möchten Sie vielleicht alle Zellen schützen, die Überschriften und Formeln enthalten, und Änderungen in den Zellen zulassen, in die Sie die Budgetzahlen eingeben. Mit dieser Vorsichtsmaßnahme verhindern Sie, daß Sie aus Versehen eine Überschrift oder eine Formel aus dem Tabellenblatt löschen, bloß weil Sie einen Wert in eine falsche Spalte oder Zeile eingeben. (Das kommt häufiger vor, als Sie denken ...!)

Wenn Sie also bestimmte Zellen nicht sperren wollen, um sie auch dann noch ändern zu können, wenn Sie das Blatt geschützt haben, gehen Sie folgendermaßen vor (diese Schritte müssen Sie ausführen, *bevor* Sie ein Blatt schützen):

1. **Markieren Sie die Zellen, die weiterhin geändert werden sollen.**
2. **Öffnen Sie das Dialogfeld »Zellen«. (Wählen Sie den Befehl ZELLEN im Menü FORMAT (bzw. drücken Sie Strg + 1), und klicken Sie auf das Register SCHUTZ.)**
3. **Deaktivieren Sie das Kontrollkästchen GESPERRT auf der Registerkarte SCHUTZ (d. h., Sie entfernen das Häkchen), und wählen Sie dann »OK«, oder drücken Sie Eingabe.**
4. **Schützen Sie das Tabellenblatt, indem Sie den Befehl BLATT im Untermenü zum Befehl SCHUTZ im Menü EXTRAS wählen.**
5. **Wählen Sie »OK«, oder drücken Sie Eingabe.**

Um den Schutz für das aktuelle Tabellenblatt oder die Arbeitsmappe wieder aufzuheben und Änderungen durchführen zu können, wählen Sie den Befehl BLATTSCHUTZ AUFHEBEN bzw. ARBEITSMAPPENSCHUTZ AUFHEBEN im Untermenü zum Befehl SCHUTZ im Menü EXTRAS. Wenn Sie ein Kennwort für den Schutz der Arbeitsmappe oder des Tabellenblatts eingegeben haben, dann müssen Sie dieses jetzt in das Textfeld KENNWORT im Dialogfeld »Blattschutz aufheben« bzw. »Arbeitsmappenschutz aufheben« eingeben.

Überlegen Sie sich gut, ob Sie ein Kennwort vergeben, denn von jetzt an können Sie den Schutz für ein Tabellenblatt oder eine Arbeitsmappe nur noch aufheben, wenn Sie das Kennwort exakt (mit der korrekten Groß- und Kleinschreibung) eingeben. *Aber seien Sie vorsichtig*, denn wenn Sie das Kennwort vergessen, können Sie weder gesperrte Zellen ändern noch die Sperrung irgendwelcher Zellen aufheben. Kurzum: Ihre Daten sind im Eimer.

Mit mehreren Tabellenblättern jonglieren

In diesem Kapitel erfahren Sie, wie Sie ...

- zwischen verschiedenen Tabellenblättern in einer Arbeitsmappe hin- und herspringen
- Tabellenblätter in eine Arbeitsmappe einfügen
- Tabellenblätter aus einer Arbeitsmappe löschen
- mehrere Tabellenblätter markieren, um sie anschließend auf einen Schlag zu bearbeiten
- Blattregister mit klangvollen Namen versehen
- Tabellenblätter in einer Arbeitsmappe neu anordnen
- verschiedene Tabellenblätter in unterschiedliche Fenster setzen und alle gleichzeitig am Bildschirm anzeigen
- ein Tabellenblatt aus einer Arbeitsmappe in eine andere kopieren oder verschieben.
- Formeln fabrizieren, die sich auf Werte in anderen Tabellenblättern einer Arbeitsmappe beziehen

Solange Sie noch ein(e) blutige(r) Anfänger(in) im Umgang mit Tabellen sind, haben Sie wahrscheinlich genug damit zu tun, ein einziges Tabellenblatt in den Griff zu bekommen. Allein der Gedanke an das Arbeiten mit mehreren Tabellenblättern bringt Sie schon zum Schwitzen. Sobald Sie aber etwas sicherer geworden sind, werden Sie feststellen, daß das Arbeiten mit mehreren Tabellenblättern in einer Arbeitsmappe auch nichts anderes ist als das Arbeiten mit einem.

 Verwechseln Sie das Tabellenblatt nicht mit der Arbeitsmappe. Die *Arbeitsmappe* stellt das gesamte Dokument (die Datei) dar, das Sie öffnen und speichern, kopieren oder löschen etc. Jede Arbeitsmappe (= jede Datei) enthält standardmäßig drei leere *Tabellenblätter*. Stellen Sie sich diese drei leeren Tabellenblätter wie drei leere normale Blätter in einem Ringbuch vor, die Sie beschreiben, herausreißen etc. können. Damit Sie sich nicht in den drei Tabellenblättern verirren, ist jedes Tabellenblatt mit einem Blattregister versehen (TABELLE1 bis TABELLE3). Die Blätter entsprechen in etwa den Registerblättern in einem herkömmlichen Ringbuch. Sie sehen: Es ist alles mehr oder weniger so wie im wirklichen Leben.

Was ich an Tabellenblättern so liebe

Bevor Sie erfahren, *wie* Sie mit mehreren Tabellenblättern in Excel arbeiten, sollte ich vielleicht zunächst erklären, *warum* man so etwas überhaupt tut. Angenommen, Sie haben eine Bündel von Tabellenblättern erstellt, die alle thematisch zusammengehören und deshalb auch in derselben Arbeitsmappe abgelegt werden sollten. Nehmen wir beispielsweise Annas Strudelladen mit seinen Firmen. Jede Firma hat ihr eigenes Tabellenblatt in der Arbeitsmappe AS GMBH GESCHÄTZTER G+V 1997. In jedem einzelnen Tabellenblatt werden die Jahresumsätze pro Firma dokumentiert. Dadurch, daß Sie die Daten aller Firmen in einer Arbeitsmappe verwalten, haben Sie folgende Vorteile:

- ✔ Sie habe im Handumdrehen neue Tabellenblätter erstellt, da Sie die allgemeingültigen Daten, die in jedem Tabellenblatt vorkommen, nur einmal in der Arbeitsmappe eingeben müssen. (Mehr Infos zu diesem Thema gibt es im Abschnitt »Gruppenarbeit (oder alle für einen)« weiter unten in diesem Kapitel.)

- ✔ Sie können Makros, die Ihnen beim Erstellen des ersten Tabellenblatts geholfen haben, mit der aktuellen Arbeitsmappe verknüpfen. Warum denn das? Ganz einfach: Dadurch stehen die Makros in allen anderen Tabellenblättern der Arbeitsmappe zur Verfügung. (Mehr über Makros finden Sie in Kapitel 12.)

- ✔ In Windeseile haben Sie die Umsätze der einzelnen Unternehmen miteinander verglichen. (Mehr hierzu finden Sie im Abschnitt »In Tabellenblättern fensterln« weiter unten in diesem Kapitel.)

- ✔ Sie können alle Tabellenblätter der Arbeitsmappe in einem Aufwasch drucken. (In Kapitel 5 habe ich beschrieben, wie Sie die gesamte Arbeitsmappe oder nur ganz bestimmte Tabellenblätter drucken.)

- ✔ Eine grafische Darstellung der Zahlen aller Tabellenblätter – nichts leichter als das. Infos hierzu finden Sie in Kapitel 8.

- ✔ Das Zusammenfassen der Daten aller Tabellenblätter einer Arbeitsmappe, z. B. nach Quartals- oder Jahresumsätzen, ist ein Kinderspiel. (Infos zu diesem Thema finden Sie im Abschnitt »Fassen wir zusammen!« weiter unten in diesem Kapitel.)

Blatt für Blatt aneinandergereiht

Ein kurzes Resümee: Jede Arbeitsmappe enthält drei Tabellenblätter mit den phantasievollen Bezeichnungen TABELLE1 bis TABELLE3. Diese Namen werden unten im Arbeitsmappenfenster in der Registerleiste angezeigt. Um nun zu einem anderen Tabellenblatt zu springen, klicken Sie einfach auf das entsprechende Register. Excel zeigt sofort diensteifrig das gewählte Tabellenblatt auf dem Bildschirm an. Und Sie wissen stets, mit welchem Tabellenblatt Sie gerade arbeiten, da das entsprechende Blattregister weiß statt grau und der Registername fett dargestellt ist.

7 ➤ Mit mehreren Tabellenblättern jonglieren

 Um mit Hilfe der Tastatur zum nächsten Tabellenblatt zu springen, drücken Sie Strg + Bild↓. Zum vorherigen Tabellenblatt gelangen Sie durch Drücken von Strg + Bild↑. Das Nette an diesen Tastenkombinationen ist, daß sie auch dann funktionieren, wenn das nächste bzw. das vorherige Tabellenblatt noch gar nicht in Sichtweite ist.

Wenn Sie eine ganze Reihe von Tabellenblättern eingfügt haben (mehr dazu später), werden wahrscheinlich nicht alle Blattregister gleichzeitig angezeigt. Praktisch, wie Excel nun mal denkt, stellt es deshalb eine Registerleiste mit Registerlaufpfeilen (links neben der Registerleiste) zur Verfügung, mit der Sie wie mit den Bildlaufleisten blättern können (Abbildung 7.1).

✔ Wenn Sie auf den nach rechts zeigenden Registerlaufpfeil klicken, werden die nächsten Register angezeigt, die rechts in der Registerleiste stehen.

✔ Mit dem nach links zeigenden Registerlaufpfeil blättern Sie analog dazu nach links.

✔ Und da gibt es dann auch zwei Pfeile mit einem senkrechten Strich davor: Mit der nach rechts zeigenden Variante wird die letzte Registergruppe (einschließlich letztes Register) angezeigt. Mit der nach links zeigenden Variante kriegen Sie analog dazu die erste Registergruppe (einschließlich erstes Register) zu Gesicht.

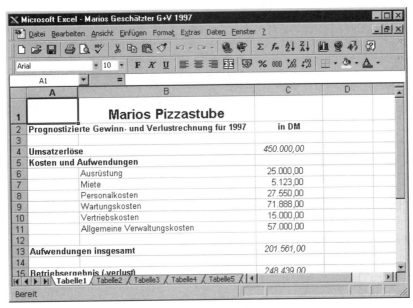

Abbildung 7.1: Haben Sie jede Menge Tabellenblätter eingefügt, können Sie mit den Registerlaufpfeilen gemütlich durch die Register blättern.

Bitte denken Sie stets daran: Das Blättern, um ein Register in der Registerleiste sichtbar zu machen, hat nichts mit dem Aktivieren eines Registers zu tun. Wenn das gewünschte Register endlich sichtbar geworden ist, müssen Sie trotzdem anschließend noch darauf klicken, um es zu aktivieren.

Damit das Hin- und Herhüpfen zwischen vielen Registern nicht zu kompliziert wird, gibt es noch das Registerteilungsfeld (Abbildung 7.2) ganz rechts in der Registerleiste. Damit können Sie die Registerleiste verlängern. Der Nachteil dabei ist, daß Sie dadurch die horizontale Bildlaufleiste verkürzen. Wenn Sie später wieder die Originallänge der Registerleiste herstellen wollen, doppelklicken Sie einfach auf das Registerteilungsfeld.

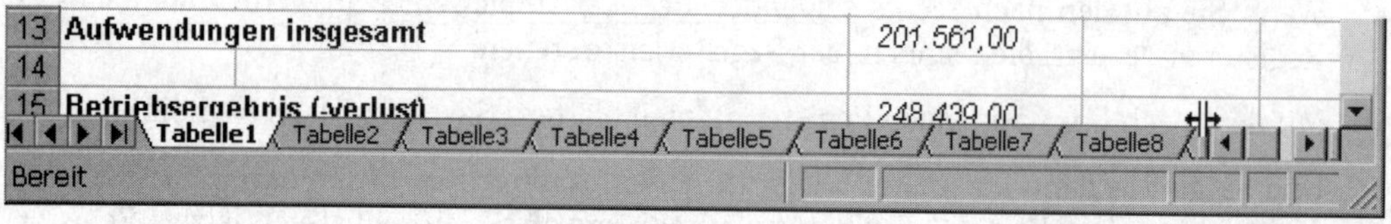

Abbildung 7.2: Mit dem Registerteilungsfeld können Sie die Registerleiste verlängern. Dadurch büßt aber die horizontale Bildlaufleiste an Länge ein.

Gruppenarbeit (oder alle für einen)

Wenn Sie also auf ein Blattregister klicken, wird das entsprechende Tabellenblatt angezeigt, und Sie können es nach Herzenslust bearbeiten. Was ist aber, wenn Sie in allen Tabellenblättern dieselben Änderungen vornehmen möchten. Jedes Blatt einzeln? Das kann nicht sein, oder? Nein! Sie können Gott sei Dank mehrere Blattregister markieren. Alles, was Sie anschließend ändern, wird in allen markierten Tabellenblättern übernommen.

Angenommen, Sie müssen drei Tabellenblätter in einer neuen Arbeitsmappe erstellen. Alle Blätter sollen die zwölf Monatsnamen in Zeile 3 ab Spalte B enthalten. Bevor Sie auch nur irgend etwas eingeben, markieren Sie zunächst die ersten drei Blattregister (TABELLE1, TABELLE2 und TABELLE3). Danach geben Sie im aktuellen Tabellenblatt in Zelle B3 Januar ein und ziehen das Ausfüllkästchen bis zur Zelle M3. Wer es nicht glauben will, der wechsle zum Tabellenblatt 2 oder 3. Unglaublich, aber wahr! Excel hat die Monatsnamen in alle drei Tabellenblätter eingefügt. Ganz schön clever, was?

Und noch ein Beispiel: Angenommen, Sie arbeiten in einer anderen Arbeitsmappe und wollen dort die Register TABELLE2 und TABELLE3 loswerden. Sie könnten nun natürlich auf das Register TABELLE2 klicken und den Befehl BLATT LÖSCHEN im Menü BEARBEITEN wählen und dann auf das Register TABELLE3 klicken und den Befehl erneut wählen. Zu umständlich! Markieren Sie die beiden Register, und eliminieren Sie sie in einem einzigen Schritt mit dem Befehl BLATT LÖSCHEN im Menü BEARBEITEN.

Jetzt habe ich soviel über das Markieren von Blattregistern erzählt. Aber Sie wissen wahrscheinlich immer noch nicht, wie das geht. Nun, dem kann abgeholfen werden:

✔ Wenn Sie eine Gruppe nebeneinander liegender Register markieren wollen, klicken Sie auf das erste Register und blättern in der Registerleiste so lange nach rechts, bis das letzte Register sichtbar wird, das Sie markieren möchten. Klicken Sie dann mit gedrückter Umschalt-Taste auf das letzte Register. Damit werden alle Register zwischen dem ersten und dem letzten markiert.

✔ Wenn die zu markierenden Register nicht nebeneinander liegen, klicken Sie auf das erste Register. Danach halten Sie Strg gedrückt und klicken nacheinander auf alle gewünschten Register.

Damit Sie auch wissen, welche Register markiert und welches Register das aktive ist, stellt Excel alle markierten Register in Weiß dar. Der Name des aktuellen Registers wird zusätzlich fett geschrieben. Außerdem wird in der Titelleiste der Arbeitsmappe hinter dem Dateinamen noch (Gruppe) angezeigt.

Um nach der Bearbeitung aller markierten Register die Markierung wieder aufzuheben, klicken Sie einfach auf ein nicht markiertes – sprich: graues – Register. Der Befehl GRUPPIERUNG AUFHEBEN im Kontextmenü für die Register tut's auch. Oder klicken Sie mit gedrückter Umschalt-Taste auf das aktuelle Blattregister.

Mal mehr, mal weniger

Vielleicht werden Sie die drei Tabellenblätter der Arbeitsmappe überhaupt nicht brauchen. Es kann aber durchaus Fälle geben, in denen Sie bedeutend mehr brauchen (wenn Sie beispielsweise die Daten eines Unternehmens mit 20 Niederlassungen oder das Budget für 30 Abteilungen verwalten wollen).

Aber das ist mit Excel kein Problem. Sie können jederzeit Tabellenblätter in eine Arbeitsmappe einfügen oder aus der Mappe löschen.

Um die Arbeitsmappe mit einem neuen Tabellenblatt zu verschönern, gehen Sie folgendermaßen vor:

1. **Markieren Sie das Register, vor dem das neue Tabellenblatt eingefügt werden soll.**
2. **Wählen Sie danach den Befehl TABELLE im Menü EINFÜGEN – schwupp – da ist sie schon.**

   Alternativ dazu können Sie auch den Befehl EINFÜGEN im Kontextmenü für die Register wählen. Daraufhin wird das Dialogfeld »Einfügen« geöffnet, in dem auf der Registerkarte ALLGEMEIN das Symbol für Tabellen standardmäßig markiert ist. Drücken Sie also Eingabe, oder wählen Sie »OK«, und schon wird das neue Tabellenblatt eingefügt.

Wenn Sie gleich mehrere Tabellenblätter auf einen Schlag einfügen wollen, markieren Sie eine Gruppe von Registern (genau so viele Register, wie Sie einfügen wollen). Denken Sie daran, daß die neuen Blätter vor dem ersten markierten Register eingefügt werden. Wählen Sie danach den Befehl TABELLE im Menü EINFÜGEN oder den Befehl EINFÜGEN im Kontextmenü für die Register. (Im letzten Fall müssen Sie noch einmal »OK« wählen oder Eingabe drücken.)

Jetzt fehlt noch das Löschen von Tabellenblättern, und das geht so:

1. **Markieren Sie das Register des Tabellenblatts, das gelöscht werden soll.**

2. **Wählen Sie dann den Befehl BLATT LÖSCHEN im Menü BEARBEITEN. Der Befehl LÖSCHEN im Kontextmenü für die Register tut's auch.**

   Excel zeigt daraufhin eine furchterregende Meldung an, die besagt, daß das Blatt endgültig verlorengeht.

3. **Wenn Sie sich absolut sicher sind, daß Sie das Blatt nicht mehr brauchen, klicken Sie tapfer auf »OK«.**

   Halten Sie sich aber stets vor Augen, daß Sie es hier mit einem der Fälle zu tun haben, bei denen der Befehl RÜCKGÄNGIG im Menü BEARBEITEN nicht verfügbar ist.

Und als allerletztes gibt es da noch das Löschen mehrerer Arbeitsblätter. Markieren Sie alle gewünschten Register, und wählen Sie dann den Befehl BLATT LÖSCHEN im Menü BEARBEITEN oder den Befehl LÖSCHEN im Kontextmenü für die Register. Auch hier erscheint diese schreckliche Meldung, die Sie mit »OK« bestätigen, wenn es Ihnen wirklich Ernst damit ist.

Sollten Sie feststellen, daß Sie immer wieder Tabellenblätter einfügen oder löschen müssen, wäre es vielleicht an der Zeit, die Standardzahl von drei Tabellenblättern zu ändern. Ja, das geht! Um diese magische Zahl in eine für Sie realistische Zahl umzuwandeln, wählen Sie den Befehl OPTIONEN im Menü EXTRAS und klicken auf das Register ALLGEMEIN. Dort gibt es das Feld BLÄTTER IN NEUER ARBEITSMAPPE, in dem Sie die Standardanzahl von Tabellenblättern in einer Arbeitsmappe ändern können.

Jedem Register seinen Namen

Sind wir mal ehrlich: Die Namen, die Excel standardmäßig für die Blattregister vergibt, sind nicht gerade das Gelbe vom Ei. TABELLE1 bis TABELLE3 – wer soll da noch wissen, was wo geschrieben steht. Das können Sie ändern. Sie haben die Möglichkeit, die Register einfach umzubenennen. Jeder Registername darf aber nicht länger als 31 Zeichen sein. Das müßte aber in den meisten Fällen reichen, oder?

Und so benennen Sie Ihre Register um:

1. **Doppelklicken Sie auf das entsprechende Register, oder klicken Sie auf das gewünschte Register, und wählen Sie dann den Befehl UMBENENNEN im Kontextmenü für die Register.**

   In beiden Fällen wird der Name des Blattregisters markiert.

2. **Überschreiben Sie den aktuellen Namen.**

3. Klicken Sie auf »OK«.

Der neue Blattregistername wird nun im Arbeitsmappenfenster auf dem Blattregister angezeigt.

Einige gute Gründe dafür, warum Sie sich bei den Registernamen kurz fassen sollten

Auch wenn Excel Ihnen erlaubt, Registernamen mit bis zu 31 Zeichen (einschließlich Leerzeichen) zu vergeben, sollten Sie das nicht schamlos ausnützen, und zwar aus folgenden Gründen: Je länger der Registername, um so länger auch das Register selbst. Der Name muß ja irgendwie angezeigt werden. Und je länger das Register, um so weniger Register können angezeigt werden. Dies wiederum hat zur Folge, daß Sie ständig in der Registerleiste blättern müssen, weil dort ja nur so wenig Register angezeigt werden können. Das war der erste Grund.

Nun zum zweiten: Wenn Sie Formeln erstellen, die auf Zellen verweisen, die sich in verschiedenen Tabellenblättern befinden (ein Beispiel dafür finden Sie im Abschnitt »Fassen wir zusammen!« weiter unten in diesem Kapitel), verwendet Excel als Zellbezug unter anderem die Registernamen. (Denn wie soll Excel denn sonst zwischen der Zelle C1 in Tabelle1 und der in Tabelle2 unterscheiden?) Wenn Sie nun mit ellenlangen Registernamen arbeiten, werden auch Ihre Formeln dementsprechend lang. Das kann ganz schön anstrengend sein, wenn man mal einen Fehler in einer Formel sucht. Also, in der Kürze liegt die Würze!

Tabellenblätter nach Belieben anordnen

Manchmal werden Sie vielleicht bemerken, daß es besser wäre, wenn Ihre Tabellenblätter in der Arbeitsmappe anders angeordnet wären. Damit wären wir wieder beim guten alten »Ziehen und Ablegen« bzw. »Drag & Drop«. Sie können ein Blattregister problemlos an eine andere Position in der Registerleiste verschieben. Der Mauszeiger nimmt beim Ziehen die Form einer Seite mit Eselsohr in der oberen rechten Ecke an. Zusätzlich wird beim Ziehen die zukünftige Position der Registermarke durch einen kleinen nach unten zeigenden Pfeil verdeutlicht (Abbildungen 7.3 und 7.4). Sobald Sie die Maustaste loslassen, ordnet Excel die Tabellenblätter Ihren Wünschen entsprechend neu an. Das gezogene Tabellenblatt wird genau dort eingefügt, wo Sie es »fallengelassen« haben.

Wenn Sie beim Ziehen eines Registers Strg gedrückt halten, fügt Excel eine Kopie des entsprechenden Tabellenblatts ein, sobald Sie die Maustaste loslassen. Damit Sie auch ja wissen, daß Sie ein Register kopieren und nicht verschieben, enthält der Blattmauszeiger (nicht: Blattlauszeiger) zusätzlich ein Pluszeichen. Was macht Excel nach dem Kopieren mit dem Registernamen? Es hängt an den Namen des kopierten Tabellenblatts einfach (2) an. Wenn Sie beispielsweise Tabelle5 kopieren, erhält die Kopie den Namen TABELLE5 (2). Anschließend können Sie für das Register einen etwas verständlicheren Namen vergeben (siehe »Jedem Tabellenblatt seinen Namen« weiter oben in diesem Kapitel).

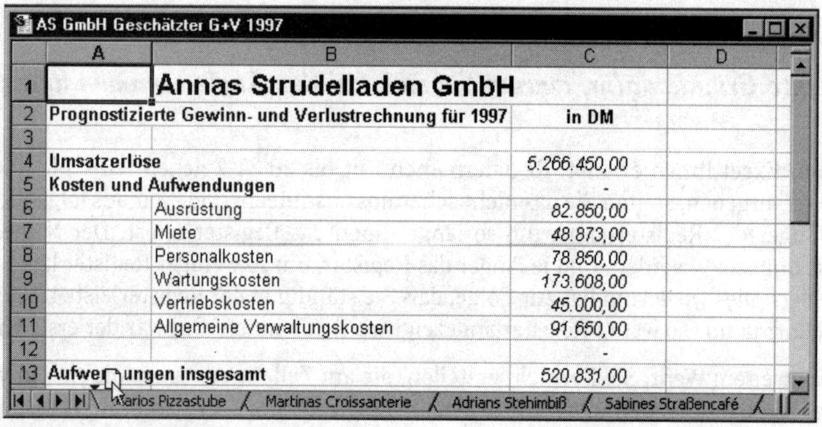

Abbildung 7.3: Die Blätter in der Arbeitsmappe AS GMBH GESCHÄTZTER G+V 1997 werden neu angeordnet, indem das Register GESAMT verschoben wird (siehe auch Abbildung 7.4).

Abbildung 7.4: Die Arbeitsmappe mit ihren neu angeordneten Registern

In Tabellenblättern »fensterln«

Genauso wie Sie ein einzelnes Tabellenblatt in mehrere Ausschnitte unterteilen können (siehe Kapitel 6), ist es auch möglich, eine Arbeitsmappe in mehrere Arbeitsblätterausschnitte aufzuteilen und diese Ausschnitte anschließend beliebig anzuordnen.

7 ➤ Mit mehreren Tabellenblättern jonglieren

Dazu müssen Sie einfach neue Dokumentfenster einfügen (zusätzlich zu dem, das automatisch geöffnet wird, wenn Sie eine Arbeitsmappe laden) und anschließend jedem Fenster ein Tabellenblatt zuweisen. Folgende Schritte sind dafür notwendig:

1. **Wählen Sie den Befehl NEUES FENSTER im Menü FENSTER, um ein zweites Fenster für die aktive Arbeitsmappe zu öffnen.**
2. **Klicken Sie auf das Register des Tabellenblatts, das im neuen Fenster angezeigt werden soll.**

   Das zweite Fenster erkennen Sie an dem Zusatz :2 hinter dem Arbeitsmappennamen in der Titelleiste.

3. **Wählen Sie erneut den Befehl NEUES FENSTER im Menü FENSTER, um ein drittes Fenster für die aktive Arbeitsmappe zu öffnen.**

   Dreimal dürfen Sie raten, welchen Zusatz dieser Name in der Titelleiste enthält.

4. **Klicken Sie auf das Register des Tabellenblatts, das im dritten Fenster angezeigt werden soll.**
5. **Öffnen Sie so viele neuen Fenster, wie Sie benötigen, und weisen Sie ihnen die entsprechenden Tabellenblätter zu.**

So, hoffentlich hat diese mühselige Vorarbeit auch etwas gebracht. Testen Sie es, und wählen Sie den Befehl ANORDNEN im Menü FENSTER. Noch etwas Geduld. Jetzt wird erst einmal das Dialogfeld »Anordnen« geöffnet. Dort können Sie bestimmen, wie die Fenster auf dem Bildschirm dargestellt werden sollen:

✔ Wenn Sie das Optionsfeld UNTERTEILT auswählen, ordnet Excel alle geöffneten Fenster neben- und untereinander an, so daß sie alle auf den Bildschirm passen. Dies bedeutet, daß Sie von jedem Fenster einen kleinen Ausschnitt sehen können. In Abbildung 7.5 sehen Sie ein Beispiel mit drei Fenstern für diese Anordnung.

✔ Mit dem Optionsfeld UNTEREINANDER können Sie alle Fenster untereinander anzeigen lassen. Ein Beispiel für diese Konstellation sehen Sie in Abbildung 7.6 (ebenfalls mit drei Fenstern).

✔ Was horizontal geht, muß auch vertikal möglich sein. Entscheiden Sie sich für das Optionsfeld NEBENEINANDER, um alle Fenster nebeneinander anzeigen zu lassen. Ein Beispiel dafür finden Sie in Abbildung 7.7.

✔ Last, but not least gibt es da noch das Optionsfeld ÜBERLAPPEND. Damit werden die Fenster übereinander gestapelt, so daß von allen Fenstern nur die Titelleiste sichtbar ist. Die Ausnahme stellt natürlich das oberste Fenster dar. Von ihm sieht man alles (Abbildung 7.8).

✔ Dann wäre da auch noch das Kontrollkästchen FENSTER DER AKTIVEN ARBEITSMAPPE. Wenn Sie es aktivieren, zeigt Excel nur die Fenster an, die Sie für die aktuelle Arbeitsmappe geöffnet haben. Sollten Sie beispielsweise drei Arbeitsmappen und für jede Arbeitsmappe drei Fenster geöffnet haben, werden normalerweise alle diese Fenster angezeigt. (Ja, ja, das geht schon. Ihr Rechner braucht dafür nur genügend Arbeitsspeicher.) Wenn Sie jedoch das Kontrollkästchen aktivieren, werden nur die drei Fenster für die aktuelle Arbeitsmappe angezeigt.

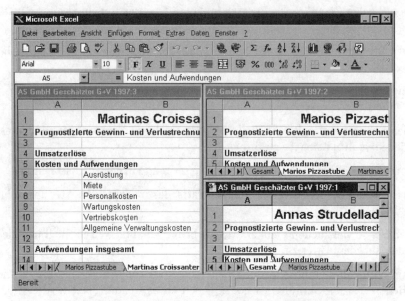

Abbildung 7.5: Fensterln in unterteilter Anordnung

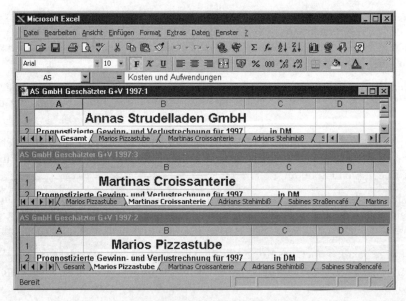

Abbildung 7.6: Untereinander fensterln

7 ➤ Mit mehreren Tabellenblättern jonglieren

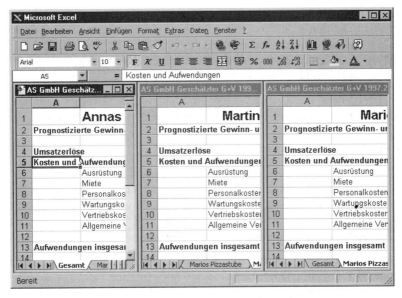

Abbildung 7.7: Nebeneinander fensterln

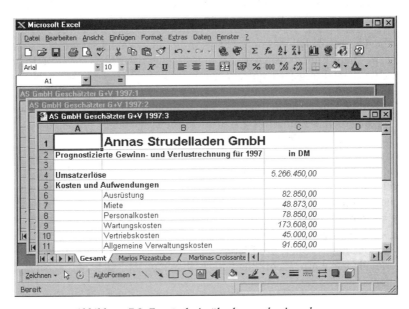

Abbildung 7.8: Fensterln in überlappender Anordnung

Haben Sie alles auf die eine oder andere Art angeordnet, müssen Sie nur auf das Fenster klicken, das Sie bearbeiten möchten. Im Fall der überlappenden Darstellung klicken Sie einfach auf die entsprechende Titelleiste.

Bei unterteilt, nebeneinander oder untereinander angeordneten Fenstern erkennen Sie das aktive Fenster an der dunkel hervorgehobenen Titelleiste und den eingeblendeten Bildlaufleisten. Wenn Sie in der überlappenden Darstellung auf eine Titelleiste klicken, wird das entsprechende Fenster in den Vordergrund geholt. Außerdem wird auch hier die Titelleiste dunkel hervorgehoben, und die Bildlaufleisten werden eingeblendet.

Wenn Sie vorübergehend mehr von einem bestimmten Fenster sehen möchten, klicken Sie auf seine Schaltfläche für Maximieren in der oberen rechten Ecke des Fensters (das vorletzte Symbol). Haben Sie alles gesehen, was Sie wollten, klicken Sie auf die Schaltfläche für Wiederherstellen (die mit den zwei Rechtecken – sprich zwei Fenstern), um zur vorherigen Fenstergröße zurückzuschalten.

Um das nächste der unterteilt, horizontal, vertikal oder überlappend angeordneten Fenster zu aktivieren, drücken Sie Strg + F6. Zum vorherigen Fenster springen Sie durch Drücken von Strg + Umschalt + F6. Diese beiden Möglichkeiten funktionieren selbst dann, wenn die Fenster als Vollbild angezeigt werden.

Sobald Sie eines der ach so sorgfältig angeordneten Fenster schließen (Doppelklicken auf das entsprechende Systemmenüfeld oder Klicken auf das »X« ganz rechts in der Titelleiste oder Drücken von Strg + F4 bzw. Strg + W), ist es vorbei mit der Ordnung, da Excel die Lücke nicht automatisch auffüllt. Dasselbe Problem tritt auf, wenn Sie nachträglich ein neues Fenster mit dem Befehl NEUES FENSTER im Menü FENSTER öffnen. Hier entsteht zwar keine Lücke, das neue Fenster wird aber einfach über die bereits geöffneten Fenster geklatscht.

Egal, ob Lücke oder aufdringliches neues Fenster: Mit dem Befehl ANORDNEN im Menü FENSTER können Sie dem Chaos Einhalt gebieten. Sie müssen sich natürlich erneut im Dialogfeld »Anordnen« für eine Darstellungsform entscheiden bzw. die vorherige mit »OK« bestätigen.

Versuchen Sie ja nicht, irgendein Fenster mit dem Befehl SCHLIESSEN im Menü DATEI loszuwerden. Damit schließen Sie die Arbeitsmappe und verlieren alle Fenster, die Sie mühselig geöffnet und angeordnet haben.

Wenn Sie die Arbeitsmappe speichern, merkt sich Excel auch die aktuelle Fensteranordnung. Dies bedeutet, daß Sie genau dieselbe Anordnung wieder auf dem Bildschirm sehen, wenn Sie die Datei erneut öffnen. Sollten Sie dies nicht wollen, schließen Sie alle nicht benötigten Fenster (Doppelklicken auf die entsprechenden Systemmenüfelder oder Fenster aktivieren und danach Strg + F4 drücken). Vergrößern Sie das letzte Fenster anschließend zum Vollbild, und klicken Sie auf das Registerblatt des Blattes, mit dem Sie später weiterarbeiten wollen. Jetzt dürfen Sie endlich speichern. Wenn Sie die Arbeitsmappe das nächste Mal laden, können Sie sofort loslegen.

Von Arbeitsmappe zu Arbeitsmappe

Es wird Ihnen sicherlich auch mal passieren, daß Sie ein Tabellenblatt in eine andere Arbeitsmappe verschieben oder kopieren möchten. Und das geht so:

1. **Öffnen Sie sowohl die Arbeitsmappe, die die zu verschiebenden bzw. zu kopierenden Tabellenblätter enthält, als auch die Arbeitsmappe, in die die Blätter verschoben bzw. kopiert werden sollen.**

   Verwenden Sie dazu das Symbol für Öffnen in der Standard-Symbolleiste, oder wählen Sie den Befehl ÖFFNEN im Menü DATEI. (Strg + F wäre eine dritte Möglichkeit.)

2. **Aktivieren Sie die Arbeitsmappe, die die Tabellenblätter enthält, die Sie verschieben oder kopieren möchten.**

3. **Markieren Sie die Blattregister der Tabellenblätter, die verschoben oder kopiert werden sollen.**

   Um ein einzelnes Tabellenblatt zu markieren, klicken Sie einfach auf das entsprechende Register. Mehrere benachbarte Blätter markieren Sie, indem Sie auf das erste Register und mit gedrückter Umschalt-Taste auf das letzte Register klicken. Liegen die Tabellenblätter nicht nebeneinander, klicken Sie auf das erste Register und mit gedrückter Strg-Taste auf alle weiteren Register.

4. **Wählen Sie den Befehl BLATT VERSCHIEBEN/KOPIEREN im Menü BEARBEITEN oder den Befehl VERSCHIEBEN/KOPIEREN im Kontextmenü für die Register.**

   In beiden Fällen wird das Dialogfeld »Blatt verschieben/kopieren« geöffnet (Abbildung 7.9). Dort müssen Sie sich endgültig entscheiden, ob Sie verschieben oder kopieren möchten, und wohin Sie kopieren bzw. verschieben möchten.

5. **Wählen Sie im Dropdown-Listenfeld ZUR MAPPE die Arbeitsmappe aus, in die die markierten Tabellenblätter verschoben bzw. kopiert werden sollen.**

   Sollen die Blätter in eine brandneue Arbeitsmappe verschoben werden, wählen Sie im Dropdown-Listenfeld den Eintrag (NEUE ARBEITSMAPPE).

6. **Im Listenfeld EINFÜGEN VOR müssen Sie sich entscheiden, vor welchem Tabellenblatt die markierten Tabellenblätter eingefügt werden sollen.**

7. **Aktivieren Sie das Kontrollkästchen KOPIEREN, wenn die Tabellenblätter kopiert anstatt verschoben werden sollen.**

8. **Wählen Sie »OK«, oder drücken Sie Eingabe.**

   Die markierten Tabellenblätter werden in die angegebene Arbeitsmappe verschoben bzw. kopiert.

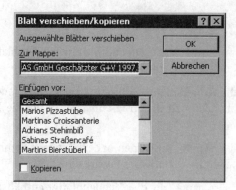

Abbildung 7.9: Das Dialogfeld »Blatt verschieben/kopieren«, in dem Sie die Arbeitsmappe wählen, in die die Tabellenblätter verschoben bzw. kopiert werden sollen

Wenn Sie den direkten Kontakt zu Blättern und Mappen bevorzugen, können Sie Tabellenblätter auch durch Ziehen und Ablegen in andere Arbeitsmappen verschieben oder kopieren. Das funktioniert auch mit mehreren Blättern. Prüfen Sie vor dem Ziehen aber noch einmal genau, ob Sie wirklich die Register der Blätter markiert haben, die verschoben bzw. kopiert werden sollen.

Wenn Sie also ein Tabellenblatt oder mehrere von dieser Sorte mit der Maus in eine andere Arbeitsmappe ziehen möchten, müssen Sie beide Arbeitsmappen öffnen und sie mit dem Befehl ANORDNEN im Menü FENSTER nebeneinander oder untereinander anordnen. Außerdem darf das Kontrollkästchen FENSTER DER AKTIVEN ARBEITSMAPPE im Dialogfeld »Anordnen« keinesfalls aktiviert sein.

Haben Sie die Arbeitsmappenfenster angeordnet, ziehen Sie die entsprechenden Blattregister aus dem einen Fenster heraus und legen sie im anderen Arbeitsmappenfenster ab. So viel zum Verschieben. Halten Sie beim Ziehen Strg gedrückt, werden die markierten Blätter kopiert. Der kleine nach unten zeigende Pfeil in der Registerleiste zeigt an, an welcher Stelle die Tabellenblätter eingefügt werden, wenn Sie die Maustaste loslassen.

In den Abbildungen 7.10 und 7.11 sehen Sie, wie einfach es ist, ein Tabellenblatt mit der Maus in eine andere Arbeitsmappe zu verschieben oder zu kopieren.

In Abbildung 7.10 sind zwei Arbeitsmappen bereits geöffnet, ANNAS STRUDELLADEN GMBH – UMSATZ 1997 links und AS GMBH GESCHÄTZTER G+V 1997 rechts (wurden mit dem Befehl ANORDNEN UNTERTEILT im Menü FENSTER so angeordnet). Ich will nun die beiden Tabellenblätter MARIOS PIZZASTUBE und MARTINAS CROISSANTERIE aus der Arbeitsmappe AS GMBH GESCHÄTZTER G+V 1997 in die Arbeitsmappe ANNAS STRUDELLADEN GMBH – UMSATZ 1997 kopieren. Dazu markiere ich die beiden Register und ziehe sie mit gedrückter Strg-Taste in die Arbeitsmappe ANNAS STRUDELLADEN GMBH – UMSATZ 1997 über das Register TABELLE2. Der kleine Pfeil zeigt genau zwischen die Register TABELLE1 und TABELLE2.

7 ➤ Mit mehreren Tabellenblättern jonglieren

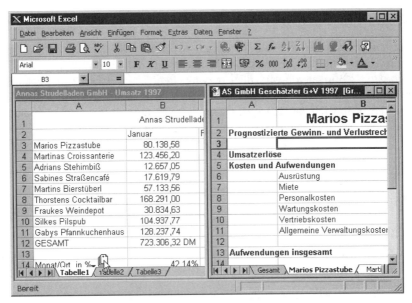

Abbildung 7.10: Die Tabellenblätter MARIOS PIZZASTUBE und MARTINAS CROISSANTERIE werden mit der Maus in die Arbeitsmappe ANNAS STRUDELLADEN GMBH – UMSATZ 1997 gezogen.

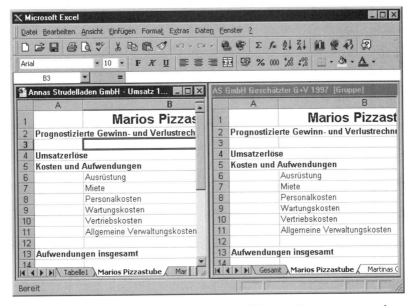

Abbildung 7.11: Die Tabellenblätter MARIOS PIZZASTUBE und MARTINAS CROISSANTERIE wurden zwischen die Tabellenblätter TABELLE1 und TABELLE2 in die Arbeitsmappe ANNAS STRUDELLADEN GMBH – UMSATZ 1997 eingefügt.

Fassen wir zusammen!

Wie immer kommen am Schluß die interessanten Dinge. Ich möchte Ihnen in diesem Abschnitt die faszinierende Welt des Zusammenfassens von Tabellenblättern zeigen. Sie können nämlich ein ganzes Bündel von verschiedenen Tabellenblättern einer Arbeitsmappe in einem separaten Tabellenblatt zusammenfassen. (ExpertInnen sprechen hier auch von *Konsolidieren*.) Am besten erkläre ich das Ganze an einem Beispiel. Ich werde in den folgenden Schritten erklären, wie ich das zusammenfassende Tabellenblatt mit dem Namen Gesamt in der Arbeitsmappe AS GMBH GESCHÄTZTER G+V 1997 erstellt habe, in dem die voraussichtlichen Gewinne und Verluste aller Firmen von Annas Strudelladen für das Jahr 1997 zusammengefaßt werden.

Da die Arbeitsmappe AS GMBH GESCHÄTZTER G+V 1997 mit den voraussichtlichen Gewinnen und Verlusten aller Firmen bereits existiert, ist die Zusammenfassung ein Kinderspiel. Gehen Sie folgendermaßen vor:

1. **Fügen Sie zunächst ein neues Tabellenblatt vor allen bereits vorhandenen Tabellenblättern ein.**

   Wer vergessen hat, wie's geht, sollte dieses Kapitel noch einmal lesen.

2. **Geben Sie nun den Titel für das neue Tabellenblatt in A1 ein.**

   ```
   Gesamt
   ```

3. **Kopieren Sie die Zeilenbeschriftungen (mit den Gewinnen und Verlusten) aus dem Tabellenblatt Marios Pizzastube in das Tabellenblatt Gesamt.**

   Markieren Sie einfach den Zellbereich A2:B26 im Tabellenblatt Marios Pizzastube, und drücken Sie Strg + C. Klicken Sie dann auf das Register Gesamt, und markieren Sie dort die Zelle A2. Anschließend müssen Sie nur noch Eingabe drücken.

So, wenn Sie dann auch noch die Breite von Spalte B an den längsten Eintrag angepaßt und in C2 in DM eingegeben haben, kann es losgehen. Nun sind Sie bereit, die Summenformel in die Zelle C4 einzugeben. Mit dieser Formel werden die Erlöse aller Firmen berechnet:

1. **Markieren Sie im Tabellenblatt Gesamt die Zelle C4, und klicken Sie auf das Summen-Symbol in der Standard-Symbolleiste.**

   Excel fügt den Eintrag =SUMME() in C4 ein. Die Einfügemarke befindet sich einsatzbereit zwischen den beiden runden Klammern.

2. **Klicken Sie auf das Register Marios Pizzastube, und markieren Sie in diesem Tabellenblatt die Zelle C4, die Erlöse von Marios Pizzastube.**

   In der Bearbeitungsleiste wird nun folgendes angezeigt:

   ```
   =SUMME('Marios Pizzastube'!C4)
   ```

3. **Geben Sie ein Semikolon (;) ein (damit beginnen Sie ein neues Argument), und klicken Sie auf das Register MARTINAS CROISSANTERIE. Markieren Sie auch dort C4, um die Erlöse für Martinas Croissanterie auszuwählen.**

    In der Bearbeitungsleiste wird nun folgendes angezeigt:

    =SUMME('Marios Pizzastube'!C4;'Martinas Croissanterie'!C4)

4. **Das Ganze wiederholen Sie für alle weiteren Firmen.**

    In der Bearbeitungsleiste wird letztendlich die Riesenformel aus Abbildung 7.12 angezeigt.

5. **So, die Formel hätten wir. Jetzt müssen Sie nur noch Eingabe drücken.**

    Abbildung 7.12 zeigt das Ergebnis. In Zelle C4 des Tabellenblatts GESAMT werden die Erlöse aller Firmen addiert. In der Bearbeitungsleiste sehen Sie die imposante Summenformel.

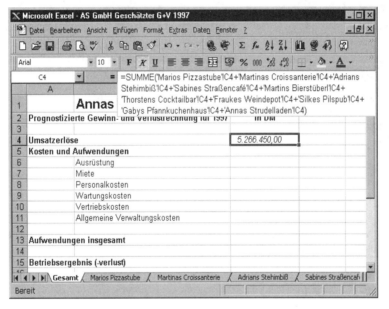

Abbildung 7.12: Das Tabellenblatt GESAMT mit der Summenformel für die Erlöse aller Firmen von Annas Strudelladen

Nun müssen Sie nur noch mit Hilfe des Ausfüllkästchens die Formel bis runter in Zelle C26 kopieren (so weit runter stehen Formeln):

1. **C4 ist immer noch markiert. Ziehen Sie dort das Ausfüllkästchen bis runter in Zelle C26. Damit werden die entsprechenden Werte für alle Firmen addiert.**

2. **Löschen Sie anschließend die Formel in allen Zellen, die 0,00 enthalten (das sind die Zellen ohne Gewinne bzw. Verluste).**

In Abbildung 7.13 sehen Sie den ersten Teil des Zusammenfassungsblatts, nachdem die Formel aus Zelle C4 kopiert und in den entsprechenden Zellen wieder gelöscht wurde (die mit der Summe 0,00).

Ich finde das Tabellenblatt GESAMT sieht nach recht viel Arbeit und Aufwand aus. Damit kann man schon Leute beeindrucken. Und dabei war alles recht einfach. Aber das Beste an der Sache habe ich noch gar nicht erwähnt: Die Formeln im Tabellenblatt GESAMT sind mit den entsprechenden Werten in den anderen Tabellenblättern verknüpft. Was heißt das? Nun, sobald Sie einen Wert in einem der anderen Tabellenblättern für die Firmen ändern, wird das Tabellenblatt GESAMT automatisch aktualisiert und zeigt die allerneuesten Werte an. Das nenne ich Service!

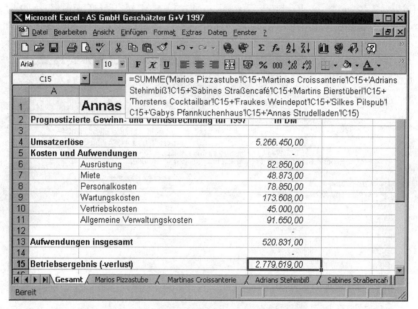

Abbildung 7.13: Der erste Teil des Tabellenblatts GESAMT, in dem die Gewinne und Verluste der Firmen von Annas Strudelladen zusammengefaßt sind

Teil IV

Ein Leben nach den Arbeitsblättern

»Das ist richtig, Frau Banger. Er kassiert Lizenzen von jedem einzelnen auf der Welt. Und es gibt nichts, was wir dagegen tun können.«

In diesem Teil...

Sie entdecken, daß man mit Excel mehr als nur Kalkulationen durchführen kann. Zuerst erfahren Sie in Kapitel 8, wie einfach Sie Freunde, Bekannte und Kollegen mit eindrucksvollen Diagrammen begeistern und sogar überzeugen können. Diagramme bringen Leben in Ihre nüchternen Zahlen. Anschließend lernen Sie in Kapitel 9, wie Sie Ihre riesigen Mengen an Fakten und Zahlen pflegen und verwalten. Sie sortieren Ihre Daten nach beliebigen Kriterien, suchen nach bestimmten Informationen und filtern die Daten heraus, die Sie gerade benötigen. Kapitel 10 plaudert ein wenig über Tips und Tricks zum Erstellen von Hyperlinks und zum Umwandeln von Tabellenblättern in das brandneue HTML-Format. Alles in allem sind Sie danach bestens vorbereitet, falls Sie jemals die Grenzen der Tabellenblätter überschreiten müssen bzw. wollen.

Ein Bild sagt mehr als tausend Worte

In diesem Kapitel erfahren Sie, wie Sie ...

- mit dem Diagramm-Assistenten ein Diagramm in ein Tabellenblatt zaubern
- mit der Diagramm-Symbolleiste den Diagrammtyp wechseln
- Diagrammtitel einfügen und formatieren
- ein Diagramm mit einem Textfeld und einem Pfeil informativer gestalten
- die Diagrammachsen formatieren
- die Ausrichtung eines 3D-Diagramms ändern
- mit den Zeichenwerkzeugen in Ihren Diagrammen und Tabellenblättern herummalen
- mit der Landkartenfunktion Daten auf einer Landkarte darstellen und analysieren
- Diagramme ohne die restlichen Tabellendaten drucken

»Ein Bild sagt mehr als tausend Worte« (bzw. mehr als tausend Zahlen). Wenn Sie Ihre Tabellenblätter mit Diagrammen versehen, wecken Sie damit nicht nur das Interesse des Betrachters, sondern betonen auch die Trends und Besonderheiten, die ansonsten vielleicht nicht sofort (oder nie) ersichtlich wären. Mit Excel ist die grafische Darstellung von Zahlenmaterial ein Kinderspiel. Experimentieren Sie einfach mit verschiedenen Diagrammtypen, bis Sie die aussagekräftigste Darstellungsform für Ihre Daten gefunden haben – das Bild, das mehr sagt als tausend Zahlen.

Erinnern Sie sich noch an Ihre Schulzeit? An den Algebralehrer, der mühsam versuchte, Ihnen beizubringen, wie man Gleichungen mit Hilfe verschiedener x- und y-Achsenwerte grafisch aufs Papier bringt? Wahrscheinlich hatten Sie damals auch Interessanteres zu tun und haben nicht im Traum daran gedacht, daß Sie diesen »Mist« einmal tatsächlich brauchen werden.

Nun, man sollte niemals »nie« sagen. Denn obwohl Excel die meiste Arbeit beim Umsetzen von Zahlen in Grafiken übernimmt, müssen Sie doch wenigstens die x- und die y-Achse voneinander unterscheiden können, um Excel, falls nötig, zu korrigieren, wenn das Ergebnis nicht Ihren Vorstellungen entspricht. Zur Erinnerung: Die x-Achse ist die horizontale, die y-Achse die vertikale Achse.

In der Regel werden in Diagrammen mit zwei Achsen die Rubriken entlang der x-Achse geschrieben, während die y-Achse die dazugehörigen Datenreihenwerte enthält. Man bezeichnet die x-Achse auch als Zeitachse, da in einem Diagramm Werte häufig über einen Zeitraum – Monate, Quartale, Jahre etc. – dargestellt werden.

Diagramme aus dem Nichts zaubern

Das reicht zunächst an Hintergrundinformationen. Kommen wir gleich zur Sache. Das Erstellen eines Diagramms im Tabellenblatt ist mit Excel ein Kinderspiel, da das Programm den sogenannten Diagramm-Assistenten zur Verfügung stellt. Dieser Assistent führt Sie in vier Schritten zu Ihrem ersten, beeindruckenden neuen Diagramm.

Bevor Sie den Diagramm-Assistenten aufrufen, müssen Sie den Zellbereich markieren, der die Informationen für das Diagramm enthält. Damit das Ergebnis Ihren Vorstellungen entsprechen kann, sollten die Daten in einem normalen rechteckigen Tabellenformat angeordnet sein (Abbildung 8.1).

Wenn Sie ein Diagramm mit einer x- und einer y-Achse erstellen (das ist bei den meisten Diagrammen so), verwendet der Diagramm-Assistent normalerweise die markierten Zeile mit den Spaltenbeschriftungen als Rubrikentext (entlang der x-Achse). Hat Ihre Tabelle Zeilenbeschriftungen, dann nimmt der Diagramm-Assistent diese als Text für die Legende (wenn Sie sich entschließen sollten, eine Legende anzeigen zu lassen). Mit der Legende wird deutlich gemacht, welche Punkte, Säulen oder Balken im Diagramm zu welchen Werten in der Tabelle gehören. Etwas verwirrend – aber das wird schon.

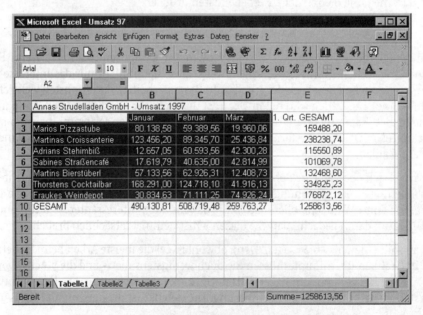

Abbildung 8.1: Die Daten für das Diagramm sind markiert.

Nachdem Sie alle Daten für das Diagramm markiert haben, gehen Sie folgendermaßen vor:

1. **Klicken Sie in der Standard-Symbolleiste auf das Symbol für den Diagramm-Assistenten, um den ersten Bildschirm des Diagramm-Assistenten zu öffnen.**

Das ist das Symbol mit dem Säulendiagramm. Wenn Sie darauf klicken, wird automatisch das Dialogfeld mit der langatmigen Bezeichnung »Diagramm-Assistent – Schritt 1 von 4 – Diagrammtyp« geöffnet (Abbildung 8.2).

2. **Wenn Sie einen anderen Diagrammtyp als das Standardsäulendiagramm erstellen möchten, wählen Sie einen im Feld DIAGRAMMTYP und/oder UNTERTYP aus. Es gibt ja genug davon.**

   Klicken Sie dazu einfach auf den Diagrammtyp, der Ihnen gefällt, und anschließend auf eine Variante des gewählten Typs. Wenn Sie auf das Symbol SCHALTFLÄCHE GEDRÜCKT HALTEN FÜR BEISPIEL klicken und die Maustaste gedrückt halten, kriegen Sie ein Beispiel für den gewählten Diagrammtyp zu sehen.

3. **Klicken Sie auf »Weiter«, oder drücken Sie Eingabe, um zum Dialogfeld mit dem noch schrecklicheren Namen »Diagramm-Assistent – Schritt 2 von 4 – Diagramm-Quelldaten« zu gelangen.**

   Das Dialogfeld sieht so ähnlich wie das in Abbildung 8.3 aus. Dort können Sie den Datenbereich, der grafisch dargestellt werden soll, noch einmal korrigieren oder ganz neu markieren (falls Sie es am Anfang vergessen haben). Außerdem bestimmen Sie hier, ob die Datenreihen aus den Zeilen oder den Spalten gebildet werden sollen.

   Wenn Sie dieses Dialogfeld zu Gesicht kriegen, wird alles, was Sie zuvor im Tabellenblatt markiert haben, von diesem berühmt berüchtigten Laufrahmen umzingelt. Damit aber nicht genug. Der markierte Bereich wird auch noch im Textfeld DATENBEREICH als Formel mit absoluten Bezügen angezeigt. Ziemlich abschreckend. Wenn Sie sich den Datenbereich also anders vorstellen, dann können Sie entweder wieder wie wild im Tabellenblatt markieren oder die Angabe im Textfeld DATENBEREICH zu Fuß ändern. Sollte das Assistenten-Dialogfeld beim Markieren im Weg sein, können Sie es auf die Größe des Textfelds DATENBEREICH schrumpfen lassen, indem Sie auf das Symbol mit dem roten Pfeil am Ende des Textfelds klicken. (Das heißt übrigens »Dialog reduzieren«.)

4. **Prüfen Sie also den Datenbereich im Textfeld DATENBEREICH, und ändern Sie ihn, falls nötig.**

   Der Diagramm-Assistent macht in der Regel aus jeder Wertespalte des markierten Bereichs eine *Datenreihe* im Diagramm. In der *Legende* (das ist das Feld mit den Erläuterungen der Farben oder Muster, die im Diagramm verwendet werden) werden wiederum die verschiedenen Datenreihen aufgeschlüsselt.

   Für die markierten Daten in Abbildung 8.1 bedeutet dies, daß jede Säule im Säulendiagramm jeweils einen Monatsumsatz darstellt, und daß die Monatsumsätze pro Firma zusammengefaßt sind. Wenn Sie möchten, können Sie die Datenreihen nach Zeilen anstatt nach Spalten bilden. Aktivieren Sie dazu einfach das Optionsfeld ZEILEN. Dann stellt jede Säule eine der Firmen dar, die wiederum nach Monaten zusammengefaßt werden.

   Wenn das Diagramm die Datenreihen spaltenweise verwenden soll, nimmt der Diagramm-Assistent die Einträge in der ersten Spalte (die Zeilenüberschriften im Bereich A3:A9) als

Beschriftungen für die x-Achse (die sogenannte *Rubrikenachse*). Die Einträge der ersten Zeile (die Spaltenbeschriftungen im Bereich B2:D2) werden automatisch als Überschriften für die Legende eingesetzt.

Wenn Sie noch irgendwelche Namen oder Zellen in den Datenreihen ändern möchten, klicken Sie auf das Register REIHE. Dort kann noch einiges über den Haufen geworfen werden.

5. **Klicken Sie auf »Weiter«, oder drücken Sie Eingabe, um zum Dialogfeld »Diagramm-Assistent – Schritt 3 von 4 – Diagrammoptionen« zu gelangen.**

   Dieses Dialogfeld sehen Sie in Abbildung 8.4. Wahnsinn! Da ist was geboten. Hier legen Sie u. a. fest, wie der Diagrammtitel lautet, ob Gitternetzlinien verwendet werden, wo die Legende hin soll, ob Datenbeschriftungen neben den Datenreihen angezeigt werden, oder ob eine Datentabelle unterhalb des Diagramms mit den Diagrammwerten eingefügt werden soll.

6. **Klicken Sie auf die Registerkarte, in der Sie Optionen einstellen möchten. Mehr dazu im Abschnitt »Diagrammoptionen wie Sand am Meer« weiter unten in diesem Kapitel.**

7. **Klicken Sie auf »Weiter«, oder drücken Sie Eingabe, um zum letzten Dialogfeld »Diagramm-Assistent – Schritt 4 von 4 – Diagramm-Plazierung« zu gelangen.**

   Das sehen Sie in Abbildung 8.5. Hier bestimmen Sie, ob das Diagramm in einem extra Diagrammblatt oder als Objekt in einem Tabellenblatt der aktuellen Arbeitsmappe eingefügt werden soll.

8a. **Soll das Diagramm sein eigenes Zuhause in einem Diagrammblatt bekommen, klicken Sie auf ALS NEUES BLATT und geben – wenn Sie wollen – in das Feld daneben einen Namen für das Diagrammblatt ein. (DIAGRAMM1, DIAGRAMM2 etc. ist doch arg langweilig.)**

8b. **Soll das Diagramm in irgendein Tabellenblatt der aktuellen Arbeitsmappe eingefügt werden, dann ist die Option ALS OBJEKT IN gefragt. Anschließend legen Sie im Feld daneben noch fest, welches Tabellenblatt die Ehre haben soll. Und wenn Sie wollen, können Sie das gewählte Tabellenblatt hier auch gleich noch umbenennen, indem Sie einfach einen neuen Namen eingeben.**

9. **Klicken Sie auf »Ende«, um den Diagramm-Assistenten zu entlassen.**

   Wenn Sie sich für die Option ALS NEUES BLATT entschieden haben, setzt Excel das Diagramm in sein Diagrammblatt und zaubert die Diagramm-Symbolleiste auf den Bildschirm, damit Sie gleich weiterwerkeln können. Haben Sie die Option ALS OBJEKT IN gewählt, wird das Diagramm im entsprechenden Tabellenblatt eingefügt. Die Diagramm-Symbolleiste ist auch schon da, und das Diagramm ist markiert, damit es gleich weitergehen kann. In Abbildung 8.6 sehen Sie, wie der Umsatz im ersten Quartal 1997 für Annas Strudelladen grafisch umgesetzt wurde. Ganz nett, oder?

8 ➤ Ein Bild sagt mehr als tausend Worte

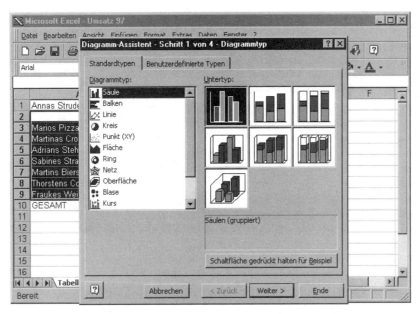

Abbildung 8.2: Das Dialogfeld »Diagramm-Assistent – Schritt 1 von 4 – Diagrammtyp«

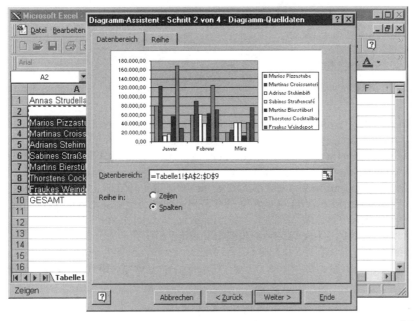

Abbildung 8.3: Das Dialogfeld »Diagramm-Assistent – Schritt 2 von 4 – Diagramm-Quelldaten«

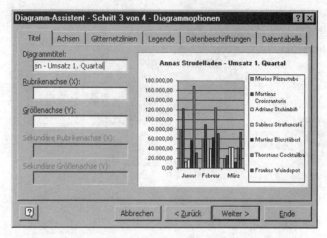

Abbildung 8.4: Das Dialogfeld »Diagramm-Assistent – Schritt 3 von 4 – Diagrammoptionen«

Abbildung 8.5: Das Dialogfeld »Diagramm-Assistent – Schritt 4 von 4 – Diagramm-Plazierung«

Sie können nun die Position und die Größe des Diagramms problemlos ändern, da es nach der Erstellung noch markiert ist. (Daß ein grafisches Objekt markiert ist, erkennen Sie an den *Ziehpunkten* – die kleinen Quadrate – auf der Objektumrandung.) Sobald Sie ein Diagramm erstellt haben, wird die Diagramm-Symbolleiste »frei schwebend« im Dokumentfenster eingeblendet. Um das Diagramm zu verschieben, setzen Sie den Mauszeiger in das Diagramm und ziehen es an eine neue Position. Wenn Sie das Diagramm vergrößern oder verkleinern möchten (weil es vielleicht viel zu groß oder viel zu klein im Vergleich zur Tabelle ist), zeigen Sie mit dem Mauszeiger auf einen der Ziehpunkte. Daraufhin wird der Mauszeiger zu einem Doppelpfeil. Ziehen Sie die gewählte Seite bzw. Ecke (hängt davon ab, welchen Ziehpunkt Sie gewählt haben) in die gewünschte Richtung, um das Diagramm zu vergrößern bzw. zu verkleinern.

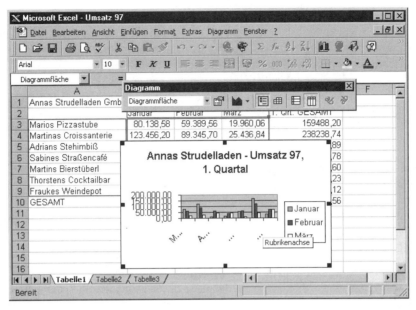

Abbildung 8.6: Das Werk ist vollbracht!

Stimmen Größe und Position mit Ihren Wünschen überein, verankern Sie das Diagramm im Tabellenblatt, indem Sie seine Markierung aufheben. (Klicken Sie dazu auf eine beliebige Stelle außerhalb des Diagramms.) Die Ziehpunkte und die Diagramm-Symbolleiste verschwinden daraufhin. Um das Diagramm erneut zu markieren (weil Sie Größe, Position etc. ändern möchten), klicken Sie einfach auf eine beliebige Stelle im Diagramm.

 Wenn Sie für den Diagramm-Assistenten und seine vier Dialogfelder keine Zeit haben, können Sie auch ein fix und fertiges Säulendiagramm in einem Diagrammblatt per Tastendruck erstellen. Markieren Sie dazu den Bereich, der grafisch dargestellt werden soll, und drücken Sie F11. Schwupp, Ihre Daten werden in einem neuen Diagrammblatt als Säulendiagramm angezeigt. Selbstverständlich können Sie es anschließend hemmungslos mit allen Techniken quälen, die Sie in diesem Kapitel lernen.

Die Diagramm-Symbolleiste auf das Diagramm hetzen

 Nachdem Sie das Diagramm erstellt haben, können Sie es mit den Symbolen der Diagramm-Symbolleiste (Abbildung 8.7) auf den Kopf stellen. Denken Sie dran: Diese Symbolleiste taucht immer dann auf, wenn Sie das Diagramm im Tabellenblatt markieren. Ist das Diagramm erst einmal markiert, können Sie mit Hilfe der Diagramm-Symbolleiste folgendes damit anstellen:

✔ *Diagrammobjekte*: Um das Element des Diagramms zu markieren, den Sie bearbeiten möchten, klicken Sie auf den nach unten zeigenden Pfeil des Dropdown-Listenfelds für Diagrammobjekte – gleich das erste in der Diagramm-Symbolleiste. Wählen Sie dann das gewünschte Objekt aus der Liste aus. Natürlich können Sie auch mit der Maus direkt auf das entsprechende Element im Diagramm klicken. Wenn Sie getroffen haben, wird der Objektname automatisch im ersten Listenfeld der Diagramm-Symbolleiste angezeigt.

✔ *Formatieren*: Okay, jetzt ist geklärt, um welches Objekt es sich dreht – dann kann das Formatieren ja losgehen. Klicken Sie auf das Symbol für Formatieren, und schon stehen Ihnen quasi alle Möglichkeiten offen. Wie das Symbol für Formatieren genau heißt, hängt davon ab, für welches Diagrammobjekt Sie sich entschieden haben. Haben Sie beispielsweise als Objekt die Diagrammfläche gewählt, heißt das Symbol »Diagrammfläche formatieren«. Das sehen Sie, wenn Sie mit dem Mauszeiger ein kleines Päuschen auf dem Symbol einlegen. Dann wird die sogenannte QuickInfo angezeigt, die wiederum den Namen für das Symbol enthält. Sie haben die Legende als Objekt gewählt? Dreimal dürfen Sie raten! Richtig! Das Symbol nennt sich »Legende formatieren«.

✔ *Diagrammtyp*: Wenn Ihnen die ewigen Säulen (oder was auch immer Sie verwenden) zum Hals raushängen, dann klicken Sie auf den nach unten zeigenden Pfeil des dritten Symbols in der Diagramm-Symbolleiste. Klapp – eine Liste mit verschiedenen Diagrammtypen fällt Ihnen entgegen.

✔ *Legende*: Klicken Sie auf dieses Symbol, um die Legende ein- bzw. auszublenden.

✔ *Datentabelle*: Klicken Sie auf dieses Symbol, um eine Tabelle mit den Werten, die im Diagramm dargestellt werden, einzufügen bzw. zu entfernen. (In Abbildung 8.8 habe ich so eine Tabelle für das Diagramm in der Datei UMSATZ 97 reingebastelt.)

✔ *Nach Zeile*: Ein Klick darauf, und schon werden die Datenreihen nach den Zeilen im markierten Datenbereich gebildet.

✔ *Nach Spalte*: Ein Klick darauf, und schon werden die Datenreihen nach den Spalten im markierten Datenbereich gebildet.

✔ *Text nach unten drehen*: Dieses Symbol funktioniert nur, wenn Sie die x- oder die y-Achse als Objekt ausgewählt haben. Das ist der Fall? Nun dann klicken Sie mal drauf. Die Achsenbeschriftungen werden um 45 Grad nach rechts unten gedreht (so wie die Buchstaben auf dem Symbol).

✔ *Text nach oben drehen*: Dasselbe wie beim Symbol für Text nach unten drehen – nur daß hier der Text nach links oben gedreht wird. Logisch, oder?

8 ➤ Ein Bild sagt mehr als tausend Worte

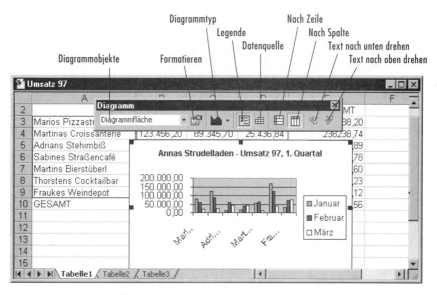

Abbildung 8.7: Die Diagramm-Symbolleiste

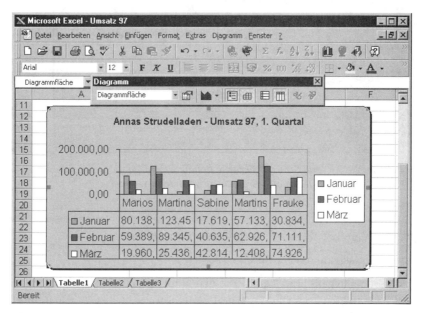

Abbildung 8.8: Ein etwas aufgepepptes Säulendiagramm mit einer Datentabelle für die Umsätze des ersten Quartals

277

Das Diagramm direkt im Tabellenblatt bearbeiten

Also, wenn Sie mal so auf die schnelle ein bestimmtes Element des Diagramms bearbeiten möchten (um z. B. eine andere Schrift für den Titel zu wählen, oder um die Legende neu zu positionieren), dann doppelklicken Sie auf das entsprechende Element (z. B. auf den Titel, die Legende etc.). Excel markiert es dann brav und öffnet ein speziell für das markierte Objekt zugeschnittenes Formatdialogfeld. Sie haben auf die Legende doppelgeklickt? Wenn Sie gut gezielt haben, wird jetzt das Dialogfeld »Legende formatieren« mit seinen drei Registern MUSTER, SCHRIFT und ANORDNUNG angezeigt (Abbildung 8.9). Jede Registerkarte ist voll von Optionen, mit denen Sie alles Mögliche vera(u)nstalten können.

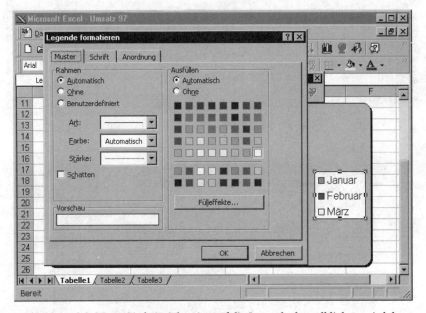

Abbildung 8.9: Wenn Sie beispielsweise auf die Legende doppelklicken, wird das Dialogfeld »Legende formatieren« geöffnet.

Es reicht auch, wenn Sie ein Diagramm nur markieren, um es zu bearbeiten. Ich habe ein paar Punkte zusammengestellt, die dabei von Interesse sein könnten:

✔ Klicken Sie einfach auf das gewünschte Element.

✔ Ein markiertes Element erkennen Sie an den komischen »eckigen« Punkten – den sogenannten Ziehpunkten. In Abbildung 8.9 ist beispielsweise die Legende markiert und somit von diesen Ziehpunkten umzingelt. Manche Elemente können über die Ziehpunkte vergrößert, verkleinert oder gedreht werden.

✔ Sie können bei einigen Elementen auch auf deren Mitte zeigen und das Element mit gedrückter Maustaste von hinnen nach dannen ziehen.

- ✔ Ein Kontextmenü für das Element gefällig? Nichts leichter als das. Klicken Sie einfach mit der rechten Maustaste auf das gewünschte Element. Den Befehl, der Sie dort interessiert, wählen Sie dann wieder mit der linken Maustaste.
- ✔ Weg mit dem markierten Element? Entf drücken!

Wenn Sie ein Element durch Klicken markieren, können Sie mit den Pfeiltasten ↑ und ↓ gemütlich durch alle vorhandenen Elemente blättern. Mit ← und → wechseln Sie innerhalb einer Gruppe, z. B. von der Größenachse zur Rubrikenachse.

Jedes Diagrammelement ist stolzer Besitzer eines Kontextmenüs. Wenn Sie das gleich beim Elementmarkieren zu Gesicht bekommen wollen, klicken Sie mit der rechten Maustaste drauf. Da spart man sich ein Klicken.

Noch etwas zum Diagrammtitel. Wenn er markiert ist, können Sie ihn mit gedrückter Maustaste verschieben. Außerdem können Sie den Titel in mehrere Zeilen aufteilen. Im Dialogfeld »Diagrammtitel formatieren« gibt es dann im Register AUSRICHTUNG verschiedenen Möglichkeiten die einzelnen Zeilen auszurichten.

Um einen Zeilenumbruch im Titel einzufügen, setzen Sie die Einfügemarke an die gewünschte Stelle und drücken Eingabe. So einfach, daß man schon gar nicht mehr darauf kommt.

Aber nicht nur mit dem Titel läßt es sich spielen. Auch für die Datenreihen, die Legende und die beiden Achsen stehen im Kontextmenü jede Menge Befehle zum Ausprobieren zur Verfügung.

Diagrammoptionen wie Sand am Meer

Wenn Sie in Ihrem Diagramm grundlegende Änderungen durchführen möchten, empfiehlt sich hierfür das Dialogfeld »Diagramm-Optionen«. Es enthält dieselben Registerkarten und Optionen wie das Dialogfeld »Diagramm-Assistent – Schritt 3 von 4 – Diagrammoptionen« (Abbildung 8.4). Wie kommen Sie dahin. Sie wählen den Befehl DIAGRAMM-OPTIONEN im Menü DIAGRAMM. Sie können auch mit der rechten Maustaste irgendwo im Diagramm klicken (aber ohne dabei ein bestimmtes Objekt zu treffen) und im Kontextmenü den Befehl DIAGRAMM-OPTIONEN wählen.

Mensch! Wahnsinn! Gleich sechs Registerkarten! Jedenfalls bei einem Säulendiagramm. Und das alles können Sie dort erledigen:

- ✔ TITEL: Fügen Sie einen neuen Titel hinzu, oder werden Sie alte Titel los. Es gibt ja gleich mehrere in einem Diagramm – für das Diagramm, die x- und die y-Achse.
- ✔ ACHSEN: Hier legen Sie fest, ob überhaupt Achsen angezeigt werden sollen. Ja – rein theoretisch geht's auch ohne Achsen.
- ✔ GITTERNETZLINIEN: Blenden Sie Haupt- und Hilfsgitternetzlinien ein bzw. aus. Das funktioniert sowohl für die Rubriken- als auch für die Größenachse.

✔ LEGENDE: Legende ja oder nein, und, wenn ja, wohin!

✔ DATENBESCHRIFTUNGEN: Hier können Sie Beschriftungen für die einzelnen Datenreihen ein- und ausblenden und auch die Beschriftungsart bestimmen.

✔ DATENTABELLE: Datentabelle ja oder nein. In Abbildung 8.8 sehen Sie die Datentabelle für das Diagramm der Datei UMSATZ 97.

Frei wie ein Vogel (nicht zugeordneter Text)

Das Diagramm in Abbildung 8.10 zeigt weitere Darstellungsmöglichkeiten. Die sollten für Sie kein Problem sein. Hier sehen Sie erneut das Diagramm für den Umsatz des ersten Quartals in der Flächenvariante. Außerdem habe ich ein Textfeld eingefügt. Ein Pfeil zeigt begeistert auf die guten Umsätze von Thorstens Cocktailbar (ist aus Platzgründen in der x-Achse leider nicht komplett ausgeschrieben). Auch von der y-Achse konnte ich nicht die Finger lassen. Ihr habe ich ein Währungsformat zuwiesen, damit man die Taler besser klingeln hört.

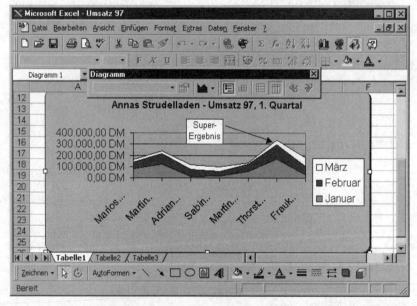

Abbildung 8.10: Hier habe ich ein Textfeld mit einem Pfeil eingefügt und die Werte der y-Achse mit dem Währungsformat formatiert.

Wie kommt nun das Textfeld in das Diagramm? Also, Sie klicken auf das Zeichnen-Symbol in der Standard-Symbolleiste, um so die Zeichnen-Symbolleiste zu öffnen. Die Zeichnen-Symbolleiste macht sich automatisch unten im Arbeitsmappenfenster breit. Wenn Sie also jetzt in der Zeichnen-Symbolleiste auf das Textfeld-Symbol klicken, ändert der Mauszeiger seine Form in einen länglichen vertikalen Strich mit kurzer horizontaler Linie, mit dem Sie erst einmal das

Textfeld im Diagramm- oder Tabellenblatt ziehen. Wenn Sie nur klicken, zeichnet Excel ein kleines Textfeld; wenn Sie aber mit gedrückter Maustaste ziehen und die Maustaste anschließend loslassen, kriegt das Textfeld die von Ihnen vorgegebene Form.

Sobald Sie die Maustaste dann loslassen, springt die Einfügemarke an den Anfang des Textfelds, und Sie können sofort mit der Eingabe loslegen. Hack, hack – wenn das Ende des Textfelds erreicht ist, umbricht Excel die Zeile automatisch. (Wissen Sie's noch? Mit Eingabe können Sie einen Zeilenumbruch auch erzwingen.) Sobald Sie sich alles von der Seele geschrieben haben, klicken Sie auf eine beliebige Stelle außerhalb des Textfelds.

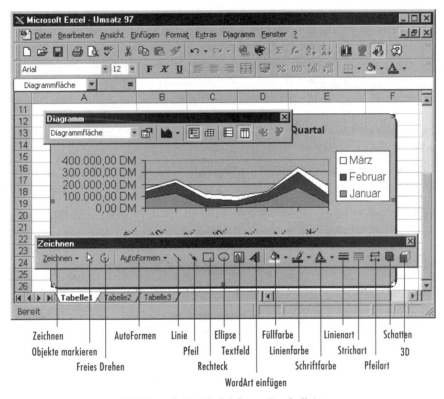

Abbildung 8.11: Die Zeichnen-Symbolleiste

Anschließend können Sie ein Textfeld in einem Diagramm- oder Tabellenblatt folgendermaßen verunstalten:

✔ Sie können das Textfeld an eine andere Stelle setzen, indem Sie es einfach hinter sich herziehen.

✔ Sie können die Größe des Textfelds ändern, indem Sie den entsprechenden Ziehpunkt nach innen oder nach außen ziehen.

✔ Um den Rahmen zu ändern oder gar gänzlich zu eliminieren, wählen Sie im Kontextmenü für das Textfeld den Befehl TEXTFELD FORMATIEREN. Der Befehl TEXTFELD im Menü FORMAT tut es auch. Hilfe! So viele Register. Also, klicken Sie auf das Register FARBEN UND LINIEN. Wählen Sie dann im Dropdown-Listenfeld FARBE die Option KEINE LINIE, um einem vorhandenen Rahmen den Garaus zu machen.

✔ Wie wäre es mit einem hübschen Schatten? Nichts leichter als das. Markieren Sie das Textfeld, und klicken Sie in der Zeichnen-Symbolleiste auf das Symbol für Schatten (das zweite von rechts), und wählen Sie aus, was Ihnen gefällt.

✔ Und dann gäbe es da noch 3D. Markieren Sie das Textfeld, und klicken Sie in der Zeichnen-Symbolleiste auf das Symbol für 3D (das allerallerletzte). Da ist bestimmt was für Sie dabei.

Wenn Sie einem bestimmten Bereich des Diagramms Text zuordnen, möchten Sie sicherlich auch noch einen Pfeil einfügen, der direkt auf das entsprechende Diagrammelement zeigt, das Sie mit dem Textfeld beschreiben. Klicken Sie dazu in der Zeichnen-Symbolleiste auf das Pfeil-Symbol (das mit dem Pfeil drauf, was sonst). Ziehen Sie das Fadenkreuz anschließend vom geplanten Ende des Pfeils (d. h. das Ende ohne Pfeilspitze) an die Stelle, an der die Pfeilspitze gesetzt werden soll.

Excel zeichnet sofort einen Pfeil. Dieser bleibt gleich markiert, damit Sie ihn bearbeiten können (zwei Ziehpunkte, einer an jedem Ende). Folgendes können Sie Ihrem neuen Pfeil antun:

✔ Um den Pfeil zu verschieben, ziehen Sie ihn einfach an die gewünschte Position.

✔ Um die Länge des Pfeils zu ändern, ziehen Sie einen der beiden Ziehpunkte.

✔ Beim Ändern der Länge können Sie auch die Pfeilrichtung ändern, indem Sie den Mauszeiger um den nicht bewegten Ziehpunkt drehen und den Pfeil in die andere Richtung ziehen.

✔ Last, but not least können Sie auch noch die Form der Pfeilspitze und die Dicke des Schafts ändern. Klicken Sie dazu in der Zeichnen-Symbolleiste auf das Symbol für Pfeilart, und suchen Sie sich was Hübsches aus. Was? Farbe, Linienstärke etc. ist auch noch nicht das, was Sie sich vorstellen? Dann wählen Sie im Popup-Menü des Symbols für Pfeilart den letzten Eintrag WEITERE PFEILE. Das Dialogfeld »AutoForm formatieren« kommt dann ins Spiel. Dafür gibt es auch den Befehl AUTOFORM im Menü FORMAT. Nun können Sie loslegen.

x- und y-Achsen aufpeppen

Wenn Sie ziemlich viele Werte in einem Diagramm darstellen, kümmert sich Excel recht wenig darum, wie diese Werte auf der y-Achse (bzw. im Fall von Balkendiagrammen auf der x-Achse) dargestellt werden. Da kann es einen manchmal richtig grausen. Das muß geändert werden, und zwar so:

1. **Doppelklicken Sie auf die x- oder die y-Achse im Diagramm, oder markieren Sie eine Achse, und wählen Sie den Befehl** MARKIERTE ACHSE **im Menü** FORMAT.

   Excel zaubert das Dialogfeld »Achsen formatieren« auf den Bildschirm, das mit seinen fünf Registern (MUSTER, SKALIERUNG, SCHRIFT, ZAHLEN und AUSRICHTUNG) protzt.

2. **Um die Darstellung der Unterteilungsstriche auf der Achse zu ändern, wenden Sie sich vertrauensvoll an die Registerkarte** MUSTER. **Das liegt eh oben auf, wenn Sie das Dialogfeld öffnen.**

3. **Sie interessieren sich mehr für den Wertebereich auf der Achse? Dafür ist die Registerkarte** SKALIERUNG **zuständig.**

4. **Um die Schrift für die Achsenbeschriftungen zu ändern, entscheiden Sie sich für die Registerkarte** SCHRIFT **und ändern dort die Optionen nach Lust und Laune.**

5. **Für das Format der Zahlen der markierten Achse ist die Registerkarte** ZAHLEN **zuständig. Sie wählen dort einfach eine Zahlenkategorie, legen die Anzahl der Dezimalstellen fest und entscheiden sich eventuell noch für ein Währungssymbol.**

   Um beispielsweise die Zahlen im Währungsformat ohne Dezimalstellen anzuzeigen, wählen Sie im Listenfeld KATEGORIE den Eintrag WÄHRUNG und geben 0 im Textfeld DEZIMALSTELLEN ein.

6. **Für die Ausrichtung (Neigung) der Achsenbeschriftungen bleibt dann wohl nur noch die Registerkarte** AUSRICHTUNG **übrig. Hier legen Sie den Winkel fest. Geben Sie ihn entweder direkt in das Textfeld** GRAD **ein, oder klicken Sie im Beispielfeld nach Belieben, um sich das Ganze erst einmal in Ruhe anzusehen.**

7. **Klicken Sie auf »OK«, oder drücken Sie Eingabe, um das Dialogfeld »Achsen formatieren« zu schließen und die Änderungen zu übernehmen.**

Danach zeichnet Excel die Achse des Diagramms sofort neu, um Ihre Änderungen auf dem Bildschirm anzuzeigen. Haben Sie sich z. B. für ein neues Zahlenformat entschieden, werden alle Zahlen der markierten Achse entsprechend angepaßt.

Diagrammwerte im Tabellenblatt ändern

Wenn Sie alle Änderungen im Diagramm ausgeführt haben, wollen Sie sicherlich zum Tabellenblatt zurückkehren. Klicken Sie dazu einfach auf eine Stelle außerhalb des Diagramms. Jetzt können Sie sich wieder frei in Ihrem Tabellenblatt bewegen. Sie sollten aber stets an folgendes denken: Wenn Sie den Zellcursor im Tabellenblatt mit den Pfeiltasten verschieben, verschwindet der Cursor, sobald Sie eine Zelle markieren, die sich hinter dem Diagramm verbirgt. Und natürlich erwischen Sie zwangsläufig das Diagramm, wenn Sie versuchen, eine solche Zelle mit der Maus zu markieren.

Die Werte im Tabellenblatt, die im Diagramm dargestellt werden, pflegen mit dem Diagramm einen intensiven Kontakt. Dies bedeutet, daß das Diagramm automatisch aktualisiert wird, wenn Sie Werte im Tabellenblatt ändern.

Warum nicht mal dreidimensional?

In Abbildung 8.12 sehen Sie das Diagramm in einem anderen Kleid – dieses Mal als 3D-Flächendiagramm. Excel zeichnet dreidimensionale Diagramme (dazu gehören auch 3D-Balken-, 3D-Linien- und 3D-Oberflächendiagramme) in einer perspektivischen Ansicht. Dazu wird eine dritte Achse benötigt. Das heißt, das Diagramm verfügt nun über eine Rubrikenachse (x) mit den Firmennamen, eine Datenreihenachse (y) mit den Monatsnamen und eine Größenachse (z) mit den Beträgen.

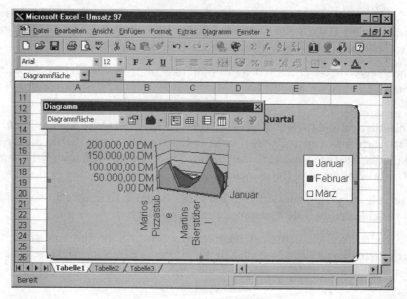

Abbildung 8.12: Aus dem Diagramm wurde ein 3D-Flächendiagramm.

Diese drei Achsen bilden eine Art offene Schachtel. Die Rubriken- und Datenreihenachsen befinden sich unten im Diagramm und die Werteachse an der linken Seite. Sie können die Ansicht von dreidimensionalen Diagrammen ändern, indem Sie die Schachtel drehen. Dadurch ändert sich der Betrachtungswinkel auf den Boden und auf die Seitenwände.

Um den Betrachtungswinkel des Diagramms zu ändern, doppelklicken Sie erst einmal auf das Diagramm und markieren dann den Rahmen, indem Sie auf eine der Ecken klicken. Halten Sie die Maustaste gedrückt. Schwupp – quasi alles verschwindet. Nur der mickrige Rahmen ist noch zu sehen (Abbildung 8.13). Voraussetzung dafür ist allerdings, daß Sie wirklich auf den Rahmen und nicht etwa auf eine Datenreihe geklickt haben.

Jetzt können Sie eine Ecke des Rahmens beliebig drehen, um das gesamte 3D-Diagramm neu auszurichten. Sobald Sie die Maustaste loslassen, wird das Diagramm in seiner neuen perspektivischen Ansicht gezeichnet. In Abbildung 8.13 sehen Sie den Rahmen des 3D-Flächendiagramms, und Abbildung 8.14 zeigt das 3D-Flächendiagramm, nachdem es gedreht wurde.

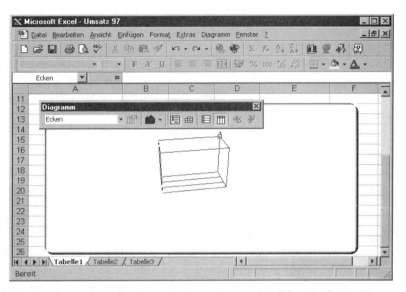

Abbildung 8.13: Durch Drehen kann der Betrachtungswinkel des 3D-Flächendiagramms geändert werden.

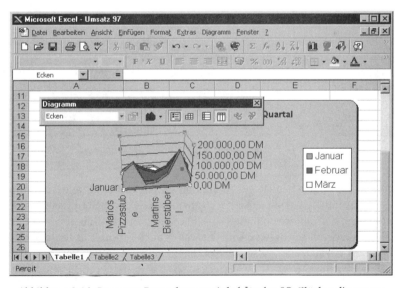

Abbildung 8.14: Der neue Betrachtungswinkel für das 3D-Flächendiagramm

Ein Tabellenblatt ohne grafische Objekte ist wie ein ...

Diagramme sind nicht die einzigen grafischen Objekte, die Sie in Ihren Tabellenblättern einsetzen können. Sie können Ihr Tabellenblatt mit Zeichnungen, Textfeldern, ja sogar mit richtigen Bildern schmücken, z. B. mit gescannten Fotos oder Zeichnungen aus anderen Programmen.

Wenn Sie Ihre Arbeitsmappe mit Grafiken verschönern möchten (z. B. mit einem ClipArt-Objekt), wählen Sie den Befehl GRAFIK im Menü EINFÜGEN und dann den Befehl CLIPART. Anschließend klicken Sie im Dialogfeld »Microsoft Clip Gallery 3.0« auf das Register CLIPART (Abbildung 8.15) und suchen sich in Ruhe das gewünschte ClipArt aus. Blättern Sie zunächst einmal durch das Listenfeld links im Dialogfeld. Es enthält die verschiedensten Themenbereiche. An einem Thema interessiert? Dann klicken Sie drauf und schauen im rechten Teil des Dialogfelds nach, was das Thema zu bieten hat. Ein ClipArt hat Ihnen gefallen? Dann markieren Sie es, und klicken Sie auf »Einfügen«.

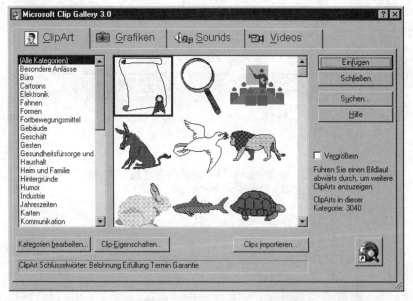

Abbildung 8.15: Die Microsoft Clip Gallery 3.0 präsentiert ihre ClipArts.

Wenn Sie sich für ein grafisches Objekt interessieren, das mit einer anderen Anwendung erstellt wurde, dann wenden Sie sich wieder vertrauensvoll an den Befehl GRAFIK im Menü EINFÜGEN und wählen dann den Unterbefehl AUS DATEI. Markieren Sie anschließend die entsprechende Datei im Dialogfeld »Grafik einfügen«. Und das war es auch schon. Das Dialogfeld »Grafik einfügen« funktioniert übrigens genau so wie das Dialogfeld zum Öffnen von Arbeitsmappen.

Eine andere Möglichkeit ist der Weg über die Zwischenablage. Sie markieren einfach das grafische Objekt (in welchem Programm auch immer Sie es erstellt haben), drücken Strg + C, und schon ist eine Kopie davon in der Zwischenablage gelandet. Nun wechseln Sie zum entsprechenden Tabellenblatt in Excel. Dort markieren Sie die Zelle, die die linke obere Ecke der Grafik darstellen soll, und drücken Strg + V. Da ist sie auch schon. (Wer sich die Tasten nicht merken kann, der nehme die Befehle KOPIEREN und EINFÜGEN im Menü BEARBEITEN.)

Damit aber nicht genug. Es gibt auch noch die Zeichnen-Symbolleiste. Sie enthält ein Sortiment von Werkzeugen, mit denen Sie eine Vielzahl von leeren oder gefüllten Formen zeichnen können, z. B. Rechtecke, Quadrate, Ellipsen, Kreise und – nicht zu vergessen – gerade Linien und Bögen. Um Quadrate und Kreise zu fabrizieren, bedienen Sie sich der Rechteck- und Ellipsenwerkzeuge und halten beim Zeichnen Umschalt gedrückt.

In der Zeichnen-Symbolleiste gibt es jetzt ein ganz tolles Werkzeug – *AutoFormen* genannt. Hinter dieser Bezeichnung verbergen sich Massen von bereits fertigen Formen und Linien. Um da ran zu kommen, klicken Sie einfach in der Zeichnen-Symbolleiste auf das Symbol für AutoFormen und entscheiden sich zunächst mal für eine der Kategorien (LINIEN, VERBINDUNGEN, STANDARDFORMEN, BLOCKPFEILE, FLUSSDIAGRAMM, STERNE UND BANNER, LEGENDE). Jede Kategorie hat wiederum einiges zu bieten. Wer die Wahl hat, hat die Qual.

WordArt vom Feinsten

Sollten Ihnen all die Linien und Formen des Symbols für AutoFormen immer noch nicht genügen, versuchen Sie mal was ganz Ausgeflipptes. Und zwar können Sie in der Zeichnen-Symbolleiste mit dem Symbol für WordArt bizarr verschobenen Text in Ihr Tabellenblatt reinholen. Dazu gehen Sie folgendermaßen vor:

1. **Markieren Sie die Zelle im Tabellenblatt, in die der WordArt-Text eingefügt werden soll.**

   Da auch der WordArt-Text zur Gattung der grafischen Objekte gehört, können Sie den Text nach dem Erstellen beliebig vergrößern und im Tabellenblatt umherziehen.

2. **Klicken Sie in der Zeichnen-Symbolleiste auf das Symbol für WordArt. (Das ist das mit dem schrägen »A« drin.)**

   Sofort wird das Dialogfeld »WordArt-Katalog« geöffnet (Abbildung 8.16).

3. **Klicken Sie auf das Bildchen, das Ihnen am besten gefällt, und danach auf »OK«.**

   Das Dialogfeld »WordArt-Text bearbeiten« steht zu Ihren Diensten (Abbildung 8.17). Dort geben Sie den Text ein, der im Tabellenblatt eingefügt werden soll.

4. **Schreiben Sie in das Textfeld TEXT den Text, der Ihr Tabellenblatt schmücken soll.**

   Sobald Sie damit loslegen, wird anstelle von `Ihr Text` der von Ihnen eingegebene Text angezeigt.

5. **Wählen Sie bei Bedarf im Dropdown-Listenfeld SCHRIFTART eine Schriftart und im Dropdown-Listenfeld SCHRIFTGRAD eine Schriftgröße aus.**

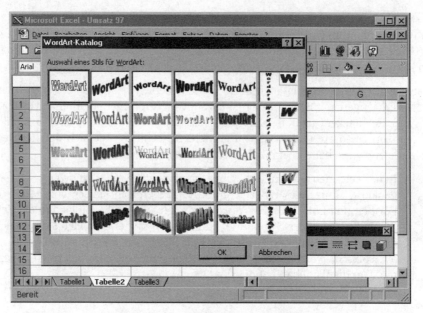

Abbildung 8.16: Der WordArt-Katalog

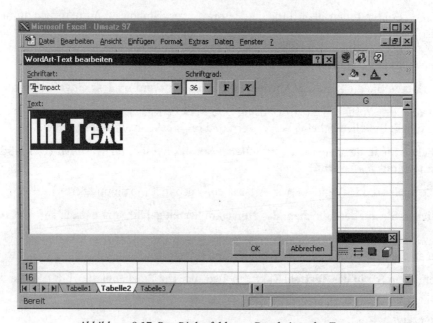

Abbildung 8.17: Das Dialogfeld zum Bearbeiten des Texts

8 ➤ Ein Bild sagt mehr als tausend Worte

6. **Klicken Sie auf »OK«, oder drücken Sie Eingabe.**

   Excel zeichnet voll Schwung und Elan den WordArt-Text an der angegebenen Position in das Tabellenblatt. Und die WordArt-Symbolleiste gesellt sich ebenfalls dazu (Abbildung 8.18). Mit den Symbolen der WordArt-Symbolleiste kann das Ganze noch mehr aufgepeppt werden – für die Unersättlichen unter den LeserInnen.

7. **Wenn Größe, Form und Formate passen, klicken Sie auf eine andere Zelle im Tabellenblatt, um das WordArt-Objekt zu deaktivieren.**

   Wenn Sie auf eine Stelle außerhalb des WordArt-Objekts klicken, wird nicht nur der WordArt-Text deaktiviert, sondern auch die WordArt-Symbolleiste ausgeblendet. Falls Sie sie wieder brauchen, aktivieren Sie einfach das WordArt-Objekt.

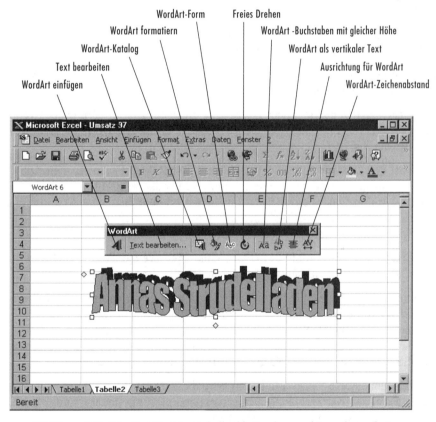

Abbildung 8.18: WordArt-Text im Tabellenblatt – das macht was her, oder?

Kartentricks

Die Landkartenfunktion von Excel ist schon eine tolle Sache. Sie können damit Daten zu Regionen, Ländern etc. als Landkarte darstellen. Alles, was man dazu braucht, sind die Zahlen in einer Spalte und die Bezeichnung für die Regionen, Länder etc. in der davor liegenden Spalte – als so eine Art Zeilentitel. Wer sich das nicht so richtig vorstellen kann, der werfe einen Blick auf Abbildung 8.19.

Wenn Sie derartige Daten in ein Tabellenblatt eingegeben haben, müssen Sie noch die folgenden Schritte ausführen, um eine Landkarte auf den Bildschirm zu zaubern:

1. **Markieren Sie die Daten, die grafisch dargestellt werden sollen, zusammen mit den Zeilenbeschriftungen, die Excel überhaupt erst mitteilen, welche Art von Karte benötigt wird.**
2. **Klicken Sie auf das Symbol für Landkarte in der Standard-Symbolleiste (der Globus gleich neben dem Diagramm-Assistenten).**

   Daraufhin verwandelt sich der Mauszeiger in ein kleines Fadenkreuz. Sie müssen nun ein Rechteck aufziehen, damit Excel weiß, wo und wie groß es die Landkarte zeichnen soll.
3. **Sie klicken also in die imaginäre obere linke Ecke der zukünftigen Landkarte und ziehen schräg nach rechts unten. Wenn die gewünschte Größe erreicht ist, lassen Sie die Maustaste wieder los.**

   Auch bei den Landkarten brauchen Sie beim Ziehen kein Pedant zu sein. Die Größe soll nur Pi-mal-Daumen stimmen. Sie können die Landkarte nachträglich jederzeit verkleinern, vergrößern oder verschieben. Sobald Sie mit dem Ziehen fertig sind und die Maustaste loslassen, werden das Dialogfeld »Mehrere Landkarten verfügbar« und die Landkarten-Symbolleiste mit abgeblendet dargestellten Symbolen angezeigt.
4. **Markieren Sie im Listenfeld des Dialogfelds »Mehrere Landkarten verfügbar« die Landkarte, die gezeichnet werden soll, und drücken Sie Eingabe, oder klicken Sie auf »OK«.**

   Manchmal kann Excel nichts mit einer Zeilenbeschriftung anfangen. In diesen Fällen werden Sie mit dem Dialogfeld »Unbekannte geographische Daten« belästigt, in dem Sie entweder den Vorschlag von Excel akzeptieren oder den unbekannten Eintrag radikal löschen. (So erkennt es beispielsweise Großbritannien nicht und will partout, daß es GROSSBRITANNIEN heißt. Na gut. Warum nicht.)

   Wenn Sie eine Karte ausgewählt haben, wird diese im Tabellenblatt gezeichnet. Außerdem öffnet Excel den Karten-Manager, mit dem ganz genau gesteuert werden kann, was und wie etwas dargestellt wird (Abbildung 8.20).

   Wenn man Excel freie Hand läßt, wählt es eine Spalte der Zellmarkierung aus, von der es glaubt, daß sie die darzustellenden Werte (Umsatzzahlen etc.) enthält. Je höher der Wert für ein Land, um so dunkler wird das Land auf der Landkarte dargestellt. Standardmäßig spielt Excel hier mit verschiedenen Grautönen herum. Ganz schön schlau, das Programm!

5. **Wenn Sie andere Spalten darstellen wollen, müssen Sie die entsprechende Spaltenschaltfläche aus dem oberen Bereich des Karten-Manager in das Listenfeld ziehen.**

   Sie haben selbstverständlich auch die Möglichkeit, eine Spalte aus der Landkarte zu eliminieren. Ziehen Sie dazu die entsprechende Spaltenschaltfläche aus dem Listenfeldbereich heraus, bis sich der Mauszeiger in einen Papierkorb verwandelt. Maustaste loslassen – und weg ist die Spalte.

   Sobald Sie die Spalten für die Darstellung in der Landkarte ändern, muß Excel das Ganze natürlich neu zeichnen. Je nach Rechner dauert das ein bißchen oder auch ein bißchen länger.

6. **Wenn Sie die Darstellung von Spalten ändern möchten, ziehen Sie die entsprechende Darstellungsschaltfläche aus dem linken Bereich des Karten-Manager in das Listenfeld genau auf die aktuell gewählte Darstellungsschaltfläche.**

   Auch in diesem Fall muß Excel den Bleistift spitzen und die Karte neu zeichnen.

   Spielen Sie ruhig etwas mit den verschiedenen Darstellungsvarianten. Je nachdem, wie groß die darzustellende Region ist, sehen manche Formate super bis mies aus.

7. **Wenn Sie alles nach Wunsch eingestellt haben, klicken Sie im Karten-Manager auf die Schaltfläche zum Schließen (das X ganz rechts in der Titelleiste).**

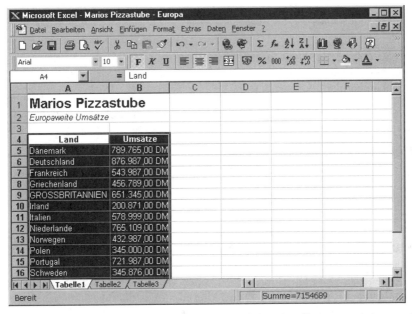

Abbildung 8.19: Die Daten, die nur darauf warten, auf einer Landkarte verewigt zu werden

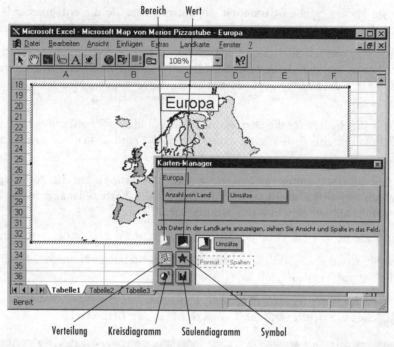

Abbildung 8.20: Mit dem Karten-Manager managen Sie, wie was wo dargestellt werden soll.

Auch wenn Sie den Karten-Manager geschlossen haben, bleibt die Landkarte im Tabellenblatt markiert. Außerdem gibt es dann auch noch die Symbolleiste für Landkarte, mit der Sie noch einiges anstellen können:

- ✔ *Objekte auswählen* – der Pfeil: Damit markieren Sie alles Mögliche auf der Landkarte, z. B. Ländernamen oder eine Pinnadel.

- ✔ *Grabber* – die Hand: Damit packen Sie die Landkarte am Kragen und verschieben sie.

- ✔ *Landkarte zentrieren* – das Visier: Damit legen Sie das Zentrum der Karte fest.

- ✔ *Landkartenbeschriftungen* – das Etikett zum Dranbinden: Damit können Sie Landkartenbereiche beschriften – zum einen mit der geographischen Bezeichnung, zum anderen mit dem Wert im Tabellenblatt. Wenn Sie auf dieses Symbol klicken, wird das Dialogfeld »Beschriftungen« geöffnet. Dort können Sie wählen, ob Sie die Länder beschriften möchten (KARTENMERKMAL), oder ob Sie die Werte einer Spalte anzeigen möchten (WERTE AUS). Wenn Sie das Dialogfeld mit »OK« geschlossen haben, können Sie mit dem kleinen Fadenkreuz von Land zu Land ziehen und bei Bedarf klicken, um den Ländernamen oder den Wert für das entsprechende Land auf die Landkarte zu schreiben (klicken). Anschließend können Sie die Beschriftungen noch genauer positionieren. Wer die Symbolleiste nicht so mag, kann für die Beschriftungen auch den Befehl BESCHRIFTUNGEN im Menü EXTRAS verwenden.

8 ➤ Ein Bild sagt mehr als tausend Worte

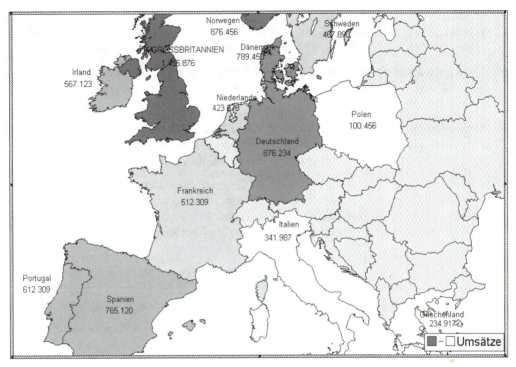

Abbildung 8.21: Eine beeindruckende Europakarte, die die Namen der Länder sowie die dort erzielten Umsätze enthält

- ✔ *Textfeld hinzufügen* – das A: Damit kann irgendein Text an irgendeiner Stelle auf der Landkarte eingefügt werden. Und sollten Sie den Text später mal bearbeiten wollen, nehmen Sie das Symbol für Objekte auswählen (das allererste in der Symbolleiste) und doppelklicken auf das Textfeld. Dann können Sie Text löschen oder neuen Text eingeben.

- ✔ *Pinnfolie* – die Pinnadel: Damit piksen Sie eine Nadel in die Landkarte. Wenn Sie auf dieses Symbol klicken, wird zunächst das Dialogfeld »Pinnfolie« geöffnet, in dem Sie einen Namen für eine neue Pinnadel vergeben bzw. eine vorhandene Nadel auswählen können. Schließen Sie das Dialogfeld mit »OK«, und pieksen Sie anschließend auf die gewünschte Stelle in der Landkarte. Zack – der Pinn steckt.

- ✔ Wenn Sie später mal eine andere Nadelform verwenden möchten, wählen Sie das Symbol für Objekte auswählen und doppelklicken damit auf die Nadel. Ein Dialogfeld bietet Ihnen daraufhin eine Fülle von Symbolen an, aus der Sie eins auswählen können.

- ✔ *Vollständig anzeigen* – der Globus: Damit wird die Karte mit allen Beschriftungen neu aufgebaut und zwar so, daß alles auf dem Bildschirm Platz hat. Wer die Symbolleiste nicht so gern mag, der nehme den Befehl GANZE LANDKARTE im Menü ANSICHT.

✔ *Landkarte neu zeichnen* – die Landkarte mit dem Stift: Damit wird die Landkarte neu gezeichnet. Wenn Sie sie zuvor mit dem Symbol für Grabber verschoben haben, wird die gestreckte Karte verkleinert. Der Befehl Neu zeichnen im Menü Ansicht tut's auch.

✔ *Landkarte aktualisieren* – das Rechteck mit dem Ausrufezeichen: Damit wird die Landkarte aktualisiert. Die Landkarte wird nämlich nicht immer auf den neuesten Stand gebracht, wenn irgendein Wert geändert wird.

✔ *Karten-Manager einblenden/ausblenden* – die Kamera: Damit öffnen bzw. schließen Sie den Karten-Manager, in dem Sie festlegen können, was angezeigt und wie das Was angezeigt wird. Im Menü Ansicht gibt es dafür den Befehl Karten-Manager.

✔ *Zoomfaktor* – das Listenfeld: Wählen Sie in der Liste einen Darstellungsfaktor aus, oder geben Sie einen Zoomfaktor direkt in das Feld ein. Je nachdem, was Sie eingegeben haben, wird die Landkarte vergrößert oder verkleinert. Anschließend können Sie mit dem Symbol für Grabber einen neuen Ausschnitt der Landkarte in den Kartenbereich ziehen.

✔ *Hilfe* – der Pfeil mit dem Fragezeichen: Wenn Sie mal nicht wissen, was ein Symbol oder ein Befehl für eine Aufgabe hat, dann klicken Sie auf das Symbol für Hilfe und anschließend auf das Programmelement, das Sie interessiert. Excel blendet dann einen Hilfebildschirm ein, in dem erklärt wird, auf was Sie da gerade geklickt haben.

Wenn Sie alles auf der Landkarte erledigt haben, klicken Sie einfach außerhalb der Karte auf das Tabellenblatt, um dorthin zurückzuschalten. Der dicke Rahmen um die Landkarte sowie die Symbolleiste für Landkarte verschwinden. Die Landkarte selbst sitzt nun – wie ein Diagramm – im Tabellenblatt, das Sie dann weiterbearbeiten können.

Eins vor dem anderen

Falls Sie es nicht bemerkt haben: Grafische Objekte schweben sozusagen auf den Zellen des Tabellenblatts. Die meisten grafischen Objekte (einschließlich Diagrammen) sind undurchsichtig. Das heißt, sie verdecken die Informationen in den darunterliegenden Zellen. Wenn Sie ein grafisches Objekt auf einem anderen grafischen Objekt positionieren, verdeckt das obere das untere. Es ist also wichtig, stets zu prüfen, ob ein grafisches Objekt andere Objekte bzw. Zellinformationen, die Sie anzeigen lassen möchten, verdeckt.

Auf der anderen Seite kann man durch Überlagerungen von Objekte interessante Effekte zaubern, z. B. wenn Sie ein durchsichtiges Objekt über ein undurchsichtiges legen. Probleme gibt es nur, wenn das undurchsichtige über dem durchsichtigen Objekt liegt. In diesem Fall müssen Sie beide vertauschen. Dies geht ganz einfach. Markieren Sie zunächst das undurchsichtige Objekt, und wählen Sie anschließend im Kontextmenü den Befehl Reihenfolge und dann den Befehl In den Hintergrund. Parallel dazu gibt es natürlich auch den Befehl In den Vordergrund.

Und dann gibt es noch Gruppen von grafischen Objekten. Wenn Sie beispielsweise mehrere grafische Objekte zusammen bearbeiten wollen (verschieben oder Farbe ändern etc.) oder wenn mehrere grafische Objekte einfach zusammengehören (z. B. ein Textfeld mit dem dazugehörigen Pfeil), dann empfiehlt es sich, die diese Objekte zu gruppieren. Sie markieren dazu einfach alle Objekte, die zu einer Gruppe gehören sollen (mit gedrückter Umschalt-Taste auf alle Objekte klicken), und wählen im Kontextmenü den Befehl GRUPPIERUNG und dann noch mal den Befehl GRUPPIERUNG. Wenn Sie anschließend auf ein beliebiges Objekt der Mammutgruppe klicken, werden automatisch alle Gruppenbestandteile markiert (drumherum tauchen die berühmten Ziehpunkte auf).

Sollten Sie sich zu einem späteren Zeitpunkt gegen die Gruppe entscheiden, ist es kein Problem, die Gruppierung wieder aufzuheben. Sie markieren einfach das gruppierte Objekt und wählen im Kontextmenü den Befehl GRUPPIERUNG und dann den Befehl GRUPPIERUNG AUFHEBEN.

Mal sieht man sie, mal sieht man sie nicht

Eigentlich müssen Sie jetzt nur noch eines über grafische Objekte im Tabellenblatt wissen: Wie kann man sie zeitweise verschwinden lassen? Wenn Sie Ihr Tabellenblatt mit den verschiedensten grafischen Objekten elegant geschmückt haben, kann es passieren, daß Sie bei jeder Änderung im Tabellenblatt ziemlich lange warten müssen, bis der Bildschirm wieder aufgebaut wird. Dies liegt daran, daß Excel jede Grafik neu zeichnen muß, auch wenn Sie nur ein bißchen im Tabellenblatt blättern. Bevor Sie das ganz verrückt macht, sollten Sie entweder alle grafischen Objekte (einschließlich Diagrammen) ausblenden oder durch graue Rechtecke (sogenannte Platzhalter) ersetzen. Letztere kennzeichnen dann weiterhin die Positionen der Objekte im Tabellenblatt, benötigen aber bedeutend weniger Zeit beim Neuzeichnen.

Um die grafischen Objekte zu verbergen oder durch graue Platzhalter zu ersetzen, wählen Sie den Befehl OPTIONEN im Menü EXTRAS und klicken anschließend auf das Register ANSICHT. Und genau dort finden Sie das Gruppenfeld OBJEKTE, mit dessen Hilfe Sie die lästigen grafischen Objekte vorübergehend loswerden können. Klicken Sie auf das Optionsfeld ALLE AUSBLENDEN, um die Grafiken zu verbergen, bzw. auf PLATZHALTER ANZEIGEN, um die Objekte in der Anzeige durch graue Rechtecke zu ersetzen. Letzteres ist die sicherste Lösung, da Sie so immer genau wissen, wie sich Zelländerungen im Tabellenblatt auf die grafischen Objekte auswirken.

Wenn Sie das Tabellenblatt drucken möchten, müssen Sie die grafischen Objekte wieder sichtbar machen. Wählen Sie dazu erneut den Befehl OPTIONEN im Menü EXTRAS, und klicken Sie auf das Register ANSICHT. Mit ALLE ANZEIGEN ist die Welt dann wieder in Ordnung.

Nur die Grafik schwarz auf weiß

Manchmal möchten Sie vielleicht nur ein ganz bestimmtes grafisches Objekt im Tabellenblatt drucken. Alle Daten oder sonstiges Zeug sollen im Ausdruck ignoriert werden. Wie bereits erwähnt, müssen alle grafischen Objekte vor dem Ausdruck angezeigt werden. Denn was nicht da ist, kann auch nicht gedruckt werden. Klicken Sie dann auf die Grafik, die gedruckt werden soll. Wählen Sie anschließend den Befehl DRUCKEN im Menü DATEI, oder drücken Sie Strg + P, oder klicken Sie auf das Symbol für Drucken in der Standard-Symbolleiste.

Wenn Sie ein Diagramm markiert und den Befehl DRUCKEN im Menü DATEI gewählt haben, ist im Gruppenfeld DRUCKEN bereits die Option MARKIERTES DIAGRAMM aktiviert. Standardmäßig wird das Diagramm so gedruckt, daß die ganze Seite gefüllt wird. Sicherheitshalber sollten Sie in der Seitenansicht prüfen, wie das Ganze aussieht.

Sollte sich in der Seitenansicht herausstellen, daß Sie die Größe oder die Ausrichtung für den Ausdruck ändern müssen, wählen Sie die Schaltfläche »Layout«. Für die Ausrichtung und die Papiergröße ist dann die Registerkarte PAPIERFORMAT zuständig. Sobald in der Seitenansicht alles okay aussieht, klicken Sie beherzt auf »Drucken«, um den Ausdruck zu starten.

Zahlen und Fakten griffbereit

In diesem Kapitel erfahren Sie, wie Sie ...

- eine Datenbank in Excel einrichten
- eine Datenmaske für eine Datenbank erstellen
- Datensätze mit der Maske hinzufügen
- Datensätze mit der Maske suchen, bearbeiten und löschen
- Datensätze einer Datenbank sortieren
- Datensätze einer Datenbank filtern
- selbstgeschnitzte Kriterien für das Filtern von Datensätzen verwenden

---

Bis jetzt haben alle Tabellen, die Sie vorgesetzt bekommen haben, den Zweck verfolgt, einfache Berechnungen durchzuführen (z. B. die Summenberechnung von Verkaufszahlen pro Monat oder Quartal). Anschließend wurden die Informationen in einer aussagekräftigen Form dargestellt. Mit Excel können Sie aber noch eine andere Art von Tabellenblatt erstellen: eine *Datenbank*. Datenbanken dienen weniger der Berechnung von neuen Werten als dem Speichern von Informationen in einer einheitlichen Form. Sie können z. B. eine Datenbank erstellen, die die Namen und Adressen Ihrer Kunden oder alle wichtigen Fakten über Ihre Angestellten enthält.

Ob Sie es glauben oder nicht: Sie wissen bereits alles Nötige, um eine Datenbank aufzubauen, da dies im Prinzip wie bei einem Tabellenblatt funktioniert. Sie beginnen mit der Eingabe einer Zeile mit Spaltenüberschriften (in der Datenbanksprache werden diese Überschriften *Feldnamen* genannt). Diese Überschriften bezeichnen die verschiedenen Elemente, die Sie in der Datenbank speichern möchten (z. B. Vorname, Nachname, Straße, Stadt etc.). Unterhalb der Feldnamen geben Sie die einzelnen Informationen in die entsprechenden Spalten ein.

Jede Spalte enthält stets denselben Informationstyp, z. B. den Firmennamen oder eine Telefonnummer. Die Zellen in der Datenbank werden als *Felder* bezeichnet. Jede Zeile enthält die Gesamtinformationen über eine bestimmte Person oder Sache (je nachdem, welche Daten Sie in Ihrer Datenbank ablegen). Diese Gesamtinformation (in einer Zeile) bezeichnet man als einen *Datensatz* innerhalb der Datenbank. Jeder Datensatz (Zeile) enthält mehrere Felder (Spalten). So viel zur Terminologie.

Eine Datenbank dient aber nicht nur der Aufbewahrung riesiger Datenmengen. Mit Excel ist es ein leichtes, Ihre Daten zu organisieren und auszuwerten. Im Nu haben Sie nur die Informationen herausgefiltert, die Sie aktuell benötigen.

Sie haben z. B. Ihre Kunden in der Datenbank alphabetisch nach Firmennamen eingegeben. Jetzt wollen Sie aber, daß die Firmennamen zusätzlich nach Bundesländern und Städtenamen sortiert werden. Kein Problem. Sie sortieren Ihre Datenbank zunächst nach Bundesländern, dann nach Städtenamen und abschließend nach Firmennamen.

Angenommen, Sie möchten eine Liste aller Kunden in München mit einem Auftragsvolumen von 10.000 DM erstellen. Nichts einfacher als das: Wählen Sie den Befehl FILTER im Menü DATEN. Ein Untermenü klappt Ihnen entgegen, in dem Sie den Befehl AUTOFILTER wählen, um Dropdown-Listenfelder für jeden Feldnamen in der Datenbank einzufügen. Um nun nur die gewünschten Datensätze anzeigen zu lassen, öffnen Sie das Dropdown-Listenfeld für das entsprechende Feld und wählen dort den Eintrag aus, nach dem die Datenbank gefiltert werden soll. Für das oben genannte Beispiel würden Sie im Dropdown-Listenfeld für die Städte den Eintrag »München« und im Dropdown-Listenfeld für das Auftragsvolumen den Eintrag »10.000« wählen. Und Excel blendet brav nur die Datensätze ein, die die von Ihnen gewählten Einträge in den entsprechenden Feldern enthalten. Man spricht hier von den sogenannten *Suchkriterien*.

Die Maske, hinter der sich Ihre Daten verbergen

Der Datenbankaufbau und die Datenbankpflege ist dank der *Datenmaske* von Excel ein Kinderspiel. Mit Hilfe der Maske fügen Sie Datensätze in die Datenbank ein und bearbeiten oder löschen sie. Um eine Maske für eine neue Datenbank zu erstellen, geben Sie die Zeile mit den Spaltenüberschriften – die Feldnamen – und einen Beispieldatensatz in die darunterliegende Zeile ein (Abbildung 9.1).

Formatieren Sie jeden Feldeintrag so, wie alle folgenden Felder dargestellt werden sollen. Markieren Sie anschließend die beiden Zeilen, und wählen Sie den Befehl MASKE im Menü DATEN.

Sobald Sie den Befehl MASKE gewählt haben, analysiert Excel die Zeile mit den Feldnamen und listet diese links in der Maske auf, die Excel aus dem Nichts gezaubert hat. Abbildung 9.1 zeigt die Datenmaske für die neue Datenbank. Sie sieht wie ein individuell angepaßtes Dialogfeld aus. Die Eingaben, die Sie zuvor für den ersten Datensatz durchgeführt haben, sind bereits in der Maske enthalten. Rechts neben den Daten enthält die Maske eine Reihe von Schaltflächen, mit denen Sie Datensätze hinzufügen oder löschen bzw. nach bestimmten Datensätzen suchen können. Oberhalb der ersten Schaltfläche »Neu« zeigt die Maske die Nummer des aktuellen Datensatzes sowie die Gesamtzahl der enthaltenen Datensätze an (in diesem Beispiel 1 von 1).

9 ➤ Zahlen und Fakten griffbereit

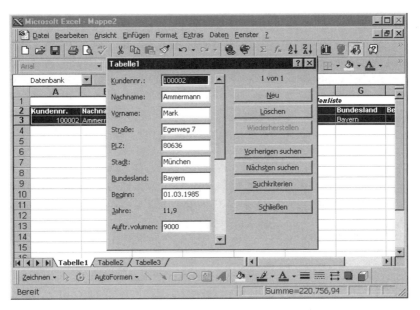

Abbildung 9.1: Die Datenmaske für einen neuen Datensatz

Datenmaske nur aus Feldnamen erstellen

Sie haben außerdem die Möglichkeit, eine Datenmaske anhand einer völlig leeren Datenbank zu erstellen. Sie müssen lediglich eine Zeile mit Feldnamen eingeben und diese vor dem Erstellen markieren. Wenn Sie auf diese Weise vorgehen, zeigt Excel erst mal eine Meldung an, die besagt, daß keine Kopfzeile gefunden wurde (damit ist die Zeile mit den Datenfeldern gemeint). Bestätigen Sie mit »OK«, daß die markierte Zeile als Kopfzeile verwendet werden soll. Etwas verwirrend, aber es funktioniert. Excel erstellt eine leere Datenmaske, die lediglich die von Ihnen markierten Datenfelder enthält.

Das Erstellen einer leeren Datenmaske ist keine gute Idee, wenn Sie in der Datenmaske mit berechneten Feldern arbeiten möchten. (Das sind die Felder, deren Einträge auf einer Formelberechnung anstelle eines manuellen Eintrags basieren.) Im Fall von berechneten Feldern müssen Sie nämlich die Berechnungsformel in das entsprechende Feld des ersten Datensatzes eingeben, bevor Sie den Befehl MASKE im Menü DATEN wählen. Excel ist übrigens so clever, daß es zwischen normalen Einträgen und berechneten Feldern unterscheiden kann. Und wie wissen Sie, was ein berechnetes Feld ist? Ganz einfach! Excel zeigt in der Datenmaske für berechnete Felder kein Textfeld an, sondern nur den Feldnamen. Ist ja logisch: Für etwas, was automatisch berechnet werden muß, braucht man nichts eingeben.

Je mehr, desto besser: Neue Datensätze einfügen

Nachdem Sie die Datenmaske mit dem ersten Datensatz erstellt haben, können Sie mit Hilfe der Maske beliebig viele weitere Datensätze eingeben. Das Verfahren ist ganz einfach. Wenn Sie auf die Schaltfläche »Neu« klicken, zeigt Excel eine leere Eingabemaske an (und gibt rechts oben in der Maske `Neuer Satz` aus). Sie müssen nun lediglich die Maske mit Ihren Daten füllen.

Geben Sie die Daten für das erste Feld ein. Anschließend drücken Sie die Tab-Taste, um zum nächsten Feld des Datensatzes zu springen.

 Vorsicht – nicht die Eingabe-Taste drücken! Sonst wird der neue Datensatz – unvollständig wie er ist – in die Datenbank eingefügt.

Geben Sie die Daten für jedes Feld ein, und drücken Sie jedesmal Tab, um zum nächsten Feld zu gelangen.

- ✔ Wenn Sie einen Fehler bei der Eingabe gemacht haben oder einen Eintrag in einem vorherigen Feld bearbeiten möchten, drücken Sie die Tastenkombination Umschalt + Tab. Damit springen Sie um ein Feld zurück.

- ✔ Um einen bereits vorhandenen Eintrag in einem Feld zu überschreiben, geben Sie einfach die neuen Daten ein.

- ✔ Um nur einige Zeichen im Feld zu bearbeiten, drücken Sie ← oder setzen die Einfügemarke auf die gewünschte Stelle und bearbeiten die Eingabe.

Bei der Dateneingabe sollten Sie darauf achten, die Daten in einem einheitlichen Format zu schreiben. Wenn Sie eine Zahl mit führenden Nullen eingeben müssen, z. B. die Vorwahl einer Telefonnummer, geben Sie ein Apostroph (') vor der ersten Null ein. Dadurch wird die Zahl wie eine Texteingabe behandelt, und die führenden Nullen werden angezeigt, ansonsten nicht.

Wenn Sie in ein Feld immer wieder dieselben Daten eingeben müssen, z. B. immer dasselbe Bundesland, ist es natürlich ziemlich ermüdend für jeden neuen Datensatz im Feld »Bundesland« beispielsweise `Baden-Württemberg` eingeben zu müssen. Auch hierfür bietet Excel eine Lösung. Drücken Sie im entsprechenden Feld (also z. B. im Feld »Bundesland«) einfach Strg + Ä, und schon wird der Eintrag im entsprechenden Feld aus dem vorherigen Datensatz übernommen. Très comfortable!

Drücken Sie ↓, wenn Sie alle Daten für den neuen Datensatz eingegeben haben. Statt dessen können Sie auch Eingabe drücken oder auf die Schaltfläche »Neu« klicken (Abbildung 9.2). Excel fügt dann den neuen Datensatz unterhalb des letzten Datensatzes der Datenbank ein und zeigt wieder eine leere Datenbankmaske an, in die Sie den nächsten Datensatz eingeben können (Abbildung 9.3).

9 ➤ Zahlen und Fakten griffbereit

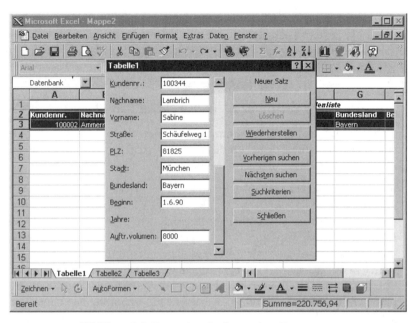

Abbildung 9.2: Dateneingabe des zweiten Datensatzes

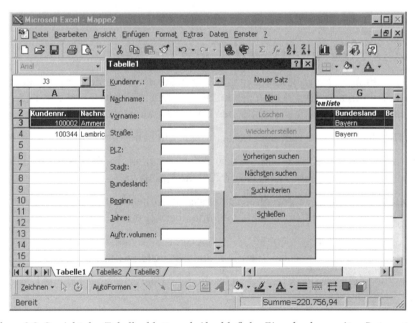

Abbildung 9.3: So sieht das Tabellenblatt nach Abschluß der Eingabe des zweiten Datensatzes aus.

Haben Sie alle Datensätze eingegeben, drücken Sie Esc oder klicken auf die Schaltfläche »Schließen«, um die Datenmaske auszublenden. Wählen Sie dann den Befehl SPEICHERN im Menü DATEI, oder klicken Sie auf das Speichern-Symbol in der Standard-Symbolleiste.

Wie bringe ich Excel dazu, einen Feld zu berechnen?

Wenn der Eintrag eines bestimmten Felds berechnet werden soll, geben Sie im ersten Datensatz die Formel für das Feld ein. Excel kopiert die Formel dieses Felds in jeden neuen Datensatz, den Sie einfügen.

In unserer Beispieldatenbank wird z. B. das Feld »Jahre« in Zelle I2 berechnet. Die Formel lautet: =(JETZT()-H3)/365. Damit wird die Anzahl von Jahren berechnet, die Ihre Kunden schon bei Ihnen einkaufen. In der Formel wird das aktuelle Datum durch die Funktion JETZT ausgegeben. Anschließend wird vom aktuellen Datum das Datum des ersten Auftrags abgezogen und durch 365 geteilt. Wie Sie vielleicht bereits bemerkt haben, fügt Excel das berechnete Feld »Jahre« in die Datenmaske ein, stellt aber kein Textfeld zur Verfügung. (Berechnete Felder können nicht bearbeitet werden.) Für jeden neuen Datensatz berechnet Excel das Ergebnis für das Feld »Jahre«. Das Ergebnis wird stets in der Maske angezeigt, kann dort aber nicht geändert werden.

Datensätze suchen, bearbeiten und löschen

Wenn Sie Ihre riesigen Datenbestände eingegeben haben, wird es Zeit, etwas damit anzufangen. Sie können nun z. B. nach einem bestimmten Datensatz suchen und dort gegebenenfalls Änderungen vornehmen oder den gefundenen Datensatz komplett aus der Datenbank löschen.

- ✔ Setzen Sie den Zellcursor vor der Bearbeitung in ein beliebiges Feld der Datenmaske.

- ✔ Blättern Sie zum Datensatz, den Sie bearbeiten möchten. In Tabelle 9.1 und den beiden folgenden Abschnitten gibt es ein paar nützliche Tips dazu.

- ✔ Um Felder des aktuell angezeigten Datensatzes zu bearbeiten, markieren Sie das gewünschte Feld (Tab oder Umschalt + Tab) und überschreiben den alten Eintrag.

- ✔ Wenn Sie den Feldeintrag nicht komplett überschreiben möchten, drücken Sie ← oder → bzw. setzen die Einfügemarke in den Text und bearbeiten den Eintrag nach Belieben.

- ✔ Um den Inhalt eines Felds komplett zu löschen, markieren Sie das Feld und drücken dann Entf.

Sie können auch einen ganzen Datensatz löschen, indem Sie auf die Schaltfläche »Löschen« klicken. Excel gibt daraufhin folgende Warnmeldung aus:

`Angezeigter Datensatz wird endgültig gelöscht.`

Wenn Sie diese Warnung mit »OK« bestätigen, wird der Datensatz gelöscht. Wählen Sie »Abbrechen«, wenn Sie den Datensatz nicht löschen wollen. Der Datensatz bleibt dann unverändert in der Datenbank enthalten.

Wenn Sie einen Datensatz mit der Schaltfläche »Löschen« eliminiert haben, läßt sich das nicht mehr mit dem Befehl RÜCKGÄNGIG im Menü BEARBEITEN beheben. Excel meint es also wirklich ernst mit dieser Warnung. Die Daten werden endgültig gelöscht. Bevor Sie alte Datensätze löschen, sollten Sie immer eine Sicherungskopie Ihres Tabellenblatts mit der Datenbank erstellen. So kann nichts passieren.

Scroll me up, Scotty

Wenn Sie nach getaner Arbeit gemütlich in der Datenmaske durch Ihre Datensätze blättern möchten, können Sie dies auf verschiedene Weise tun. Falls Sie die Datenmaske bereits geschlossen haben, markieren Sie eine Zelle in der Datenbank und wählen den Befehl MASKE im Menü DATEN. Sie haben jetzt die Wahl zwischen der Bildlaufleiste rechts neben den Feldnamen und verschiedenen Tastenkombinationen (eine Zusammenfassung dazu finden Sie in Tabelle 9.1).

✔ Um zum nächsten Datensatz in der Datenbank zu gelangen, drücken Sie ↓ bzw. Eingabe, oder Sie klicken auf den nach unten zeigenden Pfeil in der Bildlaufleiste.

✔ Um zum vorherigen Datensatz in der Datenbank zu springen, drücken Sie ↑ bzw. Umschalt + Eingabe, oder Sie klicken auf den nach oben zeigenden Pfeil in der Bildlaufleiste.

✔ Den Sprung zum allerersten Datensatz schaffen Sie durch Drücken von Strg + ↑ bzw. Strg + Bild↑ oder durch Ziehen des Bildlauffelds ganz nach oben in der Bildlaufleiste.

✔ Und zum letzten Datensatz machen Sie einen Riesensprung, indem Sie Strg + ↓ bzw. Strg + Bild↓ drücken oder das Bildlauffeld ganz nach unten in der Bildlaufleiste ziehen.

Tasten	Ergebnis
↓ bzw. Eingabe drücken, auf den nach unten zeigenden Pfeil in der Bildlaufleiste klicken oder die Schaltfläche »Nächsten suchen« wählen	Springt zum nächsten Datensatz in der Datenbank und markiert dasselbe Feld wie zuvor
↑ bzw. Umschalt + Eingabe drücken, auf den nach oben zeigenden Pfeil in der Bildlaufleiste klicken oder die Schaltfläche »Vorherigen suchen« wählen	Springt zum vorherigen Datensatz in der Datenbank und markiert dasselbe Feld wie zuvor
Bild↓ drücken	Springt zehn Datensätze in der Datenbank nach unten
Bild↑ drücken	Springt zehn Datensätze in der Datenbank nach oben
Strg + ↑ oder Strg + Bild↑ drücken oder das Bildlauffeld ganz nach oben in der Bildlaufleiste ziehen	Springt zum allerersten Datensatz in der Datenbank
Strg + ↓ oder Strg + Bild↓ drücken oder das Bildlauffeld ganz nach unten in der Bildlaufleiste ziehen	Springt zum allerletzten Datensatz in der Datenbank

Tabelle 9.1: So blättern Sie am geschicktesten durch die Datensätze.

Heureka! Ich hab's gefunden!

Bei sehr großen Datenbeständen kann es schwierig werden, einen bestimmten Datensatz zu finden, indem man datensatzweise in der Datenbank blättert oder in Zehnerschritten in der Datenbank umherspringt. Statt Zeit mit mühseligem Blättern zu verschwenden, können Sie mit Hilfe der Schaltfläche »Suchkriterien« gezielt nach einem bestimmten Datensatz suchen.

Wenn Sie auf die Schaltfläche »Suchkriterien« klicken, zeigt Excel die leere Datenmaske an (anstelle der Datensatznummer wird nun das Wort Suchkriterien oben rechts im Dialogfeld angezeigt). Nun können Sie die Kriterien, nach denen gesucht werden soll, in die leeren Textfelder eingeben.

Angenommen, Sie möchten Ihrem Kunden Gerome Colbert einen besonderen Rabatt für den nächsten Kauf einräumen. (Er hat in letzter Zeit so viel gekauft. Das war längst überfällig.) Sie möchten nun aber nochmals prüfen, wie hoch sein Auftragsvolumen wirklich war. Und Sie können nirgends seine Kundennummer ausfindig machen. Sie wissen lediglich, daß er in Hamburg wohnt, und Sie sind sich ziemlich sicher, daß sein Name mit »C« und nicht mit »K« geschrieben wird.

Diese Informationen schränken die Suche also auf alle Datensätze ein, die den Eintrag »Hamburg« im Feld »Stadt« enthalten und im Feld »Nachname« als ersten Buchstaben ein »C«

aufweisen. Klicken Sie also in der Datenmaske auf die Schaltfläche »Suchkriterien«, und geben Sie folgendes in das Textfeld für das Feld »Nachname« ein:

C*

In das Textfeld für das Feld »Stadt« geben Sie folgendes ein:

Hamburg

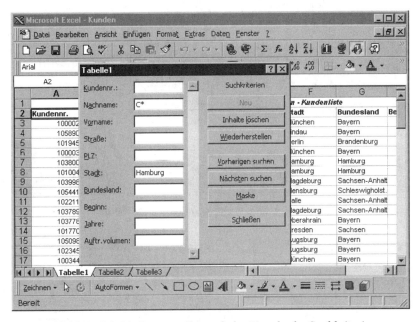

Abbildung 9.4: Die Datenmaske nach der Eingabe der Suchkriterien

 Bei der Eingabe von Suchkriterien können Sie wieder einmal mit den Platzhaltern ? (Fragezeichen) und * (Sternchen) arbeiten. Sie haben diese bereits im Zusammenhang mit dem Befehl SUCHEN im Menü BEARBEITEN eingesetzt. (Mehr Infos hierzu in Kapitel 6.)

Klicken Sie nun auf die Schaltfläche »Nächsten suchen«, bzw. drücken Sie Eingabe. Excel zeigt in der Datenmaske den ersten Datensatz an, der einen mit »C« beginnenden Nachnamen und die Stadt Hamburg enthält. Wie Sie in Abbildung 9.5 sehen können, ist der erste Datensatz, der mit diesen Suchkriterien übereinstimmt, der Datensatz für Gaby Carstens. (Deren Auftragsvolumen ist ja noch besser.) Das heißt, Sie müssen weitersuchen. Klicken Sie noch einmal auf die Schaltfläche »Nächsten suchen«, bzw. drücken Sie Eingabe. Abbildung 9.6 zeigt endlich den Datensatz für Gerome Colbert. Das Auftragsvolumen beträgt 10.000 DM. Gut zu wissen. Beim nächsten Auftrag werden Sie ihm einen besonderen Rabatt einräumen. Kleine Geschenke erhalten die Freundschaft.

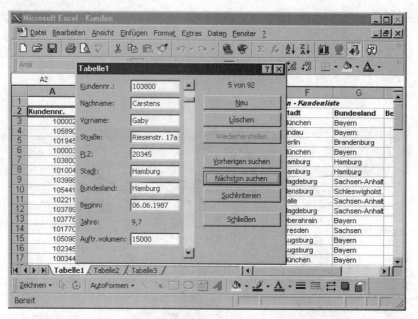

Abbildung 9.5: Die Datenmaske zeigt den ersten Datensatz an, der die Suchkriterien erfüllt.

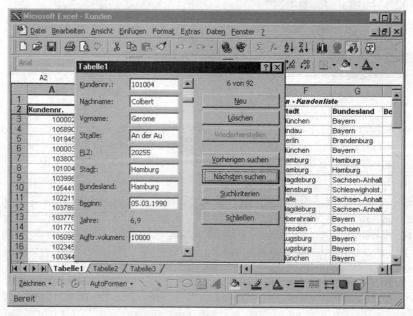

Abbildung 9.6: Treffer! Der gesuchte Datensatz wird angezeigt.

Folgende Operatoren können Sie bei der Eingabe von Suchkriterien einsetzen, um einen bestimmten Datensatz in der Datenbank ausfindig zu machen:

Operator	Aufgabe
=	Gleich
>	Größer als
>=	Größer oder gleich
<	Kleiner als
<=	Kleiner oder gleich
<>	Ungleich

Um z. B. nur die Datensätze anzeigen zu lassen, die ein Auftragsvolumen von weniger als 5.000 DM enthalten, geben Sie im Textfeld des Felds »Auftr.volumen« 5000 ein und klicken dann auf die Schaltfläche »Nächsten suchen«.

Wenn mehrere Datensätze mit den Suchkriterien übereinstimmen, müssen Sie unter Umständen mehrmals auf »Nächsten suchen« bzw. »Vorherigen suchen« klicken, um den gewünschten Datensatz zu finden. Stimmt kein Datensatz mit den Suchkriterien überein, gibt Ihr Rechner ein Piepsen von sich, wenn Sie auf eine der beiden Schaltflächen klicken.

Wenn es nötig ist, die Suchkriterien zu ändern, klicken Sie auf »Suchkriterien«, um die Daten aus der Datenmaske zu entfernen. Klicken Sie dann auf die Schaltfläche »Inhalte löschen«, um alle bereits definierten Suchkriterien außer Kraft zu setzen. Wollen Sie nur ein Suchkriterium ändern (die anderen sollen weiterhin gelten), dann markieren Sie das entsprechende Suchkriterienfeld und löschen dessen Inhalt, bevor Sie ein neues Suchkriterium eingeben. Wenn Sie zum aktuellen Datensatz zurückschalten möchten, ohne eine Suche zu starten, klicken Sie auf die Schaltfläche »Maske«. (»Maske« wird anstelle von »Suchkriterien« angezeigt, wenn Sie zuvor auf »Suchkriterien« geklickt haben.)

Daten von A bis Z (oder wie bringe ich Ordnung in das Chaos)

Jede Datenbank, die Sie in Excel erstellen, wird irgendein System für die Pflege und Anzeige der Datensätze aufweisen. Je nach Datenbank sind die Datensätze z. B. alphabetisch nach Nachnamen oder Firmennamen oder in numerischer Reihenfolge sortiert. In der Beispieldatenbank in diesem Kapitel sind die Datensätze alphabetisch nach Nachnamen sortiert. Eine andere Möglichkeit wäre eine numerische Reihenfolge nach Kundennummer.

Wenn Sie damit beginnen, Ihre Datensätze in eine neue Datenbank einzugeben, steckt bestimmt ein System in der Reihenfolge der Eingabe. Später werden Sie aber sicherlich mit Bedauern feststellen, daß es keine Möglichkeit gibt, weitere Datensätze an einer bestimmten Stelle einzufügen. Wann immer Sie mit der Schaltfläche »Neu« einen neuen Datensatz einfügen, wird dieser gnadenlos an das Ende der Datenbank in einer neuen Zeile eingefügt.

Was bedeutet das in der Praxis? Wenn Sie zu Beginn Ihre Datensätze alphabetisch nach Firmennamen eingegeben haben (ABC GmbH bis Zitrus AG), werden Sie Schwierigkeiten mit Ihrem neuen Kunden Dach&Ziegel bekommen. Excel setzt diesen neuen Datensatz an das Ende der Datenbank hinter die Firma Zitrus AG. Da hat er aber gar nichts zu suchen. Das Chaos beginnt.

Selbst wenn Sie es schaffen, die Reihenfolge Ihrer Datensätze einigermaßen sinnvoll beizubehalten: Was passiert, wenn Sie einmal Ihre Datensätze nach anderen Gesichtspunkten untersuchen und darstellen müssen?

Wenn Sie z. B. normalerweise Ihre Datenbank alphabetisch nach Firmennamen geordnet haben, ist es manchmal sinnvoll – z. B. bei einer Mailing-Aktion – die Datensätze nach Postleitzahlen zu sortieren. Wenn Sie für Ihre Außendienstler eine Liste erstellen möchten, aus der hervorgeht, welche Kunden in welchen Gebieten sitzen, benötigen Sie eine Sortierung nach Verkaufsgebieten und vielleicht noch zusätzlich nach Städten.

Wie es scheint, ist die flexible Anordnung der Datensätze das A und O für das Arbeiten mit Ihren Daten. Und dafür steht Ihnen der Befehl SORTIEREN im Menü DATEN zur Verfügung. Wenn Sie erst einmal das Prinzip verstanden haben, stehen Ihnen alle Sortiermöglichkeiten offen.

Damit Excel korrekt sortieren kann, muß es wissen, welche Felder als Schlüssel für die neue Anordnung verwendet werden sollen. (Deshalb werden diese Felder auch als *Sortierschlüssel* oder als *Schlüsselfelder* bezeichnet.) Außerdem müssen Sie die Sortierreihenfolge festlegen. Sie können hierbei zwischen AUFSTEIGEND und ABSTEIGEND wählen. In der aufsteigenden Sortierfolge werden alle Texteinträge in alphabetischer Ordnung (von A bis Z) und Werte in numerischer Reihenfolge (kleinster Wert bis größter Wert) geordnet. In der absteigenden Sortierfolge ist es genau umgekehrt – die alphabetische Sortierung erfolgt von Z bis A, und die numerische Reihenfolge beginnt mit dem größten Wert und endet mit dem kleinsten.

Wenn Sie eine Datenbank sortieren, können Sie bis zu drei Felder (Sortierschlüssel) definieren, nach denen sortiert werden soll. Bei jedem Schlüssel können Sie zusätzlich zwischen aufsteigender und absteigender Folge wählen. Das Sortieren nach mehr als einem Schlüssel ist nur dann nötig, wenn das Feld, nach dem Sie sortieren möchten (in der Datenbanksprache wird es als *Primärschlüssel* bezeichnet), doppelte Einträge enthält, die Sie zusätzlich nach einem anderen Schlüssel sortieren möchten. (Wenn Sie für die Duplikate keine zusätzliche Sortierart festlegen, zeigt Excel diese in der Reihenfolge an, in der sie eingegeben wurden.)

Das beste und einleuchtendste Beispiel für das Sortieren mit mehreren Sortierschlüsseln lautet folgendermaßen: Sie arbeiten mit einer riesigen Datenbank, die Sie in alphabetischer Ordnung nach Nachnamen sortieren möchten. Je größer die Datenbank, um so wahrscheinlicher das Vorkommen von identischen Nachnamen. Denken Sie nur an all die Meiers, Müllers, Hubers etc. Wenn Sie für das Sortieren nur den Schlüssel »Nachname« bestimmen, werden alle Meiers, Müllers und Hubers etc. in der Reihenfolge sortiert, in der Sie sie eingegeben haben. Damit auch hier eine sinnvolle Ordnung zustande kommt, sollten Sie einen zweiten Sortierschlüssel, den Vornamen, verwenden. Damit ist absolut gewährleistet, daß Monika Müller vor Richard Müller und Sabine Walter nach Astrid Walter steht. Und so soll es schließlich auch sein.

Aufsteigend und absteigend

Wenn Sie für ein Schlüsselfeld, das recht viele verschiedenartige Einträge enthält, die aufsteigende Sortierfolge wählen, sortiert Excel zuerst alle Zahlen (kleinste bis größte), danach alle Texteinträge (A bis Z) und abschließend die logischen Werte (zuerst WAHR, dann FALSCH), dann Fehlerwerte und ganz zum Schluß leere Zellen. Bei der absteigenden Sortierfolge sieht es folgendermaßen aus: Zuerst Zahlen (größte bis kleinste), danach Texteinträge (Z bis A), dann die logischen Werte (zuerst FALSCH, dann WAHR) ...

Sie wollen die Datensätze Ihrer Excel-Datenbank auch sortieren? Na dann los!

1. **Markieren Sie den ersten Feldnamen der Datenbank.**
2. **Wählen Sie den Befehl SORTIEREN im Menü DATEN.**

   Excel markiert alle Datensätze der Datenbank (ohne die erste Zeile mit den Feldnamen) und öffnet das Dialogfeld »Sortieren« (Abbildung 9.7). Standardmäßig wird der erste Feldname im Dropdown-Listenfeld SORTIEREN NACH angezeigt. Außerdem ist das Optionsfeld AUFSTEIGEND aktiviert.

3. **Wählen Sie im Dropdown-Listenfeld SORTIEREN NACH, den Feldnamen aus, nach dem die Datensätze sortiert werden sollen.**

   Wenn Ihnen die absteigende Sortierfolge lieber ist, aktivieren Sie das Optionsfeld ABSTEIGEND.

4. **Wenn Sie den Verdacht hegen, daß es Duplikate geben könnte, wählen Sie auch noch einen Feldnamen im Dropdown-Listenfeld ANSCHLIESSEND NACH aus. Entscheiden Sie sich auch hier für eine Sortierfolge.**

5. **Wenn es ganz hart kommt, definieren Sie eben auch noch einen dritten Sortierschlüssel und legen die Sortierfolge fest.**

6. **Wählen Sie »OK«, oder drücken Sie Eingabe.**

   Excel sortiert die markierten Datensätze. Sollten Sie feststellen, daß Sie nicht nach dem gewünschten Feld sortiert haben, können Sie, schwupp, alles wieder mit dem Befehl RÜCKGÄNGIG im Menü BEARBEITEN oder durch Drücken von Strg + Z widerrufen. Die alte Ordnung ist wiederhergestellt.

Abbildung 9.7 zeigt das Dialogfeld »Sortieren«, nachdem ich zwei Sortierschlüssel für die Kundendatenbank definiert habe. Folgendes soll passieren: Alle Datensätze werden in aufsteigender Folge nach Nachnamen und anschließend ebenfalls in aufsteigender Folge nach Vornamen sortiert. Abbildung 9.8 zeigt das Ergebnis.

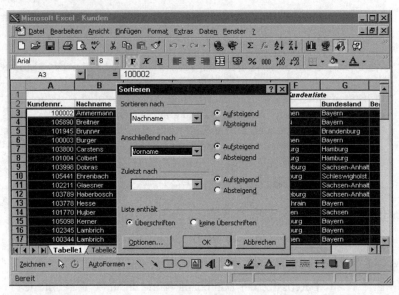

Abbildung 9.7: Zwei Sortierschlüssel für das Sortieren nach Nach- und Vornamen in aufsteigender Folge

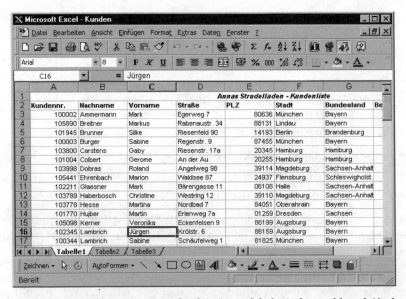

Abbildung 9.8: Es hat geklappt. Die Datenbank ist jetzt alphabetisch sowohl nach Nachnamen als auch innerhalb der Duplikate nach Vornamen sortiert.

Sie können das Sortieren auch mit den Symbolen für Aufsteigend (das mit dem A über dem Z) und für Absteigend (das mit dem Z über dem A) in der Standard-Symbolleiste starten.

- ✔ Wenn Sie die Datenbank nach einem bestimmten Feld in aufsteigender Folge sortieren möchten, markieren Sie es und klicken dann auf das Symbol für Aufsteigend.
- ✔ Wenn Sie die Datenbank nach einem bestimmten Feld absteigend sortieren möchten, markieren Sie es und klicken dann auf das Symbol für Absteigend.

Nicht nur Datenbanken lassen sich sortieren

Der Befehl SORTIEREN ist nicht nur für die Datensätze von Datenbanken zuständig. Sie können so gut wie alles in geordnete Form bringen, sei es Text oder seien es Zahlen. Beim Sortieren müssen Sie lediglich darauf achten, daß alle Zellen markiert sind, die sortiert werden sollen. Erst dann ist es ratsam, den Befehl SORTIEREN zu wählen. Excel nimmt automatisch an, daß die erste Zeile des markierten Zellbereichs eine Art Überschrift enthält. Deshalb schließt es stets die erste Zeile vom Sortieren aus, ohne überhaupt nachzufragen, ob es so recht ist. Wenn Sie also die erste Zeile des markierten Bereichs mitsortieren wollen, müssen Sie dies Excel explizit mitteilen, indem Sie im Dialogfeld SORTIEREN das Optionsfeld KEINE ÜBERSCHRIFTEN auswählen.

AutoFilter – alles funktioniert automatisch

Mit der AutoFilter-Funktion von Excel ist es ein Kinderspiel, Datensätze auszublenden und nur noch die anzuzeigen, die Sie wirklich sehen möchten. Und wie funktioniert diese Zauberfunktion? Sie setzen den Cursor in ein beliebiges Feld der Datenbank. Danach wählen Sie den Befehl FILTER im Menü DATEN. Ein Untermenü klappt auf. Dort wählen Sie den Eintrag AUTOFILTER. Fantastisch! Excel versieht alle Zellen, die Feldnamen enthalten, mit einem Dropdown-Listenfeld (Abbildung 9.9).

Um nun die Datenbank so zu filtern, daß nur noch die gewünschten Datensätze angezeigt werden, öffnen Sie das entsprechende Dropdown-Listenfeld. Und, welch Wunder! Es enthält alle Einträge der Datenbank für das entsprechende Feld. Markieren Sie in der Liste den Eintrag, nach dem Sie filtern möchten. Excel zeigt danach nur die Datensätze an, die den von Ihnen gewählten Eintrag im entsprechenden Feld enthalten. Alle anderen Datensätze verschwinden, wenn auch nur vorübergehend.

In Abbildung 9.9 sehen Sie die Beispieldatenbank, in der nur die Datensätze angezeigt werden, die im Feld »Bundesland« den Eintrag »Bayern« enthalten. Das war überhaupt kein Aufwand.

Ich habe einfach das Dropdown-Listenfeld des Felds »Bundesland« geöffnet und den Eintrag »Bayern« markiert. Das war's!

 Wenn Sie endlich nur die Datensätze auf dem Bildschirm sehen, die Sie gerade brauchen, können Sie sie nach rechts im aktuellen Tabellenblatt (oder besser noch: in ein anderes Tabellenblatt) kopieren. Markieren Sie dazu einfach die entsprechenden Zellen, und wählen Sie den Befehl KOPIEREN im Menü BEARBEITEN. (Strg + C tut's auch.) Danach markieren Sie die Zelle, ab der die kopierten Datensätze eingefügt werden sollen, und drücken Eingabe. Wenn Sie wollen, können Sie jetzt beispielsweise wieder alle Datensätze anzeigen oder einen anderen Filter wählen.

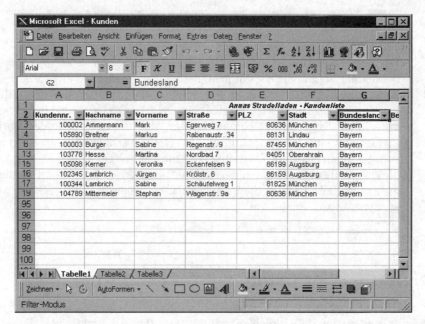

Abbildung 9.9: Die gefilterte Datenbank: Nur die Datensätze, die den Eintrag »Bayern« enthalten, werden angezeigt.

Sollten Sie nach dem Filtern feststellen, daß immer noch zu viele Datensätze angezeigt werden, filtern Sie einfach nach Lust und Laune weiter. Angenommen, Sie haben nach dem Bundesland Bayern sortiert, und dieser Filterversuch hat Ihnen Hunderte von Datensätzen auf dem Bildschirm beschert. Das ist zuviel! Sie wollen das Ganze etwas einschränken und filtern noch einmal: dieses Mal im Dropdown-Listenfeld »Stadt« nach dem Eintrag »München«.

Irgendwann werden Sie von der Filterei genug haben und wieder alle Datensätze anzeigen wollen. Wählen Sie dazu einfach den Befehl FILTER im Menü DATEN und dort im Untermenü den Befehl ALLE ANZEIGEN.

Wenn Sie mehrfach gefiltert haben, können Sie das Filtern auch teilweise aufheben. Öffnen Sie dazu das Dropdown-Listenfeld, in dem Sie vorher einen Filter definiert haben haben. Wählen Sie dort den allerersten Eintrag in der Liste (ALLE).

Wenn Sie nur nach einem Eintrag gefiltert haben, ist dieses Verfahren mit dem Befehl ALLE ANZEIGEN identisch.

Nur die Top 10 bitte

Und dann gibt es da noch den AutoFilter mit der schönen Bezeichnung »Top 10«. Verwenden Sie diesen Filter für numerische Felder, um beispielsweise die zehn höchsten oder niedrigsten Werte anzuzeigen. Um diese Top 10 zu Gesicht zu kriegen, gehen Sie folgendermaßen vor:

1. **Wählen Sie den Befehl FILTER im Menü DATEN und danach im Untermenü den Befehl AUTOFILTER.**

    Das hatten wir ja bereits.

2. **Öffnen Sie das Dropdown-Listenfeld, das Sie zum Filtern verwenden möchten.**

    Auch das ist nichts Neues.

3. **Wählen Sie im Dropdown-Listenfeld den Eintrag (TOP 10).**

    Na also! Das Dialogfeld »Top 10-AutoFilter« macht sich auf dem Bildschirm breit (Abbildung 9.10).

4. **Wenn Sie sich nicht für die »Besten«, sondern für die »Schlechtesten« interessieren, dann wählen Sie im ersten Dropdown-Listenfeld den Eintrag UNTERSTEN.**

5. **Um mehr als zehn Datensätze anzeigen zu lassen, geben Sie einfach die gewünschte Zahl im daneben liegenden Textfeld ein.**

6. **Wenn Sie ganz clever sind, und die ersten oder letzten zehn Prozent eines Felds sehen möchten, dann tauchen Sie im zweiten Dropdown-Listenfeld den Eintrag ELEMENTE gegen den Eintrag PROZENT aus.**

7. **Mit »OK« geht's los.**

In Abbildung 9.10 sehen Sie, wie ich versuche rauszukriegen, wer die zehn treuesten Kunden sind. Und Abbildung 9.11 zeigt, was aus dem Versuch geworden ist.

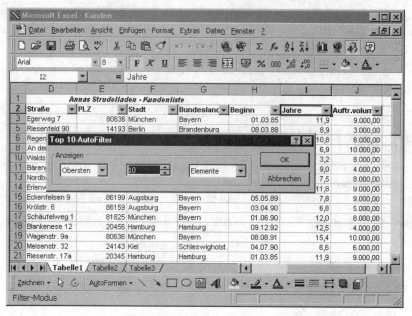

Abbildung 9.10: Das Dialogfeld »Top 10-AutoFormat«

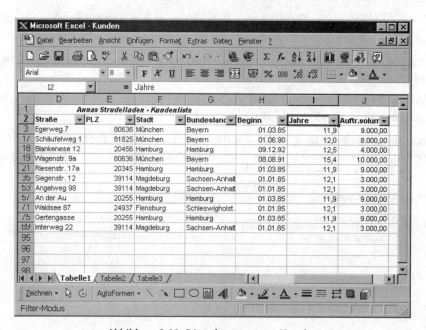

Abbildung 9.11: Die zehn treuesten Kunden

Selbstgeschnitzte AutoFilter

Alles schön und gut! Was macht man aber, wenn man beim AutoFiltern etwas flexibler sein und nicht nach einem ganz präzisen Eintrag filtern will? Keine Sorge – auch das ist kein Problem. Sie erstellen einfach einen sogenannten benutzerdefinierten AutoFilter, z. B. einen, der nach allen Nachnamen filtert, die mit »M« anfangen, oder einen, der nach einem Zahlenbereich filtert, z. B. einem Auftragsvolumen zwischen 5.000 und 10.000 DM.

Also, Sie öffnen ein Dropdown-Listenfeld für einen Feldnamen und wählen dort den Eintrag (BENUTZERDEFINIERT). Excel zeigt hurtig das Dialogfeld »Benutzerdefinierter AutoFilter« an (Abbildung 9.12).

Zunächst müssen Sie dort einen Operator im ersten Dropdown-Listenfeld auswählen. In Tabelle 9.2 finden Sie weitere Infos zu diesem Thema. Geben Sie danach im Textfeld rechts daneben den Wert (Text oder Zahl) ein, nach dem gefiltert werden soll. Das Dropdown-Listenfeld enthält alle Einträge der Datenbank zum entsprechenden Feld. Sie können auch wie beim normalen AutoFiltern einen Eintrag in der Liste auswählen.

Aufgabe	Beispiel	Ergebnis
ENTSPRICHT	Nachname=D*	Datensätze, deren Nachname mit dem Buchstaben »D« beginnt
ENTSPRICHT NICHT	StadtHamburg	Alle Datensätze, die nicht den Eintrag »Hamburg« enthalten
IST GRÖSSER ALS	PLZ80636	Datensätze, deren Postleitzahl größer als 80636 ist
IST KLEINER ALS	Auftr.volumen5000	Datensätze, deren Auftragsvolumen unter 5.000 DM liegt
IST GRÖSSER ODER GLEICH	Beginn=1.1.85	Datensätze, deren erster Auftrag ab dem 1.1.85 erfolgt
IST KLEINER ODER GLEICH	Auftr.volumen=3000	Datensätze, deren Auftragsvolumen 3.000 DM oder weniger beträgt
ENTSPRICHT NICHT	StadtHamburg	Alle Datensätze, die nicht den Eintrag »Hamburg« enthalten

Tabelle 9.2: Die wichtigsten Operatoren für benutzerdefinierte AutoFilter

Wenn Sie Ihre Datensätze lediglich nach einem bestimmten Feldeintrag mit einem bestimmten Operator filtern möchten, dann können Sie jetzt »OK« wählen oder Eingabe drücken. Das Beste haben Sie dann aber versäumt. Sie können nämlich im Dialogfeld »Benutzerdefinierter AutoFilter« auch festlegen, daß die Datenbank nach einem bestimmten Bereich gefiltert werden soll, oder daß eines von zwei Kriterien erfüllt sein muß.

Einen Wertebereich definieren Sie folgendermaßen: Wählen Sie im ersten Dropdown-Listenfeld für Operatoren den Eintrag IST GRÖSSER oder IST GRÖSSER ODER GLEICH. Danach wählen Sie den niedrigsten (bzw. ersten) Wert des Bereichs aus oder geben ihn ein. Vergewissern Sie sich, daß das Optionsfeld UND aktiviert ist, und wählen Sie im zweiten Dropdown-Listenfeld für Operatoren den Eintrag IST KLEINER oder IST KLEINER ODER GLEICH. Zu guter Letzt geben Sie den höchsten (bzw. letzten) Wert des Bereichs im Textfeld ein oder wählen ihn dort aus.

Das war die graue Theorie. In den Abbildungen 9.12 und 9.13 sehen Sie, wie das in der Praxis funktioniert. In der Kundendatenbank sollen nur die Datensätze angezeigt werden, deren Auftragsvolumen zwischen 3.000 und 10.000 DM liegt. Abbildung 9.12 zeigt, wie der Bereich definiert wird. Als erster Operator wird IST GRÖSSER ODER GLEICH gewählt. Der niedrigste Wert im Text lautet 3000. Das Optionsfeld UND ist aktiviert. Als zweiten Operator habe ich IST KLEINER ODER GLEICH gewählt und als höchsten Wert 10000 eingegeben. In Abbildung 9.13 sehen Sie das Ergebnis.

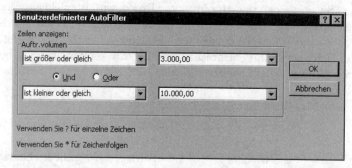

Abbildung 9.12: Das Dialogfeld »Benutzerdefinierter AutoFilter«

Und dann gibt es noch die Entweder-Oder-Möglichkeit. Das heißt, ein Eintrag soll entweder dies oder das sein. Meistens werden dafür die Operatoren ENTSPRICHT und ENTSPRICHT NICHT verwendet. Im ersten Textfeld muß die eine Möglichkeit, im zweiten Textfeld die andere Möglichkeit stehen. Und: ODER muß aktiviert sein.

Angenommen, Sie möchten die Datenbank so filtern, daß nur die Datensätze für Bayern und Sachsen-Anhalt angezeigt werden. Als erstes wählen Sie den ersten Operator ENTSPRICHT und geben im Textfeld daneben Bayern ein. Anschließend aktivieren Sie das Optionsfeld ODER. (Das ist der entscheidende Punkt!) Danach wählen Sie als zweiten Operator ebenfalls ENTSPRICHT und geben im Textfeld daneben Sachsen-Anhalt ein. Sobald Sie »OK« wählen oder Eingabe drücken, werden nur die Datensätze angezeigt, die im Feld »Bundesland« den Eintrag »Bayern« oder »Sachsen-Anhalt« enthalten.

9 ➤ Zahlen und Fakten griffbereit

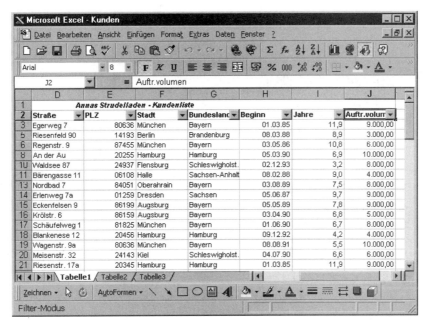

Abbildung 9.13: Der benutzerdefinierte AutoFilter hat funktioniert.

Von Hyperlinks und HTML   10

In diesem Kapitel erfahren Sie, wie Sie ...

- einen Hyperlink erstellen, der auf ein anderes Office-Dokument, eine andere Excel-Arbeitsmappe, ein anderes Tabellenblatt oder einen anderen Zellbereich verweist
- einen Hyperlink erstellen, der sich ins World Wide Web wagt und auf eine Web-Seite verweist
- die Formatvorlage von Hyperlinks und und sogenannten besuchten Hyperlinks bearbeiten
- eine Excel-Datentabelle in eine HTML-Tabelle verzaubern
- eine HTML-Tabelle im Web-Browser Ihrer Wahl betrachten
- Ihre Tabellendaten im World Wide Web publizieren

Nachdem weltweit das Internet-Fieber ausgebrochen und das World Wide Web zur größten Erfindung aller Zeiten ausgerufen worden ist, wen wundert es da, daß Excel nun ein ganzes Bündel brandneuer Web-Funktionen enthält. Zu den aufregenden neuen Features gehören die *Hyperlinks*, die Sie in Ihre Tabellenblätter einfügen können, und die Möglichkeit, Ihre Tabellendaten in *HTML*-Tabellen (Hypertext Markup Language) umzuwandeln.

Und was ist das genau? Also, auf Hyperlinks brauchen Sie nur einmal mit der Maus zu klicken, um wie der Blitz zu einem anderen Office-Dokument, einer Arbeitsmappe oder einem Tabellenblatt zu wechseln. Die Sensation dabei ist, daß es völlig wurscht ist, wo sich diese Dokumente befinden – die können sich auf Ihrer Festplatte, auf einem Server in Ihrem LAN (Local Area Network) oder auf einem Web-Server im Intranet Ihrer Firma befinden. Und was ist HTML? Mit Hilfe von HTML können Sie Ihre Tabellenwerke auf Web-Seiten interessierten Benutzern mehr oder weniger so zugänglich machen, wie Sie sie in Excel formatiert haben. Die Seiten legen Sie einfach auf einem Server im Intranet Ihrer Firma oder auf dem Web-Server Ihrer Firma im Internet ab.

Tabellenblätter mit Hyperlinks schmücken

Es gibt zwei Typen von Hyperlinks, die Sie in Excel-Arbeitsblätter einfügen können. Da gibt es zum einen den sogenannten *Hypertext* – blauer, unterstrichener Text in Zellen – und zum anderen grafische Objekte, die Sie in Ihr Tabellenblatt eingefügt haben, oder grafische Objekte, die Sie mit den Symbolen der Zeichnen-Symbolleiste fabriziert haben – Schaltflächen, die aus den grafischen Objekten erstellt werden.

Wenn Sie einen Hyperlink als Text oder grafisches Objekt einfügen, können Sie ihn mit einer externen Datei oder Internet-Adresse (URL = Uniform Resource Locator) bzw. mit einem benannten Bereich in Ihrem Tabellenblatt verknüpfen. Bei dem benannten Bereich kann es sich um einen Zellbezug oder einen benannten Zellbereich (mehr dazu in Kapitel 6) in einem bestimmten Tabellenblatt handeln.

Also, um die Textvariante des Hyperlinks einzufügen, tun Sie folgendes:

1. **Markieren Sie die Zelle im Tabellenblatt der Arbeitsmappe, die die Ehre haben wird, den Hyperlink aufzunehmen.**

2. **Geben Sie den Text für den Hyperlink in die Zelle ein, und klicken Sie in der Bearbeitungsleiste auf das Symbol für Eingeben.**

Um die Grafikvariante des Hyperlinks einzufügen, sind folgende zwei Schritte erforderlich:

1. **Wählen Sie den Befehl GRAFIK im Menü EINFÜGEN und dann im Untermenü den Befehl AUS DATEI. Danach markieren Sie im Dialogfeld »Grafik einfügen« das Bildchen, das Ihnen so vorschwebt, und klicken auf die Schaltfläche »Einfügen« bzw. drücken Eingabe.**

    Schwupp, wird die gewählte Grafik in das Tabellenblatt eingefügt. Sie ist auch gleich markiert. (Sie wissen noch? Die »eckigen« Ziehpunkte rund um das Objekt!)

2. **Ziehen Sie bei Bedarf einen der Ziehpunkte, mit denen die Größe verändert werden kann. Soll die Grafik an eine ganz andere Position, packen Sie sie am Kragen, und ziehen sie dorthin, wo es Ihnen paßt.**

So, Sie haben den Text bzw. das grafische Objekt. So weit, so gut. Jetzt müssen Sie den Text bzw. das grafische Objekt mit einer anderen Datei, mit einer Web-Adresse oder mit einem benannten Bereich in der Arbeitsmappe verknüpfen. Und das geht so:

1. **Markieren Sie die Zelle mit dem Text, oder klicken Sie auf das grafische Objekt.**

2. **Wählen Sie den Befehl HYPERLINK im Menü EINFÜGEN, oder klicken Sie auf das Symbol für Hyperlink in der Standard-Symbolleiste (das mit der Kette vor dem Globus).**

    Falls Sie Ihre Arbeitsmappe noch nicht gespeichert haben, schlägt Excel vor, dies zu tun, bevor Sie den Hyperlink einfügen. (Scheint wohl eine etwas wacklige Angelegenheit zu werden – sicher ist sicher.) Egal, ob Sie speichern oder nicht, danach wird das Dialogfeld »Hyperlink einfügen« geöffnet (Abbildung 10.1). Dort müssen Sie sich für eine Datei, eine Web-Adresse (ULR) oder einen benannten Bereich in der Arbeitsmappe entscheiden.

3a. **Variante 1: Um eine Verbindung zu einem anderen Dokument, einer Web-Seite im Firmen-Intranet oder einer Web-Seite im Internet herzustellen, geben Sie den Pfad zum entsprechenden Dokument im Textfeld VERKNÜPFUNG ZU DATEI ODER URL ein.**

Befindet sich das Dokument, zu dem Sie eine Verknüpfung herstellen möchten, auf Ihrer Festplatte oder einer Festplatte, auf die Sie zugreifen können, klicken Sie auf die Schaltfläche »Durchsuchen«, markieren die gewünschte Datei einfach im Dialogfeld »Verknüpfung zu Datei« (funktioniert wie das Dialogfeld zum Öffnen von Dateien, das Sie bereits aus Kapitel 2 kennen) und klicken auf »OK«.

Soll eine Verbindung zu einem Dokument auf einemr Web-Server hergestellt werden, und sollten Sie die Web-Adresse zufällig auswendig wissen (so was wie http://www.dummies.com/Excel97), dann schreiben Sie sie ganz tapfer in das Textfeld VERKNÜPFUNG ZU DATEI ODER URL.

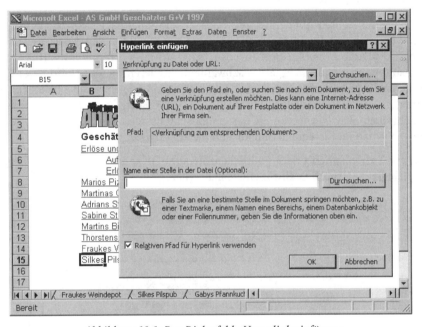

Abbildung 10.1: Das Dialogfeld »Hyperlink einfügen«

 Wir gehen sicherheitshalber mal davon aus, daß Sie die Adresse doch nicht auswendig wissen. Was dann? Hoffen wir mal, daß sie im Menü FAVORITEN des Internet Explorer enthalten ist. Sie statten der gewünschten Web-Seite also mit Ihrem Web-Browser einen Besuch ab, indem Sie die entsprechende Seite im Menü FAVORITEN des Internet Explorer bzw. im Menü LESEZEICHEN des Netscape Navigator auswählen. Dann wechseln Sie zurück zu Excel und öffnen dort das Dialogfeld »Hyperlink einfügen«. Nun klicken Sie auf den Pfeil neben dem Feld VERKNÜPFUNG ZU DATEI ODER URL und oh Wunder: Die URL der Web-Seite, die Sie gerade besucht haben, wird im Listenfeld angezeigt. Jetzt können Sie sie ganz einfach markieren. Ist doch irgendwie zuverlässiger und beruhigender als das Eingeben einer ewiglangen Adresse, von der Sie doch nicht genau wissen, wohin es Sie verschlagen wird.

Aber was ist, wenn die Adresse nicht im Menü FAVORITEN enthalten ist. Dann müssen Sie sich höchstpersönlich über Ihren Online-Dienst auf ins Internet machen, die gewünschte Web-Seite aufsuchen, den Befehl ZU FAVORITEN HINZUFÜGEN im Menü FAVORITEN wählen, um die Adresse in das Menü FAVORITEN aufzunehmen. Danach läuft alles wie im vorherigen Absatz beschrieben.

3b. **Variante 2: Wenn Sie eine Verknüpfung zu einer anderen Zelle oder einem Zellbereich in derselben Arbeitsmappe herstellen möchten, aktivieren Sie das Feld NAME EINER STELLE IN DER DATEI (OPTIONAL) und geben den Tabellenblattnamen gefolgt von der Zelladresse bzw. von dem benannten Bereich ein.**

Auch hier sind Sie stets gut beraten, wenn Sie auf die Schaltfläche »Durchsuchen« zurückgreifen und den Tabellenblattnamen und den Zellbezug bzw. den benannten Bereich im Dialogfeld »Excel Arbeitsmappe durchsuchen« auswählen (Abbildung 10.2). Um einen Zellbezug in einem Tabellenblatt auszuwählen, aktivieren Sie das Optionsfeld BLATTNAME, markieren das gewünschte Tabellenblatt im Listenfeld und geben danach den Zellbezug im Textfeld BEZUG ein. Puh – danach nur noch auf »OK« klicken. Ich will aber einen benannten Bereich! Auch okay. Aktivieren Sie das Optionsfeld FESTGELEGTER NAME, markieren Sie den Bereichsnamen im Listenfeld, und klicken Sie auf »OK«.

4. **Alles zur Zufriedenheit erledigt? Klicken Sie auf »OK«, oder drücken Sie Eingabe, um das Dialogfeld »Hyperlink einfügen« loszuwerden.**

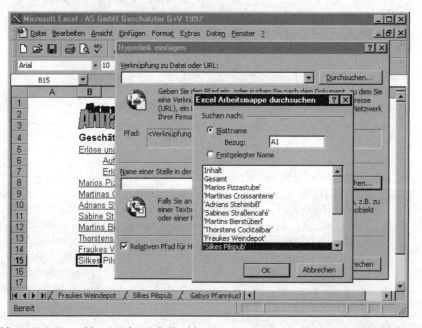

Abbildung 10.2: So wählen Sie den Tabellenblattnamen und den Zellbezug im Dialogfeld »Excel Arbeitsmappe durchsuchen« für einen lokalen Hyperlink aus.

Den Hyperlinks auf der Spur

Nachdem Sie Hyperlinks in einem Tabellenblatt erstellt haben, können Sie ihnen in ein externes Dokument, auf eine Web-Seite, zu einem Zellbereich in derselben Arbeitsmappe, bis ans Ende der Welt ... folgen. Zeigen Sie dazu mit dem Mauszeiger auf den unterstrichenen blauen Text (wenn Sie sich für einen Hypertext entschieden haben) oder auf das grafische Objekt (wenn Sie für den Hyperlink etwas fürs Auge genommen haben). Der Mauszeiger wandelt sich in eine Hand mit warnend erhobenem Zeigefinger um – Achtung! Hier ist ein Hyperlink! Klikken Sie beherzt auf den Text bzw. auf die Grafik, und schon springt Excel wie der Blitz zur im Hyperlink »hinterlegten« Adresse, sprich zum externen Dokument, zur Web-Seite oder zum Zellbezug in der aktuellen Arbeitsmappe oder ans Ende der Welt oder ... Was genau bei diesem Sprung passiert, das hängt vom Ziel des Hyperlinks ab. Folgende Varianten hätte ich zu bieten:

- *Hyperlink mit einer Verknüpfung zu einem externen Dokument*: Wenn das Programm, mit dem das Dokument erstellt wurde (z. B. Word oder PowerPoint), noch nicht gestartet ist, wird dies blitzschnell ausgeführt und das entsprechende Dokument geöffnet.

- *Hyperlinks mit einer Verknüpfung zu einer Web-Seite*: Die Web-Seite wird im Web-Browser geöffnet. Sind Sie zum Zeitpunkt des »Hypersprungs« nicht online, wird das Dialogfeld zum Verbinden geöffnet. Tragen Sie dort Ihren Namen und Ihr Kennwort ein. Bei Bedarf wird noch der Internet Explorer bzw. der Netscape Navigator gestartet, und dann endlich ist auch die Web-Seite an der Reihe.

- *Hyperlink mit einer Verknüpfung zu einem Zellbereich in der aktuellen Arbeitsmappe*: Excel aktiviert das entsprechende Tabellenblatt und markiert die Zelle bzw. die Zellen, so wie es im Hyperlink definiert ist.

Wenn Sie einmal die Verfolgung eines Hyperlinks aufgenommen haben, wird er nicht mehr in Blau, sondern in Lila angezeigt, unterstrichen bleibt er allemal. Daran erkennen Sie, daß der Hyperlink verwendet worden ist. (Bei grafischen Objekten werden Sie lange drauf gucken können. Da ändert sich bei der Farbe nichts.) Wollen Sie wieder zum erfrischenden Blau zurückkehren, klicken Sie in der Web-Symbolleiste auf das Symbol für Aktuelle Seite aktualisieren. (Werfen Sie mal einen Blick auf Abbildung 10.3. Dort sehen Sie die Web-Symbolleiste.) Und wie kriegen Sie die Symbolleiste auf den Bildschirm. Entweder klicken Sie in der Standard-Symbolleiste auf die Schaltfläche für Web-Symbolleiste, oder Sie wählen den Befehl SYMBOLLEISTEN im Menü ANSICHT und klicken dann im Untermenü auf den Befehl WEB.

In den Abbildungen 10.4 bis 10.6 will ich versuchen, Ihnen zu zeigen, wie Sie mit Hilfe von Hyperlinks von einem Teil der Arbeitsmappe zu einem anderen hüpfen können. Also, in Abbildung 10.4 sehen Sie das Tabellenblatt INHALT, das eine interaktive Tabelle enthält, über die Sie alle anderen Tabellenblätter und Diagramme in der Arbeitsmappe erreichen können. Eine komfortable Sache! Jeder Eintrag (B5 bis B15) ist mit einem Hyperlink versehen, der wiederum auf das entsprechende Tabellenblatt bzw. den entsprechenden Zellbereich verweist.

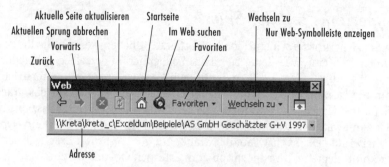

Abbildung 10.3: Die Web-Symbolleiste

Abbildung 10.5 zeigt, was passiert, wenn ich auf den Hyperlink Erlöse und Aufwendungen gesamt (aus Abbildung 10.4) klicke. Dieser Hyperlink nimmt mich auf der Stelle mit zur Zelle A1 des Tabellenblatts GESAMT. In diesem Tabellenblatt finden Sie rechts oben ein nettes kleines Häuschen, das ich aus der Clip Gallery eingefügt habe. Dieses Häuschen enthält wiederum einen Hyperlink, der mich zurück zur Zelle A1 im Tabellenblatt INHALT trägt. (Das ist dann wieder das Blatt in Abbildung 10.4.)

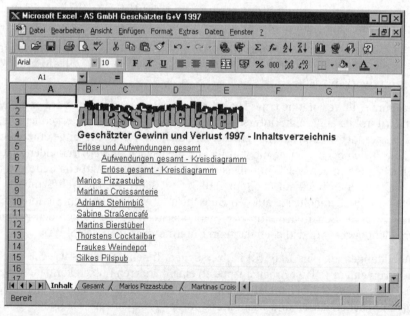

Abbildung 10.4: Vom interaktiven Inhaltsverzeichnis zur Zelle A1 im Tabellenblatt GESAMT

10 ► Von Hyperlinks und HTML

In Abbildung 10.6 können Sie nachvollziehen, was passiert, wenn ich im Tabellenblatt INHALT auf den Hyperlink Aufwendungen gesamt - Kreisdiagramm klicke. Dieser Hyperlink ist mit dem benannten Bereich GESCHÄTZE_AUSGABEN im Tabellenblatt GESAMT verknüpft. Das sind die Zellen A28 bis B40. Das sind genau die Zellen, die unter dem Kreisdiagramm liegen, in dem die Ausgaben dargestellt werden. Es gibt leider keine Möglichkeit, mit einem Hyperlink direkt auf ein grafisches Objekt zu verweisen. Daher müssen Sie den Umweg über die darunterliegenden Zellen nehmen.

Rechts neben dem Kreisdiagramm sehen Sie im Tabellenblatt GESAMT ein graues Sternchen. (Das habe ich mit Hilfe der Zeichnen-Symbolleiste kreiert – mit dem Symbol für AutoFormen, Sterne und Banner. Nicht schlecht, oder?) Der Stern enthält denselben Hyperlink wie das nette Häuschen (Abbildung 10.5) rechts oben im Tabellenblatt GESAMT. Das heißt, Sie hüpfen zur Zelle A1 im Tabellenblatt INHALT zurück, wenn Sie auf den Stern klicken.

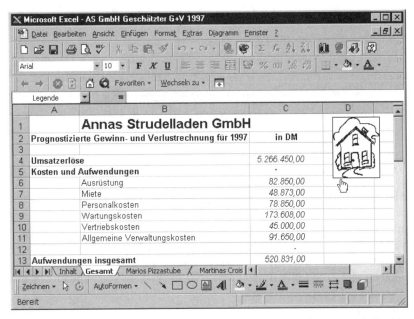

Abbildung 10.5: Aus dem Tabellenblatt GESAMT gibt's einen Weg zurück in das Tabellenblatt INHALT.

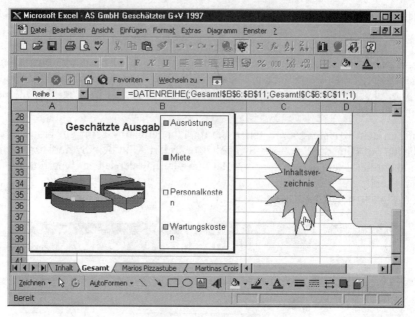

Abbildung 10.6: Vom interaktiven Inhaltsverzeichnis zum Bereich A28:B40 im Tabellenblatt GESAMT

Hyperlinks der Variante »Text« bearbeiten und formatieren

Zellen, die Hyperlinks enthalten, sind in Abhängigkeit von zwei in Excel integrierten Formatvorlagen formatiert: HYPERLINK und BESUCHTER HYPERLINK. Die Formatvorlage HYPERLINK wird jedem neuen Hypertext zugewiesen. Die Formatvorlage BESUCHTER HYPERLINK (jaja) ist für all diejenigen Hyperlinks vorgesehen, die bereits einmal aktiviert wurden. Wenn Ihnen die Darstellung von HYPERLINK und BESUCHTER HYPERLINK überhaupt nicht zusagt, dann können Sie die beiden Formatvorlagen ändern. Mehr zu diesem Thema erfahren Sie in Kapitel 3, im Abschnitt »Jetzt wird's formatvorlagig!«.

 Wenn Sie das Bedürfnis haben, den Inhalt einer Hyperlink-Zelle zu bearbeiten und ganz unbefangen auf die entsprechende Zelle klicken – raten Sie mal, was dann passiert? Genau! Sie hüpfen zum entsprechenden Verknüpfungselement. Und das wollten Sie doch wirklich nicht. Was also tun? Am einfachsten halten Sie Strg gedrückt, während Sie auf die gewünschte Hyperlink-Zelle klicken. Dann können Sie den Inhalt in aller Ruhe in der Bearbeitungsleiste auf den Kopf stellen.

Sie wollen das Ziel eines Hyperlinks ändern? (Ich spreche also nicht von seinem Inhalt, sondern von dem Pfad der Verknüpfung.) Dann klicken Sie mit der rechten Maustaste auf die Hyperlink-Zelle und wählen im Kontextmenü den Befehl HYPERLINK und dann den Befehl HYPERLINK BEARBEITEN. Damit wird das Dialogfeld »Hyperlink bearbeiten« geöffnet. (Dieses Dialogfeld sieht eigentlich genauso aus, wie das Dialogfeld »Hyperlink einfügen« (Abbildung 10.1).) Hier können Sie also die Verknüpfung nach Lust und Laune neu definieren.

Was, Sie wollen einen Hyperlink in eine andere Zelle kopieren? Na gut! Das geht auch. Sie klicken mit der rechten Maustaste auf die Hyperlink-Zelle (nicht mit der linken, sonst geht die Post ab) und wählen im Kontextmenü den Befehl HYPERLINK und dann den Befehl HYPERLINK KOPIEREN. Der Original-Hyperlink kriegt seinen Laufrahmen um die Zelle, und Sie können den Hyperlink einfach kopieren, indem Sie eine andere Zelle markieren und Eingabe drücken. (Das funktioniert im Prinzip genauso wie das normale Kopieren von Zellen – alte Karmellen.) Eines noch: Wenn Sie den Hyperlink in eine leere Zelle kopieren, dann wird dort zunächst der Pfad oder die URL des Hyperlink-Ziels angezeigt. Sobald Sie aber etwas in die Zelle eingeben, macht das Hyperlink-Ziel Ihren Daten Platz.

Das Thema »Löschen« fehlt noch. Wenn Sie den Zellinhalt und den Hyperlink in einer Zelle löschen möchten, dann entscheiden Sie sich doch bitte im Menü BEARBEITEN für die Befehlsfolge LÖSCHEN/ALLES.

Hyperlinks der Variante »grafisches Objekt« bearbeiten und formatieren

Sie wollen ein grafisches Objekt bearbeiten, das einen Hyperlink enthält? Also, da wäre zunächst einmal das Markieren: Drücken Sie Strg, und klicken Sie auf das gewünschte Objekt. Danach wählen Sie im Menü FORMAT den Befehl OBJEKT oder drücken Strg + 1. Alternativ dazu können Sie auch mit der rechten Maustaste auf das grafische Objekt klicken und dann im Kontextmenü den Befehl GRAFIK FORMATIEREN wählen. Egal, für welche Methode Sie sich entscheiden, es wird in beiden Fällen ein Dialogfeld mit erschreckend vielen Registerkarten zum Bearbeiten des grafischen Objekts geöffnet: FARBEN UND LINIEN, GRÖSSE, BILD, SCHUTZ, EIGENSCHAFTEN – wählen Sie aus.

Wenn Sie die Größe des grafischen Objekts von Hand ändern oder das Objekt an eine andere Position verschieben wollen, dann Strg-klicken Sie auf das grafische Objekt und ziehen entweder einen der Ziehpunkte oder das gesamte Objekt (dazu muß der Mauszeiger sich aber in einen Vierfachpfeil umwandeln), bis es Ihren Vorstellungen entspricht.

Um ein grafisches Objekt zusammen mit seinem Hyperlink zu kopieren, klicken Sie zunächst – wie gehabt – mit gedrückter Strg-Taste auf das Objekt. Jetzt halten Sie aber Strg gedrückt und ziehen mit einer Kopie des grafischen Objekts von dannen. Diese können Sie an einer beliebigen Stelle in der Arbeitsmappe ablegen. Eine ganz nette Angelegenheit. Sie können aber das grafische Objekt auch mit dem Befehl KOPIEREN im Kontextmenü in die Zwischenablage kopieren und von dort mit dem Befehl EINFÜGEN (im Menü BEARBEITEN) an einer x-beliebigen Stelle wieder einfügen. (Wenn Sie es sich merken können, können Sie für das Einfügen auch Strg + V drücken. Wer noch mehr Möglichkeiten braucht, kann auch das Symbol für Einfügen in der Standard-Symbolleiste nehmen.)

Wer das grafische Objekt samt Hyperlink loswerden will, der Strg-klickt auf das Objekt und drückt Entf. Schwupp! Alles futsch! Und für alle, die das Hyperlink-Ziel ändern möchten: Klikken Sie mit der rechten Maustaste auf das Objekt, und wählen Sie im Kontextmenü den Befehl HYPERLINK und dann den Befehl HYPERLINK BEARBEITEN. Danach können Sie im Dialogfeld »Hyperlink bearbeiten« das Ziel ändern.

Tabellenblätter im World Wide Web?

Also wirklich! Das Konzept, Excel-Tabellendaten im World Wide Web zu publizieren, macht wirklich Sinn – sowohl was das tabellarische Layout als auch was die berechneten Inhalte betrifft. Alle, die schon mal versucht haben, eine HTML-Tabelle manuell zu erstellen, können ein Lied davon singen. Das ist wohl die blödste Arbeit, die man sich vorstellen kann. Auch die einfachste Tabelle wird zur Qual, weil Sie die Spaltenbeschriftungen mit TH- und /TH-Markups (das ist so 'ne Art Code), die Zeilen der Tabelle mit TR- und /TR-Markups sowie die Anzahl und die Breite der Spalten mit TD- und /TD-Markups definieren müssen. Dann wissen Sie aber immer noch nicht, welche Daten in welche Zellen kommen. Klingt abschreckend, oder?

Auch wenn Sie vielleicht einen HTML-Editor verwenden, die Ihnen mit Hilfe von objektorientierten Tabellen-Markups diese brutale Formatierungsarbeit erspart (z. B. der Internet-Assistent von Word, mit dem Sie über das Menü wie in einem Word-Dokument Tabellen einrichten und ausfüllen können), so erhalten Sie als Ergebnis wahrscheinlich doch nur eine 08/15-Tabelle. Und Sie werden wohl auch keine Berechnungen mit den Daten der Tabellenzellen ausführen können. Dies ist mit dem Internet-Assistenten von Excel, der Ihre Tabellenblätter in Datentabellen umwandelt, kein Problem.

Wenn Sie sich mit dem Internet-Assistenten von Excel anfreunden, dann kriegen Sie das Beste aus zwei Welten: Ihnen stehen einerseits die gesamten Rechenkünste von Excel zur Verfügung, und Sie kriegen automatisch schicke HTML-Tabellen für Ihre Web-Seiten erstellt. Was will man mehr?

Tabellendaten in eine HTML-Tabelle umwandeln

Keine Panik! Das erledigt quasi alles der Internet-Assistent von Excel. Er führt Sie geradlinig in nur wenigen Schritten zum Ziel – zur HTML-Tabelle. Dabei können Sie wählen, ob die HTML-Tabelle in einem funkelnagelneuen HTML-Dokument oder in einem bereits vorhandenen HTML-Dokument abgelegt werden soll.

Eine Tabelle in ein neues HTML-Dokument unterbringen

Damit Ihre Tabellendaten in eine HTML-Tabelle in einem neuen HTML-Dokument verwandelt werden, führen Sie beherzt die folgenden Schritte aus:

1. Öffnen Sie die Arbeitsmappe, die die umzuwandelnden Daten enthält. Aktivieren Sie dann die entsprechende Tabelle, und markieren Sie den Zellbereich, auf den es Ihnen ankommt.

2. Wählen Sie den Befehl ALS HTML SPEICHERN im Menü DATEI.

   Damit locken Sie bereits den Internet-Assistenten aus seinem Versteck. Das Dialogfeld »Internet-Assistent – Schritt 1 von 4« wird geöffnet (Abbildung 10.7).

3a. (Optional) Wenn Sie noch weitere Datenbereiche in das HTML-Dokument aufnehmen wollen, klicken Sie auf »Hinzufügen« und geben die Adresse des neuen Zellbereichs ein, oder Sie markieren den gewünschten Bereich direkt im Tabellenblatt. Abschließend klicken Sie auf »OK« oder drücken Eingabe.

3b. (Optional) Um die Reihenfolge zu ändern, in der die Datenbereiche und Diagramme im HTML-Dokument angeordnet werden, markieren Sie einfach im Listenfeld ZU KONVERTIERENDE BEREICHE UND DIAGRAMME den Namen des Bereichs oder des Diagramms und klicken dann auf den nach oben oder auf den nach unten zeigenden Pfeil. Damit wird der markierte Eintrag um eine Zeile nach oben bzw. nach unten verschoben.

3c. (Optional) Und wenn Sie einen Bereich oder ein Diagramm in der Liste wieder loswerden wollen, markieren Sie den entsprechenden Eintrag und wählen – na klar – die Schaltfläche »Entfernen«.

4. Enthält das Listenfeld ZU KONVERTIERENDE BEREICHE UND DIAGRAMME endlich alles, was Sie im HTLM-Dokument darstellen wollen, dann klicken Sie auf »Weiter«, oder drücken Sie Eingabe.

   Und schon taucht das Dialogfeld »Internet-Assistent – Schritt 2 von 4« aus dem Nichts auf (Abbildung 10.8).

5. Standardmäßig möchte der Internet-Assistent gerne ein neues HTML-Dokument erstellen, in dem die Tabellen- und Diagrammdaten zusammen mit Kopf- und Fußzeile abgelegt werden. Dies bedeutet, daß Sie ganz einfach wieder auf »Weiter« klicken oder Eingabe drücken.

   Und schon kriegen Sie das Dialogfeld »Internet-Assistent – Schritt 3 von 4« zu Gesicht (Abbildung 10.9).

6. Sie können nun Text für den Titel des neuen HTML-Dokuments eingeben. Damit aber noch nicht genug. Auch für die Kopfzeile, die Beschreibung unterhalb der Kopfzeile und die Fußzeile können Sie bei Bedarf ein paar freundliche Worte finden. Wo soll denn die Fußzeile definiert werden? Die setzt sich aus den Informationen AKTUALISIERT AM, DURCH und E-MAIL zusammen. Und wer will, der kriegt auch noch eine horizontale Linie oberhalb und unterhalb der HTML-Tabelle. Haben Sie in diesem Dialogfeld alles nach Wunsch definiert, klicken Sie auf »Weiter« oder drücken Eingabe.

   Nur nicht aufgeben, das letzte Dialogfeld »Internet-Assistent – Schritt 4 von 4« naht (Abbildung 10.10). Hier entscheiden Sie sich noch für die Codeseite und legen fest, ob das

Ergebnis als eine HTML-Datei »in Reinstform« oder als HTML-Datei, die im Editor von Microsoft FrontPage (ein Programm, mit dem Sie Ihre Web-Site erstellen und verwalten können) bearbeitet werden kann, gespeichert werden soll. Und es liegt natürlich an Ihnen, in welchem Ordner sowie unter welchem Namen die HTML-Tabelle gespeichert wird.

7. Standardmäßig will der Internet-Assistent die Tabelle als HTML-Datei für was auch immer Sie als Ihren Standard-Web-Browser eingestellt haben (wahrscheinlich Internet Explorer oder Netscape Navigator). Sollten Sie mit Microsoft Frontpage Web-Seiten für ein unternehmensweites Intranet oder das Internet erstellen und bearbeiten, dann können Sie auch das zweite Optionsfeld RESULTAT MEINER ... aktivieren. (Ich gebe die vollständige Formulierung lieber nicht wieder, denn sie ist ziemlich seltsam.) Damit wird die neue HTML-Datei mit dem FrontPage-Editor verknüpft.

8. Abschließend bearbeiten Sie noch den Pfad und den Dateinamen im Textfeld PFAD. Alternativ dazu können Sie auch auf »Durchsuchen« klicken, um den Zielordner zu öffnen und den Dateinamen einzugeben. Fertig! Nur noch schnell auf »Fertig« klicken.

Sobald Sie auf »Fertig« klicken, erstellt der Internet Assistent ein neues HTML-Dokument, das eine Tabelle enthält, die wiederum den von Ihnen gewählten Tabellen- und Diagrammdaten enthält.

9. Der Form halber sollten Sie noch die Bereichsmarkierung im Excel-Tabellenblatt aufheben.

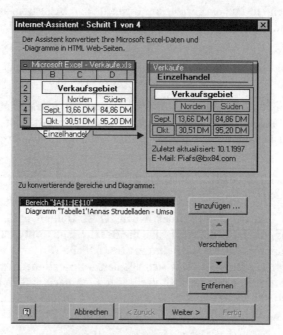

Abbildung 10.7: Das Dialogfeld »Internet-Assistent – Schritt 1 von 4«

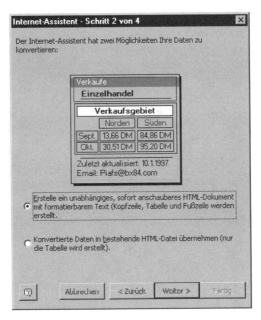

Abbildung 10.8: Das Dialogfeld »Internet-Assistent – Schritt 2 von 4«

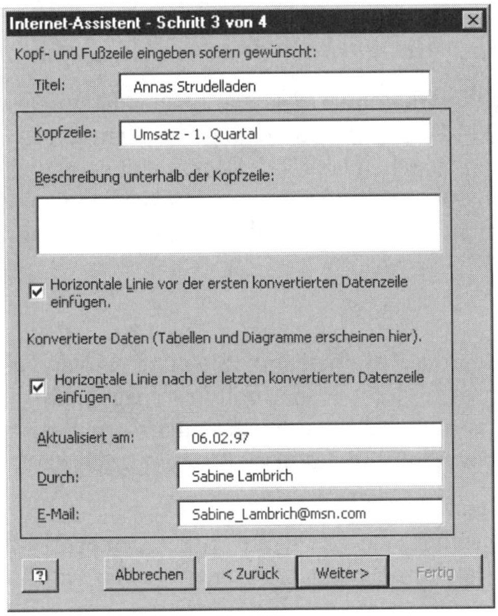

Abbildung 10.9: Das Dialogfeld »Internet-Assistent – Schritt 3 von 4«

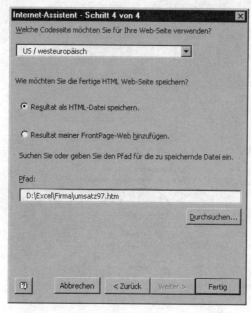

Abbildung 10.10: Das Dialogfeld »Internet-Assistent – Schritt 4 von 4«

Eine Tabelle in ein bereits vorhandenes HTML-Dokument unterbringen

Es wird bestimmt häufiger vorkommen, daß Sie Tabellendaten oder ein Diagramm in einem bereits vorhandenen HTLM-Dokument unterbringen wollen. Damit das auch klappt muß geklärt werden, wo in dem entsprechenden HTML-Dokument die Daten angezeigt werden sollen. Dazu fügen Sie folgenden, etwas seltsam anmutenden Markup in einer separaten Zeile im bestehenden HTML-Dokument ein, wo die HTML-Tabellen oder Diagramme eingefügt werden sollen:

```
!--##Table##--
```

Oh Gott, wie mach ich denn das? Keine Panik. Sie öffnen einfach die entsprechende HTML-Datei im HTML-Editor Ihrer Wahl (z. B. Microsoft Frontpage Editor). Haben Sie nicht? Na zur Not tut es auch das Programm WordPad, das sich – auch wenn Sie es nicht wissen sollten – bei der Installation von Windows auf Ihre Festplatte geschmuggelt hat.

Nachdem dieser Markup erst einmal in der HTML-Datei drin ist, führen Sie einfach die ersten vier Schritte wie beim Speichern der Tabelle in einer neuen HTML-Datei aus. (Für Leute mit schlechtem Gedächtnis: Das wurde gerade im vorherigen Abschnitt beschrieben.) Danach, im zweiten Dialogfeld »Internet-Assistent – Schritt 2 von 4« (Abbildung 10.8) biegen Sie folgendermaßen ab:

1. Aktivieren Sie im Dialogfeld »Internet-Assistent – Schritt 2 von 4« das Optionsfeld KONVERTIERTE DATEN IN BESTEHENDE HTML-DATEI ÜBERNEHMEN (NUR DIE TABELLE WIRD ERSTELLT).

2. Klicken Sie auf »Weiter«, oder drücken Sie Eingabe.

Das Dialogfeld »Internet-Assistent – Schritt 3 von 4« meldet sich zu Wort (Abbildung 10.11).

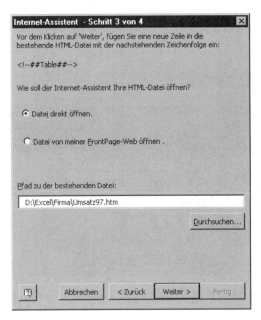

Abbildung 10.11: Das Dialogfeld »Internet-Assistent – Schritt 3 von 4«, wenn die Tabelle in eine bereits vorhandene HTML-Datei eingefügt werden soll

3. Standardmäßig will der Internet-Assistent die HTML-Datei direkt öffnen. FrontPageler aktivieren statt dessen das Optionsfeld DATEI VON MEINER FRONTPAGE-WEB ÖFFNEN. (Wie bitte?)

4. Geben Sie im Textfeld PFAD ZU DER BESTEHENDEN DATEI den Pfad und den Namen des HTML-Dokuments ein, in das die neue Tabelle eingefügt werden soll, oder klicken Sie auf »Durchsuchen«, um den gewünschten Ordner zu öffnen und dort die HTML-Datei Ihrer Wahl zu markieren. Und jetzt noch schnell auf »Weiter« klicken oder Eingabe drücken.

Nun sucht der Internet-Assistent in der angegebenen HTML-Datei nach dem komischen Eintrag !--##Table##--, mit dem Sie gekennzeichnet haben, wo die neue Tabelle eingefügt werden soll. Wenn er nicht fündig wird, gibt er eine Fehlermeldung aus (Abbildung 10.12). Freundlich wie der Assistent nun mal ist, gibt er Ihnen auch gleich ein paar Tips dazu, wie Sie das Versäumte nachholen können. Zunächst müssen Sie aber mal auf »OK« klicken oder Eingabe drücken, um die Meldung zu schließen. Dann befolgen Sie die Tips des Assistenten, öffnen die HTML-Datei, fügen den Markup ein und speichern das Ganze. Danach wenden Sie sich wieder vertrauensvoll an den Internet-Assistenten und Sie noch einmal sich mit »Weiter« durchzusetzen.

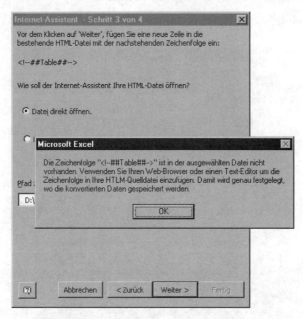

Abbildung 10.12: Wo ist denn ! - -##Table##- - ?

5. **Standardmäßig will der Internet-Assistent die Tabelle als HTML-Datei für den Web-Browser erstellen, den Sie als Ihren Standard-Web-Browser eingestellt haben (wahrscheinlich Internet Explorer oder Netscape Navigator). Sollten Sie mit Microsoft Frontpage Web-Seiten für ein Firmen-Intranet oder das Internet erstellen und bearbeiten, dann können Sie auch das zweite Optionsfeld RESULTAT MEINER ... aktivieren. Damit wird die neue HTML-Datei mit dem FrontPage-Editor verknüpft.**

6. **Abschließend bearbeiten Sie noch den Pfad und den Dateinamen im Textfeld PFAD. Alternativ dazu können Sie auch auf »Durchsuchen« klicken, um den Zielordner zu öffnen und den Dateinamen einzugeben. Vergeben Sie für die geänderte HTML-Datei einen neuen Dateinamen. Sicher ist sicher! Nur noch schnell auf »Fertig« klicken oder Eingabe drücken.**

Sobald Sie auf »Fertig« klicken, erstellt der Internet Assistent eine neue Tabelle mit den ausgewählten Excel-Daten und fügt sie in das bereits vorhandene HTML-Dokument ein.

Die HTML-Tabelle im Web-Browser prüfen

Nachdem Sie aus Ihren Excel-Daten eine HTML-Tabelle gezaubert haben, wollen Sie sicherlich mit Hilfe Ihres Web-Browsers auch sehen, was daraus geworden ist. Prüfen Sie das unbedingt lokal auf Ihrer Festplatte, bevor Sie das HTML-Dokument auf den Web-Server »downloaden«. Nur noch die paar Schritte, dann gebe ich Ruhe:

1. **Klicken Sie entweder auf dem Desktop auf die Verknüpfung zu Ihrem Web-Browser, oder wählen Sie im »Start«-Menü den Befehl Programme und dann das entsprechende Programm (wahrscheinlich Internet Explorer oder Netscape Navigator).**

   Damit wird das Dialogfeld zum Herstellen der Verbindung zu Ihrem Internet-Provider (ja, so heißen die) geöffnet.

2. **Weil Sie ja Ihr Werk lokal auf der Festplatte prüfen wollen, klicken Sie auf »Abbrechen«, um das Verbindungsdialogfeld zu schließen.**

   Unter Umständen kriegen Sie jetzt eine Fehlermeldung auf den Schirm, um die Sie sich aber nicht weiter kümmern müssen.

3. **Klicken Sie auf »OK«, oder drücken Sie Eingabe, um die Fehlermeldung zum Schweigen zu bringen.**

4. **Wählen Sie im Web-Browser den Befehl Öffnen im Menü Datei, oder drücken Sie Strg + O.**

   Damit wird ein Dialogfeld zum Öffnen von Dateien angezeigt, in dem Sie den Ordner sowie die HTML-Datei eingeben bzw. suchen können.

5. **Suchen Sie im Dialogfeld den richtigen Ordner und den richtigen Dateinamen aus, und drücken Sie Eingabe.**

So jetzt sollte Ihr Web-Browser die HTML-Datei laden, und die Datentabelle sowie das Diagramm anzeigen. Schauen Sie genau hin! So werden sie auch die anderen Benutzer zu Gesicht bekommen, die Ihrer Web-Seite einen Besuch abstatten.

In Abbildung 10.13 zeigt der Internet Explorer den oberen Teil der HTML-Tabelle. (Wie ich das Ganze so hingekriegt habe, wird in den Abbildung 10.7 bis 10.10 im Abschnitt »Eine Tabelle in ein neues HTML-Dokument unterbringen« dokumentiert.) Und in Abbildung 10.14 sehen Sie den unteren Teil.

Sehen Sie, wie wunderbar alles, was Sie dem Internet-Assistenten aufgetragen haben, umgesetzt wurde? Da sind z. B. die Tabellenüberschrift, die horizontale Linie oberhalb der Tabelle, die horizontale Linie unterhalb der Tabelle und die Angaben Letzte Aktualisierung, Durch und E-Mail. Einfach herrlich! Apropos E-Mail: In Abbildung 10.14 sehen Sie ein tolles Anwendungsbeispiel für einen Hyperlink. Sie müssen jetzt bloß auf den E-Mail-Namen draufklicken, schon kriegen Sie das Dialogfeld zum Schreiben einer neuen Nachricht. Das Ganze geht dann postwendend an die E-Mail-Adresse, ohne daß Sie sie irgendwo eingeben müssen.

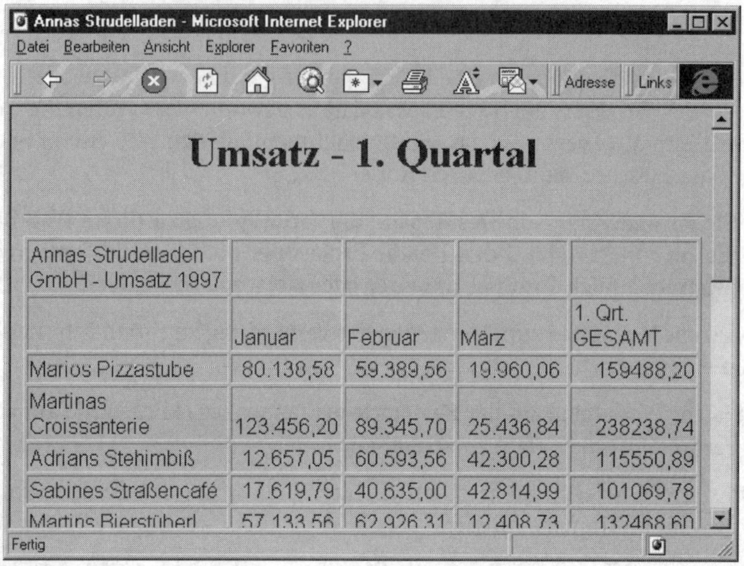
Annas Strudelladen - Microsoft Internet Explorer
Datei Bearbeiten Ansicht Explorer Favoriten ?
Adresse
Links
Umsatz - 1. Quartal
Annas Strudelladen GmbH - Umsatz 1997
Januar
Februar
März
1. Qrt. GESAMT
Marios Pizzastube 80.138,58 59.389,56 19.960,06 159488,20
Martinas Croissanterie 123.456,20 89.345,70 25.436,84 238238,74
Adrians Stehimbiß 12.657,05 60.593,56 42.300,28 115550,89
Sabines Straßencafé 17.619,79 40.635,00 42.814,99 101069,78
Fertig

Abbildung 10.13: Der obere Teil der HTML-Datei im Internet Explorer

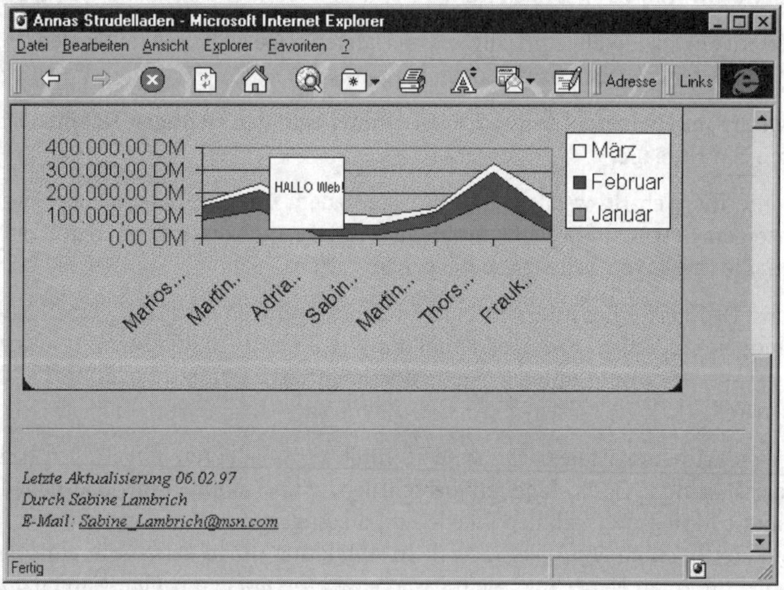
Annas Strudelladen - Microsoft Internet Explorer
Datei Bearbeiten Ansicht Explorer Favoriten ?
Adresse
Links
400.000,00 DM
300.000,00 DM
200.000,00 DM
100.000,00 DM
0,00 DM
HALLO Web!
März
Februar
Januar
Marios...
Martin...
Adria...
Sabin...
Martin...
Thors...
Frauk...
Letzte Aktualisierung 06.02.97
Durch Sabine Lambrich
E-Mail: Sabine_Lambrich@msn.com
Fertig

Abbildung 10.14: Der untere Teil der HTML-Datei im Internet Explorer

Teil V

Excel – Wie es Euch gefällt

In diesem Teil...

können Sie endlich Ihren Unmut darüber äußern, daß Excel immer nur dann funktioniert, wenn Sie genau das tun, was es will. Despot! Ich denke, es ist an der Zeit, dem Programm zu zeigen, wer hier das Zepter in der Hand hält.

Und genau davon handelt Teil V. Er teilt Ihnen mit, welche Programmbereiche von Excel noch für Veränderungen zugänglich sind. Hierzu gehören die Standardeinstellungen, von denen es jede Menge gibt (Kapitel 11), die geheimnisvollen Makros zur Automatisierung von Routinearbeiten (Kapitel 12) und zu guter Letzt noch die Menü- und die Symbolleisten, die nach Lust und Laune geändert werden können (Kapitel 13).

Setzen Sie Standards

11

In diesem Kapitel erfahren Sie, wie Sie ...

▶ all das, was am Bildschirm angezeigt wird, nach Lust und Laune ändern

▶ die Standardeinstellungen von Excel auf den Kopf stellen

▶ Excel nach Ihren Vorstellungen farbenfroh gestalten

▶ Excel vorgeben, wie es bei der Bearbeitung von Tabellenblättern zu funktionieren hat

---

Nachdem Sie nun mit den Grundlagen von Excel vertraut sind und wissen, wie dieses Programm aussieht und arbeitet, wird es höchste Zeit, ihm Ihre persönliche Note zu verleihen. Jedesmal, wenn Excel gestartet wird, geht es einfach davon aus, daß Sie mit seinen Standardeinstellungen zufrieden sind. Wenn Sie sich selbst dabei ertappen, wie Sie immer wieder für jede neue Arbeitsmappe dieselben Einstellungen ändern, dann wird es höchste Zeit, neue Standards zu setzen.

Und genau hiervon handelt dieses Kapitel. Sie werden nun das wahrscheinlich umfangreichste Dialogfeld kennenlernen – das Dialogfeld »Optionen«. Es enthält zig Registerkarten (acht, um genau zu sein). Wahrscheinlich braucht es deshalb etwas mehr Zeit zum Öffnen. Also, von diesem Dialogfeld aus lenken Sie die Darstellung Ihres Excel. Nutzen Sie Ihre Macht!

Nichts von dem, was Sie hier tun, ist irgendwie gefährlich für Ihre Arbeit. Nichts wie ran an den Speck.

Die Aussicht aus meinem Fenster

Sie können nicht nur selbst bestimmen, wie Excel für Sie *arbeitet,* sondern auch, in welchem Kleid es sich präsentiert, d. h. wie es *aussieht.* Das meiste, das Sie für die Darstellung des Programms und der Arbeitsmappenfenster benötigen, finden Sie auf der Registerkarte ANSICHT im Dialogfeld »Optionen« (Befehl OPTIONEN im Menü EXTRAS wählen). Und da gibt es dann auch noch die Registerkarte ALLGEMEIN, auf der Sie die Art des Zellbezugs, die Menüs, die Anzahl der Tabellenblätter pro Arbeitsmappe und die Schriftart für neue Arbeitsmappen festlegen können (mehr hierzu im nächsten Abschnitt).

In Abbildung 11.1 sehen Sie die Optionen auf der Registerkarte ANSICHT im Dialogfeld »Optionen«. Und wie kommen Sie da hin? Sie wählen den Befehl OPTIONEN im Menü EXTRAS und klicken anschließend auf das Register ANSICHT. Was für eine Menge Optionsfelder und Kontrollkästchen – und die stehen alle für Elemente im Excel-Fenster oder im Arbeitsmappenfenster, und Sie können sie aktivieren (Häkchen bzw. Punkt- das Element wird angezeigt) bzw. deaktivieren (kein Häkchen bzw. kein Punkt – keine Anzeige).

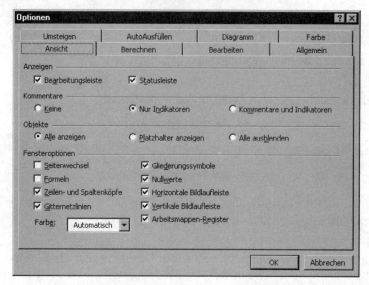

Abbildung 11.1: Die Registerkarte ANSICHT im Dialogfeld »Optionen«

Also, ran an den Speck. Zunächst die Kontrollkästchen im Gruppenfeld ANZEIGEN – damit steuern Sie, welche Elemente auf dem Bildschirm angezeigt werden:

✔ BEARBEITUNGSLEISTE: Zeigt die Bearbeitungsleiste unterhalb der Format-Symbolleiste oben im Programmfenster an oder eben auch nicht (siehe auch Kapitel 2).

✔ STATUSLEISTE: Die Statusleiste ganz unten im Programmfenster wird angezeigt oder nicht (siehe auch Kapitel 1).

Im Gruppenfeld KOMMENTARE gibt es drei Optionsfelder:

✔ KEINE: Damit verschwinden sowohl die Kommentarindikatoren (die kleinen roten Dreiecke in der oberen rechten Ecke der Zelle) als auch die Kommentare selbst.

✔ Nur INDIKATOREN: Zeigt den kleinen roten Punkt in der oberen rechten Ecke einer Zelle an (oder nicht), wenn die Zelle Kommentare enthält (wurde in Kapitel 6 beschrieben).

✔ KOMMENTARE UND INDIKATOREN: Zeigt sowohl die Kommentarindikatoren als auch die Textfelder mit den Kommentaren in der Arbeitsmappe an.

Nun das dritte Gruppenfeld OBJEKTE:

✔ ALLE ANZEIGEN: Alle grafischen Objekte – Diagramme, ClipArts und was es sonst noch so gibt – werden angezeigt oder auch nicht.

- ✔ PLATZHALTER ANZEIGEN: Anstelle der grafischen Objekte werden graue Rechtecke angezeigt.
- ✔ ALLE AUSBLENDEN: Nichts ist mehr von den grafischen Objekten zu sehen.

Nun zu dem riesigen Gruppenfeld mit dem Namen FENSTEROPTIONEN. Dort legen Sie fest, welche Elemente im aktuellen Tabellenblatt angezeigt werden sollen. Denken Sie aber dran: Wenn Sie für ein Tabellenblatt ein Element ausblenden, heißt dies noch lange nicht, daß das Element in den anderen Blättern der Mappe ebenfalls nicht angezeigt wird. Alle Einstellungen in diesem Gruppenfeld werden zusammen mit dem entsprechenden Tabellenblatt gespeichert. (Eine Ausnahme stellt die Option SEITENWECHSEL dar. Der wird nämlich immer wieder hartnäckig auf seine Standardeinstellung zurückgesetzt – sprich: nicht angezeigt.)

- ✔ SEITENWECHSEL: Zeigt beim Drucken oder in der Seitenansicht den Seitenwechsel im Tabellenblatt an oder läßt es bleiben.
- ✔ FORMELN: Schaltet zwischen der Anzeige der Formeln und der Anzeige der berechneten Werte hin und her. Wenn Sie dieses Kontrollkästchen aktivieren, wird die Spaltenbreite verdoppelt, und alle Daten werden linksbündig in ihren Zellen angezeigt. Tja, so sieht sie aus, die Formeldarstellung.
- ✔ ZEILEN- UND SPALTENKÖPFE: Zeigt die Spaltenbuchstaben ganz oben oberhalb der Zeilen und die Zeilennummern ganz links neben den Spalten an oder nicht.
- ✔ GITTERNETZLINIEN: Zeigt die Trennlinien zwischen Spalten und Zeilen im Tabellenblatt an oder eben nicht. Wissen Sie, daß Sie die Farben der Gitternetzlinien ändern können? (Natürlich nur, wenn sie auch angezeigt werden, hihi!) Sie müssen lediglich eine Farbe im darunterliegenden Dropdown-Listenfeld auswählen.
- ✔ GLIEDERUNGSSYMBOLE: Zeigt die verschiedenen Symbole für die Ebenen einer gegliederten Tabelle an oder läßt es bleiben. (In der Regel werden Sie nur riesige Tabellenblätter gliedern. Dies hat den Vorteil, daß Sie bestimmte Gliederungsebenen vorübergehend ausblenden können, um den Hyperüberblick zu erhalten.)
- ✔ NULLWERTE: Zeigt Nullwerte in einem Tabellenblatt an oder nicht. Deaktivieren Sie das Kontrollkästchen, wenn Nullwerte auf keinen Fall im Tabellenblatt gesehen werden sollen.
- ✔ HORIZONTALE BILDLAUFLEISTE: Zeigt die waagerechte Bildlaufleiste unten rechts im Dokumentfenster an. Von dieser Einstellung sind alle Tabellenblätter in einer Arbeitsmappe betroffen.
- ✔ VERTIKALE BILDLAUFLEISTE: Zeigt die senkrechte Bildlaufleiste rechts im Dokumentfenster an oder nicht. Diese Einstellung gilt für alle Tabellenblätter einer Arbeitsmappe.
- ✔ ARBEITSMAPPEN-REGISTER: Zeigt die Registerleiste unten im Dokumentfenster an. In dieser Leiste können Sie geschwind von einem Tabellenblatt zum anderen wechseln. Stellen Sie sich vor: Wenn Sie die Registerleiste nicht anzeigen, können Sie trotzdem durch Drücken von Strg + Bild↑ und Strg + Bild↓ von Tabellenblatt zu Tabellenblatt hüpfen. Was Sie ohne Registerleiste allerdings nicht wissen: In welchem Tabellenblatt sind Sie gelandet? Es sei denn, Sie erkennen das Tabellenblatt anhand seiner Daten.

Ganz allgemein gesagt

Und weil es so schön war, hecheln wir auch gleich noch die Registerkarte ALLGEMEIN im Dialogfeld »Optionen« durch (Abbildung 11.2). Von ganz speziellem Interesse ist dort das Feld BLÄTTER IN NEUER ARBEITSMAPPE, mit dem Sie festlegen, wie viele Tabellenblätter standardmäßig in jeder Arbeitsmappe enthalten sein sollen. Drei reichen unter Umständen nicht immer aus. Stellen Sie sich vor: fünf oder gar zehn Blätter pro Mappe. Dann gibt es da auch noch das Dropdown-Listenfeld STANDARDSCHRIFTART. Auch höchst interessant! Was machen Sie damit? Na klar! Sie wählen hier eine Schrift aus, die dann für alle neuen Arbeitsmappen verwendet wird. Und noch eine lebenswichtige Option: das Textfeld STANDARDARBEITSORDNER. Geben Sie hier den Ordner ein, in dem alle Ihre Meisterwerke gespeichert werden sollen. Jetzt aber mal der Reihe nach:

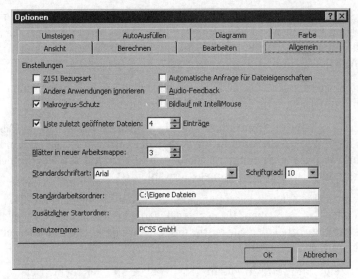

Abbildung 11.2: Die Registerkarte ALLGEMEIN im Dialogfeld »Optionen«

- ✔ Z1S1 BEZUGSART: Dieses Optionsfeld schaltet von der Bezugsart A1 (klingt ziemlich ominös) zur Bezugsart Z1S1 um und umgekehrt. Was heißt denn das? Es bedeutet nichts anderes, als daß Excel sich auf andere Zellen oder Zellbereiche nicht mehr in der Form A1, C3:D5 etc. bezieht, sondern in der Bezugsart Z1S1, bei der die Spalten ebenfalls fortlaufend numeriert werden. Z1S1 steht beispielsweise für Zeile 1 und Spalte 1. Ich persönlich hasse diese Bezugsart wie die Pest. C3:D5 – das sagt mir was. Was um Himmels willen soll aber Z3S3:Z4S5 sein?

- ✔ ANDERE ANWENDUNGEN IGNORIEREN: Also, wenn dieses Kontrollkästchen aktiviert ist, ignoriert Excel ganz frech alle DDE-Anfragen anderer Programme (DDE = Dynamic Data Exchange = Dynamischer Datenaustausch). Diese Option ist eigentlich nur für diejenigen unter Ihnen interessant, die in Excel mit Daten arbeiten wollen, die wiederum in einer anderen Anwendung erstellt wurden. Uff! Wenn Sie so was tun, dann sollten Sie das Kontrollkästchen auf jeden Fall deaktivieren – kein Häkchen.

✔ MAKROVIRUS-SCHUTZ: Wenn dieses Kontrollkästchen aktiviert ist, dann zeigt Excel eine Meldung an, wenn Sie Arbeitsmappen mit Makros (siehe Kapitel 12) oder mit angepaßten Menüs, Symbolleisten oder Shortcuts (siehe Kapitel 13) öffnen. Warum denn das? Nun, es könnte ja sein, daß diese Elemente Viren enthalten. Interessant dabei ist, daß Ihre Makros, benutzerdefinierten Symbolleisten und solche Dinge mit dieser Option keineswegs auf Viren geprüft werden. Sie kriegen nur die Meldung, daß mit den entsprechenden Mappen was faul sein könnte (vor allem dann, wenn sie außer Haus entwickelt oder aus dem Internet heruntergeladen wurden).

✔ AUTOMATISCHE ANFRAGE FÜR DATEIEIGENSCHAFTEN: Normalerweise zeigt Excel die Dateieigenschaften beim Speichern einer neuen Arbeitsmappe nicht freiwillig an: Dort können Sie Informationen zur Arbeitsmappe und Schlüsselwörter eingeben, nach denen Sie später suchen können, wenn Sie mal nicht mehr wissen, in welcher Datei Sie Ihre Daten gespeichert haben. Wenn Sie also das dringende Bedürfnis haben, für jede neue Datei beim Speichern Eigenschaften zu vergeben, aktivieren Sie dieses Kontrollkästchen. Aber auch bei deaktiviertem Kontrollkästchen können Sie später jederzeit mit dem Befehl EIGENSCHAFTEN im Menü DATEI nach Lust und Laune Eigenschaften definieren.

✔ AUDIO-FEEDBACK: Hört, hört! Wenn dieses Kontrollkästchen aktiviert ist, dann wird es laut. Excel spielt Ihnen für jedes »Ereignis« einen intern festgelegten Sound vor, z. B. beim Öffnen oder Speichern von Arbeitsmappen oder bei der Anzeige von Meldungen. Und noch was Wichtiges: Wenn Sie das Kontrollkästchen hier deaktivieren, dann geht der Sound nicht nur in Excel, sondern im gesamten Office 97 flöten. Und was ist, wenn Sie gegen einen bestimmten Sound allergisch sind. Dann ändern Sie ihn in der Systemsteuerung (in der Task-Leiste auf »Start« klicken, dann den Befehl EINSTELLUNGEN und danach den Befehl SYSTEMSTEUERUNG wählen). Dann stoßen Sie automatisch auf das Symbol AKUSTISCHE SIGNALE (wie vornehm). Einfach drauf doppelgeklickt, und schon wird das Dialogfeld »Eigenschaften von Akustische Signale« geöffnet. Suchen Sie sich was Schönes raus.

✔ BILDLAUF MIT INTELLIMOUSE: Sie haben bereits die brandneue IntelliMouse von Microsoft – alle Achtung. Und Sie? Sie wissen nicht mal, was das ist? Macht nichts. Kapitel 1 weiß etwas dazu zu berichten. Also, wenn Sie dieses Mäuschen haben und dieses Kontrollkästchen aktiviert ist, dann können Sie die Darstellung des aktuellen Tabellenblatts am Bildschirm vergrößern und verkleinern, indem Sie ganz cool das Rädchen drehen. Ein Klick nach unten, und die Darstellung des Tabellenblatts wird um 15 Prozent verkleinert. Das geht so lange, bis die Darstellung bei 10 Prozent angelangt ist. Nach oben funktioniert es genauso – und zwar so lange, bis die Darstellung 100 Prozent erreicht hat.

✔ LISTE ZULETZT GEÖFFNETER DATEIEN: Aktivieren Sie dieses Kontrollkästchen, und schon listet Excel im Menü DATEI ganz unten die Namen der vier Mappen auf, mit denen Sie zuletzt gearbeitet haben. Bringt das was? Klar! Jetzt müssen Sie nur das Menü DATEI öffnen und auf den gewünschten Mappennamen klicken, und schon wird die Arbeitsmappe geöffnet.

✔ BLÄTTER IN NEUER ARBEITSMAPPE: Ich habe es bereits kurz erwähnt. Excel stopft in der Regel drei leere Tabellenblätter in jede neue Arbeitsmappe, die Sie öffnen. Wenn Ihnen diese Zahl überhaupt nicht paßt (weil Sie entweder stets eines weniger oder immer viel mehr Tabellenblätter brauchen), können Sie in diesem Feld die Anzahl der Tabellenblätter pro Mappe neu einstellen. Sie können natürlich überflüssige Blätter manuell entfernen oder fehlende Blätter einfügen (mehr dazu in Kapitel 7). Auf die Dauer ist das aber bestimmt ziemlich lästig. Dann doch lieber einen neuen Standard.

✔ STANDARDSCHRIFTART und SCHRIFTGRAD: Mit diesen beiden Dropdown-Listenfeldern können Sie die Schriftart und die Schriftgröße für alle neuen Mappen ändern. Damit ersparen Sie sich den wiederholten Weg über das Symbol für Schriftart in der Format-Symbolleiste (wurde in Kapitel 3 besprochen).

✔ STANDARDARBEITSORDNER: Wenn Sie hier keinen Ordner angeben, wendet sich Excel stets zunächst an den Ordner EIGENE DATEIEN, wenn Sie versuchen, eine vorhandene Mappe zu öffnen oder eine neue Mappe zu speichern. Geben Sie hier also bei Bedarf einen anderen Ordner ein, z. B. C:\SABINE\DATEN, in den Excel dann alle Ihre persönlichen Daten reinwirft bzw. rausholt. Leider muß der Ordner bereits angelegt sein, wenn Sie ihn hier eingeben. Falls Sie es nicht mehr wissen: Einen neuen Ordner können Sie beim ersten Speichern einer neuen Arbeitsmappe im Dialogfeld »Speichern unter« erstellen. Klicken Sie dazu einfach auf das Symbol zum Erstellen eines neuen Ordners (das dritte neben dem Dropdown-Listenfeld), und geben Sie einen neuen Ordnernamen ein.

✔ ZUSÄTZLICHER STARTORDNER: Excel öffnet in der Regel beim Programmstart alle Dokumente, die in einem ganz speziellen Startordner enthalten sind, dem Ordner XLSTART. Wenn Sie das Gefühl haben, daß Ihnen ein Startordner nicht ausreicht, dann geben Sie hier einen zweiten an. Auch dieser Ordner muß bereits existieren, bevor Sie ihn hier eingeben.

✔ BENUTZERNAME: In diesem Feld wird der Name der Person angezeigt, die mit dieser Kopie von Excel arbeitet. Sie können hier einen beliebigen Namen oder Künstlernamen eingeben. Seien Sie phantasievoll.

Welche Farbe hätten Sie denn gern?

Wenn Sie zu den Glücklichen gehören, die einen Farbbildschirm besitzen (obwohl das ja heutzutage wirklich nichts Besonderes mehr ist), sollten Sie diesen auch nutzen und die verschiedenen Elemente der Tabellenblätter und Diagramme mit Ihren Lieblingsfarben versehen. Excel läßt Sie aus einer Palette von 56 vordefinierten Farben wählen. Sie können damit Zellen, Zellumrandungen, Schriften und grafische Objekte verschönern (z. B. eine bestimmte Datenreihe eines Diagramms, ein Textfeld oder einen Pfeil).

✔ Um einem Zellbereich oder einem markierten grafischen Objekt eine neue Farbe zuzuweisen, klicken Sie auf das Symbol für die Füllfarbe in der Format-Symbolleiste (das ist das Symbol mit dem Farbeimer) und wählen aus der Farbpalette die gewünschte Farbe aus.

11 ➤ Setzen Sie Standards

✔ Um die Farbe einer Schriftart zu ändern, die in einem Zellbereich oder in einem markierten grafischen Objekt verwendet wird, z. B. ein Diagrammtitel oder ein Textfeld, wählen Sie das Symbol für die Schriftfarbe in der Format-Symbolleiste (das mit einem A und einem roten Quadrat) und anschließend in der Popup-Palette eine der 56 Farben.

✔ Um die Farbe der Zellumrandungen eines Zellbereichs zu ändern, wählen Sie den Befehl ZELLEN im Menü FORMAT (Drücken von Strg + 1 tut's auch) und klicken auf das Register RAHMEN. Und dort ist es versteckt: das Dropdown-Listenfeld FARBE, das ebenfalls 56 Farben enthält. Wählen Sie eine Ihrer Lieblingsfarben für die Zellumrandung aus.

Sollten die 56 vordefinierten Farben von Excel nicht ganz Ihren Farbgeschmack treffen, können Sie jede Farbe in der Palette optimal Ihrem Farbgeschmack anpassen. Sie können zwar keine neuen Farben hinzufügen, dafür aber jede Farbe in Ihrer Farbzusammensetzung ändern.

Wählen Sie dazu den Befehl OPTIONEN im Menü EXTRAS und dann das Register FARBE (Abbildung 11.3). Wählen Sie dort eine Standardfarbe, eine Farbe für Diagrammlinien und -objekte für die Bearbeitung aus. Klicken Sie danach auf die Schaltfläche »Bearbeiten«.

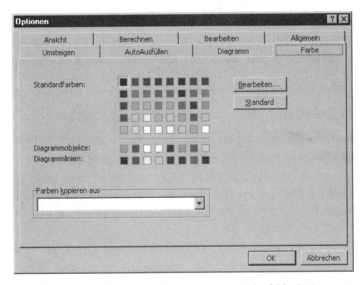

Abbildung 11.3: Die Registerkarte FARBE im Dialogfeld »Optionen«

Damit öffnen Sie das Dialogfeld »Farben«. Dort können Sie eine neue Standardfarbe wählen, indem Sie auf der Registerkarte STANDARD auf eine Farbe im bunten sechseckigen Objekt klicken, oder eine neue Farbe mischen, indem Sie sich vertrauensvoll an die Registerkarte ANPASSEN (Abbildung 11.4) wenden.

Abbildung 11.4: Das Dialogfeld »Farben«

Wenn Sie ein bißchen Ahnung von Farbtheorie haben, können Sie den FARBTON, die SÄTTIGUNG und die INTENSITÄT einer Farbe oder ihren ROT-, GRÜN- und BLAU-Anteil ändern. Wenn Sie aber nicht die leiseste Ahnung haben, was damit gemeint ist, ziehen Sie einfach das Fadenkreuz über das Farbquadrat oder das Dreieck neben der Farbleiste nach oben oder unten.

✔ Wenn Sie das Fadenkreuz ziehen, ändern Sie Farbton und Sättigung der Farbe.

✔ Wenn Sie das Dreieck neben der Farbleiste nach oben oder unten ziehen, ändern Sie sowohl die Intensität der Farbe als auch ihren Rot-, Grün- und Blauanteil.

Das Ergebnis Ihrer Einstellungen wird im Rechteck NEU/AKTUELL angezeigt. Gefällt Ihnen das Ergebnis, wählen Sie »OK« bzw. drücken Eingabe. Damit schließen Sie das Dialogfeld »Farben« und kehren zur Registerkarte FARBE im Dialogfeld »Optionen« zurück. Dort wird die von Ihnen definierte Farbe angezeigt.

Diese Bearbeitungsschritte können Sie für alle Elemente wiederholen. Sie haben sich alles anders überlegt und wollen Ihre alten Farben wiederhaben. Dann klicken Sie auf der Registerkarte FARBE ganz schnell auf die Schaltfläche »Standard«.

Wenn Sie erst einmal die Farben für eine bestimmte Arbeitsmappe festgelegt haben, können Sie diese Einstellungen in jede beliebige Mappe kopieren (d. h., Sie müssen sich nicht jedesmal dieselbe Arbeit machen). Und das geht so:

1. Öffnen Sie die Arbeitsmappe, für die Sie eigene Farben definiert haben.

2. Wechseln Sie über das Menü FENSTER zur Mappe, der Sie die selbst definierte Farbpalette zuweisen möchten.

3. Öffnen Sie die Registerkarte FARBE für die zweite Mappe.

4. **Wählen Sie im Dropdown-Listenfeld FARBEN KOPIEREN AUS den Namen der ersten Arbeitsmappe aus.**

   Excel ändert in der ersten Arbeitsmappe sofort die Farben auf der Registerkarte FARBE gemäß Ihren Einstellungen.

5. **Sobald Sie das Dialogfeld »Optionen« durch Klicken auf »OK« bzw. durch Drücken von Eingabe schließen, stehen Ihnen die neuen Farben auch in der zweiten Arbeitsmappe zur Verfügung.**

»Bearbeiten« bearbeiten

Auf der Registerkarte BEARBEITEN legen Sie fest, wie das mit dem Bearbeiten zu funktionieren hat. Wie Sie in Abbildung 11.5 sehen können, sind auf dieser Registerkarte die meisten Kontrollkästchen bereits aktiviert.

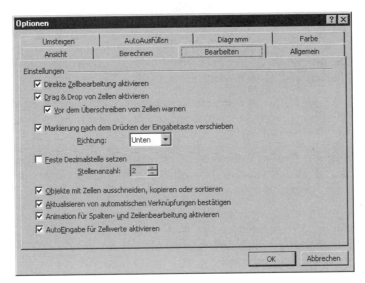

Abbildung 11.5: Die Registerkarte BEARBEITEN im Dialogfeld »Optionen«

✔ DIREKTE ZELLBEARBEITUNG AKTIVIEREN: Wenn Sie dieses Kontrollkästchen deaktivieren, ist es aus mit der direkten Bearbeitung in den Zellen. Statt dessen müssen Sie dann stets den Umweg über die Bearbeitungsleiste nehmen (auf die Zelle doppelklicken oder die Zelle markieren und F2 drücken).

✔ DRAG & DROP VON ZELLEN AKTIVIEREN: Ist dieses Kontrollkästchen deaktiviert, können Sie Zellen nicht mehr mit der Maus von hinnen nach dannen kopieren oder verschieben. Das geht dann nur noch über die entsprechenden Befehle im Menü BEARBEITEN.

- **VOR DEM ÜBERSCHREIBEN VON ZELLEN WARNEN:** Wenn Sie dieses Kontrollkästchen deaktivieren (und das sollten Sie wirklich nicht tun), dann gibt Excel keine Warnung mehr aus, wenn Sie beim Drag & Drop von Zellen bereits vorhandene Zellinhalte überschreiben.

- **MARKIERUNG NACH DEM DRÜCKEN DER EINGABETASTE VERSCHIEBEN** und **RICHTUNG:** Für die ganz Kleinlichen – wenn Sie nicht mehr wollen, daß Excel den Zellcursor verschiebt, wenn Sie eine Eingabe durch Drücken von Eingabe bestätigen (so kompliziert kann das Leben sein), dann deaktivieren Sie dieses Kontrollkästchen. Aber – jetzt gibt es noch einen drauf – wenn Sie zwar wollen, daß der Zellcursor verschoben wird, aber nicht um eine Zeile nach unten, dann belassen Sie das Kontrollkästchen so wie es ist (nämlich aktiviert) und wählen lediglich im Dropdown-Listenfeld eine andere Richtung aus.

- **FESTE DEZIMALSTELLE SETZEN** und **STELLENANZAHL:** Endlich mal ein deaktiviertes Kontrollkästchen. Aktivieren Sie es, wenn Sie eine einheitliche feste Anzahl von Nachkommastellen festlegen möchten. (Mehr dazu finden Sie im Abschnitt »Nicht immer ist es so, wie es scheint« in Kapitel 3.) Sobald das Kontrollkästchen mit einem Häkchen versehen ist, können Sie im Feld STELLENANZAHL einen anderen Wert festlegen.

- **OBJEKTE MIT ZELLEN AUSSCHNEIDEN, KOPIEREN ODER SORTIEREN:** Deaktivieren Sie dieses Kontrollkästchen nur dann, wenn grafische Objekte (wie Textfelder, Pfeile oder eingefügte Bilder) beim Ausschneiden, Kopieren oder Sortieren von darunterliegenden Zellen nicht ebenfalls verschoben, kopiert oder sortiert werden sollen.

- **AKTUALISIEREN VON AUTOMATISCHEN VERKNÜPFUNGEN BESTÄTIGEN:** Deaktivieren Sie dieses Kontrollkästchen, wenn Sie nicht damit belästigt werden wollen, wemm Excel Verknüpfungen zwischen Formeln in verschiedenen Arbeitsmappen aktualisiert oder nicht.

- **ANIMATION FÜR SPALTEN- UND ZEILENBEARBEITUNG AKTIVIEREN:** Soll beim Einfügen oder Löschen von Zellen das »Platzmachen« im Arbeitsblatt nicht animiert angezeigt werden, dann deaktivieren Sie dieses Kontrollkästchen.

- **AUTOEINGABE FÜR ZELLWERTE AKTIVIEREN:** Wenn Sie merken sollten, daß Ihnen die AutoEingabe-Funktion bei der Dateneingabe im Weg ist, dann deaktivieren Sie dieses Kontrollkästchen. (Der Abschnitt »Ohne AutoEingabe bin ich ein Nichts« in Kapitel 2 gibt Auskunft darüber, was das eigentlich ist.)

Keine Angst vor Makros!

In diesem Kapitel erfahren Sie, wie Sie ...

▶ Makros aufzeichnen, mit denen Routinekram erledigt werden kann
▶ Makros abspielen
▶ Makros überarbeiten

Makros! Allein wenn Sie das Wort schon hören, möchten Sie am liebsten flüchten. Nichts da! Streichen Sie zuerst Ihr Vorurteil, daß Makros nur was für richtige ProgrammiererInnen sind. Es sind kleine, nützliche Einheiten, die Ihnen das Leben um einiges leichter machen – Sie werden es bald sehen. Ein *Makro* bedeutet lediglich (zumindest in diesem Buch), daß alle Aktionen, die Sie für eine bestimmte Aufgabe ausführen müssen, aufgezeichnet werden (z. B. die Eingabe des Firmennamens in das Tabellenblatt, das Speichern und Drucken von Tabellenblättern oder das Formatieren von Überschriften). Zu einem späteren Zeitpunkt brauchen Sie dann nur noch zu schnippen, und Excel erledigt alles automatisch.

Der Einsatz von Makros bei Routinearbeiten hat einleuchtende Vorteile. Erstens erledigt Excel diese Arbeiten bedeutend schneller als Sie (auch wenn Sie noch so schnell tippen können). Zweitens führt Excel die Aufgaben konsequent einheitlich durch. (Das Makro wird stets exakt so abgespielt, wie Sie es aufgezeichnet haben. Es könnte lediglich passieren, daß Sie bei der Aufzeichnung etwas verkehrt machen.) Außerdem können Sie für jedes Makro eine Tastenkombination vergeben, die man in Fachkreisen auch als *Shortcut* bezeichnet. Das heißt, ein Tastendruck genügt, und alles geht seinen Gang.

Makros aufzeichnen

Das Verfahren zum Erstellen eines Makros ist überraschend einfach:

1. **Wählen Sie den Befehl M**AKRO **im Menü E**XTRAS **und im daraufhin aufklappenden Untermenü den Eintrag A**UFZEICHNEN. **Damit öffnen Sie das Dialogfeld »Neues Makro aufzeichnen«.**

2. **Vergeben Sie für das Makro einen wohlklingenden Namen und bei Bedarf eine Tastenkombination, und wählen Sie »OK«.**

3. **Führen Sie die Arbeitsschritte aus, die aufgezeichnet werden sollen.**

   Sie können beliebige Befehle in den Pulldown- und Kontextmenüs wählen, auf Symbole in der Symbolleiste klicken und wie wild Tastenkombinationen drücken. Das Makro notiert alles.

4. **Wenn Sie alles aufgezeichnet haben, schalten Sie den Makrorekorder wieder ab, indem Sie auf das Symbol zum Beenden der Aufzeichnung in der winzigen Makro-Symbolleiste klicken, die aufgetaucht ist, als Sie mit dem Aufzeichnen begonnen haben.**

   Wer möchte, der kann auch den Befehl MAKRO im Menü EXTRAS und im dann aufklappenden Untermenü den Befehl AUFZEICHNUNG BEENDEN wählen.

5. **Um das aufgezeichnete Makro auszuführen, drücken Sie entweder die Makro-Tastenkombination (falls Sie eine zugeordnet haben), oder wählen Sie den Befehl MAKRO im Menü EXTRAS, danach den Befehl MAKROS und doppelklicken im dann geöffneten Dialogfeld auf den entsprechenden Makronamen.**

Sie werden sich freuen zu hören, daß Excel beim Aufzeichnen keine Fehler notiert. (Wäre nur sonst jeder so verständnisvoll.) Wenn Sie z. B. die Überschrift »Januar« eingeben möchten und aus Versehen aber Janaur schreiben, müssen Sie folglich Ihren Fehler korrigieren. Excel zeichnet nun nicht auf, wie Sie die Rück-Taste drücken, um die Zeichen aur zu löschen, und dann uar eingeben. Das einzige, was in diesem Fall aufgezeichnet wird, ist das korrekte Ergebnis: Januar.

Für die Aufzeichnung von Aktionen verwendet Excel eine ganz bestimmte Sprache mit dem Namen *Visual Basic*. Keine Panik! Von dieser Sprache müssen Sie überhaupt keine Ahnung haben, wenn Sie einfache Makros aufzeichnen und abspielen möchten. Und genau das lernen Sie in diesem Abschnitt – nicht mehr und nicht weniger. Nichtsdestotrotz sollten Sie zumindest mal davon gehört haben. Also, die Visual Basic-Befehle werden in einem ganz speziellen Blatt – dem *Modulblatt* – aufgezeichnet. Dabei handelt es sich auch um eine Art Tabellenblatt. Es enthält allerdings keine Zellen und sieht mehr wie eine Seite eines Textverarbeitungsprogramms aus. Außerdem sieht man ein Modulblatt nicht so ohne weiteres. Mehr dazu weiter unten.

Das Makro bitte in meine persönliche Arbeitsmappe!

Excel geht erst einmal davon aus, daß Sie das Makro als Teil Ihrer aktuellen Arbeitsmappe aufzeichnen möchten. Was heißt das? Nun, wenn Sie ein Makro als Bestandteil einer Arbeitsmappe aufzeichnen, dann steht das Makro auch nur beim Arbeiten mit dieser einen ganz speziellen Mappe zur Verfügung, d. h., die Mappe muß geöffnet sein. So weit, so gut. Sie werden aber sicherlich im Laufe der Zeit ein paar Makros erstellen, die Sie einfach immer griffbereit haben wollen, egal, welche Arbeitsmappe geöffnet ist, und egal, ob Sie eine neue Mappe erstellen oder eine vorhandene bearbeiten.

Um ein solches allgegenwärtiges Makro aufzuzeichnen, müssen Sie es in Ihre ganz *persönliche Makro-Arbeitsmappe*, und nicht in die aktuelle Arbeitsmappe aufnehmen. Und dann steht das Makro immer zur Verfügung? Ja! Ihre persönliche Makro-Arbeitsmappe wird beim Starten von Excel immer automatisch geöffnet (obwohl Sie sie nicht sehen können).

Und so zeichnen Sie ein Makro in Ihrer persönlichen Makro-Arbeitsmappe auf:

1. **Wählen Sie den Befehl Makro im Menü Extras und im nun schon bekannten Untermenü den Befehl Aufzeichnen.**

   Das hatten wir schon mal weiter oben. Das Dialogfeld »Neues Makro aufzeichnen« wird geöffnet.

2. **Wählen Sie im Dropdown-Listenfeld Makro speichern in den Eintrag Persönliche Makro-Arbeitsmappe.**

3. **Und dann wie gehabt: Vergeben Sie für das Makro einen Namen und bei Bedarf eine Tastenkombination. Danach schnell auf »OK« geklickt – und dann können Sie das Makro aufzeichnen.**

Es wird Zeit für die Wahrheit: Excel erstellt erst dann eine persönliche Makro-Arbeitsmappe, wenn Sie Ihr erstes Makro dort aufzeichnen. Warum auch etwas erstellen, solange man es nicht benötigt? Wenn Sie also Ihr erstes Makro in Ihrer ganz persönlichen Mappe aufzeichnen, müssen Sie diese Änderungen selbstverständlich auch in der entsprechenden Datei speichern. Das ist die Datei PERSONL.XLS (wahrscheinlich wird die Endung .XLS aber nicht angezeigt) im Startordner XLSTART im Ordner OFFICE von Microsoft Office (puh!).

3 x täglich ein Makro

Damit Sie schnell ein Gefühl dafür bekommen, wie einfach das Aufzeichnen und Abspielen von Makros ist, sollten Sie die folgenden Schritte haargenau nachvollziehen, um ein paar einfache Makros zu Übungszwecken zu erstellen. Mit dem ersten Beispielmakro geben Sie einen Firmennamen in eine Zelle ein und formatieren ihn. Sie schalten den Makrorekorder an, geben den Firmennamen ein (Richtig! Da ist er wieder: Annas Strudelladen) und ändern die Schriftart und -größe. Das klingt schon ganz vielversprechend, oder?

Als allererstes müssen Sie wissen, wo Sie die folgenden Schritte ausführen möchten. Wechseln Sie am besten zu einem neuen Tabellenblatt. (Sie könnten auch eine leere Zelle in einem bereits vorhandenen Tabellenblatt markieren.) Gehen Sie nun folgendermaßen vor:

1. **Setzen Sie den Mauszeiger in die Zelle, in die Sie den Firmennamen eingeben möchten.**

   Verwenden Sie für dieses Beispiel die Zelle A1 in einem leeren Tabellenblatt der aktuellen Arbeitsmappe. Klicken Sie auf das nächste Register, oder drücken Sie Strg+ Bild↓, um bei Bedarf zu einem leeren Tabellenblatt zu wechseln.

2. **Wählen Sie den Befehl Makro im Menü Extras und im dann aufklappenden Untermenü den Befehl Aufzeichnen.**

   Das Dialogfeld »Neues Makro aufzeichnen« wird geöffnet (Abbildung 12.1).

3. **Geben Sie im Textfeld MAKRONAME anstelle der Standardbezeichnung MAKRO1 einen wohlklingenden und aussagekräftigen Namen ein.**

   Bei der Vergabe von Makronamen müssen Sie sich an dieselben Regeln wie beim Benennen von Zellbereichen halten. Das heißt, der Makroname muß mit einem Buchstaben beginnen (also: keine Zahl!) und darf keine Leerzeichen enthalten. Unterstriche sind Gott sei Dank erlaubt. Die können Sie statt der Leerzeichen verwenden. Die Makronamen sollten aber ansonsten keine komischen Interpunktionszeichen enthalten. In Kapitel 6 habe ich diese Regeln alle schon mal von mir gegeben.

   Ich schlage vor, daß Sie in diesem Beispiel den Namen `Firma_Name` vergeben.

4. **Wenn Sie wollen, dann definieren Sie auch gleich eine Tastenkombination für das Makro. Das heißt, Sie geben in das Feld TASTENKOMBINATION einen Buchstaben Ihrer Wahl ein.**

   Der Buchstabe, den Sie eingegeben haben, und die Strg-Taste bilden dann zusammen die Tastenkombination, mit dem Sie das Makro wie der Blitz starten können. Sie sollten unbedingt darauf achten, Tastenkombinationen mit Strg, die Excel bereits von Haus aus für sich benötigt, nicht zu nehmen, da sonst die Standardbelegung zugunsten Ihres neuen Makros aufgehoben wird. Da wäre z. B. Strg + P für das Drucken oder Strg + S für das Speichern. Werfen Sie mal bei Gelegenheit einen Blick in Kapitel 19. Da wimmelt es nur so von Tastenkombinationen, die von Excel belegt sind.

   Verwenden Sie z. B. die Tastenkombination Strg + r zum Aufrufen des Makros »Firma_Name«. (»F« und »N« sind leider bereits von Excel besetzt für die Suchfunktion und das Erstellen einer neuen Arbeitsmappe.)

5. **Soll das Makro immer und überall greifbar sein, wählen Sie im Listenfeld MAKRO SPEICHERN IN den Eintrag PERSÖNLICHE MAKRO-ARBEITSMAPPE, um es in Ihrer ganz persönlichen Mappe abzulegen.**

   Wenn Sie das Makro in einer ganz neuen Arbeitsmappe in einem Modulblatt speichern möchten, d. h. nicht in der aktuellen Arbeitsmappe und auch nicht in der persönlichen Makro-Arbeitsmappe, dann entscheiden Sie sich für den Listeneintrag NEUE ARBEITSMAPPE.

6. **Wenn Sie möchten, können Sie im Textfeld BESCHREIBUNG eine langatmige Beschreibung der Funktion des Makros eintippen.**

   Es ist keine schlechte Idee, hier ein paar Stichwörter zur Aufgabe des Makros einzugeben.

   In Abbildung 12.1 sehen Sie das Dialogfeld »Neues Makro aufzeichnen« mit den Eingaben und Einstellungen, die in den vorhergehenden Schritten beschrieben wurden. Wie Sie dort sehen können, wird das Makro über die Tastenkombination Strg + r aufgerufen. Da Sie planen, dieses Makro stets und immer wieder griffbereit zu haben, wurde der Listeneintrag PERSÖNLICHE MAKRO-ARBEITSMAPPE gewählt.

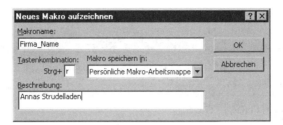

Abbildung 12.1: Das Dialogfeld »Neues Makro aufzeichnen«

7. **Wählen Sie »OK«, oder drücken Sie Eingabe, um die Makro-Aufzeichnung zu starten.**

    Spannung! Aber es passiert eigentlich nicht viel. Das Dialogfeld »Neues Makro aufzeichnen« wird geschlossen. Das war's erst mal. Um Sie daran zu erinnern, daß Sie gerade dabei sind, ein Makro aufzuzeichnen, zeigt Excel in der Statusleiste die Meldung Aufzeich. an.

8. **Jetzt müssen Sie Schritt für Schritt die Aktionen ausführen, die aufgezeichnet werden sollen.**

    Geben Sie also den Firmennamen in die Zelle A1 ein. Wählen Sie anschließend im Dropdown-Listenfeld des Symbols für Schriftart eine neue Schrift, z. B. Comic Sans MS, und im Dropdown-Listenfeld für die Schriftgröße beispielsweise die Größe 18 aus.

9. **Das war's schon. Beenden Sie die Aufzeichnung, indem Sie auf das Symbol zum Beenden der Aufzeichnung klicken (Sie wissen schon, in der winzigen Makro-Symbolleiste, siehe Abbildung 12.2).**

    Sie können statt dessen auch den Befehl MAKRO im Menü EXTRAS und im dann aufklappenden Untermenü den Befehl AUFZEICHNUNG BEENDEN wählen. Sobald Sie die Aufzeichnung beenden, verschwindet der Eintrag Aufzeich. aus der Statusleiste, und die Makro-Symbolleiste zieht ebenfalls Leine.

Und was kommt dabei heraus?

Wenn Sie den Makrorekorder ausgeschaltet haben, sind Sie bereit für einen Test. (Immer schön cool bleiben!) Wenn Ihr Makro die Aufgabe hat, neuen Text einzugeben oder gar Text zu löschen, sollten Sie recht vorsichtig sein, wo Sie diese Zeitbombe testen. Achten Sie also darauf, daß Sie eine Zelle im Tabellenblatt markieren, deren umliegende Zellen entweder leer oder mit überflüssigem »Müll« versehen sind. Dann kann nichts passieren. Am besten ist natürlich ein vollkommen leeres Tabellenblatt.

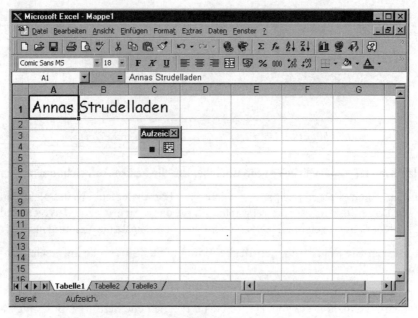

Abbildung 12.2: Das Makro »Firma_Name« wird aufgezeichnet.

✔ Am einfachsten starten Sie ein Makro, indem Sie seine Tastenkombinatioin drücken (Strg + r für unser Beispielmakro »Firma_Name«). Voraussetzung dafür ist, daß Sie eine Tastenkombination zugewiesen haben.

✔ Sie können natürlich auch den Befehl MAKRO im Menü EXTRAS und im Untermenü dann noch den Befehl MAKROS wählen. (Schneller geht es da doch mit Alt + F8.) Anschließend müssen Sie im Dialogfeld »Makro« auf den entsprechenden Makronamen doppelklicken oder den Makronamen markieren und »Ausführen« wählen.

 Sollte das Makro bei der Wiedergabe verrückt spielen, drücken Sie beherzt Esc. Damit würgen Sie das Makro auf der Stelle ab. Excel zeigt dann etwas beleidigt ein Dialogfeld an, in dem es den Schritt dokumentiert, an dem das Makro unterbrochen wurde. Klicken Sie im Dialogfeld auf die Schaltfläche »Beenden«, um das Dialogfeld zu schließen und die Makro-Ausführung zu beenden.

Wo finden Sie denn nun Ihre Makros? Das hängt davon ab, wie Sie das Makro erstellt haben:

✔ Wenn Sie das Makro als Bestandteil der aktuellen Arbeitsmappe erstellt haben, setzt Excel das Makro in ein verstecktes Modulblatt (mit der Bezeichnung MODUL1, MODUL2 etc.). Wenn Sie neugierig sind, und dieses versteckte Modul zu Gesicht kriegen wollen, dann wählen Sie den Befehl MAKRO im Menü EXTRAS, dann noch den Befehl MAKROS, markieren im Dialogfeld »Makro« das gewünschte Makro und klicken zu guter Letzt auf »Bearbeiten«.

✔ Haben Sie das Makro als Teil Ihrer persönlichen Makro-Arbeitsmappe aufgezeichnet, legt Excel das Makro ebenfalls in ein verstecktes Modulblatt (mit der Bezeichnung MODUL1, MODUL2 etc.) in dieser bereits erwähnten geheimnisvollen und unsichtbaren Mappe mit dem Namen PERSONL.XLS ab. Und wie kriegen Sie die nun zu sehen? Sie wählen den Befehl EINBLENDEN im Menü FENSTER und markieren dann im Dialogfeld »Einblenden« die sagenumwobende Datei PERSONL. Noch schnell auf »OK« klicken bzw. Eingabe drücken. Danach geht es eigentlich wie im vorherigen Absatz weiter: Sie wählen den Befehl MAKRO im Menü EXTRAS, dann noch den Befehl MAKROS, markieren das Makro und klicken zu guter Letzt auf »Bearbeiten«.

✔ Die letzte Variante: Wenn Sie Ihr Makro in einer ganz neuen Arbeitsmappe aufgezeichnet haben, legt es Excel in dieser ganz neuen Mappe im ebenfalls versteckten Modulblatt MODUL1 ab. Die neue Arbeitsmappe trägt wie üblich den temporären Namen MAPPE1 oder MAPPE2 etc. Auch hier dann nichts mehr neues: Sie wählen den Befehl MAKRO im Menü EXTRAS, dann noch den Befehl MAKROS, markieren das Makro und klicken zu guter Letzt auf »Bearbeiten«.

Im Fall einer funkelnagelneuen oder der aktuellen Mappe wird das Makro zu einem festen Bestandteil der entsprechenden Arbeitsmappe. Im Fall der ominösen persönlichen Arbeitsmappe läuft das so ab: Sobald Sie versuchen, Excel zu beenden, fragt das Programm ab, ob Sie die Änderungen in der persönlichen Makro-Arbeitsmappe speichern möchten. Sie müssen diese Abfrage mit »Ja« bestätigen, wenn Sie das Makro jemals wiedersehen möchten.

Januar, Februar ... Dezember

Und nun zum zweiten Beispielmakro, denn nur Übung macht den Meister! Mit diesem Makro geben Sie die zwölf Monatsnamen (Januar bis Dezember) in einer Zeile des Tabellenblatts ein. Anschließend werden diese fett und kursiv formatiert und die Spaltenbreite an die optimale Größe angepaßt. Und wohin mit den Monatsnamen? Am besten in eine neue Arbeitsmappe! Warum? Damit ist gewährleistet, daß die Spaltenbreite optimal an die Länge der entsprechenden Monatsnamen und nicht etwa an einen längeren Eintrag in derselben Spalte angepaßt wird (z. B. eine Überschrift).

Abbildung 12.3 zeigt das Dialogfeld »Neues Makro aufzeichnen« für dieses Makro. Sein Name soll »Monate_im_Jahr« lauten und als Tastenkombination verwenden wir Strg + M – sprich: Strg + Umschalt + m.

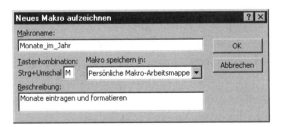

Abbildung 12.3: Das Dialogfeld »Neues Makro aufzeichnen« für das zweite Beispielmakro

Also, auf geht's:

1. **Markieren Sie die Zelle A1, und schalten Sie den Makrorekorder ein.**

   Sie wissen schon: Befehl MAKRO im Menü EXTRAS und danach im Untermenü den Befehl AUFZEICHNEN wählen.

2. **Legen Sie die Einstellungen wie in Abbildung 12.3 dargestellt fest, und klicken Sie auf »OK«, oder drücken Sie Eingabe.**

3. **Geben Sie in A1 Januar ein, klicken Sie in der Bearbeitungsleiste auf das Symbol für Eingeben, und ziehen Sie das Ausfüllkästchen von A1 bis zur Zelle L1.**

   Sie haben doch nicht etwa ernsthaft angenommen, daß Sie alle Monatsnamen per Hand eingeben müssen, oder?

3. **Klicken Sie in der Format-Symbolleiste auf die Symbole für Fett- und Kursivdruck.**

   Damit werden alle Monatsnamen fett und kursiv dargestellt, da der Bereich mit den Namen immer noch markiert ist.

4. **Markieren Sie nun alle Spalten, die Monatsnamen enthalten (mit der Maus über die Spaltenköpfe ziehen), und doppelklicken Sie auf den rechten Rand im letzten Spaltenkopf (Maus wird zum Vierfachpfeil) der letzten Spalte.**

   Damit passen Sie alle Spaltenbreiten optimal dem Zellinhalt an. Klicken Sie danach auf die erste Zelle des Bereichs, um die Spaltenmarkierung aufzuheben.

Schalten Sie nun den Rekorder ab, und auf geht's zum Test. Am besten testen Sie das Ganze in einem neuen Tabellenblatt. Ich bin dazu zum Tabellenblatt TABELLE2 gewechselt, habe dort die Zelle N1 markiert und tapfer Strg + M gedrückt. (N1 muß sein, damit ich Ihnen gleich einen Fehler in diesem Makro zeigen kann.) Das Makro schreibt in N1 brav den Eintrag Januar. Das war's dann aber auch schon. Ein bizarres Dialogfeld wird angezeigt, das irgend etwas von einer fehlerhaften AutoFill-Methode des Range-Objekts brabbelt. Es bleibt Ihnen nichts anderes übrig, als die Wiedergabe mit »Beenden« zu killen. Blödes Makro!

Alles ist relativ

Was um alles in der Welt ist passiert? Erinnern Sie sich an Kapitel 4? Dort haben Sie den Unterschied zwischen dem Kopieren von Formeln mit *relativen* Zellbezügen und dem von Formeln mit *absoluten* Zellbezügen kennengelernt. Eine kurze Wiederholung: Excel gleicht alle Zellbezüge beim Kopieren einer Formel an, es sei denn, Sie ändern die Bezüge in absolute (d. h. unveränderliche) Adressierungen um.

Beim Aufzeichnen von Makros passiert genau das Gegenteil. (Warum sollte es auch so einfach sein?) Excel zeichnet alle Bezüge in absoluter Form auf. Das ist auch der Grund dafür, daß Excel sich spätestens beim AutoAusfüllen ausklinkt.

Damit das Makro korrekt arbeiten kann, müssen Sie es nochmals aufzeichnen und dieses Mal relative Bezüge einsetzen. (Ist aber alles halb so schlimm.) Wechseln Sie also zu einem neuen Tabellenblatt, markieren Sie die erste Zelle, schalten Sie den Makrorekorder ein (wie üblich durch Auswahl des Befehls MAKRO im Menü EXTRAS und danach AUFZEICHNEN), und legen Sie alles im Dialogfeld »Neues Makro aufzeichnen« genauso wie zuvor fest. Excel fragt vorsichtig ab, ob Sie das alte Monatsmakro durch das neue ersetzen möchten. Bestätigen Sie das mit »Ja«.

Bevor Sie aber die Aufzeichnung beginnen, klicken Sie in der Makro-Symbolleiste auf das Symbol für Relativer Bezug. Dann führen Sie wie zuvor alle Arbeitsschritte aus (Januar eingeben, mit AutoAusfüllen die restlichen Monatsnamen eingeben, den Zellbereich fett und kursiv formatieren, die Spalten markieren und an die Zellinhalte anpassen). Jetzt beziehen sich alle aufgezeichneten Befehle auf die ersten Zelle mit dem Eintrag Januar – ganz egal, wo der Eintrag steht. Und genau das wollen wir auch!

Nachdem Sie den Makrorekorder ausgeschaltet haben, machen Sie erneut einen Testversuch. Hurra! Egal, wo Sie den ersten Monatsnamen eingeben, das AutoAusfüllen und auch der Rest funktionieren einwandfrei. Tolles Makro!

Das richtige Werkzeug bei der Hand

13

In diesem Kapitel erfahren Sie, wie Sie ...

▸ die Excel-Symbolleisten so anpassen, wie Sie sie haben möchten

▸ neue Symbolleisten kreieren

▸ Makros mit Symbolen verknüpfen, die noch keine Aufgabe haben

▸ Makros mit Menübefehlen verknüpfen

▸ Symbolen ein selbstgemachtes Bildchen zuweisen

Bis jetzt haben Sie die Symbole der verschiedenen Symbolleisten genauso eingesetzt, wie sie von Excel angeboten werden. Da Sie jetzt schon ein Weilchen damit gearbeitet haben, wissen Sie, welche Symbole Sie immer wieder benötigen und welche nicht. Es wird also Zeit, die Symbolleisten so zu definieren, daß sie nur noch die für Sie wichtigen Symbole enthalten. Noch besser – Sie erstellen eigene Symbolleisten.

Excel verfügt, wie Sie gleich sehen werden, auch noch über eine Reihe »arbeitsloser Symbole«. Diese können Sie beliebig in eine Excel- oder selbsterstellte Symbolleiste integrieren.

Und noch eins drauf: Sie weisen dann den »arbeitslosen« Symbolen Makros zu, damit diese endlich was zu tun haben. (Näheres zu Makros finden Sie in Kapitel 12.) Und wenn die Bilder der »arbeitslosen« Symbole die Aufgabe des Makros nicht aussagekräftig beschreiben, können Sie ein Bildchen eines anderen Symbols kopieren oder selbst ein Bild malen. Das war es aber noch nicht. Auch die Menübefehle wollen mal was Neues sehen. Nichts leichter als das! Fügen Sie im Menü Ihrer Wahl einen neuen Befehl ein, und weisen Sie ihm ein Makro zu.

Ein Job – ein Werkzeug

Wie Sie bereits in den vorherigen Kapiteln gesehen haben, stellt Excel eine Reihe von Symbolleisten zur Verfügung. Jede Leiste besteht aus einer Gruppe von Symbolen, die für bestimmte Aufgaben sinnvoll eingesetzt werden können. Die Menü-, die Standard- und die Format-Symbolleiste – die Leisten für alle Fälle – enthalten ein breit gefächertes Angebot allgemeiner Symbole und Befehle zum Erstellen, Formatieren und Drucken von Dokumenten. Sie werden deshalb auch automatisch oben im Excel-Fenster angezeigt, wenn Sie das Programm starten.

Im Grunde genommen ist die Symbolanordnung in den meisten integrierten Symbolleisten von Excel recht zufriedenstellend. Es gibt aber bestimmt einige Symbole, die Sie nie verwenden. Es macht also durchaus Sinn, diese herauszunehmen und durch andere (auf die Sie ständig zugreifen) zu ersetzen. Oder Sie arbeiten ständig mit einem Symbol, hätten es aber lieber an einer anderen Stelle in der Symbolleiste oder gar in einer anderen Symbolleiste angeordnet. Verschieben Sie es einfach!

Sie können selbst bestimmen, welche Symbolleisten am Bildschirm angezeigt werden und welche Symbole sie enthalten sollen. Das Ganze funktioniert folgendermaßen: Wählen Sie den Befehl SYMBOLLEISTEN im Menü ANSICHT. Oder klicken Sie mit der rechten Maustaste auf eine angezeigte Symbolleiste, um das Kontextmenü für Symbolleisten zu Gesicht zu bekommen. In beiden Fällen klappt Ihnen eine Riesenliste mit Namen von Symbolleisten entgegen. Klicken Sie einfach auf die Symbolleisten, die Sie anzeigen bzw. nicht mehr anzeigen möchten.

Abbildung 13.1: Symbolleisten zum »Sau füttern«

Ganz unten steht ein Befehl, der einen neugierig werden läßt: ANPASSEN. Wenn Sie darauf klicken, wird das Dialogfeld »Anpassen« geöffnet. Dort können Sie bei Bedarf auf der Registerkarte SYMBOLLEISTEN – wenn Sie es sich anders überlegt haben – noch ein paar Symbolleisten mehr anzeigen bzw. einige wieder verschwinden lassen.

Die Registerkarte BEFEHLE spare ich mir noch für später auf. Also gleich weiter zur Registerkarte OPTIONEN:

✔ GROSSE SCHALTFLÄCHEN: Excel entscheidet sich standardmäßig für die kleinen Schaltflächen in den Symbolleisten. Aktivieren Sie dieses Kontrollkästchen, wenn Sie alles etwas größer haben wollen.

✔ QUICKINFO AUF SYMBOLLEISTEN ANZEIGEN: Wenn der Mauszeiger lange genug unbeweglich auf einem Symbol in einer Symbolleiste ruht (nur zeigen, nicht klicken!), dann blendet Excel standardmäßig eine kurze Beschreibung – die sogenannte QuickInfo – zum entsprechenden Symbol ein. Sollten Sie diese Infos nicht mehr brauchen, deaktivieren Sie dieses Kontrollkästchen.

Und dann gibt da noch das Dropdown-Listenfeld MENÜ-ANIMATION – ein witziger Schnickschnack. Wenn Sie etwas mehr Action in die Menüs bringen wollen, dann wählen Sie eine der drei Animationsmöglichkeiten: ABWECHSELND, ENTFALTEN und ABROLLEN aus. Im Fall von ABWECHSELND wählt Excel nach dem Zufallsprinzip aus, ob es Menüs entfaltet oder abrollt. ENTFALTEN entfaltet und ABROLLEN rollt ab. (Tja, wer hätte das gedacht!) Sehen Sie es sich am besten selber mal an.

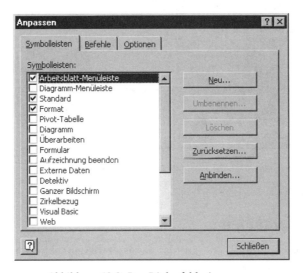

Abbildung 13.2: Das Dialogfeld »Anpassen«

Excels Symbolleisten auf den Kopf stellen

 Bevor Sie sich an die Bearbeitung einer Symbolleiste machen, müssen Sie die zu ändernde Symbolleiste auf dem Bildschirm einblenden. Klicken Sie dazu im Dialogfeld »Anpassen« auf das entsprechende Kontrollkästchen. Wenn Ihnen danach ist, können Sie gleich mehrere Symbolleisten anzeigen und bearbeiten.

Keine Angst vor Änderungen! Wenn Sie mal alles völlig durcheinander gebracht haben, und nicht mehr aus noch ein wissen, kehren Sie einfach reumütig zum Standard zurück. Und wie? Das steht unter »Symbolleisten wie gehabt« weiter unten in diesem Kapitel.

Haben Sie alle gewünschten Symbolleisten aktiviert, klicken Sie im Dialogfeld »Anpassen« auf das Register BEFEHLE (Abbildung 13.3).

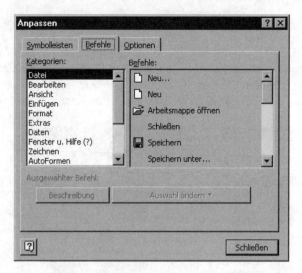

Abbildung 13.3: Die Registerkarte »Befehle«

Rein mit den Symbolen

Wenn Sie im Dialogfeld »Anpassen« auf das Register BEFEHLE klicken, dann wird auf der Registerkarte u. a. das Listenfeld KATEGORIEN angezeigt. Das ist ziemlich wichtig, weil es nämlich alle möglichen Symbolgruppen enthält (von DATEI bis hin zu NEUES MENÜ). Rechts davon gibt es dann noch das Listenfeld BEFEHLE, das immer die Befehle und Symbole für die aktuell markierte Kategorie enthält. Sie markieren also im Listenfeld KATEGORIEN eine Kategorie Ihrer Wahl und können dann im Listenfeld BEFEHLE mit den dort enthaltenen Befehlen und Symbolen jonglieren.

Was heißt hier jonglieren? Also, Sie wollen einen Befehl oder einen Befehl mit Symbol aus dem Listenfeld BEFEHLE in eine Symbolleiste einfügen? Nichts leichter als das. Ziehen Sie einfach das gewünschte Element aus dem Listenfeld in die Symbolleiste – und zwar genau an die Position, wo es hin soll.

Achten Sie mal beim Ziehen auf den Mauszeiger. Solange Sie sich über Gefilden befinden, wo ein Symbol oder ein Befehl nichts zu suchen hat, wird unter dem Mauszeiger ein »X« angezeigt – was wohl soviel heißt wie »Parken verboten«. Sobald Sie aber über einer Symbolleiste schweben, wandelt sich das »X« in ein »+« um, was wiederum so viel heißt wie »Parken erlaubt«. Wenn Sie dann die Maustaste loslassen, plumpst der Befehl bzw. der Befehl mit Symbol in die entsprechende Symbolleiste.

Damit aber noch nicht genug. Damit Sie auch genau sehen, wo in der Symbolleiste das neue Element seinen Platz finden wird, zeigt Excel einen senkrechten Strich genau dort an, wo es eingefügt wird. (Kapitel 4 hält noch mehr solche Drag & Drop-Schmankerl für Sie parat.)

Es muß im übrigen kein Geheimnis bleiben, was ein Befehl oder ein Befehl mit Symbol so an Aktionen ausführen kann. Markieren Sie einfach den Eintrag im Listenfeld BEFEHLE, der Sie neugierig gemacht hat, und klicken Sie dann auf »Beschreibung«. Und schon wissen Sie mehr. Um die Infos wieder loszuwerden, klicken Sie einfach irgendwo im Dialogfeld »Anpassen«.

Raus mit den Symbolen

Wenn das Dialogfeld »Anpassen« geöffnet ist, können nicht nur neue Befehle oder Symbole in auf dem Bildschirm angezeigte Symbolleisten eingefügt werden – das ist keine Einbahnstraße. Genausogut können Sie auch Befehle und Symbole, die Sie in einer Symbolleiste nicht mehr benötigen, sozusagen zusammenknüllen und wegwerfen. Ziehen Sie dazu einfach das entsprechende Element aus der Symbolleiste heraus, und lassen Sie es irgendwo fallen. Schwupp! Es ist weg, und die Lücke ist aufgefüllt – gerade so, als wäre es nie dagewesen.

Bäumchen wechsel dich

Und wenn Sie weder ein neues Element brauchen noch ein altes nicht mehr brauchen, dann wollen Sie vielleicht die Reihenfolge innerhalb der Symbolleiste ändern. Auch das geht ganz einfach. Aber vergessen Sie nicht: Sobald Sie das Dialogfeld »Anpassen« schließen, geht nichts mehr.

- ✔ Um ein Element in der Symbolleiste (in der es bereits enthalten ist) neu zu positionieren, ziehen Sie es so lange nach links oder rechts, bis es kurz vor dem Symbol steht, vor dem es eingefügt werden soll, und lassen die Maustaste wieder los.

- ✔ Um ein Symbol in eine andere Symbolleiste zu verschieben, ziehen Sie es an die neue Position in der entsprechenden Symbolleiste.

- ✔ Um ein Symbol in eine andere Symbolleiste zu kopieren, halten Sie Strg gedrückt, während Sie das Symbol ziehen. (Sie sehen ein kleines Pluszeichen neben der Spitze des Mauszeigers, genau wie beim Kopieren eines Zellbereichs, wenn Sie mit dem guten, alten Drag & Drop arbeiten.)

Gruppierte Symbole

Wie Sie vielleicht schon bemerkt haben, sind Symbole häufig in Gruppen in der Symbolleiste angeordnet (graue Linien vor und nach der Gruppe). Das können Sie auch selbst machen, wenn Sie eine Symbolleiste bearbeiten.

Um eine graue senkrechte Linie einzufügen, um das Symbol ein wenig von den anderen abzusetzen, ziehen Sie das Symbol minimal in die der Linie entgegengesetzte Richtung (nach rechts, wenn links eine Linie eingefügt werden soll, und umgekehrt) und lassen dann die

Maustaste wieder los. Excel fügt eine senkrechte Linie vor oder nach dem Symbol ein, je nachdem, wohin Sie es gezogen haben.

Sie wollen die senkrechte Linie wieder loswerden, damit die Symbole gleichmäßig nebeneinander stehen? Okay! Ziehen Sie das Symbol in die entsprechende Richtung, bis es das Nachbarsymbol leicht berührt oder gar etwas überlappt. Wenn Sie die Maustaste dann loslassen, zeichnet Excel die Symbolleiste neu und löscht dabei die vertikale Linie vor oder nach dem Symbol, das Sie gerade gezogen haben.

Symbolleisten wie gehabt

Ganz wichtig: Sie werden sicherlich manchmal Änderungen in den integrierten Symbolleisten vornehmen, die Sie nicht beibehalten möchten. Ganz egal, wie wild Sie in den Symbolleisten herumwüten, Sie können stets das Original wiederherstellen. Wählen Sie dazu den Befehl SYMBOLLEISTEN im Menü ANSICHT und danach den Befehl ANPASSEN bzw. nur den Befehl ANPASSEN im Kontextmenü für die Symbolleisten. Markieren Sie dort den Namen der entsprechenden Symbolleiste, und klicken Sie auf die Schaltfläche »Zurücksetzen«. Und alles ist wieder gut!

Eine Symbolleiste für jede Gelegenheit

Sie sind keineswegs auf die in Excel integrierten Symbolleisten angewiesen. Wenn sie Ihnen nicht zusagen, können Sie jederzeit eigene Symbolleisten erstellen und mit einer bunten Mischung aus Befehlen und Symbolen versehen, die bereits einer Excel-Symbolleiste zugeordnet sind oder noch keine Aufgabe haben.

Um eine eigene Symbolleiste zu erstellen, gehen Sie folgendermaßen vor:

1. **Wählen Sie den Befehl SYMBOLLEISTEN im Menü ANSICHT und dann den Befehl ANPASSEN, um das Dialogfeld »Anpassen« zu öffnen.**

    Der Befehl ANPASSEN im Kontextmenü für die Symbolleisten tut es auch.

2. **Falls nötig, klicken Sie auf das Register SYMBOLLEISTEN und danach auf »Neu«.**

    Das Dialogfeld »Neue Symbolleiste« wird geöffnet.

3. **Geben Sie im Textfeld NAME DER SYMBOLLEISTE einen Namen für die neue Symbolleiste ein, und klicken Sie auf »OK«, oder drücken Sie Eingabe.**

    Das Dialogfeld »Neue Symbolleiste« wird geschlossen. Ganz unten im Listenfeld SYMBOLLEISTEN im Dialogfeld »Anpassen« kriegen Sie den Namen der neuen Symbolleiste zu sehen. Außerdem wird eine winzige leere Symbolleiste angezeigt (Abbildung 13.4).

4. **Klicken Sie auf das Register BEFEHLE, und markieren Sie im Listenfeld KATEGORIEN die Kategorie, die einen von Ihnen gewünschten Befehl bzw. Befehl mit Symbol enthält.**

5. **Ziehen Sie den Befehl oder den Befehl mit Symbol aus dem Listenfeld BEFEHLE in das winzige Symbolleistchen, und lassen Sie die Maustaste wieder los.**
6. **Wiederholen Sie die Schritte 4 und 5 für alle weiteren Elemente, mit denen Sie Ihre Symbolleiste schmücken möchten.**

Sind alle Befehle, Befehle mit Symbolen, Symbole oder was auch immer drin? Dann können Sie sie bei Bedarf noch neu anordnen, gruppieren oder so.

7. **Klicken Sie auf »Schließen«, um dem Ganzen ein Ende zu bereiten und das Dialogfeld »Anpassen« zu schließen.**

Je mehr Symbole Sie in Ihre Symbolleiste einfügen, um so breiter stellt Excel die Symbolleiste dar, damit auch alle Symbole darin Platz haben. Sobald die Symbolleiste eine bestimmte Größe erreicht hat, kann auch der von Ihnen vergebene Name vollständig in der Titelleiste der Symbolleiste angezeigt werden. Sollte die Symbolleiste langsam in das Dialogfeld »Anpassen« hineinwachsen, ziehen Sie einfach die neue Symbolleiste (Sie wissen – die Titelleiste ziehen), bis sie sich außer Reichweite des Dialogfelds »Anpassen« befindet.

In den Abbildungen 13.4 und 13.5 sehen Sie, wie eine neue Symbolleiste erstellt wird. Abbildung 13.4 zeigt das Dialogfeld »Anpassen«, nachdem der Name für die neue Leiste bereits festgelegt wurde, sowie die winzige neue Symbolleiste. Abbildung 13.5 zeigt die neue Symbolleiste »Sabines coole Symbole« in ihrem vollen Glanz. Sie enthält eine eigenwillige Kombination von Symbolen. Bauen Sie sie nach, wenn Sie Lust haben, oder kreieren Sie eigene Varianten.

Wenn Sie übrigens eine Symbolleiste markieren und dann auf der Registerkarte BEFEHLE auf die Schaltfläche AUSWAHL ÄNDERN klicken, können Sie festlegen, wie Sie den Symbolkram angezeigt kriegen wollen (und auch sonst noch jede Menge Optionen wählen): nur als Symbol, nur als Befehl oder als Befehl mit Symbol – nicht schlecht, was?

Ist eine neue Symbolleiste erst einmal erstellt, können Sie sie wie jede integrierte Symbolleiste beliebig anzeigen, verbergen, verschieben, in der Größe verändern etc. Sollten Sie eine selbst erstellte Symbolleiste doch nicht behalten wollen, löschen Sie sie, indem Sie das Dialogfeld »Anpassen« öffnen, bei Bedarf auf das Register SYMBOLLEISTEN klicken, den entsprechenden Namen im Listenfeld SYMBOLLEISTEN markieren und auf »Löschen« klicken. (Haben Sie es schon gemerkt? Excel verbietet Ihnen, eine integrierte Symbolleiste zu löschen.) Wenn Sie auf die Schaltfläche »Löschen« klicken, gibt Excel eine Warnung aus, in der Sie durch Klicken auf »OK« bzw. Drücken von Eingabe das Löschen bestätigen müssen. Sicher ist sicher.

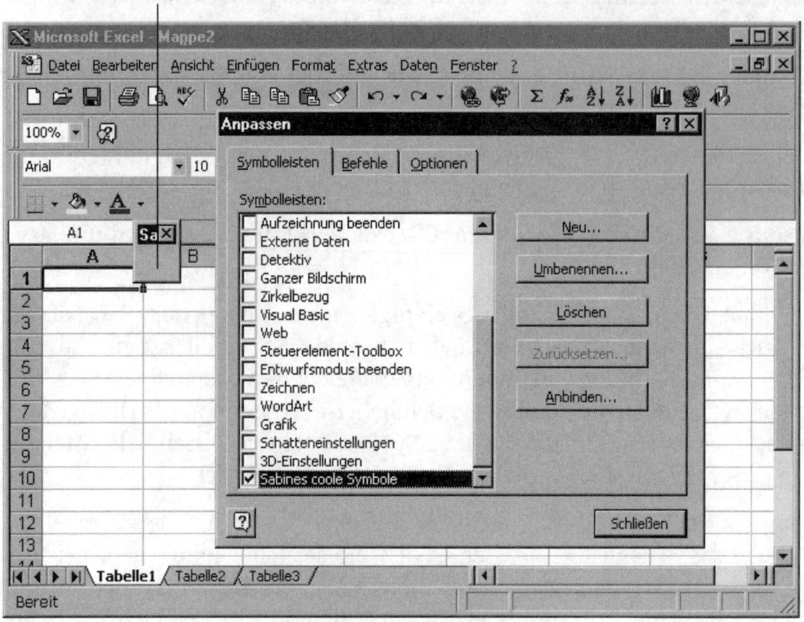

Abbildung 13.4: Die neue Symbolleiste erhält den Namen »Sabines coole Symbole«.

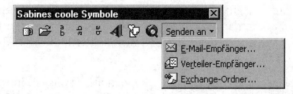

Abbildung 13.5: Die neue Symbolleiste – mit allen coolen Symbolen und Befehlen

Arbeitslose Symbole – was für eine Verschwendung!

So, nun zum Highlight (für Mutigere). Sie können Symbole mit Makros (siehe Kapitel 12) verknüpfen und diese Symbole dann in eine Symbolleiste einfügen (sowohl in bereits integrierte als auch in selbst erstellte Symbolleisten). Wozu das Ganze? Sie können auf diese Weise ein Makro einfach abspielen lassen, indem Sie auf sein Symbol klicken. Den Vorteil werden Sie spätestens dann schätzen lernen, wenn Sie für Ihre Makros bereits alle Buchstaben (A bis Z) als Tastenkombinationen vergeben haben.

Excel bietet Ihnen in der Kategorie »Makros« ein ganz besonders glückliches Symbol an (Abbildung 13.6). Verknüpfen Sie damit ein Makro, und passen Sie anschließend das Symbolbildchen so an, daß Sie auch noch in einer Woche zumindest ungefähr wissen, welches Makro hinter dem Symbol steckt.

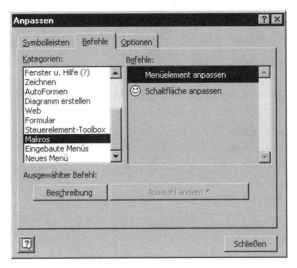

Abbildung 13.6: Die Kategorie »Makros«

Um ein Makro einem Symbol zuzuweisen, gehen Sie folgendermaßen vor:

1. **Wenn das Makro, das Sie einem Symbol zuweisen möchten, mit einer bestimmten Arbeitsmappe verbunden ist, sorgen Sie dafür, daß die Mappe geöffnet ist.**

   Wissen Sie es noch? Excel öffnet beim Programmstart automatisch die persönliche Makro-Arbeitsmappe. Alle Makros, die dort abgelegt sind, stehen immer und überall zur Verfügung. Makros, die in einer ganz bestimmten Arbeitsmappe erstellt wurden, stehen logischerweise auch nur dort zur Verfügung.

2. **Wählen Sie den Befehl ANPASSEN im Kontextmenü für die Symbolleisten, um das Dialogfeld »Anpassen« zu öffnen.**

3. **Ist die Symbolleiste, auf die es Ihnen ankommt, noch nicht auf dem Bildschirm zu sehen, klicken Sie bei Bedarf auf das Register SYMBOLLEISTEN und aktivieren anschließend die Symbolleiste Ihrer Wahl.**

4. **Klicken Sie auf das Register BEFEHLE, und markieren Sie zuerst im Listenfeld KATEGORIEN den Eintrag MAKROS und dann im Listenfeld BEFEHLE das Symbol SCHALTFLÄCHE ANPASSEN (das besonders glückliche Symbol).**

5. **Ziehen Sie das Symbol aus dem Listenfeld BEFEHLE an die gewünschte Position in der Symbolleiste.**

6. (Optional) Soll das Symbol einen eigenen Namen bekommen (der in der QuickInfo angezeigt wird, wenn Sie mit dem Mauszeiger etwas länger auf einem Symbol verweilen), klicken Sie mit der rechten Maustaste auf das Symbol und wählen den Befehl NAME im Kontextmenü. Geben Sie dort einen ansprechenden Namen ein, der eventuell sogar etwas über die Makroaufgabe aussagt. Danach drücken Sie Eingabe.

7. (Optional) Um aus dem glücklichen Symbol ein anderes Symbol zu kreieren, klicken Sie mit der rechten Maustaste auf das Symbol und wählen den Befehl SCHALTFLÄCHENSYMBOL ÄNDERN im Kontextmenü. Wow! So viele arbeitslose Symbole! Wählen Sie aus, was Ihnen gefällt.

8. Um dem Makrosymbol ein Makro zuzuweisen, klicken Sie erneut – ja, ja – mit der rechten Maustaste auf das Symbol und wählen den Befehl MAKRO ZUWEISEN.

Excel öffnet das Dialogfeld »Zuweisen« (Abbildung 13.7).

9. Markieren Sie das gewünschte Makro, bzw. zeichnen Sie es auf.

Um ein vorhandenes Makro zuzuweisen, doppelklicken Sie im Listenfeld MAKRONAME auf das entsprechende Makro, bzw. markieren Sie es, und wählen Sie »OK«, oder drücken Sie Eingabe.

Sie können hier auch die Aufzeichnung eines neuen Makros beginnen, indem Sie auf die Schaltfläche »Aufzeichnen« klicken und dann genauso vorgehen, wie ich es in Kapitel 12 beschrieben habe.

10. Wiederholen Sie die Schritte 5 bis 9 für alle weiteren Makros, die Sie Symbolen zuweisen möchten.

11. Klicken Sie auf die Schaltfläche »Schließen«, oder drücken Sie Eingabe, um das Dialogfeld »Anpassen« zu schließen.

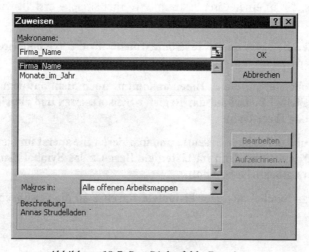

Abbildung 13.7: Das Dialogfeld »Zuweisen«

Neuer Menübefehl gefällig?

Tja, im Listenfeld BEFEHLE der Kategorie MAKROS – ich bin geistig übrigens immer noch im Dialogfeld »Anpassen« – da war doch noch ein Eintrag: MENÜELEMENT ANPASSEN. Was ist denn mit dem? Damit können Sie ein Makro einem Menübefehl zuweisen. Klasse! Und das Ganze funktioniert so:

1. **Wenn das Makro, das Sie einem Menübefehl zuweisen möchten, mit einer bestimmten Arbeitsmappe verbunden ist, sorgen Sie dafür, daß die Mappe geöffnet ist.**

   Wissen Sie es noch? Excel öffnet beim Programmstart automatisch die persönliche Makro-Arbeitsmappe. Alle Makros, die dort abgelegt sind, stehen immer und überall zur Verfügung. Makros, die in einer ganz bestimmten Arbeitsmappe erstellt wurden, stehen logischerweise auch nur dort zur Verfügung und der Menübefehl damit auch.

2. **Wählen Sie den Befehl ANPASSEN im Kontextmenü für die Symbolleisten, um das Dialogfeld »Anpassen« zu öffnen.**

3. **Klicken Sie auf das Register BEFEHLE, und markieren Sie zuerst im Listenfeld KATEGORIEN den Eintrag MAKROS und dann im Listenfeld BEFEHLE den Eintrag MENÜELEMENT ANPASSEN.**

4. **Ziehen Sie den Befehl aus dem Listenfeld BEFEHLE an die gewünschte Position im Menü Ihrer Wahl.**

5. **(Optional) Soll der Befehl einen eigenen Namen bekommen (wäre eigentlich schon angebracht – was soll denn nur der Menübefehl MENÜELEMENT ANPASSEN bedeuten), klicken Sie mit der rechten Maustaste auf den Befehl und wählen den Befehl NAME im Kontextmenü. Geben Sie dort einen ansprechenden Namen ein, der eventuell sogar etwas über die Makroaufgabe aussagt. Danach drücken Sie Eingabe.**

6. **Um dem Menübefehl ein Makro zuzuweisen, öffnen Sie das entsprechende Menü, in dem er sich versteckt, und klicken mit der rechten Maustaste auf den Makrobefehl. Danach wählen Sie den Befehl MAKRO ZUWEISEN.**

   Das Dialogfeld »Zuweisen« macht sich auf dem Bildschirm breit (Abbildung 13.7).

7. **Markieren Sie das gewünschte Makro, bzw. zeichnen Sie es auf.**

   Um ein vorhandenes Makro zuzuweisen, doppelklicken Sie im Listenfeld MAKRONAME auf das entsprechende Makro, bzw. markieren Sie es, und wählen Sie »OK«, oder drücken Sie Eingabe.

Sie können hier auch die Aufzeichnung eines neuen Makros beginnen, indem Sie auf die Schaltfläche »Aufzeichnen« klicken und dann genauso vorgehen, wie ich es in Kapitel 12 beschrieben habe.

Wenn Sie das Makro hinter einem Menübefehl verborgen haben, starten Sie es einfach, indem Sie den Menübefehl wählen – so wie Sie es zigmal am Tag mit anderen, in Excel integrierten Befehlen tun.

Und was ist, wenn Sie das Makro eines Tages nicht mehr brauchen und somit auch der Menübefehl überflüssig geworden ist? Sie öffnen das Dialogfeld »Anpassen« (Befehl ANPASSEN im Kontextmenü für die Symbolleisten oder Befehl SYMBOLLEISTEN im Menü ANSICHT und danach der Befehl ANPASSEN), öffnen das Menü, in dem sich der Menübefehl eingenistet hat, und ziehen ihn einfach aus dem Menü heraus. Maustaste loslassen – Menübefehl verschwindet. So einfach geht das!

Ein nettes Symbolgesicht, wenn ich bitten darf

Gott sei Dank sind Sie nicht auf die Symbole mit Herzchen, lachenden und weinenden Gesichtern etc. angewiesen. Sie können auf das »Gesicht« eines Symbols ein beliebiges Bildchen eines anderen Symbols kopieren. Sollten Sie aber eine künstlerische Ader haben, können Sie sich auch im Schaltflächen-Editor künstlerisch betätigen und eigene Symbolbildchen erstellen.

Um ein Symbolbild auf ein anderes Symbol zu kopieren, gehen Sie folgendermaßen vor:

1. **Öffnen Sie das Dialogfeld »Anpassen«, in dem Sie den gleichnamigen Befehl im Kontextmenü für die Symbolleisten wählen.**

2. **Falls nötig, aktivieren Sie die Symbolleiste, die das Symbol enthält, dessen »Gesicht« Sie kopieren möchten. Markieren Sie dazu auf der Registerkarte SYMBOLLEISTEN die entsprechende Symbolleiste.**

3. **Klicken Sie mit der rechten Maustaste auf das Symbol, das Sie kopieren möchten, wählen Sie den Befehl SCHALTFLÄCHENSYMBOL KOPIEREN im Kontextmenü, um das Bildchen in die Zwischenablage zu kopieren.**

4. **Klicken Sie mit der rechten Maustaste auf das Symbol, dem Sie das kopierte Bildchen »überstülpen« wollen, und wählen Sie den Befehl SCHALTFLÄCHENSYMBOL EINFÜGEN im Kontextmenü.**

Und das war's auch schon. Excel ersetzt das »Gesicht« des markierten Symbols durch das Bildchen aus der Zwischenablage.

Wenn Sie das dringende Bedürfnis haben, eigene Bildchen zu erstellen, dann steht Ihnen in Excel dabei nichts im Wege. Und womit? Mit dem heißen *Schaltflächen-Editor*. Um diesen Editor zu öffnen (Abbildung 13.8), öffnen Sie zunächst das Dialogfeld »Anpassen«. Klicken Sie mit der rechten Maustaste in der Symbolleiste auf das Symbol, dessen Gesicht Sie bearbeiten möchten, und wählen Sie dann den Befehl SCHALTFLÄCHENSYMBOL BEARBEITEN im Kontextmenü.

Um das Symbol zu bearbeiten, klicken Sie erst einmal auf eine Farbe, die Ihnen gefällt, und anschließend auf die kleinen Quadrate im Feld BILD. Diese kleinen Quadrate stellen lauter einzelne Punkte dar, auch *Pixel* genannt, aus denen sich das Bildchen zusammensetzt. Wenn Sie ein Pixel eingefärbt haben und nachträglich merken, daß das nicht so ganz in Ihrem Sinne war, wählen Sie einfach die Originalfarbe aus und klicken noch einmal auf das Pixel. Wenn Sie ein komplett neues Bild erstellen, d. h. kein vorhandenes Bild überarbeiten möchten, wählen Sie die Schaltfläche »Löschen«, bevor Sie Ihre künstlerische Betätigung starten.

In Abbildung 13.8 sehen Sie ein von mir erstelltes Kunstwerk. Ich habe das arbeitslose Kaffeetassensymbol überarbeitet – mit Erfolg, wie ich meine. In Abbildung 13.9 sehen Sie meine benutzerdefinierte Symbolleiste, nachdem ich aus der 08/15-Kaffeetasse eine glückliche Kaffeetasse gezaubert habe.

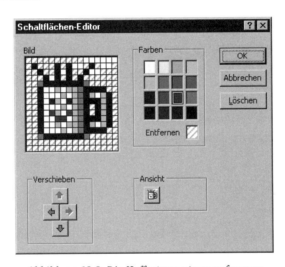

Abbildung 13.8: Die Kaffeetasse etwas aufpeppen

Abbildung 13.9: Bringen Sie etwas Pep in Ihre Symbolleisten.

Teil VI
Die Top Ten für alle Lebenslagen

»Setze ihn vor einen Bildschirm, und er ist ein Genie. Aber sonst ist der Typ eine solche Nulpe. Der wird es nie ins Management schaffen.«

In diesem Teil...

Hier lernen Sie noch all das kennen, was Sie zum Leben mit Excel unbedingt brauchen. Es wimmelt hier nur so von Geboten und Verboten. Wenn Sie die alle durchgekaut haben, wissen Sie definitiv Bescheid. Ganz am Schluß noch ein Zuckerl: jede Menge mehr oder weniger nützliche Tastenkombinationen, die Ihnen helfen, Zeit zu sparen oder auch nicht. Lassen Sie sich überraschen.

Die Top Ten der neuen Funktionen von Excel 14

Wenn Sie auf der Suche nach einem schnellen Überblick über die Neuigkeiten in Excel 97 sind, dann hat Ihre Suche hier ein Ende. Hier sind sie: die offiziellen Top Ten der nagelneuen Excel-Funktionen. Werfen Sie mal einen kurzen oder auch längeren Blick auf die Liste.

Natürlich habe ich alle Top Ten auch noch mit Querverweisen auf die entsprechenden Kapitel in diesem Buch versehen. Damit Sie – wenn Sie zu den ganz Eifrigen gehören – gleich weiterlesen können.

10. Das Symbol für *Formeln bearbeiten*: Mit diesem brandneuen Symbol in der Bearbeitungsleiste ist es ein Kinderspiel, Formeln und Funktionen zu bearbeiten, die Sie in Zellen eingefügt haben. (Kapitel 2 erzählt mehr davon.)

9. Die sogenannten *natürlichen Formeln*: Das ist was echt Praktisches. Mit dieser neuen Funktion können Sie einfach die Zeilen- und Spaltenbeschriftungen, die Sie in einer Tabelle verwenden, in Ihre Formeln übernehmen, um beispielsweise Summen, Durchschnittswerte und sonstiges zu berechnen. Sie müssen nicht einmal mehr einen Bereich benennen. Und trotzdem sind die Formeln leserlich und verständlich. Alle Achtung! (Genaueres hierzu finden Sie in Kapitel 6).

8. *QuickInfo* – in der erweiterten Form: In den Symbolleisten und in Zellkommentaren ist diese Funktion bereits ein alter Hut. In Excel 97 finden Sie QuickInfos überall, wo Sie hingucken – beim Blättern mit der Bildlaufleiste, beim AutoAusfüllen, beim Verschieben und Kopieren von Zellbereichen und und und. (Kapitel 1 weiß vom Blättern mit der Bildlaufleiste, Kapitel 2 vom AutoAusfüllen und Kapitel 4 vom Drag & Drop zu berichten.)

7. *Als HTML speichern*: Mit diesem Befehl nehmen Sie Kontakt mit dem Rest der Welt auf. Er öffnet den Internet-Assistenten, der Ihnen Schritt für Schritt zeigt, wie Sie aus Ihren Tabellendaten HTML-Tabellen erstellen. Diese können Sie wiederum im Word Wide Web publizieren oder über das Intranet Ihrer Firma verteilen – auf daß Sie berühmt werden. (Kapitel 10 zeigt, wie es geht.)

6. *Hyperlinks:* Mit dieser Hyperfunktion ist es ein Kinderspiel, zu einem benannten Bereich in derselben Arbeitsmappe, zu einem anderen Tabellenblatt in derselben Arbeitsmappe, zu einer anderen Arbeitsmappe, zu einem anderen Office-Dokument, zu einer Web-Seite im Internet oder im unternehmensinternen Intranet .... zu wechseln. Sie stellen einfach mit dem Hyperlink eine Verknüpfung her – zu was auch immer. Klicken Sie drauf, und schon sind Sie dort. (Springen Sie zu Kapitel 10, um mehr darüber zu erfahren.)

5. *Seitenumbruch-Vorschau*: Sie wollten schon immer den großen Überblick über den Seitenumbruch in Ihren Arbeitsmappen haben und – wenn er Ihnen nicht gefällt – auch gleich ändern können? Jetzt ist es soweit – mit dem neuen Befehl Seitenumbruch-Vorschau. Nutzen Sie ihn, bevor Sie Ihre Mappen drucken. (Mehr dazu in Kapitel 5.)

4. *IntelliMouse*: Das ist das neueste Spielzeug von Microsoft – eine Maus mit zwei Tasten (das ist alt) und einem Rädchen (das ist neu), mit dem Sie in den Tabellenblättern blättern können. Bildlaufleisten ade! (Kapitel 1 weiß über dieses Mäuschen zu berichten.)

3. *Bedingte Formatierung*: »Formatieren ja, aber nur wenn ... «. So läßt sich diese neue Funktion am einfachsten beschreiben. Sie legen die Spielregeln fest, wann eine Zelle oder ein Zellbereich ein bestimmtes Format erhalten soll. (Lesen Sie in Kapitel 3 weiter, wenn Sie dieses Thema interessiert.)

2. *Office-Assistent*: Mit diesem freundlichen Assistenten können Sie reden, wie Ihnen der Schnabel gewachsen ist. Stellen Sie eine Frage, und er zeigt Ihnen die Themen, die er dazu anzubieten hat. Damit aber nicht genug. Der Office-Assistent beobachtet Sie ganz genau bei der Arbeit (manchmal direkt unheimlich) und schlägt Ihnen bei Bedarf eine effizientere Arbeitsweise vor (oller Besserwisser!). Sie können wählen, wie Ihr täglicher Begleiter aussehen soll. Büroklammer gefällig? Oder lieber den Professor Einstein oder was es sonst noch so gibt? (Kapitel 1 stellt Ihnen diesen Helfer genauer vor.)

1. Neue und verbesserte Möglichkeiten zum *Formatieren von Zellen*: Da hat sich Excel aber mächtig ins Zeug gelegt, um Ihnen das Leben so einfach wie möglich zu machen. Die Spaltenbreite wird beispielsweise automatisch auf die optimale Größe angepaßt, wenn Sie das Zahlenformat ändern. In Zellen kann ein Einzug festgelegt werden. Zellen können miteinander verbunden werden. Der Zellinhalt kann gedreht werden. Die Schriftgröße kann automatisch an die Spaltenbreite angepaßt werden ... Bald werden Sie überflüssig sein! (Kapitel 3 läßt sich ausführlich zu diesen Themen aus.)

Die Top Ten für Anfänger 15

Auch wenn die folgenden zehn Punkte das einzige sein sollten, was Sie über Excel wissen, liegen Sie damit sicherlich noch über dem Durchschnitt. Denn nur diejenigen, die über diese Dinge Bescheid wissen, können erfolgreich mit Excel arbeiten.

10. Um Excel über die Task-Leiste von Windows zu starten, klicken Sie auf die Schaltfläche »Start« und wählen anschließend im aufklappenden Menü den Befehl PROGRAMME und danach MICROSOFT EXCEL.

9. Sie können beim Starten von Excel auch gleich eine bereits vorhandene Arbeitsmappe öffnen. Klicken Sie auf die Schaltfläche »Start«, und wählen Sie anschließend den Befehl OFFICE-DOKUMENT ÖFFNEN. Das Dialogfeld »Office-Dokument öffnen« wird präsentiert. Dort suchen Sie einfach den entsprechenden Ordner und die gewünschte Arbeitsmappe. Doppelklicken auf den Mappennamen genügt – Excel und die Arbeitsmappe stehen zur Verfügung.

8. Da das Tabellenblatt größer ist als der Bildschirm, können Sie mit Hilfe der beiden Bildlaufleisten bequem zu einem anderen Teil im Tabellenblatt blättern. Die QuickInfo zeigt beim Blättern stets an, in welcher Zeile bzw. in welcher Spalte Sie landen würden, wenn Sie den Mauszeiger jetzt loslassen würden.

7. Um eine brandneue Arbeitsmappe (die automatisch drei Tabellenblätter enthält) aus dem Boden zu stampfen, klicken Sie in der Standard-Symbolleiste auf das Symbol für Neu oder wählen den Befehl NEU im Menü DATEI. (Wer will, der drücke Strg + N.) Sollten Sie nachträglich bemerken, daß Sie mehr als drei Tabellenblätter brauchen, können Sie jederzeit ein neues Blatt einfügen. Wählen Sie entweder den Befehl TABELLE im Menü EINFÜGEN, oder drücken Sie Umschalt + F11.

6. Um eine geöffnete Mappe zu aktivieren und sie ganz oben über allen anderen Mappen anzuzeigen, öffnen Sie das Menü FENSTER und wählen dort den entsprechenden Mappennamen bzw. die Mappennummer aus. Um in der aktuellen Mappe wiederum ein ganz bestimmtes Tabellenblatt zu aktivieren (falls Sie ein paar neue Blätter eingefügt haben), klicken Sie unten im Arbeitsmappenfenster auf das gewünschte Blattregister. Sollte das Blattregister, das Sie brauchen, nicht angezeigt werden, können Sie mit den Registerlaufpfeilen nach links und nach rechts blättern.

5. Damit Sie irgend etwas in Ihr Tabellenblatt eingeben können, markieren Sie eine Zelle und tippen drauflos. Wenn Sie fertig sind, klicken Sie auf das Symbol für Eingeben in der Bearbeitungsleiste bzw. drücken Tab, Eingabe oder eine der Pfeiltasten.

4. Um das Zeug zu überarbeiten, das Sie voller Begeisterung in eine Zelle eingegeben haben, doppelklicken Sie auf die Zelle oder setzen den Cursor auf die Zelle und drücken F2. Excel stellt dann die Einfügemarke ganz brav an das Ende des Zelleintrags, und Sie können korrigieren. Ist die Zelle überarbeitet, klicken Sie auf das Symbol für Eingeben in der Bearbeitungsleiste oder drücken Tab bzw. Eingabe.

3. Um einen der vielen Befehle in den Menüs zu wählen, klicken Sie auf die Menübezeichnung (in der Menüleiste), um das Menü aufzuklappen. Klicken Sie anschließend auf den gewünschten Befehl im aufgeklappten Menü. Und da gibt es dann auch noch die Kontextmenüs mit ihren Befehlen. Um einen Befehl in einem Kontextmenü zu wählen, klicken Sie mit der rechten Maustaste auf das Element (dessen Kontextmenü Sie aufklappen möchten – Zelle, Register, Symbolleiste, Diagramm etc.). Zack, das Menü klappt Ihnen entgegen. Jetzt wählen Sie wie gewohnt den gewünschten Befehl mit der linken Maustaste aus.

2. Sie haben jede Menge Daten eingegeben und wollen das Ganze nun zum allerersten Mal speichern. Wählen Sie den Befehl SPEICHERN im Menü DATEI. Suchen Sie sich im daraufhin angezeigten Dialogfeld ein Laufwerk und einen Ordner aus, und ersetzen Sie den aktuellen Dateinamen MAPPE1 durch einen Namen Ihrer Wahl. (Wer will, der schwelge in ellenlangen Namen bis zu 255 Zeichen; auch Leerzeichen sind erlaubt.) Wann immer Sie in dieser Mappe spätere Änderungen speichern möchten, klicken Sie in der Standard-Symbolleiste auf das Symbol für Speichern, wählen den Befehl SPEICHERN im Menü DATEI oder drücken Strg + S.

1. Nach getaner Arbeit beenden Sie Excel, indem Sie den Befehl BEENDEN im Menü DATEI wählen, auf das Systemmenüfeld des Anwendungsfensters doppelklicken oder Alt + F4 drücken. Wenn dann noch Mappen geöffnet sind, deren Änderungen Sie noch nicht gespeichert haben, wird sicherheitshalber nachgefragt, ob Sie sie speichern möchten, bevor Sie Excel schließen und zu Windows zurückkehren.

Die Top Ten für alle

16

Beim Arbeiten mit Excel werden Sie feststellen, daß es für eine Reihe von Dingen Regeln gibt. Und wenn Sie diese Regeln befolgen, dann klappt es auch (zumindest meistens). Also, halten Sie sich an folgende Gebote, und Sie werden ein glückliches und erfülltes Leben führen.

10. Du sollst das regelmäßige Speichern nicht vergessen.

    Speichern Sie Ihre Meisterwerke regelmäßig auf den Datenträger (Diskette oder Festplatte oder was sonst auch immer). Nehmen Sie dazu den Befehl SPEICHERN im Menü DATEI, oder drücken Sie Strg + S. Sollten Sie nach einer Weile zugeben müssen, daß Sie eher zur Sorte der faulen Antispeichertypen gehören, dann aktivieren Sie das automatische Speichern und lassen Excel an Ihrer Stelle speichern. Wählen Sie dazu den Befehl ADD-IN-MANAGER im Menü EXTRAS, und aktivieren Sie dort das Kontrollkästchen AUTOMATISCHES SPEICHERN.

9. Du sollst Deine Arbeitsmappe beim allerersten Speichern mit einem klangvollen Namen mit bis zu 255 Zeichen versehen und in den Ordner Deiner Wahl ablegen.

    Auch Leerzeichen und sonstige geheimnisvolle Symbole sind nun erlaubt. Achten Sie darauf, daß Sie den gewünschten Ordner beim Speichern erwischen. Ansonsten suchen Sie später verzweifelt nach Ihrer Datei.

8. Du sollst die Daten in Deinen Tabellenblättern eng zusammenhalten.

    Lassen Sie in Ihren Tabellenblättern keine Zeilen oder Spalten leer. Das zieht das Blatt unnötig in die Länge bzw. in die Breite und frißt kostbaren Speicherplatz.

7. Du sollst alle Formeln mit einem Gleichheitszeichen beginnen.

    Ohne das Gleichheitszeichen (=) hat Excel überhaupt keine Ahnung davon, daß Sie eine Formel eingeben möchten. Denken Sie dran! Wenn Sie aber zum alten Stamm der 1-2-3-Benutzer gehören, dann bleibt Ihnen selbstverständlich weiterhin die Alternative, Formeln mit dem Klammeraffen (@) zu beginnen. Da ist Excel ziemlich tolerant.

6. Du sollst Deine Zellen markieren, bevor Du sie bearbeitest.

    Nur markierte Zellen können irgendwie bearbeitet werden. Also, bevor Sie einen Befehl wählen oder unüberlegt in einer der Symbolleisten herumklicken, markieren Sie zuerst die Zellen, mit denen Sie etwas anstellen möchten.

5. Du sollst ohne zu zögern auf den Befehl RÜCKGÄNGIG zurückgreifen, wenn Du einen Fehler gemacht hast.

   Diesen Befehl müssen Sie sich einfach merken! Er befindet sich im Menü BEARBEITEN. Drükken von Strg + Z führt zum selben Ergebnis. Das funktioniert aber nur, wenn Sie diese Notbremse sofort ziehen, sobald Sie einen Arbeitsschritt ausgeführt haben. Später geht nichts mehr, es sei denn, Sie machen über das Symbol für Rückgängig gleich mehrere Arbeitsschritte auf einmal rückgängig.

4. Du sollst keine Zeilen und Spalten aus dem Tabellenblatt löschen, ohne ausführlich zu prüfen, ob damit nicht großes Unheil angerichtet wird.

   Dasselbe gilt auch für das Einfügen von Zeilen und Spalten. Tun Sie beides nur, wenn Sie absolut sicher sind, daß Sie damit keine lebenswichtigen Daten überschreiben oder eliminieren.

3. Du sollst kein Tabellenblatt drucken, bevor Du es nicht in der Seitenansicht geprüft hast.

   Denken Sie an die Wälder, und prüfen Sie vor jedem Ausdruck Ihre Meisterwerke in der Seitenansicht. Wählen Sie dazu den Befehl SEITENANSICHT im Menü DATEI. Wenn dort alles okay aussieht, kann's losgehen.

2. Du sollst die Berechnung Deiner Mappen von »automatisch« auf »manuell« umstellen, wenn Deine Mappen so riesig sind, daß Excel ganz schlapp wird.

   Wo geht das denn überhaupt? Befehl OPTIONEN im Menü EXTRAS, Registerkarte BERECHNEN, Optionsfeld MANUELL. Also, wenn Sie merken, daß Excel immer mehr das Tempo einer Weinbergschnecke annimmt, dann sollten Sie Gegenmaßnahmen ergreifen. Es wäre hier auch zu empfehlen, das Kontrollkästchen VOR DEM SPEICHERN NEU BERECHNEN zu deaktivieren. Oder ignorieren Sie die Aufforderung zur Neuberechnung in der Statusleiste, und weigern Sie sich einfach, F9 zu drücken.

1. Du sollst Deine Arbeitsmappen mit all ihren Tabellenblättern vor dem Unheil anderer schützen.

   Wählen Sie den Befehl SCHUTZ im Menü EXTRAS. Ein Untermenü klappt auf, in dem Sie die Wahl zwischen BLATT und ARBEITSMAPPE haben. Und wenn Sie sich zutrauen, ein Kennwort zu definieren, dann sollten Sie dies auch tun. Sicher ist sicher. Wenn Sie das Kennwort allerdings vergessen sollten, ist der Ofen aus.

Die Top Ten der Fallen, in die Sie niemals tappen sollten 17

*I*m folgenden sind die zehn häufigsten Fallen aufgezählt, in die AnfängerInnen in der Regel erst einmal stolpern. Merken Sie sich, wie Sie sie umgehen können, und Ihr Leben wird auf einmal viel lebenswerter sein.

10. Excel vergibt automatisch die Dateinamenserweiterung .XLS. (Das steht für Excel Spreadsheet = Excel-Tabellenblatt.) Wenn Sie einen Dateinamen bearbeiten (also nicht komplett überschreiben), lassen Sie *stets* die Finger von der Erweiterung .XLS. Unter Windows mag man den Eindruck gewinnen, daß sich die Programme nicht mehr um ihre Namenserweiterungen kümmern. Meistens ist nämlich nichts mehr davon zu sehen. Das ist aber ein Irrtum. Windows und alle Programme, die sich dort tummeln, wissen sehr genau, wer welche Endung besitzt.

9. Wenn Sie in einen numerischen Zelleintrag ein Leerzeichen schreiben, interpretiert Excel den Eintrag nicht mehr als Zahl, sondern als Text. (Sie merken dies an der linksbündigen Ausrichtung.) Wenn Sie diesen Texteintrag dann in eine Formel einsetzen, kann es nur ein chaotisches Ergebnis geben, da Excel Texteinträge in einer Formel wie Null (0) behandelt.

8. Wenn Sie eine komplexe Formel mit mehreren verschachtelten Klammerpaaren erstellen, achten Sie darauf, daß es für jede runde Klammer auf der linken Seite auch eine auf der rechten Seite geben muß. Sonst läuft nichts. Excel hilft Ihnen sogar bei der Fehlersuche und schlägt eine Lösung vor, die Sie akzeptieren können oder nicht. Wenn Sie sich nicht einsichtig zeigen, dann zeigt Excel eine weitere Meldung an, indem klipp und klar gesagt wird, was Sache ist, nämlich daß eine Klammer fehlt.

7. Um überarbeitete Einträge aus der Bearbeitungsleiste wieder in die Tabellenblattzelle zu übergeben, klicken Sie auf das Symbol für Eingaben in der Bearbeitungsleiste oder drücken Eingabe bzw. Tab. Solange die Bearbeitungsleiste aktiviert ist, können Sie die Pfeiltasten nur einsetzen, um im Eintrag in der Bearbeitungsleiste umherzuwandern.

6. Achten Sie darauf, daß Sie nicht mit den Pfeiltasten arbeiten, wenn Sie einen Zelleintrag innerhalb eines bereits markierten Zellbereichs abschließen möchten. Klicken Sie in diesem Fall stets auf das Symbol für Eingeben. Wenn Sie eine Pfeiltaste drücken, wird die Zellbereichsmarkierung aufgehoben.

5. Der Befehl RÜCKGÄNGIG im Menü BEARBEITEN macht nahezu jede zuvor durchgeführte Aktion rückgängig. Sie müssen aber das Eisen schmieden, solange es noch heiß ist. Das heißt, wenn Sie eine Aufgabe durchgeführt haben und merken, daß Sie Mist gebaut haben, müssen Sie Ihre Aktion sofort rückgängig machen, bevor Sie etwas Neues im Tabellenblatt

anfangen. Später geht nichts mehr. Wenn Sie gleich mehrere Aktionen in einem Schritt rückgängig machen wollen, klicken Sie in der Standard-Symbolleiste auf den Pfeil neben dem Symbol für Rückgängig und markieren alles, was ungeschehen gemacht werden soll.

4. Das Löschen vollständiger Zeilen oder Spalten ist stets eine riskante Sache, es sei denn, Sie wissen genau, daß auch weiter unten bzw. weiter rechts im Tabellenblatt keine wertvollen Daten stehen. Sie wissen doch – wenn Sie eine ganze Zeile aus dem Tabellenblatt löschen, gehen alle Informationen in den Spalten A bis IV in der markierten Zeile verloren. Analog dazu werden beim Löschen einer Spalte alle Zeileneinträge in dieser Spalte in den Zeilen 1 bis 65.536 gelöscht.

3. Genießen Sie das globale Suchen und Ersetzen von Einträgen mit Vorsicht. Sie können damit Ihr Tabellenblatt ganz schön durcheinanderbringen. Also, nie ein globales Suchen und Ersetzen in einem ungesicherten Tabellenblatt durchführen. Lassen Sie sich von Excel außerdem jede Fundstelle anzeigen, bevor Sie entscheiden, ob diese ersetzt werden soll oder nicht. Achten Sie auch darauf, daß das Kontrollkästchen NUR GANZE ZELLEN SUCHEN aktiviert ist, wenn nur vollständige Zelleinträge ersetzt werden sollen. Wenn alles schiefgeht, gibt es immer noch den Befehl RÜCKGÄNGIG. Sollte es auch dafür schon zu spät sein, schließen Sie einfach Ihr Tabellenblatt, ohne zu speichern, und laden die vorherige intakte Variante wieder.

2. Seien Sie vorsichtig mit Kennwörtern! Wenn Sie vermeiden möchten, daß jeder den Schutz für ein Tabellenblatt oder für eine ganze Arbeitsmappe beliebig aufheben kann, wählen Sie den Befehl SCHUTZ im Menü EXTRAS. Entscheiden Sie sich dann im Untermenü für den Befehl BLATT oder ARBEITSMAPPE, und vergeben Sie im Dialogfeld »Blatt schützen« bzw. »Arbeitsmappe schützen« im Textfeld KENNWORT (OPTIONAL) ein Kennwort. Excel zeigt für jedes eingegebene Zeichen ein Sternchen an (falls Ihnen jemand über die Schulter schaut). Dafür müssen Sie anschließend das Kennwort noch einmal eingeben, damit Sie sicher sein können, daß Sie sich nicht vertippt haben. Jetzt ist es nur mit dem korrekten Kennwort (auch Groß- und Kleinschreibung wird beachtet) möglich, den Schutz für das Tabellenblatt bzw. für die Arbeitsmappe aufzuheben. Einen Haken hat die Sache allerdings: Wenn Sie das Kennwort vergessen, ist es nicht mehr möglich, gesperrte Zellen zu bearbeiten und den Schutz der gesperrten Zellen (bzw. den Schutz der gesperrten Tabellenblätter) aufzuheben. Pech gehabt!

1. Es ist nicht möglich, mit dem Befehl RÜCKGÄNGIG einen gelöschten Datensatz wieder zurückzuzaubern! Excel meint es ernst mit seiner Warnung Angezeigter Datensatz wird endgültig gelöscht. Erstellen Sie immer sicherheitshalber eine Sicherungskopie Ihrer Datenbank, bevor Sie damit beginnen, nicht mehr benötigte Datensätze zu löschen.

Die Top Ten von Wie-beeindrucke-ich-meinen-Boß 18

Diese Top-Ten-Tips sind nicht mit Pentium-Chips aufzuwiegen. Behalten Sie sie stets im Gedächtnis (die Tips, nicht die Chips). Denn warum sollte man sich das Leben schwerer machen, als es eh schon ist?

10. Behalten Sie stets den Office-Assistenten im Auge. Sobald seine Glühbirne gelb leuchtet, hat er ein paar Tips für Sie auf Lager. Die Tips beziehen sich selbstverständlich auf das, was Sie gerade im Tabellenblatt getan haben. Klicken Sie also auf die gelbe Glühbirne, und der Office-Assistent erzählt Ihnen in einer riesigen Sprechblase, was er so an Tips zu bieten hat. Klicken Sie auf »Schließen«, um die Sprechblase loszuwerden.

    Oje, Sie haben gar keinen Office-Assistenten. Das darf nicht sein. Klicken Sie in der Standard-Symbolleiste auf das Symbol für den Office-Assistenten, um ihn herbeizuzaubern. Danach geht's weiter, wie im vorherigen Absatz beschrieben.

9. Benennen Sie stets alle Zellbereiche, mit denen Sie häufig arbeiten. Dazu wählen Sie einfach den Befehl NAMEN im Menü EINFÜGEN. Aus dem dann aufklappenden Untermenü picken Sie sich den Befehl FESTLEGEN heraus. Mit Hilfe von Namen können Sie schnell zum entsprechenden Bereich hüpfen, die gewünschten Zellen markieren oder drucken. Zur Erinnerung: Sie können mit der Gehe-zu-Taste F5 das Dialogfeld »Gehe zu« öffnen und dort den gewünschten Namen markieren. Wenn Sie dann auf »OK« klicken, springt Excel nicht nur zur ersten Zelle des benannten Bereichs, sondern markiert gleich den gesamten Bereich.

8. Verschwenden Sie keine Zeit mit der endlosen Blätterei in einer riesigen Datentabelle. Verwenden Sie lieber die Tastenkombination Strg+Pfeiltaste oder die Tastenfolge Ende, Pfeiltaste, um von einem Tabellenende zum anderen bzw. von einem Tabellenbereich zum nächsten zu springen.

7. Wenn Sie merken, daß Sie immer wieder dieselben Datenreihen in neue Tabellenblätter eingeben – immer und immer wieder –, dann machen Sie was falsch. Erstellen Sie einfach eine benutzerdefinierte Liste. Danach geben Sie das erste Element der Reihe ein und lassen den Rest automatisch mit dem Ausfüllkästchen erstellen. In Kapitel 2 ist einiges zu diesem interessanten Thema nachzulesen.

6. Wenn Excel wirklich einmal extrem langsam werden sollte, schauen Sie zu, daß Sie die grafischen Objekte im Tabellenblatt loswerden. Ersetzen Sie alle grafischen Objekte durch Platzhalter, und der Bildschirmaufbau läuft wieder wie der Blitz oder so ähnlich. Vor dem Drucken sollten Sie allerdings die Grafiken wieder einblenden. Ansonsten sehen Sie auf

dem Papier nur graue Rechtecke, wo eigentlich Bilder stehen sollten. Und wo passiert das alles? Wählen Sie den Befehl OPTIONEN im Menü EXTRAS. Klicken Sie dort auf das Register ANSICHT, und aktivieren bzw. deaktivieren Sie auf der Registerkarte das Optionsfeld PLATZHALTER ANZEIGEN.

5. Beim Bearbeiten und Formatieren sollten Sie nie vergessen, daß es so etwas wie die Kontextmenüs gibt. Diese sind nämlich überaus praktisch. Klicken Sie mit der rechten Maustaste auf das entsprechende Bildschirmelemente und zack – das Kontextmenü klappt Ihnen entgegen. Und was ist so besonderes daran? Ganz einfach. Sie sparen Zeit, da ein Kontextmenü stets die wichtigsten Befehle für das Element enthält, auf das Sie mit der rechten Maustaste geklickt haben. Sie müssen also nicht erst durch die verschiedenen Menüs irren, sondern haben quasi alles gleich griffbereit. In diesem Zusammenhang möchte ich auch noch einmal an all die wunderbaren Symbole in der Standard- und Format-Symbolleiste erinnern, mit denen Sie ebenfalls enorm Zeit sparen können.

4. Bevor Sie sich daran machen, ein Ihnen unbekanntes Tabellenblatt zu bearbeiten, sollten Sie zunächst mit dem Zoom-Feld in der Standard-Symbolleiste die Ansicht auf 50 oder 25 Prozent verkleinern, um sich einen Überblick über die Tabelle zu verschaffen. Auch sollten Sie der Versuchung widerstehen, in einem unbekannten Tabellenblatt ganze Zeilen und Spalten zu löschen oder einzufügen. So sind schon viele Daten in den unteren bzw. rechten Bereichen von Tabellenblättern verschwunden. Statt dessen sollten Sie sich damit begnügen, Zellbereiche im sichtbaren Teil des Tabellenblatts einzufügen oder auszuschneiden. Das Motto lautet: Global denken – lokal handeln!

3. Um die Anzahl der angezeigten Zellen zu maximieren (ohne den Zoom-Faktor zu ändern), wählen Sie den Befehl GANZER BILDSCHIRM im Menü ANSICHT. Damit eliminieren Sie die Bearbeitungsleiste, die Standard- und Format-Symbolleiste sowie die Statusleiste vom Bildschirm. Lediglich die Menüleiste, die Bildlaufleisten und die Zellen des aktuellen Tabellenblatts werden noch angezeigt. Das bedeutet ganze 25 Zeilen anstelle der herkömmlichen 16 oder 17. Haben Sie genug von dieser Darstellung, klicken Sie in der winzigen Symbolleiste »Ganzer Bildschirm«, die frei auf dem Bildschirm schwebt, auf das einzige Symbol. Zack – alle zuvor verschollenen Elemente werden wieder angezeigt. (Diese Symbolleiste wird automatisch eingeblendet, wenn Sie den Befehl GANZER BILDSCHIRM wählen. Sollte sie wider Erwarten nicht angezeigt werden, wählen Sie einfach noch einmal den Befehl GANZER BILDSCHIRM im Menü ANSICHT.)

2. Wer kennt sie nicht – die täglichen kleinen Routinearbeiten, die so viel Zeit kosten. Machen Sie Schluß damit, und zeichnen Sie diese Tätigkeiten in einem Makro auf, das dann in Zukunft die Arbeit für Sie erledigt. Sie können sich in der Zwischenzeit den wirklich wichtigen Dingen des Lebens widmen. (Vielleicht noch eine Runde Solitär?) Wählen Sie den Befehl MAKRO im Menü EXTRAS, und klicken Sie im dann aufklappenden Untermenü auf den Befehl AUFZEICHNEN. Danach führen Sie einfach alle Aktionen aus und schalten dann die Aufzeichnung wieder aus.

18 ➤ Die Top Ten von Wie-beeindrucke-ich-meinen-Boß

1. Geben Sie jedem Tabellenblatt einen netten Namen, der etwas über seinen Inhalt aussagt, z.B. »Preise« oder »Rechnung«. Wenn Sie auf ein Blattregister doppelklicken, wird der Name des Blattregisters automatisch markiert. Sie können ihn dann ganz einfach überschreiben. Excel benennt die Tabellenblätter einer Mappe automatisch mit Tabelle1, Tabelle2, Tabelle3 – nicht gerade einfallsreich. Wenn Sie einem Tabellenblatt einen anderen Namen geben, wissen Sie nicht nur, daß Sie das entsprechende Blatt bearbeitet haben, sondern können auch zumindest erahnen, was dort enthalten sein könnte.

Die Top Tausend der mehr oder weniger nützlichen Tastenkombinationen

19

Wenn Sie auf Tastenkombinationen stehen, dann habe ich eine gute Nachricht für Sie: Excel ist voll davon. Quasi alles, was das Programm kann, können Sie mit Tastenkombinationen zum Leben erwecken. In diesem Kapitel habe ich die wichtigsten Tastenkombinationen nach Aufgabengebieten zusammengefaßt. Auf geht's, Tastatur-Freaks!

Wenn Sie Hilfe benötigen ...

Taste(n)	Aufgabe
F1	Weckt den Office-Assistenten zum Leben.
Umschalt + F1	Aktiviert die Direkthilfe.

Wenn Sie im Arbeitsblatt umherwandern möchten ...

Taste(n)	Aufgabe
Pfeiltasten	Springt eine Zelle nach links, rechts, oben bzw. unten.
Pos1	Springt zum Zeilenanfang.
Bild↑	Blättert eine Bildschirmseite nach oben.
Bild↓	Blättert eine Bildschirmseite nach unten.
Strg + Pos1	Springt zur ersten Zelle des Tabellenblatts (A1).
Strg + Ende	Springt zur letzten aktiven Zelle des Tabellenblatts.
Strg+Pfeiltaste	Springt zum Ende eines Zellbereichs.

Wenn Sie Zellen im Tabellenblatt markieren möchten ...

Taste(n)	Aufgabe
Umschalt+Leertaste	Markiert die gesamte Zeile.
Strg+Leertaste	Markiert die gesamte Spalte.
Strg + Umschalt+Leertaste oder Strg + A	Markiert das gesamte Tabellenblatt.
Umschalt + Pos1	Erweitert die Markierung bis zum Anfang der aktuellen Zeile.

Wenn Sie innerhalb eines Zellbereichs umherwandern möchten ...

Taste(n)	Aufgabe
Eingabe	Springt eine Zelle nach unten, wenn der markierte Bereich mehre als eine Zeile umfaßt, oder springt eine Zelle nach rechts, wenn die Markierung sich nur über eine Zeile erstreckt.
Umschalt + Eingabe	Springt eine Zelle nach oben, wenn der markierte Bereich mehr als eine Zeile umfaßt, oder springt eine Zelle nach links, wenn die Markierung sich nur über eine Zeile erstreckt.
Tab	Springt eine Zelle in der Auswahl nach rechts.
Umschalt + Tab	Springt eine Zelle in der Auswahl nach links.
Strg + Umschalt + ' (Apostroph)	Springt zur nächsten Ecke des markierten Bereichs.
Umschalt + Rück	Reduziert den markierten Bereich auf die aktuelle Zelle.

Wenn Sie durch die Tabellenblätter einer Mappe blättern oder die Anzeigegröße der Mappe ändern möchten ...

Taste(n)	Aufgabe
Strg + Bild↑	Blättert zum vorherigen Tabellenblatt in der Mappe.
Strg + Bild↓	Blättert zum nächsten Tabellenblatt in der Mappe.
Strg + F9	Verkleinert die Mappe zum Symbol.
Strg + F10	Vergrößert die Mappe zum Vollbild.

19 ▶ Die Top Tausend der nützlichen Tastenkombinationen

Wenn Sie einen markierten Zellbereich formatieren möchten ...

Taste(n)	Aufgabe
Strg + 1	Das Dialogfeld »Zellen« wird geöffnet.
Strg + 5	Auswahl wird durchgestrichen bzw. Durchstreichen wird aufgehoben.
Strg + 9	Markierte Zeilen werden ausgeblendet.
Strg + Umschalt +)	Alle ausgeblendeten Zeilen werden eingeblendet.
Strg + 8	Markierte Spalten werden ausgeblendet.
Strg + Umschalt + (	Alle ausgeblendeten Spalten werden eingeblendet.
Strg + Umschalt + &	Auswahl wird im Standardzahlenformat dargestellt.
Strg + Umschalt + $	Auswahl wird im Währungsformat mit zwei Dezimalstellen dargestellt.
Strg + Umschalt + %	Auswahl wird im Prozentformat ohne Dezimalstellen dargestellt.
Strg + Umschalt + "	Auswahl wird im Exponentialformat mit zwei Dezimalstellen dargestellt.
Strg + Umschalt + §	Auswahl wird im Datumsformat (15. Aug 97) dargestellt.
Strg + Umschalt + °	Auswahl wird im Uhrzeitformat (12:05) dargestellt.
Strg + Umschalt + _	Auswahl wird mit Rahmen versehen.
Strg + Umschalt + F	Auswahl wird fett dargestellt bzw. der Fettdruck wird aufgehoben.
Strg + Umschalt + K	Auswahl wird kursiv dargestellt bzw. der Kursivdruck wird aufgehoben.
Strg + Umschalt + U	Auswahl wird unterstrichen dargestellt bzw. die Unterstreichung wird aufgehoben.

Wenn Sie das Tabellenblatt bearbeiten möchten ...

Taste(n)	Bereich
Eingabe	Führt die Aktion aus.
Esc	Bricht einen Befehl ab bzw. schließt das geöffnete Dialogfeld.
F4	Wiederholt die letzte Aktion.
Strg + Z	Macht den letzten Befehl oder die letzte Aktion rückgängig.
Strg + + (Pluszeichen)	Zeigt das Dialogfeld »Zellen einfügen« an, mit dem Sie neue Zellen, Spalten oder Zeilen in das Tabellenblatt einfügen können.
Strg + – (Minuszeichen)	Zeigt das Dialogfeld »Zellen löschen« an, mit dem Sie Zellen, Spalten oder Zeilen aus dem Tabellenblatt löschen können.
Strg + X	Schneidet die Auswahl aus und legt sie in der Zwischenablage ab.
Strg + C	Kopiert einen markierten Zellbereich in die Zwischenablage.
Strg + V	Kopiert den Inhalt der Zwischenablage in das Tabellenblatt.
Umschalt + F2	Zeigt ein Textfeld an, in dem Sie sich Ihre Kommentare von der Seele schreiben können.
F3	Zeigt das Dialogfeld »Namen einfügen« an, mit dem Sie einen benannten Bereich in eine Formel übernehmen können.
Umschalt + F3	Zeigt das Dialogfeld »Funktion einfügen« an, mit dem Sie eine Funktion und ihre Argumente in eine Formel einfügen können.
Strg + F3	Zeigt das Dialogfeld »Namen festlegen« an, mit dem Sie einen Bereichsnamen für eine Zellauswahl definieren können.
F9	Berechnet alle Formeln in allen geöffneten Arbeitsmappen neu.
Umschalt + F9	Berechnet alle Formeln im aktuellen Tabellenblatt neu.
Alt + Umschalt + =	Erstellt eine Summenformel (als ob Sie auf das Summen-Symbol in der Standard-Symbolleiste klicken).
Strg + 7	Schaltet den Gliederungsmodus ein und aus. Wenn das Tabellenblatt keine Gliederung enthält, wird eine Warnmeldung eingeblendet, in der Sie aufgefordert werden, eine Gliederung zu erstellen.
F7	Aktiviert die Rechtschreibprüfung.
Strg + F	Öffnet das Dialogfeld »Suchen«.
Strg + H	Öffnet das Dialogfeld »Ersetzen«.

Wenn Sie einen Eintrag bearbeiten möchten ...

Taste(n)	Aufgabe
F2	Positioniert die Einfügemarke am Ende des Eintrags in der aktuellen Zelle.
Strg + . (Punkt)	Fügt das aktuelle Systemdatum in die Zelle ein.
Strg + Umschalt + : (Doppelpunkt)	Fügt die aktuelle Systemuhrzeit in die Zelle ein.
Strg + , (Komma)	Kopiert die Formel aus der Zelle oberhalb der aktuellen Zelle in die aktuelle Zelle.
Strg + Umschalt + ; (Semikolon)	Kopiert den Wert aus der Zelle oberhalb der aktuellen Zelle in die aktuelle Zelle.
Pfeiltasten	Verschiebt die Einfügemarke um ein Zeichen nach oben, unten, links bzw. rechts.
Alt + Eingabe	Fügt einen Zeilenumbruch in der Zelle ein.
Rück	Löscht beim Bearbeiten der Zelle das Zeichen links von der Einfügemarke oder löscht den Inhalt der aktuell markierten Zelle; Excel wechselt in den Eingabemodus.
Strg + Umschalt + Entf	Löscht alle Zeichen rechts von der Position der Einfügemarke.

Wenn Sie ein Dokument öffnen, speichern oder drucken möchten ...

Taste(n)	Aufgabe
Strg + P	Öffnet das Dialogfeld »Drucken«.
F11	Fügt ein Säulendiagramm auf der Basis der aktuellen Zellauswahl in ein neues Diagrammblatt der Arbeitsmappe ein.
Alt + F2 oder F12	Öffnet das Dialogfeld »Speichern unter«.
Strg + S	Speichert die Arbeitsmappe unter dem aktuellen Namen.
Strg + F12	Öffnet das Dialogfeld »Öffnen«.

Wenn Sie ein Makro ausführen oder bearbeiten möchten ...

Taste(n)	Aufgabe
Alt + F8	Öffnet das Dialogfeld »Makro«.
Alt + F11	Öffnet den Visual Basic-Editor.

Glossar

Absoluter Zellbezug

Ein absoluter Zellbezug kann von Excel nicht automatisch angepaßt werden. Wenn Sie eine Formel in andere Zellen kopieren möchten, deren Zellbezüge nicht angeglichen werden sollen (was Excel gern von sich aus tut), schreiben Sie die Zellbezüge der Formel in absoluter Form. Absolute Zellbezüge erkennen Sie stets am $-Zeichen vor den Spaltenbuchstaben und den Zeilennummern, z. B. $K$11. Am einfachsten wandeln Sie einen relativen Bezug in einen absoluten um, indem Sie F4 drücken. Siehe auch *Relativer Zellbezug*.

Aktuell (Aktiv)

Man bezeichnet das Programm-, Dokumentfenster, Tabellenblatt oder Dialogfeld, mit dem Sie gerade arbeiten, als aktuell oder aktiv. Ein aktives Fenster oder Dialogfeld erkennen Sie an seiner dunkel unterlegten Titelleiste. Wenn Sie mehrere Dokumentfenster geöffnet haben, klicken Sie einfach auf das gewünschte Fenster, um es als das aktuelle zu kennzeichnen. Das aktuelle Tabellenblatt liegt immer oben auf.

Arbeitsmappe

In einer Arbeitsmappe können Sie alle Tabellenblätter, Diagramme und Makros ablegen, die Sie stets zusammen benötigen. Wenn Sie die Mappe öffnen (laden), stehen Ihnen sofort alle Blätter der Mappe zur Verfügung (bis auf die Makromodule, die sind versteckt). Wenn Sie eine neue Arbeitsmappe erstellen, steckt Excel automatisch drei Tabellenblätter in die Mappe (T<small>ABELLE</small>1 bis T<small>ABELLE</small>3). Die Arbeitsmappe selbst wird mit der Bezeichnung MAPPE1, MAPPE2 etc. versehen. Wenn Ihnen die drei Blätter nicht ausreichen, können Sie problemlos weitere einfügen (auch Modul-/Makro- oder Diagrammblätter). Beim ersten Speichern vergeben Sie einen klangvollen Namen für die Mappe. Siehe auch *Datei*, *Diagramm*, *Dokument* und *Tabellenblatt*.

Argumente

In Excel gehen Ihnen die Argumente nie aus. Argumente benötigen Sie in Verbindung mit Funktionen. Argumente stehen stets in runden Klammern. Wenn Sie mit mehreren Argumenten arbeiten, müssen diese durch ein Semikolon voneinander getrennt werden. Siehe auch *Funktion*.

Ausschnitt

Sie können ein Dokumentfenster in Ausschnitte unterteilen, in denen gleichzeitig verschiedene Bereiche des Tabellenblatts angezeigt werden. Die Teilung eines Fensters in mehrere Ausschnitte erfolgt über den horizontalen und den vertikalen Fensterteiler.

Auswahl

Unter Auswahl versteht man immer das Element, das Sie markiert haben, z. B. eine Zelle, einen Zellbereich, eine Mehrfachauswahl, eine Datei, einen Ordner, eine Dialogfeldoption, grafische Objekte oder Text im Dokument. Dazu müssen Sie das jeweilige Element entweder mit der Maus oder über die entsprechenden Tastenkombinationen markieren. In der Regel markieren Sie zuerst das Element (= die Auswahl), bevor Sie die entsprechende Aktion starten.

AutoBerechnung
Hierbei handelt es sich um ein Feld in der Statusleiste, in dem automatisch die Summe aller Werte eines markierten Bereichs angezeigt wird. Markierte Zellen mit Text werden ignoriert. (Mehr dazu in Kapitel 1.)

Bearbeitungsleiste
Die Bearbeitungsleiste befindet sich unterhalb der Format-Symbolleiste. Hier werden Daten und Formeln einer Zelle eingegeben bzw. bearbeitet. (Im Fall von Formeln wird in der Bearbeitungsleiste die Formel angezeigt, während Sie in der dazugehörigen Zelle das entsprechende Ergebnis sehen.) Wenn Sie die Bearbeitungsleiste aktivieren, werden dort das Symbol für Eingeben, das Symbpö für Abbrechen und das Symbol für Formeln bearbeiten angezeigt. Rechts davon erscheint Ihre Eingabe. Außerdem wird ganz links in der Bearbeitungsleiste der aktuelle Zellbezug angezeigt. Klicken Sie auf das Symbol für Eingeben, oder drücken Sie Eingabe, wenn Sie mit der Eingabe bzw. dem Bearbeiten des Eintrags fertig sind. Klicken Sie auf das Symbol für Abbrechen, wenn Sie keine Änderung in der Bearbeitungsleiste vornehmen möchten. Klicken Sie auf das Symbol für Formel bearbeiten, um eine Formel zu bearbeiten. Dazu muß die aktuelle Zelle aber auch wirklich eine Formel enthalten.

Bereich
Ein Bereich (auch Zellbereich genannt) besteht aus mehreren nebeneinanderliegenden Zellen, die zusammen ein Rechteck bilden, wenn Sie sie mit der Maus oder der Tastatur markieren.

Bildlaufleisten
Das sind die vertikalen und horizontalen Leisten im aktiven Dokumentfenster und manchmal auch in Listenfeldern eines Dialogfelds. Mit Hilfe der Bildlaufleisten können Sie schnell durch ein Dokument oder eine Liste blättern, indem Sie auf die Bildlaufpfeile in der entsprechenden Leiste klicken oder das Bildlauffeld in die gewünschte Richtung ziehen.

Blattregister
Die Register in der Registerlaufleiste, die unten in jedem Arbeitsmappenfenster angezeigt wird. Aus Bequemlichkeit spreche ich meistens von Registern statt von Blattregistern. Wenn Sie also zu einem anderen Blatt in einer Arbeitsmappe wechseln möchten (egal ob Tabellen-, Diagramm-, Modulblatt), klicken Sie einfach auf das entsprechende Register. Da nicht alle Register in der Leiste angezeigt werden können, gibt es ganz links vier Registerlaufpfeile, mit denen Sie durch die Registerlaufleiste blättern können. Damit Sie auch wissen, in welchem Blatt Sie sich aktuell befinden, stellt Excel das aktive Register in Weiß mit fetten Registerbuchstaben dar. Um die etwas eintönigen Registernamen (TABELLE1 bis TABELLE3) zu ändern, doppelklicken Sie einfach auf das gewünschte Blattregister. Daraufhin wird der Blattname markiert, und Sie können ihn ganz einfach überschreiben. Siehe auch *Register*.

Glossar

Datei

Eine beliebige Arbeitsmappe, die auf einem Datenträger (z. B. Festplatte oder Diskette) gespeichert wird. Siehe auch *Dokument*.

Datenbank

Mit Hilfe einer Datenbank können Sie große Datenmengen verwalten und nach bestimmten Kriterien filtern. Eine Datenbank wird direkt in einem Tabellenblatt erstellt. Die erste Zeile enthält die Spaltenbeschriftungen, die auch als Feldnamen bezeichnet werden. Damit werden die einzelnen Daten (z. B. Vorname, Nachname, Stadt etc.) gekennzeichnet. Unter den Feldnamen geben Sie die einzelnen Informationen für jedes Feld (Spalte) ein. Eine Zeile mit all ihren Informationen bezeichnet man als Datensatz. Siehe auch *Feld* und *Datensatz*.

Datensatz

Ein Datensatz ist eine Zeile in einer Datenbank, die zusammengehörige Daten enthält (z. B. Vorname, Nachname, Adresse einer Person). Siehe auch *Datenbank* und *Feld*.

Diagramm

In einem Diagramm werden Werte eines Tabellenblatts grafisch dargestellt. Sie können ein Diagramm mitten in Ihrem Tabellenblatt einfügen. In diesem Fall wird es zusammen mit Ihren Tabellenblattdaten gespeichert und auch gedruckt. Außerdem ist es möglich, ein Diagramm in einem separaten Blatt zu erstellen. Dort können Sie es unabhängig von Ihren Tabellenblattdaten bearbeiten und drucken. (Ein solches eigenständiges Diagramm wird auch als Diagrammblatt bezeichnet.)

Dialogfeld

Ein Dialogfeld ist eigentlich ein Fenster, das geöffnet wird, wenn Sie einen Excel-Befehl mit drei Punkten (...) wählen, und in dem verschiedene Optionen zu dem gewählten Befehl aufgelistet sind. Diese Optionen sind wiederum in verschiedene Gruppen und Felder unterteilt. In vielen Dialogfeldern gibt es oben eine Leiste mit sogenannten Registern (siehe auch *Register*), mit denen Sie verschiedene Registerkarten aufklappen können (siehe auch *Registerkarte*). Wenn Sie auf ein Register klicken, wird die entsprechende Registerkarte angezeigt, und Sie kriegen eine Menge neuer Optionen angeboten. Manchmal werden in Dialogfeldern auch Warnungen oder sonstige Meldungen angezeigt. Jedes Dialogfeld enthält eine Titelleiste und in der Regel die beiden Symbole »?« und »X« (siehe auch *Titelleiste* und *Symbol zum Schließen*), aber keine Menüleiste. Sollte ein Dialogfeld einmal wichtige Daten des Tabellenblatts verdekken, verschieben Sie es einfach an eine andere Position, indem Sie auf seine Titelleiste klicken und dann ziehen.

Dokument

Ein Dokument ist eine Datei, in der die Daten, die Sie eingeben, gespeichert werden. Excel verwaltet Dokumente in Form von Arbeitsmappen, die Sie unter einem Namen speichern müssen. Wenn Sie ein Dokument später wieder laden möchten, müssen Sie sich an seinen Namen erinnern. Siehe auch *Arbeitsmappe* und *Datei*.

Doppelklicken

Eine Maustechnik. Sie drücken die Maustaste zweimal schnell nacheinander. Mit der Technik des Doppelklickens können Sie u. a. ein Programm oder ein Dokument öffnen bzw. schließen.

Drag & Drop

Und noch eine Maustechnik, mit der Sie Dinge beliebig im Tabellenblatt verschieben können. Markieren Sie eine Zelle oder einen Zellbereich, zeigen Sie auf den Rand der Markierung, und ziehen Sie die Markierung mit gedrückter Maustaste an eine andere Position. Abgelegt wird einfach, indem Sie die Maustaste loslassen.

Dropdown-Listenfeld

Ein Dropdown-Listenfeld zeigt die aktuelle Auswahl für eine Option an. Neben dem Listenfeld befindet sich ein Pfeil. Wenn Sie auf den Pfeil klicken, öffnet sich eine Liste (nach unten oder oben), die weitere Optionen enthält, unter denen Sie wählen können.

Einfügemarke

Sobald Sie den Mauszeiger auf einem Bereich positionieren, in den Sie Text eingeben oder bearbeiten können, verändert der Mauszeiger seine Form und wird zu einem großen I. Wenn Sie anschließend z. B. in die Bearbeitungsleiste klicken, können Sie die Einfügemarke dort positionieren, wo Sie Text einfügen oder löschen möchten. Sie wird dann zu einem blinkenden, vertikalen Strich, der die aktuelle Position im Text angibt. Wenn Sie auf eine Zelle doppelklicken oder F2 drücken, setzt Excel die Einfügemarke an das Ende des Zelleintrags. Danach können Sie den Eintrag direkt in der Zelle bearbeiten.

Einfügen

Mit Hilfe der Befehle AUSSCHNEIDEN und KOPIEREN im Menü BEARBEITEN können Sie Daten aus dem Dokument heraus in der Windows-Zwischenablage ablegen (siehe auch *Zwischenablage*). Wenn Sie den Inhalt der Zwischenablage in eine Zelle oder in eine Textzeile an der aktuellen Position der Einfügemarke übernehmen möchten, verwenden Sie den Befehl EINFÜGEN im Menü BEARBEITEN.

Fehlerwert

Dabei handelt es sich um einen Wert, den Excel in einer Zelle anzeigt, deren Formel nicht berechnet werden kann. Fehlerwerte beginnen stets mit dem #-Zeichen und enden mit einem Ausrufezeichen (!). Dazwischen unterscheiden sie sich. #DIV/0! ist ein Beispiel für einen solchen Fehlerwert. Er wird angezeigt, wenn Sie versuchen, eine Zahl durch Null zu dividieren. (Wie haben wir in der Schule gelernt? Die Division durch Null ist verboten.)

Feld

Ein Feld ist eine Spalte in einer Excel-Datenbank, in der ein Datentyp (z. B. Stadt, Straße, PLZ) abgelegt wird. Siehe auch *Datenbank* und *Datensatz*.

Glossar

Fenster

Unter einem Fenster versteht man einen Bildschirmbereich mit Rahmen, der ein Programm (dann ist es ein Programmfenster) oder ein Dokument (dann ist es ein Dokumentfenster) enthält. Das Excel-Programmfenster enthält normalerweise eine Titelleiste, das Systemmenüfeld, die Menüleiste, die Standard-Symbolleiste, die Format-Symbolleiste, geöffnete Dokumentfenster (das aktive liegt immer oben auf) und die Statusleiste. Sowohl Programm- als auch Dokumentfenster können beliebig (falls sie mal im Weg stehen) verschoben und in ihrer Größe verändert werden.

Format

Manche haben es, manche nicht. Unter Format versteht man in der Sprache der Tabellenkalkulation eine Ansammlung von Anweisungen zur Darstellung von Tabellenblattzellen und ihren Inhalten. Wenn Sie mit den Formatierungsmöglichkeiten von Excel arbeiten, sparen Sie Zeit, und Ihre Daten erhalten ein einheitliches Aussehen. Zum Format gehören: Zahlenformat, Schrift, Ausrichtung, Rahmen, Muster und Zellschutz.

Formatvorlage

Eine Formatvorlage besteht aus einer Reihe von Formatanweisungen, die Sie in einem Schritt den Zellen eines Tabellenblatts zuweisen können. Mit Formatvorlagen sparen Sie Zeit und sorgen dafür, daß alles einheitlich aussieht. In Formatvorlagen können die Schriftart, das Zahlenformat, die Ausrichtung, Rahmen, Muster und die Form des Zellschutzes festgelegt werden.

Formel

Es lebe die Mathematik. Eine Formel besteht aus einer Reihe von Werten, Zellbezügen, Namen, Funktionen und Operatoren. Sie befindet sich – wie jede Excel-Information – in einer Zelle und berechnet einen neuen Wert aus bereits vorhandenen Werten. Mit anderen Worten: Sie ist ein mathematischer Ausdruck. Formeln beginnen in Excel stets mit dem Gleichheitszeichen (=).

Funktion

Mal funktioniert's, mal nicht. Eine Funktion vereinfacht lange und komplexe Berechnungen. In Funktionen sind bereits Formeln integriert, die mit einer Reihe von Werten, den sogenannten Argumenten, rechnen. Am einfachsten geben Sie eine Funktion mit dem Funktions-Assistenten ein. Dieser Assistent führt Sie Schritt für Schritt durch alle Funktionsargumente. Da kann einfach nichts mehr schiefgehen. Den Funktions-Assistenten finden Sie in der Standard-Symbolleiste (das Symbol mit dem fx). Siehe auch *Argumente*.

Funktionspalette

Damit ist das Dialogfeld gemeint, in dem Sie die Argumente für die gewählte Funktion einfügen. Sie können das Dialogfeld auf das aktuelle Bearbeitungsfeld reduzieren, um den großen Überblick im Tabellenblatt nicht zu verlieren. Dazu klicken Sie einfach rechts neben dem Feld auf das Symbol mit dem nach oben zeigenden roten Pfeil drin. Hilfe, Sie brauchen das ganze Dialogfeld wieder. Na gut! Klicken Sie auf das kleine Symbol mit dem nach unten zeigenden roten Pfeil.

Fußzeile

Sie können für den Ausdruck jederzeit eine Fußzeile bestimmen, die z. B. die Seitennummer und den Dateinamen enthält. Diese Zeile wird dann ganz unten auf jeder Seite gedruckt. Siehe auch *Kopfzeile*.

Grafische Objekte

Dazu gehören alle grafischen Formen und Bilder, die Sie in ein Tabellenblatt integrieren können (einschließlich Diagrammen). Alle grafischen Objekte schweben sozusagen über den darunterliegenden Zellen. Das heißt, daß sie unabhängig von den Tabellenblattdaten markiert, verschoben, in ihrer Größe verändert und formatiert werden können.

Größenfeld

Das Feld (so eine Art Dreieck) in der rechten unteren Ecke des Programm- oder Dokumentfensters. Es ist nur zu sehen, wenn das Anwendungsfenster nicht als Vollbild dargestellt ist. Ziehen Sie diese Ecke (für Blinde), um das Fenster zu vergrößern oder zu verkleinern. Die restlichen drei Ecken täten es aber genauso.

HTML (HyperText Markup Language)

HTML-Dokumente sind Textdateien, die spezielle Formatierungscodes (Markups) enthalten, die wiederum von den Web-Browsern (z. B. dem Internet Explorer oder dem Netscape Navigator) gelesen werden können. Damit die Browser zwischen regulärem Text und den Markups unterscheiden können, werden letztere in -Klammern gesetzt. Die meisten Markups benötigen einen Markup-Anfang (z. B. H1 und ein Markup-Ende (z. B. /H1. Und was hat das mit Excel zu tun? Wenn Sie mit dem Internet-Assistenten von Excel (mehr dazu in Kapitel 10) eine Datentabelle in eine HTML-Tabelle umwandeln, fügt der liebe, gute Assistent all diese Markups gleich für Sie ein, damit der Web-Browser dann ein schönes Tabellenformat erkennen kann und alles so, wie es sich gehört, angeordnet wird.

Hyperlink

Das gibt es einmal als Text- und einmal als Grafikvariante. Wenn Sie auf einen solchen Hyperlink klicken, springen Sie direkt zu der im Hyperlink hinterlegten Adresse, das kann im selben Dokument, in einem anderen Dokument, auf einer Web-Seite oder sonst wo draußen im Internet sein. Die Textvariante des Hyperlinks wird blau und unterstrichen dargestellt. Eigentlich nicht zu übersehen. Und grafische Hyperlinks? Naja, Grafiken eben. Aber sobald Sie auf einen Hypertext oder einen grafischen Hyperlink mit der Maus zeigen, wird der Mauszeiger in eine Hand mit erhobenem Zeigefinger umgewandelt, die uns sagen will: Achtung – ich bin ein Hyperlink! Sind Sie neugierig geworden? Dann werfen Sie doch mal einen Blick in Kapitel 10.

Klicken

Die einfachste Maustechnik. Sie drücken kurz eine Maustaste und lassen sie sofort wieder los. Siehe auch *Doppelklicken*.

Kommentare

Wenn Sie sich etwas zu einer bestimmten Zelle von der Seele schreiben möchten, dann fügen Sie einen Kommentar in die Zelle ein. Dieser kann danach in einem separaten Textfeld angezeigt werden. Klicken Sie dazu auf den Kommentarindikator (das kleine rote Dreieck oben rechts in der Zelle). Jetzt haben Sie keine Ausrede mehr, wenn Sie wichtige Dinge vergessen.

Kontextmenü

Diese Menüs ändern je nach Kontext ihren Inhalt. Eine Reihe von Elementen, z. B. Symbolleisten, Zellen, Diagrammelemente, verfügen über ein Kontextmenü. Da man mit einem Diagrammelement nicht dasselbe machen kann wie mit einer Zelle, haben die Kontextmenüs verschiedene Inhalte. Sie enthalten Befehle, die mit dem jeweiligen Element in Verbindung stehen. Sie können ein Kontextmenü nur mit der Maus öffnen. Klicken Sie dazu mit der rechten Maustaste auf das gewünschte Element, und schon stehen Ihnen die wichtigsten Befehle zur Verfügung.

Kontrollkästchen

Kontrollkästchen finden Sie in der Regel in einem Dialogfeld. Jedes Kontrollkästchen kann aktiviert und deaktiviert werden. Wenn es ein Häkchen enthält, ist es aktiviert. Wenn es leer ist, ist es deaktiviert. Werden mehrere Kontrollkästchen in einer Gruppe angeboten, können Sie mehrere aktivieren. Siehe auch *Optionsfeld*.

Kopfzeile

Sie können für den Ausdruck jederzeit eine Kopfzeile bestimmen, die z. B. die Seitennummer und den Dateinamen enthält. Diese Zeile wird dann ganz oben auf jeder Seite gedruckt. Siehe auch *Fußzeile*.

Laufrahmen

Das sind die sich bewegenden, gepunkteten Linien um eine Auswahl herum. Sie zeigen beim Verschieben oder Kopieren von Daten (mit den Befehlen AUSSCHNEIDEN, KOPIEREN und EINFÜGEN im Menü BEARBEITEN) an, welche Daten ausgewählt wurden.

Linke Maustaste

Wie der Name schon sagt, ist das die linke Taste der Maus. Klicken Sie mit der linken Maustaste auf Menüs, Zellen, Diagramme etc. Als Linkshänder haben Sie die Möglichkeit, die Maustastenfunktionen zu vertauschen. Siehe auch *Rechte Maustaste*.

Listenfeld

Ein Listenfeld befindet sich in der Regel in einem Dialogfeld. Es enthält eine Auswahl mehrerer Einträge, zwischen denen Sie frei wählen können. Wenn die Liste mehr Einträge enthält, als angezeigt werden können, versieht Excel das Listenfeld mit einer Bildlaufleiste, damit Sie in der Liste blättern können. Die meisten Listenfelder sind bereits geöffnet, d. h., alle Einträge werden angezeigt. Die Listenfelder, die man zuerst öffnen muß, indem man auf den Pfeil rechts daneben klickt, werden Dropdown-Listenfelder genannt. Siehe auch *Dropdown-Listenfeld*.

Makro

In einem Makro wird eine Folge von häufig durchgeführten Aufgaben und Berechnungen aufgezeichnet. Sie müssen anschließend nur eine Tastenkombination drücken, und Excel führt das Makro Schritt für Schritt aus. Alles wird so viel schneller erledigt.

Mauszeiger

Mit Hilfe des Mauszeigers sehen Sie, wo Sie sich am Bildschirm befinden, wenn Sie die Maus bewegen. Dieser Zeiger kann die verschiedensten Formen annehmen, je nachdem, welche Aufgabe gerade durchgeführt wird. Beim Zeigen, Markieren oder Ziehen hat der Mauszeiger stets die Form eines Pfeils. Wenn Sie die Einfügemarke im Text positionieren, wandelt sich der Mauszeiger zu einem großen I. Wenn Sie die Zeilenhöhe oder Spaltenbreite verändern, wird aus dem einfachen Pfeil ein Doppelpfeil. Wenn Excel gerade arbeitet, zeigt sich der Mauszeiger als Sanduhr. Das heißt: Bitte warten, ich bin beschäftigt. Die Mauszeigerformen werden ausführlich in Kapitel 1 erläutert.

Mehrfachauswahl

Bei einer Mehrfachauswahl sind mehrere Zellen und/oder Zellbereiche markiert, die nicht unmittelbar nebeneinander liegen. Klicken Sie dazu auf die erste Zelle, oder markieren Sie den ersten Bereich. Drücken Sie dann Strg, und klicken Sie auf die nächste Zelle, oder markieren Sie den nächsten Bereich. Diesen Vorgang können Sie beliebig oft wiederholen.

Meldungsfeld

Diese Art Dialogfeld kann eine allgemeine Meldung, eine Warnung oder eine Fehlermeldung enthalten. Manchmal müssen Sie diese Mitteilung durch Klicken auf »OK« bestätigen, damit ein Befehl ausgeführt werden kann.

Menü

Hierbei handelt es sich um die Befehle, die oben im Fenster nebeneinander aufgelistet sind. Mit jedem dieser Befehle können Sie irgend etwas im aktiven Fenster anstellen. Wenn Sie ein Menü aktivieren, wird es nach unten aufgeklappt. (Sie werden auch als Pulldown-Menüs bezeichnet.) Wird ein Menü grau (abgeblendet) dargestellt, so kann es momentan nicht verwendet werden. Siehe auch *Kontextmenü*.

Menüleiste

Die Menüleiste ist die Zeile oben im Programmfenster, die alle Menüs für das aktuelle Dokumentfenster enthält.

Modusanzeige

Die Statusleiste (das ist die Zeile ganz unten im Programmfenster) zeigt auf der rechten Seite an, welcher Tastaturmodus gerade aktiviert ist. NF bedeutet beispielsweise, daß der numerische Ziffernblock durch Drücken der Num-Feststelltaste aktiviert ist.

Optionsfeld

Optionsfelder sind in Dialogfeldern zu finden. Es sind kleine runde »Knöpfe«, die Sie aktivieren oder deaktivieren können. Wenn ein Optionsfeld aktiviert ist, wird es mit einem schwarzen Punkt in der Mitte versehen. Wenn mehrere Optionsfelder in einer Gruppe zusammengefaßt sind, kann immer nur eines aktiviert sein. Das heißt, Optionsfelder schließen sich gegenseitig aus. Siehe auch *Kontrollkästchen*.

Rahmen

Dabei handelt es sich um die verschiedenen Linien, die Excel um eine Zelle oder einen Zellbereich zeichnen kann. Sie können aus einer Vielzahl von Linienarten und Farben wählen.

Rechte Maustaste

Wie der Name schon sagt, ist das die rechte Taste der Maus. Wenn Sie mit der rechten Maustaste auf ein Element klicken, z. B. auf eine Symbolleiste, öffnen Sie das Kontextmenü für das entsprechende Element. Siehe auch *Kontextmenü* und *Linke Maustaste*.

Register

Es gibt zwei Registerbereiche in Excel: zum einen in einigen großen Dialogfeldern, z. B. in »Zellen formatieren« und »Optionen«, zum anderen ganz unten in jedem Arbeitsmappenfenster. Im Fall der Register in Dialogfeldern klicken Sie einfach auf das entsprechende Register, um die dazugehörige Registerkarte mit ihren Optionen anzuzeigen. Im Fall der Register unten im Arbeitsmappenfenster klicken Sie auf ein Register, um zum entsprechenden Tabellenblatt zu wechseln. Siehe auch *Blattregister*, *Dialogfeld* und *Registerkarte*.

Registerkarte

Wenn Sie in einem Dialogfeld mit Registern oben auf ein Register klicken, wird die dazugehörige Registerkarte angezeigt, die voll von Optionen ist, unter denen Sie wählen können.

Relativer Zellbezug

Dabei handelt es sich um den herkömmlichen Zellbezug, der sich aus dem Spaltenbuchstaben und der Zeilennummer zusammensetzt, z. B. A2. Wenn Sie einen solchen Zellbezug kopieren, werden eventuell enthaltene Formeln automatisch an ihre neue Adresse angepaßt: Das heißt, die Zeilennumerierung wird angepaßt, wenn Sie nach oben oder unten kopieren, und der Spaltenbuchstabe wird angepaßt, wenn Sie nach rechts oder links kopieren. Siehe auch *Absoluter Zellbezug* und *Zellbezug*.

Schaltfläche

Schaltflächen (auch Befehlsschaltflächen genannt) finden Sie in der Regel in Dialogfeldern. Wenn Sie auf eine Schaltfläche klicken, starten Sie eine Aktion. Die standardmäßig aktive Schaltfläche wird durch einen dunkleren Rahmen gekennzeichnet. Endet der Schaltflächentext mit drei Punkten (...), wird ein weiteres Dialogfeld geöffnet, wenn Sie die Schaltfläche wählen. Am häufigsten werden Sie die beiden Schaltflächen »OK« und »Abbrechen« benötigen.

Schriftart

Die Schriftart bestimmt, wie die einzelnen Zeichen aussehen. Jede Schrift kann eine bestimmte Punktgröße und bestimmte Attribute erhalten, z. B. Helvetica Modern 20 Punkt, fett und kursiv. Excel stellt eine Reihe von Schriftarten zur Verfügung, die Sie in unterschiedlichen Größen auswählen und mit Attributen versehen können.

Standard

Jede Einstellung, jeder Wert oder jede Antwort, die Excel automatisch zur Verfügung stellt, wird als Standard bezeichnet. Manchmal können Sie den Standard ändern. Wenn Sie alles unter Kontrolle haben möchten, sollten Sie Kapitel 11 lesen.

Statusleiste

Die Zeile ganz unten im Excel-Fenster, die Statusleiste, enthält Informationen über den Programmstatus, z. B. `Bereit` oder eine kurze Beschreibung des Befehls, den Sie gewählt haben. Außerdem können Sie dieser Zeile entnehmen, ob Sie die Num-Feststelltaste (die Zehnertastatur wird dadurch aktiviert) gedrückt oder einen sonstigen Bearbeitungsmodus aktiviert haben.

Symbol für Maximieren

Das ist das mittlere kleine Feld rechts oben in der Titelleiste eines Fensters – das mit dem Rechteck. Angenommen, ein Fenster wird in mittlerer Größe am Bildschirm angezeigt. Wenn Sie nun auf dieses Symbol klicken, füllt das entsprechende Programm- oder Dokumentfenster den gesamten Bildschirm aus. Siehe auch *Symbol für Minimieren*, *Symbol zum Schließen* und *Symbol für Wiederherstellen*.

Symbol für Minimieren

Das ist das linke kleine Feld rechts oben in der Titelleiste eines Fensters – das mit dem Unterstrich. Wenn Sie auf dieses Symbol klicken, schrumpft das entsprechende Programm- oder Dokumentfenster auf die Größe eines Symbols zusammen, das unten am Bildschirm angezeigt wird. Siehe auch *Symbol für Maximieren*, *Symbol zum Schließen* und *Symbol für Wiederherstellen*.

Symbol für Wiederherstellen

Das ist das mittlere kleine Feld rechts oben in der Titelleiste, das aussieht wie zwei Rechtecke. Wenn Sie auf dieses Symbol klicken, wird das Vollbildfenster auf seine vorherige Größe zurückgestutzt. Siehe auch *Symbol für Maximieren*, *Symbol für Minimieren* und *Symbol zum Schließen*.

Symbol zum Schließen

Das ist das kleine Feld ganz rechts in der Titelleiste – das mit dem »X«. Wenn Sie darauf klicken, wird das entsprechende Fenster – egal, ob Programm- oder Dokumentfenster oder Dialogfeld – geschlossen.

Symbolleiste

Das ist eine Leiste mit verschiedenen, irgendwie zusammengehörenden Symbolen (kleine Kästchen mit verschiedenen Motiven; sie werden auch als Schaltflächen bezeichnet). Klicken Sie einfach auf ein Symbol, und schon wird die ihm zugewiesene Aufgabe ausgeführt, z. B. das Öffnen, Speichern oder Drucken eines Dokuments. Excel bietet Ihnen gleich mehrere Symbolleisten an. Nehmen Sie sie, wie sie kommen, oder passen Sie sie individuell an. Und Sie können völlig neue Symbolleisten erstellen, indem Sie bereits vorhandene Symbole in eine neue Leiste kopieren bzw. verschieben oder »leere« Symbole mit einer in einem Makro aufgezeichneten Aufgabe versehen und diese ebenfalls in die neue Leiste integrieren. Die Symbolleisten können in Form von kleinen Dialogfeldern beliebig herumgeschoben oder gezielt an einem Bildschirmrand verbannt werden.

Systemmenü

Hier handelt es sich um ein aufklappbares Menü, das in allen Programm- und Dokumentfenstern enthalten ist. Mit seinen Befehlen können Sie ein Fenster öffnen, schließen, als Vollbild oder Symbol darstellen und die Originalgröße wiederherstellen. Um das Systemmenü aufzuklappen, klicken Sie auf das Systemmenüfeld (das XL im Programmfenster bzw. das XL mit dem Blatt im Dokumentfenster – beide jeweils in der oberen linken Fensterecke).

Tabellenblatt

Das Tabellenblatt ist das A und O in der Arbeitsmappe. Dort werden alle Daten berechnet, aufgezeichnet und analysiert. Das Excel-Tabellenblatt ist riesig. Es besteht aus 256 Spalten und 65.536 Zeilen. Da paßt einiges rein. Und in jeder Arbeitsmappe gibt es drei von diesen riesigen Blättern.

Textfeld

Das sind die Felder in einem Dialogfeld, in denen Sie neuen Text eingeben oder bereits vorhandenen Text bearbeiten können.

Titelleiste

Das ist die oberste Zeile in einem Programm- bzw. Dokumentfenster oder einem Dialogfeld. Sie enthält stets die Bezeichnung für das geöffnete Fenster bzw. Dialogfeld. Das aktive Fenster erkennt man an der dunkleren Farbe seiner Titelleiste. Wenn Sie ein Fenster oder ein Dialogfeld verschieben möchten, klicken Sie auf seine Titelleiste und ziehen das Element an eine andere Position.

Zeigen

Und noch eine Maustechnik. Zeigen Sie es Excel! Wenn Sie z. B. eine Formel in der Bearbeitungsleiste eingeben, können Sie einen gewünschten Zellbezug mit der Maus zeigen, der dann automatisch in die Formel geschrieben wird. Zeigen heißt nichts anderes, als daß Sie mit dem Mauszeiger die entsprechende Zelle markieren.

Zellbereich

Ein Zellbereich besteht aus mehreren Zellen, die alle direkt nebeneinander liegen müssen. Um einen Zellbereich mit der Maus zu markieren, zeigen Sie einfach mit dem Mauszeiger auf den Bereichsanfang, drücken die linke Maustaste und ziehen den Mauszeiger mit gedrückter Maustaste bis zum Bereichsende. Lassen Sie dann die Maustaste wieder los.

Zellbezug

Der Zellbezug bestimmt den Standort einer Zelle im Tabellenblatt. In der Regel besteht der Zellbezug aus dem Spaltenbuchstaben der Zelle gefolgt von ihrer Zeilennummer. (B3 gibt z. B. an, daß sich die Zelle in der zweiten Spalte und in der dritten Zeile des Tabellenblatts befindet.) Wenn Sie eine Zelle markieren, zeigt Excel ihren Zellbezug in der Bearbeitungsleiste an. Siehe auch *Relativer Zellbezug* und *Absoluter Zellbezug*.

Zellcursor

Der Zellcursor ist eine fett umrahmte Zelle. Er zeigt an, welche Zelle momentan im Tabellenblatt markiert ist. Wenn Sie Daten in eine bestimmte Zelle eingeben möchten, müssen Sie zuerst den Zellcursor auf die gewünschte Zelle verschieben.

Zelle

Der grundlegende Baustein aller Pflanzen, Tiere etc. ist die Zelle; so auch bei einem Excel-Tabellenblatt. Eine Zelle ist der Schnittpunkt der Zeilen- und Spaltenlinien in einem Tabellenblatt. Alle Daten werden in Zellen gespeichert. Jede Zelle wird durch ihren Spaltenbuchstaben und ihre Zeilennummer, den sogenannten Zellbezug, definiert.

Ziehen und Ablegen

Siehe *Drag & Drop*.

Zwischenablage

Die Zwischenablage von Windows funktioniert fast wie ein ganz normales Büroablagefach, in das Sie Papiere und Informationen ablegen, die Sie für Ihre Arbeit benötigen. Bei der Windows-Zwischenablage handelt es sich um eine besondere Form des Speichers, in den Sie Text, Zahlen und Diagramme vorübergehend ablegen können. Den Inhalt der Zwischenablage können Sie jederzeit in einem beliebigen Dokument (in Excel oder einem anderen Windows-Programm) einfügen. Sobald Sie neue Daten in der Zwischenablage ablegen, wird der vorherige Inhalt automatisch durch die neuen Informationen überschrieben (ob in Excel oder einem anderen Windows-Programm). Darin unterscheidet sich die Zwischenablage von Ihrem Büroablagefach.

Stichwortverzeichnis

Symbole

#BEZUG! 88
#DIV/0! 88
#NAME? 88
#NULL! 88
#WERT! 88
#ZAHL! 88
$-Zeichen 184
.XLS 381

A

A1-Bezugsart 26
Abbrechen-Symbol 43
Absolute Zellbezüge 183
Akustische Signale 343
Anordnen von Fenstern 257
Arbeiten mit diesem Buch 14
Arbeitsmappen 24
    arbeiten mit 249
    Größe 26, 27
    öffnen 164
    schützen 245
    Tabellenblattanzahl ändern 344
Arbeitsmappenfenster
    Darstellung 339
Arbeitsordner 344
Argumente 101
Assistenten
    Diagramm 270
    Funktionen 102
    Internet 329
Audio-Feedback 343
Ausfüllkästchen 94
Ausrichtung 151
    horizontal 146
    Verbinden und zentrieren 146
    vertikal 148
Ausschneiden 186
Ausschnitte 226
    fixieren 229

AutoAusfüllen 94
    Datenreihen erstellen 97
    eigene Datenreihen erstellen 97
    Formeln kopieren 181
    kopieren 97
AutoBerechnung 47
AutoEingabe 93, 348
AutoFilter
    benutzerdefinierte 315
    erstellen 311
    Operatoren 315
    Top Ten 313
AutoFormen 287
AutoKorrektur 89
AutoMarkieren
    Maus 118
    Tastatur 121
Autostart 33

B

Bearbeitungsleiste 43, 340
Bearbeitungsoptionen 347
Bedingte Formatierung 159
Beenden
    Excel 68
Befehle
    ... (drei Punkte) 55
    abgeblendete 55
    Als HTML speichern 329
    Anordnen 257
    Anpassen 360
    Ausschneiden 186
    AutoFormat 123
    Bedingte Formatierung 159
    Beenden 68
    Blatt löschen 252, 254
    Blatt verschieben/kopieren 261
    Druckbereich 202
    Druckbereich aufheben 202
    Drucken 200
    Einfügen 186, 187, 253

Ersetzen 243
Fixieren 229
Fixierung aufheben 230
Formatvorlage 156
Gehe zu 53, 123, 236
Gruppierung aufheben 253
Hyperlink 320
Info 73
Inhalte einfügen 188
Kommentar 232
Kopieren 187
Löschen 190
Makro 349
Maske 298
Neues Fenster 257
Öffnen 164
Optimale Breite bestimmen 141
Optionen 75, 339
Rückgängig 173
Schutz 245, 382
Seite einrichten 202
Seitenansicht 196
Seitenumbruch-Vorschau 217
Seitenwechsel aufheben 218
Sortieren 309
Spalte 141
Speichern 109
Speichern unter 110
Suchen 240
Symbolleisten 360
Tabelle 253
Teilen 228
Teilung aufheben 229
Textfeld formatieren 282
Umbenennen 254
Verschieben/kopieren 261
Zeile 142
Zeilenhöhe 142
Zellen 130, 138
Zellen einfügen 191
Zellen löschen 190
Zoom 224
Befehlsbuchstaben 54
Begriffe in der Hilfe 68
Beispielmakros 355
Benutzerliste 98
Benutzernamen 344

Benutzerwörterbücher 192
Berechnen
   manuell 244
Berechnete Felder 302
Besuchte Hyperlinks 323
Bildlauffelder 50
Bildlaufleisten 45, 49, 341
Bildlaufpfeile 49
Bildschirmelemente 37
Blattregister 45, 251
   kopieren 261
   markieren 253
   neu anordnen 255
   umbenennen 254
   verschieben 261
   verschieben/kopieren 255

C

ClipArts 286

D

Dateieigenschaften 343
   anzeigen 170
Dateien
   als Kopie öffnen 172
   Eigenschaften anzeigen 170
   in Favoriten ablegen 166
   öffnen 165
   sortieren 172
   suchen 166, 167
   Vorschau anzeigen 170
Daten
   für Diagramm markieren 271
   in Arbeitsmappe eingeben 72
   in HTML-Tabellen umwandeln 328
   in Zellbereich eingeben 99
   in Zellen eingeben 73
   schützen 245
   sortieren 307
   suchen 240
   verstecken 142
Datenbanken
   berechnete Felder 302
   blättern in 303

Stichwortverzeichnis

Datenmasken 298
Datensätze 297
Felder 297
Feldnamen 297
filtern 311
sortieren 307
Suchkriterien 298, 304
Datenmasken 298
Datenreihen 271
Datensätze 297
   bearbeiten 302
   einfügen 300
   löschen 303
   suchen 304
Datentabelle 277
Datentypen 75
   Formeln 75, 83
   Text 76
   Zahlen 77
Datumsangaben 82
Datumsformate 83
Datumssysteme 83
DDE-Anfragen ignorieren 342
Dezimalstellen
   feste 79
   hinzufügen 135
   löschen 135
Dezimalzahlen 79
   als Bruch 79
Diagramm-Assistent 270
Diagrammblätter
   Definition 45
   erstellen 272
Diagramme 269
   Achsen formatieren 282
   Datentabelle 277
   dreidimensionale 284
   drucken 295
   erstellen 270
   Farben festlegen 344
   im Tabellenblatt bearbeiten 278
   Kontextmenü 279
   mit der Symbolleiste bearbeiten 276
   nicht zugeordneter Text 280
   Optionen 279
   Pfeile einfügen 282
   Position/Größe ändern 274

Symbolleiste 275
Textfelder einfügen 280
Titel 279
Werte im Tabellenblatt ‰ndern 283
Dialogfelder
   Elemente in 59
   schließen 61
Dokumentarten 45
Dokumente
   öffnen 164
   suchen 166
Dokumentfenster 44
   blättern in 49
   teilen 226
   verschieben 46
Doppelklicken 35
Drag & Drop 175, 347
Drehfelder 61
Dropdown-Listenfelder 60
Druckaufträge
   löschen 199
Druckbereiche 202, 212
Drucken 195
   auf eine Seite 205
   aus Dialogfeld »Öffnen« 172
   Ausrichtung 204
   Dialogfeld 201
   Formeln 218
   Gitternetzlinien 213
   grafische Objekte 295
   Hilfethemen 68
   Kopf-/Fußzeilen 208
   Ränder 206
   Zeilen- und Spaltenköpfe 213
Druckerfenster 199
Druckerwarteschlange 199
Drucktitel 212, 213

E

Eigenschaften 170
Einfügen 186
   Formate 187
   Formeln 187
   Gültigkeit 188
   Kommentare 232
   Operationen 188

Werte 187
Zellen 191
Zellinhalte 187
Eingabefehler
   korrigieren 90
Eingeben-Symbol 43
Einzug
   vergrößern 148
   verkleinern 148
Entwurfsqualität 213
Ersetzen 243
Erweiterungsmodus 121
Excel
   mit dem »Start«-Menü von Windows 95
      starten 30
   mit dem Windows-Explorer starten 31
   mit der Office Shortcut-Leiste starten 30
   mit einer Verknüpfung starten 32
   neue Funktionen in 375
   über Autostart starten 33
Excel 7 für Windows 95 15
Explorer
   Excel starten mit 31

F

Farbauswahl 346
Farben
   kopieren 347
   mischen 345
   zuweisen 344
Farbtheorie 346
Favoriten 166
Favoriten (Menü) 321
Fehlersuche 89
Fehlerwerte 88
Felder 297
Feldnamen 297
Fenster
   anordnen 257
   Anordnung speichern 260
   Größe ändern 38
   mehrere anzeigen 257
   schließen 38
Fettdruck 144
Filtern
   Datensätze 311

Format-Symbolleiste 41, 126
Formate
   kopieren 158
   übertragen 158
Formatierung
   bedingte 159
Formatvorlagen
   erstellen 156
   für Hyperlinks 326
   Standard 156
   zusammenführen 157
Formeln 75, 83
   anzeigen 341
   drucken 218
   eingeben 84
   kopieren mit AutoAusfüllen 181
   mit Namen definieren 237
   mit Spalten- und Zeilenüberschriften
      definieren 238
   neu berechnen 244
Formelpalette 102
FTP-Speicherort
   hinzufügen 173
Fußzeilen
   benutzerdefinierte 210
   erstellen 208
Funktionen 101
Funktions-Assistent 102
Funktionsargumente 101

G

Gitternetzlinien 341
   drucken 213
   entfernen 153
Gliederungssymbole 341
Glossar 393
Grafische Objekte
   als Hyperlinks definieren 319
   anzeigen 340
   aus anderen Anwendungen einfügen 286
   ausblenden 295
   ClipArts 286
   drucken 295
   Farbe zuweisen 344
   gruppieren 294
   Gruppierung aufheben 295

überlagern 294
WordArt 287
Gruppieren 294

H

Hilfe 63
   Begriffe 68
   Direkthilfe 67
   Hilfesymbol 67
   Hilfethemen 67
   Stichwörter 68
Hilfethemen 68
   drucken 68
   kopieren 68
Hochformat 204
Hotkeys 54
HTML-Tabellen 335
Hyperlinks 319
   aktivieren 323
   besuchter 323
   einfügen 320
   formatieren 326
Hypertext 319
   formatieren 326

I

Indikatoren 340
Inhalte einfügen 187
IntelliMouse 50
   Bildlauf mit 343
Internet Explorer 335
   Favoriten 321
Internet-Assistent 329

K

Karten-Manager 291
Kartenfunktion 290
Klammersetzung 87
Klicken 35
Kommentare
   anzeigen 233, 340
   ausblenden 233
   bearbeiten 234
   drucken 213, 235
   erstellen 232
   löschen 235
   verschieben 234
Konsolidieren 264
Kontextmenüs
   Definition 54
   Symbolleisten 57
   Zellen 58
Kontrollkästchen 61
Kopfzeilen
   benutzerdefinierte 210
   erstellen 208
Kopieren 187
   AutoAusfüllen 97, 181
   Hilfethemen 68
Kursivdruck 144

L

Landkartenfunktion 290
Laufrahmen 106
Laufwerke
   wechseln 166
Legenden 271
Listenfelder 60
Löschen 189
   Inhalte 190
   Spalten 191
   Zeilen 191
   Zellen 190
Lotus 1-2-3 55

M

Makrorekorder 350
Makros
   abbrechen 354
   Arbeitsmappen 350
   aufzeichnen 349
   ausführen 350, 353
   Beispiele 355
   mit Menübefehlen verknüpfen 369
   mit Symbolen verküpfen 366
   Namen vergeben 352
   relative Aufzeichnung 357
   relative/absolute Bezüge 356
   Tastenkombinationen 349, 352

Makrosprache 350
Makrovirus-Schutz 343
Markieren
　Gehe zu 123
　Maus 117
　Tastatur 121
Maus
　Mehrfachauswahl 117
　Zellen markieren 117
Maustechniken 35
Mauszeiger 35
Mehrfachauswahl
　Maus 117
　Tastatur 122
Menü-Animation 361
Menübefehle 38, 54
　benutzerdefinierte löschen 370
　mit Makros verknüpfen 369
　neue einfügen 369
Menüs 54
Microsoft Clip Gallery 286
Microsoft Excel
　neue Funktionen in 375
Microsoft Frontpage 332
Microsoft Office Shortcut-Leiste 30
Modulblätter 350
　Definition 45
Muster 155

N

Namen
　für Zelle vergeben 236
　in Formeln 237
Netscape Navigator 335
Neue Funktionen in Excel 375
Nullwerte 341
Num-Taste 80

O

Office Shortcut-Leiste 30
Office-Assistenten 63
　anderen auswählen 66
　aufrufen 63
　Tip-Sprechblase 66
　um Hilfe bitten 63

Operatoren 84
　AutoFilter 315
Optionsfelder 61
Ordner
　Favoriten 166
　in Favoriten ablegen 166
　suchen 166

P

Papierformate 203
Persönliche Makro-Arbeitsmappe 350
Platzhalterzeichen 242
PositionsInfo 49
Primärschlüssel 308
Programmfenster
　Darstellung 339
Prozentformat 134
Pulldown-Menüs 54

Q

Querformat 204
QuickInfo 39

R

Rahmen 153, 154
Randeinstellungen 206
Rechenoperationen 87
Rechtschreibprüfung 192
Register 251
　kopieren 261
　markieren 253
　umbenennen 254
　verschieben 261
Registerkarten 60
Registerlaufpfeile 45, 251
Registerleiste 251
Registerteilungsfeld 227, 252
Relative Zellbezüge 182

S

Schaltflächen 61
　in der Format-Symbolleiste 41
　in der Standard-Symbolleiste 39

Stichwortverzeichnis

Schaltflächen-Editor 370
Schlüsselfelder 308
Schreibweisen in diesem Buch 17
Schrift 145
Schriftarten
    Farbe zuweisen 345
    Standard in Arbeitsmappen 144, 344
Schriftgrade
    Standard in Arbeitsmappen 344
Schriftgrößen
    Standard in Arbeitsmappen 344
Schwarzweißdruck 213
Seite einrichten
    Registerkarte »Kopfzeile/Fußzeile« 209
    Registerkarte »Papierformat« 203
    Registerkarte »Ränder« 206
    Registerkarte »Tabelle« 212
Seitenansicht 196
    Ränder 206
Seitenwechsel 199
    automatische 195, 341
    manuelle 216
Shortcut-Leiste 30
Shortcuts
    Tastastur 387
Sonderformate 138
Sortieren
    Datenbanken 307
    Sortierfolge 308
Sortierfolge 309
Sortierschlüssel 308
Spalten
    einblenden/ausblenden 142
    löschen 191
    markieren 118
Spaltenbezeichnungen 28
Spaltenbreiten
    anpassen 140
    optimale Breite 140
Spaltenköpfe anzeigen 341
Spaltenüberschriften
    in Formeln 238
Speichern 109
Speicherplatz 73
Standard-Formatvorlage 156
Standard-Symbolleiste 39
Startordner 344

Statusleiste 47, 340
Stellvertreterzeichen 242
Stichwörter in der Hilfe 68
Stilarten 144
Suchen 240
    Datensätze 304
    in allen Tabellenblättern 242
    Kriterien festlegen 168
Suchkriterien 167, 298, 304
    Operatoren 307
    speichern 169
    weitere 168
Summen-Symbol 106
Symbole
    aus Symbolleisten löschen 363
    Bild neu malen 370
    Bilder zuweisen 370
    Darstellung 365
    für Abbrechen 43
    für Eingeben 43
    für Formeln bearbeiten 43, 105
    für Maximieren 38
    für Minimieren 38
    für Wiederherstellen 38
    gruppieren 363
    in der Format-Symbolleiste 41
    in der Standard-Symbolleiste 39
    in diesem Buch 18
    in Symbolleisten einfügen 362
    kopieren 363, 370
    leere 366
    Makros zuweisen 366
    verschieben 363
Symbolleisten
    auf den Standard zurücksetzen 364
    benutzerdefinierte löschen 365
    Diagramm 275
    Format 41
    frei schwebend 127
    Gruppierungen einfügen 363
    Kontextmenü 58
    Landkarte 292
    neue erstellen 364
    Standard 39
    Symbole einfügen 362
    Symbole entfernen 363
    Symbole kopieren 363

Symbole verschieben 363
überarbeiten 233
unverankert 127
verankern 128
Web 323
Zeichnen 280, 287
Systemmenüfeld 38

T

Tabellen
im World Wide Web publizieren 328
Tabellenblätter
Anzahl 249, 344
einfügen 253
Farben festlegen 344
gleichzeitig bearbeiten 252
Gruppierung aufheben 253
im World Wide Web publizieren 328
in HTML-Tabellen umwandeln 328
in mehreren Fenstern 256
kopieren 261
löschen 253
neu anordnen 255
schützen 245
Standardanzahl ändern 254
vergrößern 224
verkleinern 225
verschieben 261
verschieben/kopieren 255
zusammenfassen 264
Tabellenvorlagen. *Siehe* Vorlagen
Tastatur
Mehrauswahl 122
Shortcuts 387
Zellen markieren 121
Tastaturbefehle 55
Tastenkombinationen
für Makros 352
Tausendertrennzeichen 133
Teilen
horizontal 226
vertikal 227
Teilungsfeld 226
Text 76
Textfelder 60, 280

Titelleiste 37
Top Ten (AutoFilter) 313

U

Uhrzeitformate 83
Umsteigen von Lotus 1-2-3 55
URL 319

V

Verknüpfungen
aktualisieren 348
Excel starten mit 32
Visual Basic
Makrosprache 350

W

Währungsformat 132
Web-Browser 335
Web-Seite
Hyperlink auf 320
Web-Symbolleiste 323
Werteachsen 284
Windows Explorer
Excel starten mit 31
WordArt 287
World Wide Web 328

X

x-Achsen 269
formatieren 282

Y

y-Achsen 269
formatieren 282

Z

z-Achsen 284
Z1S1-Bezugsart 27, 342
Zahlen 77

Stichwortverzeichnis

Zahlenformate 130, 137
   benutzerdefiniert 138
   Genauigkeit 137
   Prozent 134
   Sonderformate 138
   Standard 130
   Tausendertrennzeichen 133
   Währung 132
Zehnertastatur 48
Zeichnen
   Symbolleiste 280, 287
Zeilen
   einblenden/ausblenden 143
   löschen 191
   markieren 118
Zeilen- und Spaltenköpfe
   drucken 213
Zeilenhöhen 141
   anpassen 141
   optimale Höhe 142
Zeilenköpfe
   anzeigen 341
Zeilenüberschriften
   in Formeln 238
Zeilenumbruch 150, 151
Zeitangaben 82
Zelladressen 26
Zellauswahl 116
   Gehe zu 123
   Maus 117
   Tastatur 121
Zellbereiche
   einfügen 178
   Farbe ändern 344
   Hyperlinks auf 319
   kopieren 177
   markieren 116
   Namen zuweisen 235
   verschieben 175
   Zellcursor verschieben 100
Zellbezüge
   absolute 183
   anpassen 183
   markieren 86
   relative 182
Zellcursor
   in Zellbereichen 100
   verschieben 51, 52, 75, 121
Zelleinträge
   bearbeiten 91
Zellen 25
   Farbe zuweisen 156
   Kontextmenü 58
   löschen 190
   Muster zuweisen 154
   Namen zuweisen 235
   Rahmen zuweisen 154
   schützen 245
Zellumrandungen
   Farbe ändern 345
Ziehen 35
Ziehen und Ablegen 175
   Zellbereiche einfügen 178
   Zellbereiche kopieren 177
   Zellbereiche verschieben 175
Ziehpunkte 274
Zoom 224
   Seitenansicht 196
Zugriffstasten 54
Zwischenablage 186

Excel 97 für Dummies – Schummelseite

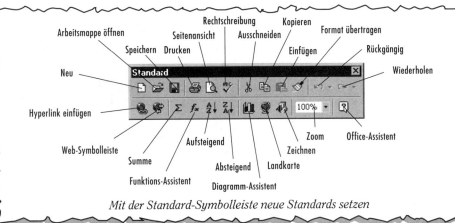

Mit der Standard-Symbolleiste neue Standards setzen

Die grundlegendsten Grundlagen im Schnellverfahren

Excel 97 über die Task-Leiste von Windows starten:
1. Klicken Sie auf die Schaltfläche »Start«, um das Menü START zu öffnen, und wählen Sie dort den Befehl PROGRAMME.
2. Wählen Sie im daraufhin angezeigten Untermenü den Befehl MICROSOFT EXCEL.

Excel 97 über die Task-Leiste von Windows starten und gleichzeitig eine vorhandene Arbeitsmappe öffnen:
1. Klicken Sie auf die Schaltfläche »Start«, um das Menü START zu öffnen.
2. Wählen Sie ganz oben im Menü START den Befehl MICROSOFT OFFICE DATEI ÖFFNEN.
3. Wählen Sie im Dialogfeld »Öffnen« im Dropdown-Listenfeld DATEITYP den Eintrag ARBEITSMAPPEN.
4. Blättern Sie mit Hilfe der Schaltfläche »Übergeordneter Ordner« und dem Dropdown-Listenfeld SUCHEN IN zu dem Ordner, der die Arbeitsmappe(n) enthält, die Sie öffnen möchten.
5. Klicken Sie auf die gewünschte Arbeitsmappe, um sie zu markieren (Strg + Klicken, um mehrere Arbeitsmappen zu markieren).
6. Wählen Sie die Schaltfläche »OK«, oder drücken Sie Eingabe.

Eine Arbeitsmappe zum ersten Mal speichern:
1. Wählen Sie im Menü DATEI den Befehl SPEICHERN (Strg + S), oder klicken Sie auf das Symbol für Arbeitsmappe speichern in der Standard-Symbolleiste. Damit wird das Dialogfeld »Speichern unter« geöffnet.
2. Geben Sie im Textfeld DATEINAME einen Namen für die Datei ein (bis zu 255 Zeichen, sogar Leerzeichen sind erlaubt).
3. Blättern Sie bei Bedarf im Dropdown-Listenfeld SPEICHERN IN zu dem Ordner, in dem die neue Arbeitsmappe gespeichert werden soll.
4. Wählen Sie die Schaltfläche »Speichern«, oder drücken Sie Eingabe.

Wenn Sie eine Arbeitsmappe einmal gespeichert haben, können Sie alle weiteren Änderungen unter demselben Namen speichern, indem Sie Strg + S drücken oder auf das Symbol für Arbeitsmappe speichern in der Standard-Symbolleiste klicken.

Excel 97 beenden und zu Windows zurückschalten:
- ✔ Wählen Sie im Menü DATEI den Befehl BEENDEN oder ...
- ✔ klicken Sie in der Titelleiste von Excel auf die Schaltfläche zum Schließen (das X ganz rechts) oder ...
- ✔ drücken Sie Strg + F4 oder ...
- ✔ doppelklicken Sie auf das Systemmenüfeld von Excel (das XL ganz links oben in der Titelleiste).

Beenden Sie Excel stets auf eine der gerade vorgeschlagenen Weisen. Und bitte denken Sie daran: Bevor Sie den Rechner ausschalten, sollten Sie unbedingt im Menü START den Befehl BEENDEN wählen. Ansonsten wird Ihr Rechner irgendwann sauer.

Excel 97 für Dummies – Schummelseite

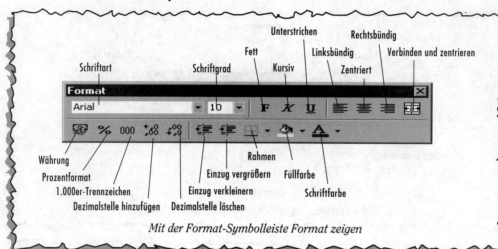

Mit der Format-Symbolleiste Format zeigen

Die Tastatur-Shortcuts, die man immer brauchen kann

Tasten	Aufgabe
Strg + '	Formeldarstellung aktivieren bzw. deaktivieren
Strg + + (Plus)	Dialogfeld »Zellen einfügen« öffnen
Strg + - (Minus)	Dialogfeld »Zellen löschen« öffnen
Strg + 0	Standard-Symbolleiste ein- bzw. ausblenden
Strg + 1	Dialogfeld »Zellen« öffnen
Strg + 2	**Fett** aktivieren bzw. deaktivieren
Strg + 3	*Kursiv* aktivieren bzw. deaktivieren
Strg + 4	Unterstreichen aktivieren bzw. deaktivieren
Strg + 5	Durchstreichen aktivieren bzw. deaktivieren
Strg + 6	Objekte ein- bzw. ausblenden
Strg + 7	Gliederungsmodus aktivieren bzw. deaktiveren
Strg + 8	Markierte Spalten verbergen
Strg + 9	Markierte Zeilen verbergen
Strg + Umschalt + !	Tausendertrennzeichen mit zwei Dezimalstellen (11.555,40)
Strg + Umschalt + "	Exponentialdarstellung (1,16E+04)
Strg + Umschalt + $	Währungsformat (11.555,40 DM)
Strg + Umschalt + %	Prozentformat (115554%)
Strg + Umschalt + &	Standard-Zahlenformat(11555,4)
Strg + Umschalt +)	Verborgene Zeilen wieder anzeigen
Strg + Umschalt + (	Verborgene Spalten wieder anzeigen
Strg + Umschalt + _	Rahmen einfügen
Strg + Umschalt + =	Arbeitsmappe neu berechnen
Strg + Umschalt + §	Datumsformat (05. Jan 61)
Strg + Umschalt + °	Uhrzeitformat (14:30)